普通高等教育“十四五”规划教材

管理学学习指导

徐洁怡　马　威　主编

中国农业大学出版社
·北京·

内容简介

本书是马克思主义理论研究和建设工程（简称马工程）教材《管理学》的辅助学习材料，包含教材习题、案例、辩论题和推荐阅读书籍等内容。

全书共十六章，分别是管理导论、管理理论的历史演变、决策与决策过程、环境分析与理性决策、决策的实施与调整、组织设计、人员配备、组织文化、领导的一般理论、激励、沟通、控制的类型与过程、控制的方法与技术、风险控制与危机管理、创新原理、组织创新。每章分为十个单元，分别是名词解释、单项选择题、多项选择题、判断题、简答题、论述题、案例分析题、辩论题、经典案例阅读和推荐阅读书籍。其中名词解释、单项选择题、多项选择题、判断题、简答题和论述题属于教材习题；案例分析题和经典案例阅读属于案例部分；辩论题单元提供了与管理相关的辩论主题；推荐阅读书籍单元则推荐了2～5本与本章内容相关的经典书籍。

本书体系完整，内容丰富，可以作为管理学课程授课老师的教学参考资料和考试题库，也可以作为学生学习《管理学》教材的参考书，帮助学生理解、巩固知识点，提高学生分析问题和解决问题的能力。

图书在版编目（CIP）数据

管理学学习指导/徐洁怡，马威主编. —北京：中国农业大学出版社，2020.10
ISBN 978-7-5655-2472-1

Ⅰ. ①管… Ⅱ. ①徐… ②马… Ⅲ. ①管理学-高等学校-教学参考资料 Ⅳ. ①C93

中国版本图书馆 CIP 数据核字（2020）第 226774 号

书　名　管理学学习指导
作　者　徐洁怡　马　威　主编

策划编辑　王笃利　张秀环　魏　巍　　**责任编辑**　王笃利　魏　巍
封面设计　郑　川
出版发行　中国农业大学出版社
社　址　北京市海淀区圆明园西路 2 号　　**邮政编码**　100193
电　话　发行部 010-62733489，1190　　读者服务部 010-62732336
编辑部 010-62732617，2618　　出　版　部 010-62733440
网　址　http://www.caupress.cn　　**E-mail** cbsszs@cau.edu.cn
经　销　新华书店
印　刷　涿州市星河印刷有限公司
版　次　2021 年 10 月第 1 版　2021 年 10 月第 1 次印刷
规　格　787×1092　16 开本　19.25 印张　475 千字
定　价　58.00 元

图书如有质量问题本社发行部负责调换

编写人员

主　编　徐洁怡　马　威

副主编　栾　玲　王瑞梅

编　者（以姓氏拼音为序）

洪如玲　廖媛红　栾　玲　宋默西

王瑞梅　王卫华　徐洁怡

前言

管理学是经管类专业的基础课程，为了满足课程教师教学和学生学习的需要，我们根据马工程教材《管理学》，编写了《管理学学习指导》。

本书共十六章，分别是管理导论、管理理论的历史演变、决策与决策过程、环境分析与理性决策、决策的实施与调整、组织设计、人员配备、组织文化、领导的一般理论、激励、沟通、控制的类型与过程、控制的方法与技术、风险控制与危机管理、创新原理、组织创新。每章分为十个单元，分别是名词解释、单项选择题、多项选择题、判断题、简答题、论述题、案例分析题、辩论题、经典案例阅读和推荐阅读书籍。

其中名词解释、单项选择题、多项选择题、判断题、简答题和论述题属于教材习题，通过不同类别的题型，帮助学生准确地掌握主要概念和课堂中的主要知识点，为提升学生的综合分析能力打下基础。

案例分析和经典案例阅读属于案例部分，旨在帮助学生把每章的内容与组织的管理实践联系起来，提升学生解决实际问题的能力，并进行拓展性的思考。

辩论单元提供与管理相关的辩论主题，针对章节中的主要知识点，呈现正、反两种不同的观点，能让学生对管理中的一些难点问题从不同的方面去看待，理解透彻，体会管理的复杂性。

推荐阅读书籍单元，旨在让学生更好地感受管理的精髓、体会管理在实践中的应用。这一单元推荐与章节内容相关的经典书籍和畅销书籍 2～5 本，并配有作者和书籍的介绍，扩展学生对与管理相关的知识阅读面，使学生对管理学的掌握和理解更加深刻。

教材习题和案例分析均给出了参考答案和提示，读者可以根据答案和提示来开拓思路。本书既可以作为管理学任课教师命题的参考书，也可以用于学生的学习辅导。

本书在编写过程中，参考了部分管理学著作、教材、案例书、辅导书等资料，再次谨向这些资料的原作者和相关机构表示最诚挚的感谢。

由于掌握的资料和编写时间有限，本书中的练习题和参考答案难免存在疏漏之处，敬请各位专家和读者批评指正。

编者

2021 年 8 月

目录

第一章

管理导论

一、名词解释

1. 管理	2. 组织	3. 企业	4. 决策	5. 领导
6. 控制	7. 权力	8. 系统	9. 组织文化	10. 效益

二、单项选择题

1. 管理的首要原理是（　　）。

A. 人本原理　　B. 系统原理　　C. 效益原理　　D. 适度原理

2. “一个和尚挑水吃，两个和尚抬水吃，三个和尚没水吃。”主要揭示了管理职能中（　　）的重要性。

A. 协调　　B. 激励　　C. 策划　　D. 人事

3. 对管理本质阐述正确的是（　　）。

A. 管理就是监督别人

B. 管理就是对人的行为进行协调

C. 管理就是和别人打交道，把事情办好

D. 管理就是获得组织利润最大化

4. 管理具有与生产关系、与社会制度相联系的一面，这里是指（　　）。

A. 管理的自然属性　　B. 管理的社会属性

C. 管理的科学性　　D. 管理的艺术性

5. 管理者必须因地制宜地将管理知识与具体管理活动相结合，这里强调的是（　　）。

A. 管理的科学性　　B. 管理的艺术性

C. 管理学的历史性　　D. 管理学的实用性

6. “过犹不及”体现了管理的（　　）。

A. 人本原理　　B. 系统原理　　C. 效益原理　　D. 适度原理

7. 管理的科学性是以（　　）为基础的。

A. 直觉判断　　B. 灵活应用　　C. 理性分析　　D. 组织文化

8. 资源配置“无形的手”指的是（　　）。

A. 政府的命令　　B. 企业的命令　　C. 市场机制　　D. 管理机制

9. 运用大量严格的定量方法、以严密的逻辑思维为基础进行管理，这是管理的（　　）方法。

A. 感性思维　　B. 理性分析　　C. 直觉判断　　D. 综合分析

10. 客户关系管理、供应链管理、云平台管理等管理模式，反映的是（　　）的时代背景。

A. 全球化　　B. 市场化　　C. 信息化　　D. 社会化

11. 下列不是决策职能内容的是（　　）。

A. 研究组织的内外部环境

B. 激励人员，让他们保持工作积极性

C. 从众多行动中选择一个比较合理的方案

D. 指定实现方案的具体措施

12. 系统会通过自己的活动去影响和改造环境，这体现了系统的（　　）。

A. 整体性　　B. 相关性

C. 有序性　　D. 与外界环境的互动性

13. 实现效益的保证是（　　）。

A. 做正确的事　　B. 用正确的方法做正确的事

C. 安排合适的人做事　　D. 合理利用资源

14. 保证企业进行的一切活动符合所制定的计划和下达的命令，这是管理的（　　）职能。

A. 组织　　B. 控制　　C. 决策　　D. 领导

15. 通过方案的产生和选择表现出来的管理职能是（　　）。

A. 组织　　B. 控制　　C. 决策　　D. 领导

16. 在信息技术时代，管理学面临的新挑战不包括（　　）。

A. 组织结构的扁平化　　B. 创新体系的开放化

C. 领导风格的同质化　　D. 企业边界的虚拟化

17. 下列关于全球化的说法，错误的是（　　）。

A. 全球化是一个事实

B. 全球化是一个过程

C. 在全球化环境下，所有企业的业务都要采取多国模式

D. 全球化既体现了技术发展又体现了社会发展

18. 系统各要素之间相互制约、相互影响、相互依存体现了系统的（　　）。

A. 整体性　　B. 相关性

C. 有序性　　D. 与外界环境的互动性

19. 下列属于组织特征的是（　　）。

A. 必须由两个以上成员构成　　B. 具有明确的目标

C. 以盈利为目的　　D. 与外界没有明显界限

20. 管理的部分技术和方法可以适用于不同社会，这体现了管理的（　　）。
A. 自然属性　B. 社会属性　C. 艺术性　D. 普适性
21. 下列属于内化于组织成员的管理工具的是（　　）。
A. 职位　B. 地位　C. 组织结构　D. 组织文化
22. 关于企业文化，正确的理解是（　　）。
A. 企业文化只是企业发展过程中的副产品，对其发展无重大影响
B. 企业文化是整个企业的灵魂，无法改变
C. 企业文化在一段时间内是稳定的，它影响着企业中的每个人
D. 企业文化无需通过管理者刻意营造

三、多项选择题

1. 企业经济活动主要包括（　　）。
A. 资源筹措　B. 资源转换　C. 产品销售　D. 人才培养
2. 管理的基本原理是（　　）。
A. 系统原理　B. 动态性原理　C. 人本原理　D. 责任原理
E. 效益原理　F. 适度原理
3. 下列哪些属于管理的基本职能（　　）。
A. 决策　B. 组织　C. 领导　D. 惩罚
4. 管理者影响人的行为的手段包括（　　）。
A. 与权力有关　B. 与收益有关
C. 与组织文化有关　D. 与命令有关
5. 管理的二重性是指管理的（　　）。
A. 自然属性（生产力属性）　B. 软科学性
C. 艺术性　D. 社会属性
6. 组织的基本特征包括（　　）。
A. 有明确目标　B. 有特殊活动
C. 成员构成数量不限　D. 与外部社会有相对明确界限
7. 协调组织成员的行为是以（　　）为前提的。
A. 组织成员愿意接受协调　B. 组织为正式组织
C. 组织成员的行为可协调　D. 组织成员的目标一致
8. 下列体现管理中人本原理的有（　　）。
A. 民为邦本，本固邦宁　B. 凡事预则立，不预则废
C. 政之所兴，在顺民心　D. 法必明，令必行
9. 人造、开放、动态的社会经济组织系统的共同特征包括（　　）。
A. 整体性　B. 相关性　C. 有序性　D. 与外部环境互动性
10. 下列说法正确的是（　　）。
A. 较宽的管理幅度可以减少管理层次
B. 较宽的管理幅度可以加快信息传递速度

C. 较宽的管理幅度可以减少每个层次管理者需要处理的信息数量
D. 管理幅度越宽越好

11. 系统的有序性体现在（　　）方面。
A. 系统内各要素相互作用的互补性
B. 系统内各要素相互作用的方向性
C. 系统内各要素相互作用的层次性
D. 系统内各要素相互作用的整体性

12. 根据系统是否与环境交互，可将其分为（　　）。
A. 自然系统　B. 人造系统　C. 封闭系统　D. 开放系统

13. 人本管理要求组织活动的管理应该是（　　）。
A. 以管人为主的管理　B. 为了人的管理
C. 依靠人的管理　D. 替代人的管理

14. 市场机制主要包括（　　）。
A. 价格机制　B. 供求机制　C. 分配机制　D. 竞争机制

15. 企业从事经济活动的背景包括（　　）。
A. 企业活动所需借助的资源是稀缺的
B. 企业在外部存在竞争对手
C. 企业内部活动的成果需要到外部去实现
D. 企业产品的制造过程是生产者的联合劳动过程

四、判断题

1. 管理的客体，只能是若干人组成的群体活动。（　　）
2. 组织与外部社会有着绝对的界限。（　　）
3. 组织的目标与其成员目标总是一致的。（　　）
4. 企业资源的稀缺性只体现在外部资源方面，内部资源不存在稀缺性。（　　）
5. 决策是管理的首要职能。（　　）
6. 管理就是由一个或若干个人通过行使各种管理职能，使组织中以人为主体的各种要素合理配置，从而达到实现组织目标而进行的活动。（　　）
7. 管理作为一项任务，就是设计和维持一种体系，使这一体系中共同工作的人们有效率地去实现组织既定的目标。（　　）
8. 管理既是一门科学，又是一门艺术，是科学与艺术的有机结合体。（　　）
9. 组织文化不仅是一种内化于组织成员的管理工具，还是一种外在的管理手段。（　　）
10. 管理的科学性是以直觉判断为基础的。（　　）
11. 管理者对事的管理的目标是通过对人的管理来实现的。（　　）
12. 管理者的主要工作是选择对的人去做对的事，并努力让这些人在做事的过程中表现出符合组织需要的行为。（　　）
13. 所有的管理思想均来自管理实践，最后形成管理理论。（　　）

14. 全球化的环境和全球化经营对管理的主要职能都提出了新的挑战。（ ）

15. 只有大型的正规化组织才存在组织文化。（ ）

16. 依靠直觉判断的管理方法有时候优于依靠理性分析的管理方法。（ ）

17. 适度原理讲的是管理活动中存在很多相互矛盾的选择，不能绝对化，要在两个极端之间找到最恰当的点，进行适度管理。（ ）

18. 只要减少成本就能实现管理的效益。（ ）

五、简述题

1. 简述组织的基本特征。
2. 简述企业经济活动的背景。
3. 简述管理的基本特征。
4. 简述管理的基本原理。
5. 系统的观点对管理活动有哪些启示？
6. 管理活动具有哪些基本职能？
7. 何谓人本原理？管理者如何才能实现人本管理？
8. 何谓适度原理？如何才能有效地把握管理适度？
9. 简述管理的本质。
10. 简述管理的基本方法。
11. 简述管理的基本工具。
12. 简述社会经济组织系统的共同特征。
13. 简述我国当下管理活动的时代背景。

六、论述题

1. “管理包含很大的艺术成分，它是一个科学和艺术的混合体。”结合实际谈谈你对这句话的理解。

2. 什么是管理的二重性，它对管理实践的意义何在？

七、案例分析题

案例1 伦迪汽车分销公司的管理

伦迪汽车分销公司是一家新成立的企业，下设若干销售门市部。公司刚成立时，为体现民主管理，制订了若干的责任制度，运转尚属顺利。随着时间的推移，员工中相互推诿的事情时有发生，但在处理这种事情时，又说不清谁应承担责任，以致有的事情就不了了之。为了推进民主管理，公司力争让下属参与某些重要决策。他们引进了高级小组制度，从每一个销售门市部挑选一名非管理者，共挑出五人，公司主管人员每月与他们开一次会，讨论各种问题的解决方法和执行策略。尽管如此，但人们的积极性并没有充分地调动起来。经过两年的经营，公司的营业收入有了一定的增长，但企业的税前利润增长不快，第二年比第一年只增长1.8%。这给主管人员带来很大的苦恼。

问题与思考：

1. 公司制定了责任制度，却又出现责任不清，请分析什么原因？

2. 从人本管理分析，应该如何调动员工的积极性？

3. 请你对公司经济效益增长慢的原因作简要分析。

塞氏企业的管理传奇

假如你可以去任意一家公司工作，你最想去哪一家公司呢？在巴西，几乎所有人都会选择同一家公司——塞氏企业（Semco SA）。

1980年，里卡多·塞姆勒（Ricardo Semler）从父亲手中接过了塞氏企业的管理权，此时的塞氏只是一家造船设备供应商。在经济衰退的大背景下，巴西的造船业遭到重创。为了度过危机，塞姆勒一上任就解雇了60%的高层管理人员，进行了一系列的战略性收购。不久，塞氏就实现了快速增长，但高压的工作使得公司的员工关系恶化，塞姆勒的身体状况也每况愈下。于是，他开始反思企业的管理方式，拉开了塞氏企业传奇“转身”的帷幕。此后，塞氏的管理模式展现出了以下特点：

1. 自由上下班

1988年，塞氏开始实行弹性工作制，公司的缺勤率直接降为零，也极大减少了员工加班的时间。除极个别工种外，其他员工都可以在早7点至9点间自由安排上班时间，错开早高峰，并在下午相应的时间回家，一天工作满8小时即可。

2. 没有规章会更好

塞姆勒取消了几乎所有象征等级和压迫的规定：门卫例行检查、考勤制度、着装规定……同时，取消公司高层的保留车位、办公室家具和地毯上的等级标识等。他还拆掉了经理们的办公室，要求他们进行“走动管理”。取消了规章制度后，员工们开始更多地自主决策，并且往往比主管做得更好。

3. 拆掉“金字塔”

塞姆勒打破了传统的金字塔结构，设计了3个层级的圆环结构。组织中的员工只有4种头衔：顾问、合伙人、协调人和伙伴。第一个圆环包括副总裁以上级别的人，被称为“顾问”；第二个圆环包含7～10个业务部门的领导，被称为“合伙人”；第三个圆环包括所有其他人，被称为“伙伴”。伙伴中的骨干成员作为各部分的“协调人”。每个员工都拥有自主决策权，如果伙伴在某个问题上没有把握，可以向协调人咨询；协调人的问题以及汇总的未解决的伙伴的问题，向合伙人咨询。例会于每周一召开，之后协调人将向部门的伙伴们通报会议结果。涉及所有业务部门的决策，将会被提交到由各个部门代表和顾问参加的另一次会议上。

4. 利润共享

塞氏采用了全新的利润共享计划。在分享之前，首先公开各级员工的薪水及公司的财务和业绩信息。其次，通过与工厂委员会和工会领导人的协商确定企业总利润的分配：每个季度计算出各个自治单位所赚的利润，并将其中的23%分配给该单位的员工。没有利润时不发放安慰奖，因此员工是否可以拿到利润全靠经营的业绩。同时，还引入了“风险工资”制度：如果企业经营状况良好，同意把工资降低25%的员工最多能得到比原工资高50%的工资；如果企业经营状况不佳，他就要损失那25%的工资。

5. 自组织管理

在塞氏，上班时间、工会组织、办公环境和工资福利都可以由员工自行决定。真正做到了让员工成为企业的主人。而领导者的责任是创造一个环境，让其他人参与到决策中来。员工的工作绩效、企业绩效及个人收入紧密相关，因而他们不仅工作更加自觉，而且彼此之间也相互监督。每隔6个月，管理者就要由下属评价一次，评价结果会公诸于众。

6. 防止"大企业病"

为了克服"大企业病"，塞氏选择了对公司业务进行拆分。拆分后的业务部门拥有更大的自主权，也更加专注于自身产品的开发与生产，运营效率翻倍。塞姆勒发现，在经济繁荣时期，拆分后的工厂具有更强的盈利能力。在经济衰退时期，小工厂因为自身经营的灵活性也比大工厂能更快地度过危机。

7. 激发员工潜能

在塞氏，工人可以管理更多生产流程。每个人都是多面手，可以选择自己喜欢的岗位进行轮换。这种模式下的工人对工作表现出了更浓厚的热情和兴趣，并最终都会转化为更大的生产力。

通过以上变革，即使在巴西经济萎缩和国家经济政策混乱的大背景下，塞氏企业的经营收入还是增长了6倍，生产率则提高了近7倍，利润翻了5番，实现了年均27.5%的增长，成为一家制造上千种产品的大型跨国企业。它也成为世界上最受推崇的最佳雇主之一，多年来员工离职率一直在1%以下。很多全球知名企业如IBM、通用汽车、福特、西门子、海尔等都将塞氏作为学习和借鉴的榜样。

问题与思考：

1. 塞氏企业的管理创新涉及哪些主要的管理职能？
2. 塞氏企业的哪些做法体现出了管理的人本原理？

八、辩论题

辩题：制度化管理更重要，还是人性化管理更重要？

正方：制度化管理更重要

所谓制度，就是指"要求全体成员共同遵守的办事规程与行动准则"，制度化管理的根本宗旨就是"一切按制度办事"，制度是维持工作秩序的保证。

美国管理大师柯林斯说过，制度是世界上最重要的东西，没有制度就没有品质，没有品质就没有进步。诺贝尔奖得主，经济学家道格拉斯·诺斯认为，制度的作用是"提供人类在其相互影响中的框架，使协作和竞争的关系得以确定，从而构成一个社会，特别是构成了一种经济秩序"。这就意味着对国家来说，制度旨在规范人类的行为；对企业来说制度是构建一种企业管理氛围，以此推动企业目标的落实和实现。

以企业为例，制度化管理就是以制度为标准，把制度看成是企业的法律，职工进入企业以后，先进行企业制度方面的教育，让你充分了解企业的要求，当你把制度学好之后，你就必须严格执行。在平时的工作中，企业处处以制度为准绳，企业管理者就相当于企业的执法人员，时刻以制度来丈量你的一举一动。虽然在管理过程中，会融合人性化考虑，但那是因为先有制度化的强制要求，然后才有人性化的宽容，所以，制度化是根基，人性化是点缀。

反方：人性化管理更重要

所谓人性化管理，就是一种在整个企业管理过程中充分注意人性要素，以充分开掘人的潜能为己任的管理模式。

现代西方企业管理学家提出了一个颇具新意的观点，认为企业有两个"上帝"：一个是顾客，另一个是员工。美国罗森布鲁斯旅游公司更是标新立异，独树一帜，大胆提出了"员工第一，顾客第二"的口号，并将其确定为企业的宗旨付诸实践，使该公司在短短的十余年时间便跻身于世界三大旅游公司的行列。

从企业班组建设的发展旅程看，从早期工业革命企业管理所形成的经典泰隆模式，到20世纪80年代日本式团队，直至到现在的人性化管理模式，可以很清楚地发现企业班组建设管理从原先的机械化、被人的意志转化的管理模式，过渡到日本式团队初步鼓励职工参与企业管理，一直到现在，在整个企业班组建设管理过程中充分注意人性要素、以充分挖掘人的潜能为己任的管理模式，班组建设的人性化管理已是企业管理发展的必然，因此人性化管理更能促进企业、班组的发展。

九、经典案例阅读

阅读案例1 "人本管理"的典范——惠普公司

（一）惠普公司简介

1992年美国《幸福》杂志500名最大工业企业排名中，美国惠普公司排名第42位，资产137亿美元，销售额164.3亿美元，利润为5.5亿美元。惠普公司是世界最大的电子检测和测量仪器公司，微型计算机产量位居美国第二。

惠普公司取得的成功，在惠普公司自己的许多经理看来，靠的是它重视人的宗旨。惠普公司的这种重视人的宗旨不但源远流长，而且还不断地进行自我更新。

（二）惠普公司的人本管理

惠普公司"人为本管理"宗旨的具体体现是关心人。重视人、尊重人，就要关心人。而关心人要体现在领导者深入工作现场，进行现场管理，巡视管理，与员工进行面对面的非正式的口头形式的思想交流。

1. 关心员工的需要

惠普公司，关心员工的需要，真心实意地把员工当作亲人来关怀。领导者总是同自己的下属打成一片，他们关心员工，鼓励员工，使员工们感到自己的工作成绩得到了承认，自己受到了重视。与此同时惠普公司也注重教育员工，该公司要求人们不要专门注意往上爬，而是鼓励他们把心思放在生产、销售和产品服务上。公司还教育员工要有高度的信心和责任感。对于个人的职位升迁问题，公司总是教育员工要在做好自己的本职工作上求发展。曾有一位惠普公司制造部年龄最大的中层经理，他以前管理着一个50人的部门，一年以后他开始考虑个人的前途问题了，因为他许多在别的公司里工作的同学都已官高于他了。于是，他便把自己的心思告诉了上级，并且询问上级自己怎样才能升上去。他的上级思索片刻，笑着说，“你干吗着急？在这儿想往上升，最好的办法就是干好你的本职工作。我知道需要一定时间才能习惯我们这儿的做法，可是请信任我们，从现在起就注意好好干，高兴点儿！这样就能提升！”这位中层经理感到在惠普公司工作很满意，因为他意识到他的上级总是不惜时机地给人们伸出帮助之手，而且他觉得似乎人人都知道他在干什么，他做出了什么贡献。

2. 信任员工

惠普公司信任人。惠普公司相信员工们都想有所创造，都是有事业心的人。这一点在该公司的一项政策里即“开放实验室备品库”表现得最为突出。实验室备品库是该公司存放电器和机械零件的地方。工程师们可以随意地取用实验室备品库里的物品，不但这样，公司还鼓励他们拿回自己家里去供个人使用。这样做是因为惠普公司有一种信念，即不管工程师们拿这些设备所做的事是不是跟他们手头从事的工作有关，他们无论是在工作岗位上还是在自己的家里摆弄这些物品，总是能学到一些有用的东西的。

3. 不轻易辞退

惠普公司还有其不同于欧美企业的雇用政策，那就是员工一经聘任，决不轻易地辞退。既然终身聘用，那么对被聘用者就必须严格审核，这是自然之事。惠普也更是如此，惠普公司的员工多是工程技术人员，因而也是由工程技术人员来管理，这是其公司业务技术性强的原因造成的。公司的各级领导干部基本上是从内部员工中选拔录用，一般不外聘。从外部招的员工，通常多是直接从应届优秀的毕业生中挑选。公司每年都要派出既是技术内行又具领导经验的干部，到各名牌大学物色“尖子”毕业生，与他们面谈，了解其经历、能力、愿望理想和要求。回到公司后再斟酌筛选，选中者还要由公司出资，再次请到公司里去面谈，然后再决定是否正式聘用，以此来保证被聘任者的质量。

4. 重视员工培训

惠普公司重视员工培训可谓是不惜工本。仅在 1980 年，公司内部就举办过学制、内容、形式不同的各种训练班 1 700 多个，其中 4.7 万多名员工中有 2.7 万名参加了这类培训。训练班有长有短，有业余有脱产，有工程性的也有管理性的。受训对象从工人到总经理，各种人员都有。训练方式有讲课、讨论、电影、录像、计算机模拟、案例分析、技巧实习、自学考核，甚至师徒传授。

5. 重视员工福利

公司的福利除基本生活福利、医疗保险、残废保险、退休金以外，还有两天一次的免费午间茶点、生日送礼以及新员工搬迁补贴。据一次全美调查，惠普是全美福利优厚的企业之一。

6. 提倡员工创新

惠普公司相信人人都有要搞好自己本职工作的愿望，因而，该公司总是力图给广大员工创造一个任人发展创新的工作环境。惠普公司有一种关注创新的气氛，即每一个工程师都有放下手中设计项目做“候补队员”的时候。在惠普公司里，搞生产的可以停下手中的生产线，而让工程师们取走某些部件去进行创新测试。这在别的公司看来似乎是不可理解的，而在惠普公司，人们已非常习惯，认为这是一种很自然的事情，惠普公司里没有人会去阻挡工程师搞创新。

惠普公司在管理上也考虑到员工的自主创新。惠普公司很少用“指令性管理法”，而是多用“目标管理法”。实行目标管理法虽然在目标的确定上是由上下级共同讨论进行的，但下级在实现目标所采用的具体方法有很大的灵活性。惠普公司以人为本的管理给人的感觉是：员工进了公司后，就像进了温暖的家。

阅读案例2　亚马逊贝索斯的致股东信节选

亚马逊创始人兼首席执行官杰夫贝索斯发布年度股东信，列举了亚马逊所取得的16项里程碑成就，其中最引人瞩目的包括亚马逊Prime会员已超过1亿、亚马逊云服务年化营业收入超过200亿美元、亚马逊平台第三方商家销售商品超过全平台一半等。贝索斯同时强调，对于亚马逊来说，仍将保持初心，是“第一天”（Day 1）。以下为贝索斯致股东信节选：

我喜爱客户的原因之一是他们永不满足。他们的期望不是静止的，而是上升的，这符合人的本性。我们没有止步于原始狩猎时期，对更好的追求从未停止，昨天的“惊艳”很快变成了今天的“常态”。

如何面对不断上升的客户期望而始终立于潮头？单一的方式是行不通的，必须结合多种方法，但高标准一定是其中的重要组成部分。在过去几年里，我们在满足客户的高期望方面取得了一些成就，同时也为失败付出了数十亿美元的代价。以这些经历为背景，我想和大家分享一下我们学到的关于组织内部高标准的几个要点。

1. 高标准是内在的还是可以传授的

首先有一个基本的问题：高标准是内在的，还是可以传授的？如果你让我加入你的篮球队，你可以教我很多东西，但你不能教我长高。我们首先需要选择“高标准”的人吗？但我不这么认为，我相信高标准是可以学到的。事实上，人们很容易通过耳濡目染来学习掌握高标准，高标准具有传染性。把新人带进一个高标准的团队，他们很快就会适应，反之也是如此。如果低标准占了上风，它也将迅速蔓延。虽然亲身接触是实施高标准的好途径，但我相信你可以通过阐明一些高标准的核心原则来加快学习的速度。

2. 高标准是通用的还是特定的

另一个重要问题是：高标准是通用的还是特定的？如果你在一个领域实行很高的标准，其他领域会自动达到高标准吗？我相信高标准是特定的，你必须在每个利益相关领域单独学习高标准。创立亚马逊公司之初，我在业务开发、客户关怀以及员工招聘方面都设立了高标准，但在操作流程中没有设立高标准，其中包括如何解决固定问题、如何根除缺陷、如何检查流程等。我必须经过学习，才能在所有这些方面制定高标准。理解这一点非常重要，因为它能让你保持谦卑的态度。你可以自认为是一个高标准的人，但也会有一些令人沮丧的盲点。也可能在有些方面你甚至不知道自己的标准很低，或者根本不存在什么标准，当然，更达不到世界级水平。所以，保持开放心态是至关重要的。

3. 高标准的识别和范围

在一个特定的领域，你需要达到什么样的高标准？首先，你必须能够识别出那个领域中何谓好、何谓不好；其次，你的期望必须具有现实性，对实现目标的难度（需要付出多少努力）心中有数。让我给你们举两个例子：一个是生活现象，另一个是亚马逊时常出现的真实事例。

4．高标准的生活举例——完美的倒立

我的一位密友最近决定学着做完美的徒手倒立，不是倚着墙，也不止几秒钟，而是要拍一张靓照发在 Instagram 上。她决定在自己的瑜伽健身室开始练习倒立。她练习了一段时间，效果不佳。于是她雇了一名倒立教练，在第一节课上，教练给了她一些建议："很多人都认为如果努力练习，应该能够在两周掌握倒立技巧。实际情况是，即使每天练习的话，仍大约需要六个月。如果你认为可以在两周内做到，那就准备放弃吧。"不切实际的期望总是藏在心里，它会扼杀高标准。为了达到高标准，你自己或者作为团队的一部分，需要形成并主动传达真实的理念，告诉大家这件事有多难。

5．高标准的工作举例——六页纸的陈述

在亚马逊，我们不做 PPT。相反，我们用六页纸写一篇备忘录。我们每次在召开会议时会将它默读一遍。这些备忘录的差别特别大，一些如同天使唱歌般清晰，它们才华横溢，体贴周到，能让会议产生高质量的讨论，一些则恰恰相反。

在徒手倒立的例子里，高标准的设立一目了然。列出动作细节，接着，你要么做，要么不做。备忘录的形式则截然不同。一流的备忘录与普通的备忘录之间的差异很容易分辨，但要制定出优秀备忘录的详细要求，这是非常困难的。大部分时间里，读者对一流备忘录的反应极其相似，他们一眼就能看出来。标准就在那儿，它是真实存在的，即便它不易描述。这就是我们所得到的认知。通常情况下，如果备忘录有问题，原因不在作者无法识别高标准，而是期望有误，他们错误地认为一份高标准的六页的备忘录可以在一两天甚至几小时内写完，而实际上，它可能需要一个星期或更长时间！他们试图在两周内做出完美的倒立，而我们没有以正确的方法训练他们。一流的备忘录需要反复重写，与被要求改进工作的同事一起，留出几天时间，换个脑筋重新编辑，不可能在一两天内完成。要点在于你可以通过简单的教学动作来提高成绩——一篇一流的备忘录可能需要一周乃至更长时间。

6．高标准的技巧

除了识别标准和拥有可行性期望之外，还需要技巧吗？编写一份顶级备忘录，你必须是一位写作技巧非常熟练的作家吗？是否还需要其他元素？在我看来并非如此，至少对团队中的个人而言。足球教练不需要上场踢球，电影导演也不需要亲自表演。但他们都懂得什么是高标准，并把切实可行的期望告诉其他人。即使在写六页备忘录的例子中，也需要团队合作，团队里有人具有这种能力。

7．高标准所带来的好处

建设高标准文化是非常值得的，它能带来很多好处。最自然和最明显的是，你将为客户提供更好的产品和服务——这个理由就足够了！也许不那么明显的一点是，人们会被高标准所吸引——有利于招募和保持员工。更为微妙的是：高标准文化对每一家公司内所进行的"无形"但至关重要的工作可起到保护作用。我说的是那些无人监督的工作，即使没人看着，工作也会完成。在高标准文化中，做好工作本身就是一种奖励，是专业性的一部分。高标准是有趣的！一旦你尝到了高标准的甜头，就没有回头路了。

因此，我们认为高标准具备四个要素：它们是可以传授的，是特定的，你必须承认它们，必须明确设定期望值。对我们来说，这些工作意味着在各个层面上都要注重细节。我们希望它们也能让你受益无限。

十、推荐阅读书籍

1. ［美］彼得·德鲁克著，齐若兰译，《管理的实践》，机械工业出版社，2019 年版

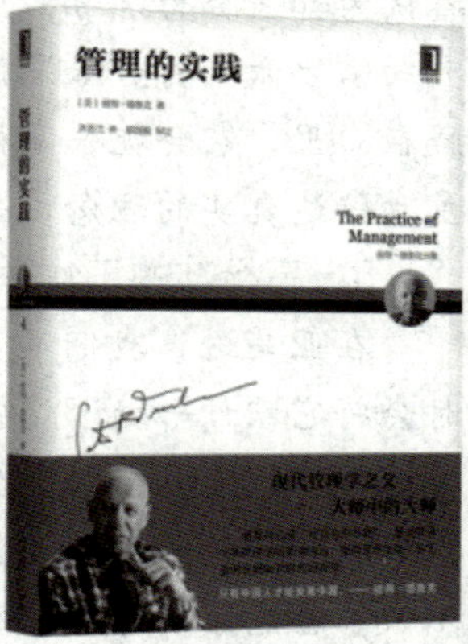

彼得·德鲁克，管理学科开创者，美国著名的现代管理大师，被尊为“现代管理学之父”。他对社会学和经济学的影响深远，著作架起了从工业时代到知识时代的桥梁。不仅因为他是现代管理学的奠基人、目标管理的创建者，而且他在市场、创新、变革、战略、知识管理、21 世纪管理者的挑战等方面的真知灼见，也让诸多管理大师和成功企业家从中受益。

《管理的实践》是第一部把管理涉及的各个领域进行系统性论述的书。该书提出了一系列极具前瞻性的管理见解，又从实践出发阐明了应用的途径，从而构筑了管理学科的架构。

该书的根本目的在于通过对管理原则、责任和实践的研究，探索如何建立有效的管理机制和制度。而衡量一种管理制度是否有效的标准就在于该制度能否将管理者个人特征的影响降到最低。《管理的实践》是打好管理学基础非常重要的一本书。

2. ［美］彼得·德鲁克著，许是祥译，《卓有成效的管理者》，机械工业出版社，2019 年版

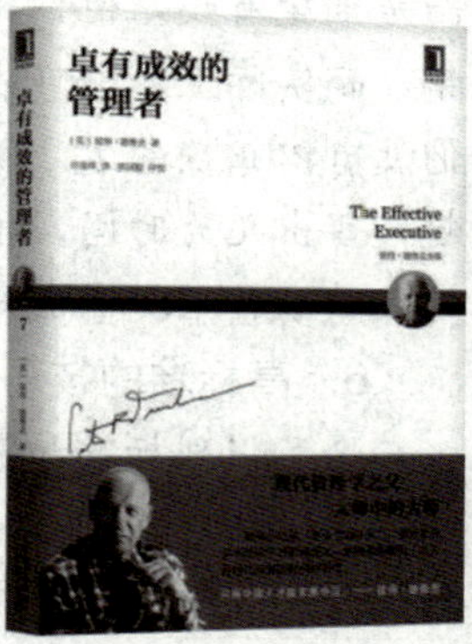

该书是管理大师德鲁克最著名的管理学著作之一，以如何才能使自己成为卓有成效的管理者为主题，以有效性为中心，深入结合实践，告诉读者关于管理者有效性的实际问题和达到有效性的基本方法，即要成为卓有成效的管理者，必须在思想和行动上养成以下 5 大习惯：善用时间、重视贡献、发挥长处、要事第一、有效决策。

3. ［美］吉姆·柯林斯、杰里·波勒斯著，真如译，《基业长青——企业永续经营的准则》，中信出版社，2019 年版

吉姆·柯林斯，著名的管理专家及畅销书作家。

杰里·波勒斯，斯坦福大学商学院教授。

两位作者从为期 6 年的研究项目中，选取了 18 个卓越非凡、长盛不衰的公司进行深入研究，这些公司包括通用电气、3M、默克、沃尔玛、惠普、迪士尼等，它们平均拥有近百年的历史。是什么使这些公司不同于它们的竞争对手呢？它们拥有什么别的公司所不具有的法宝呢？通过回答这些问题，发现了使杰出公司出类拔萃的永恒品质。全书涉及数百个具体的例子，并被组织成了紧密的实用概念框架，适用于各个层次的企业家及管理学者阅读。

第二章

管理理论的历史演变

一、名词解释

1. 科学管理　2. 例外管理　3. 统一指挥原则　4. 等级制度
5. 协调　6. 科层组织　7. 程序化决策　8. 机械型组织
9. 合法性机制　10. 业务流程再造

二、单项选择题

1. 科学管理的研究是以（　　）为中心展开的。
A. 人的因素　B. 分配制度
C. 生产效率与工作效率　D. 组织结构

2. 被称为"科学管理之父"的是（　　）。
A. 泰勒　B. 法约尔　C. 韦伯　D. 梅奥

3. 高层管理人员把例行的一般日常事务授权下层管理人员去处理，而自己只保留对例外事项的决策和监督的权力，这是泰勒提倡的（　　）。
A. 工作定额原理　B. 例外原则
C. 心理革命　D. 职能工长制

4.《科学管理原理》一书的作者是（　　）。
A. 泰勒　B. 法约尔　C. 韦伯　D. 斯密

5. 将管理活动分为计划、组织、指挥、协调和控制的是（　　）。
A. 法约尔　B. 韦伯　C. 德鲁克　D. 巴纳德

6. 法约尔管理理论的代表作是（　　）。
A.《车间管理》　B.《工业管理与一般管理》
C.《社会和经济理论》　D.《科学管理理论》

7. 受雇人员只能接受一个上级的命令，是法约尔十四条原则中的（　　）。
A. 纪律原则　B. 统一领导原则

C. 统一指挥原则　　D. 管理层次原则

8. 以法约尔的观点，劳动分工原则（　　）。

A. 仅适用于技术工作　　B. 不仅适用于技术工作也适用于管理工作

C. 分工越细越好　　D. 分工越粗越好

9. 法约尔的统一领导原则认为（　　）。

A. 一个下属可以接受多个上级的命令

B. 同一目的的活动只能有一个领导人和一项计划

C. 整个组织只能由一个高级领导指挥

D. 一个下属只应接受一个上级的命令

10. 法约尔的适当集权与分权原则认为（　　）。

A. 权力越分散越好　　B. 权力越集中越好

C. 把握好集权与分权的尺度　　D. 让全体员工参与决策

11. 被称为“组织理论之父”的是（　　）。

A. 韦伯　　B. 巴纳德　　C. 法约尔　　D. 梅奥

12. 下列哪位管理学者提出“管理就是决策”的主张（　　）。

A. 西蒙　　B. 德鲁克　　C. 费德勒　　D. 卡斯特

13. 韦伯认为，只有（　　）才能成为科层组织的基础。

A. 传统型权力　　B. 个人魅力型权力

C. 法理型权力　　D. 自主型权力

14. 社会系统学派代表人物是美国的管理学家（　　）。

A. 法约尔　　B. 韦伯　　C. 泰勒　　D. 巴纳德

15. 决策理论认为决策的准则是（　　）。

A. 最优化　　B. 满意化　　C. 谨慎化　　D. 程序化

16.《管理理论的丛林》《再论管理理论的丛林》的作者是（　　）。

A. 孔茨　　B. 麦格雷戈　　C. 马斯洛　　D. 卡内基

17. 在管理决策中，许多管理人员认为只要选取满意的方案即可，而无须刻意追求最优的方案。对于这种观点，你认为以下哪种解释最有说服力？（　　）

A. 现实中不存在所谓的最优方案，所以选中的都只是满意方案

B. 现实管理决策中常常由于时间太紧而来不及寻找最优方案

C. 由于管理者对什么是最优决策无法达成共识，只有退而求其次

D. 刻意追求最优方案，常常会由于代价太高而最终得不偿失

18. 一个企业的活动涉及多重领域，每个活动领域都在一个机械型组织内完成的。这个企业最可能的组织形式为（　　）。

A. 创业型组织　　B. 创新型组织　　C. 多角化组织　　D. 机械型组织

19. 组织管理要根据内外条件随机应变，没有一成不变、普遍适用的最好的技术和方法。这是（　　）的主要观点。

A. 管理科学学派　　B. 一般管理学派

C. 权变理论学派　　D. 协作系统学派

20. 管理就是制定和运用数学模型与程序的系统，即通过对企业的生产、采购、人事、

财务、库存等职能间相互关系的分析，然后用数学符号和公式来表示计划、组织、控制等合乎逻辑的程序，求出最优的解答，以达到企业的目标。这是（　　）学派的主要观点。

A. 管理科学学派　　B. 一般管理学派
C. 权变理论学派　　D. 协作系统学派

21. 企业再造理论是基于当代管理理论的（　　）视角提出来的。
A. 制度　　B. 权变　　C. 动态　　D. 技术

22. 业务流程再造过程的起点是（　　）。
A. 流程再造　　B. 组织再造　　C. 观念再造　　D. 实现愿景目标

23. 制度通过激励机制来诱导组织及其成员的趋同性选择，这体现的是合法性机制的（　　）。
A. 强意义　　B. 弱意义　　C. 强关系　　D. 弱关系

24. 外部的制度环境渗入组织内部并影响内部组织行为的过程，叫做（　　）。
A. 组织化　　B. 制度化　　C. 组织趋同　　D. 合法化

25. 关于决策理论，理解正确的是（　　）。
A. 决策就是选择方案，是一个瞬间的行为
B. 决策贯穿管理的各个方面和全部过程
C. 程序化决策总是优于非程序化决策
D. 新产品开发、企业并购等属于程序化决策

三、多项选择题

1. 泰勒认为当时企业的劳动生产率普遍低下的原因包括（　　）。
A. 劳动使用不当　　B. 工作分配不合理和劳动方法不正确
C. 由于薪酬和工人本性等原因　　D. 企业生产组织与管理的原因

2. 泰勒科学管理的内容包括（　　）。
A. 改进操作方法，提高工效，合理利用工时
B. 差额计件工资制
C. 例外原则
D. 作业环境与作业条件的标准化
E. 实行统一指挥

3. 例外管理为后来的（　　）准备了理论基础。
A. 分权化管理　　B. 直线制　　C. 集权化管理　　D. 事业部制

4. 下列属于法约尔管理十四条原则的是（　　）。
A. 跳板原则　　B. 秩序原则　　C. 例外原则　　D. 公平原则
E. 纪律原则

5. 下列属于法约尔管理职能的是（　　）
A. 分工　　B. 计划　　C. 组织　　D. 协调
E. 指挥　　F. 协作　　G. 控制

6. 法约尔指出，合理报酬的条件包括（　　）。

A. 尽量少的报酬　　B. 能奖励努力和激发热情
C. 报酬公平　　D. 不应导致过多的报酬合法性

7. 法约尔认为，企业里所发生的所有行为包括（　　）。
A. 技术性的工作　　B. 商业性的工作
C. 财务性的工作　　D. 安全性的工作
E. 管理的工作

8. 流程再造指对企业现有的流程进行（　　），然后构建新流程的过程。
A. 调研分析　　B. 再设计　　C. 试点　　D. 诊断

9. 巴纳德认为，正式协作组织的基本要素包括（　　）。
A. 协作的意愿　　B. 管理者权威　　C. 共同的目标　　D. 信息的沟通

10. 明茨伯格认为，组织管理的基本问题是（　　）。
A. 分工　　B. 指挥　　C. 激励　　D. 协调
E. 权力

11. 巴纳德指出经理人员的职能包括（　　）。
A. 建立和维持一个信息系统　　B. 从不同的组织成员那里获得必要的服务
C. 规定组织的共同目标　　D. 用各个部门的具体目标加以阐明

12. 韦伯认为，为社会所接受的合法的权力包括（　　）。
A. 传统型权力　　B. 个人魅力型权力
C. 法理型权力　　D. 自主型权力

13. 古典管理理论包括（　　）。
A. 权变管理　　B. 科学管理　　C. 一般管理　　D. 科层组织

14. 下列著作和作者对应正确的是（　　）。
A.《经理人员的职能》——巴纳德
B.《工业管理与一般管理》——韦伯
C.《科学管理原理》——泰勒
D.《组织的结构》——法约尔

四、判断题

1. 泰勒的科学管理既重视技术因素，也重视人的社会因素。（　　）
2. 泰勒科学管理的中心问题就是提高劳动生产率。（　　）
3. 泰勒提出了适用于一切组织的管理五大职能和有效管理的十四条原则。（　　）
4. 泰勒的科学管理已经过时了，对当前的管理工作没有任何借鉴意义。（　　）
5. 权变管理理论就是考虑到组织内部条件的变数同相应的管理观念和技术之间的关系，使采用的管理观念和技术能有效地达到目标。（　　）
6. 法约尔认为，任何企业都存在着六种基本活动，而管理只是其中之一。（　　）
7. 法约尔认为，管理和经营是两个相同的概念。（　　）
8. 法约尔的集中原则的意思是组织要尽可能的采用集权管理方式。（　　）
9. 韦伯认为权力是一种引起服从的命令结构。（　　）

10. 韦伯认为，个人魅力型的权力可以作为政治统治的稳固制度的基础。（ ）

11. 巴纳德认为，管理人员的权威取决于指挥下属的命令是否为下属接受。（ ）

12. 西蒙认为，决策就是从可供选用的方案中选定一个行动方案的活动。（ ）

13. 新产品的开发、生产规模的扩大、品种结构的调整、工资制度的改变等属于企业的例行活动，需要进行非程序化决策。（ ）

14. 根据权变学派的观点，管理技术与方法同环境因素之间存在一种函数关系，企业管理要随环境的变化而变化。（ ）

15. 业务流程再造是围绕过程而非结果进行的。（ ）

16. 巴纳德认为，组织管理的基本问题是分工和协调，组织结构的实质是人们在组织内进行劳动分工和协调的方式总和。（ ）

五、简述题

1. 科学管理理论的主要内容有哪些？
2. 法约尔十四条管理原则的内容是什么？
3. 简述法约尔对于经营和管理的理解。
4. 管理科学在研究组织管理活动时是以哪些假设为前提的？
5. 韦伯认为权力分为哪几种类型？
6. 法理型权力的特征是什么？
7. 简述韦伯科层组织建立和组织运行的规则。
8. 哈默提出的业务流程再造七个原则是什么？
9. 在巴纳德的社会系统论中，协作系统由哪些基本要素构成？
10. 简述“决策理论”学派的主要观点。

六、论述题

1. 请举一个你自己的例子，说明践行管理学知识能让我们的工作、学习效率提升。

2. 现代管理理论有很多的学派，被称之为“管理的丛林”，请举例论述应该如何将这些管理理论应用于实践中。

3. 结合实际，论述泰勒“科学管理”的借鉴意义及局限性。

七、案例分析题

案例1 法约尔的演说

以下是法国矿冶工程师法约尔1900年6月23日在国际采矿和冶金大会闭幕会上演说的一部分。

“先生们，我强调技术这一词是因为事实上在这次大会上宣读的论文在性质上几乎尽是有关技术问题。我们没有听到有关供销、财务和管理责任等方面的响应，但是这次大会的成员中有不少在这三方面是特别突出的。这无疑是一件遗憾的事情……”“现在我必须谈谈管理问题。这是我想引起你们注意的问题，因为在我看来，我们工作中在技术方面行之有效的互相学习同样可以应用在管理方面。”“一个企业的技术和供销的职能是有明确规定的，而管理职能却不是这样。很少有人熟悉管理的结构和力量，我们意识不到它怎样工作，看不到它在建造还是在铸造，在买还是在卖。然而我们都知道，如果管理不当，事业就处于失败的危险中。”“管理职能有很多责任。它必须预见并做好准备去应付创办和经营公司的财务、供销和技术的状况；它要处理有关职工的组织、选拔和管理方面的工作；它是事业的各个部分同外界沟通联络的手段，等等。尽管列举的这些是不完全的，但已向我们指出了管理职能重要性的思想。例如管理干部这一项，在大多数情况下是企业最主要的职能，因为大家都知道，一家公司即使有完善的机器设备和制造过程，如果由一批效率低下的干部去经营，也是注定要失败的。”

问题与思考：

1. 法约尔在演说中对管理职能的解释同他后来提出的管理职能有什么不同？
2. 你如何看待法约尔对管理职能重要性的论述？

案例2 利达公司

利达公司是一家经营绩效良好的企业，在前些年有过骄人的业绩。但近几年来，公司的盈利水平不断下降，一个中等规模的企业，盈利水平甚至不如本地一家小型企业。公司上下对此颇感迷惑，人心浮动，企业面临着严峻的考验。

一天，公司总经理把总经理助理赵立实叫到办公室。总经理首先跟他简单地讨论了公司目前的经营状况，明确地表示了对这一现状的担忧。接着，总经理交给小赵一个特殊任务：集中一段时间，深入调查一下造成本企业目前盈利水平下降的主要原因是什么，并提出对策建议。

小赵来这个企业工作时间不长。他过去曾系统学习过管理理论，对古典管理理论与现代管理理论都有较深的研究。他对总经理交办的这个任务高度重视，决心运用所学的管理理论分析并解决本企业实际问题。

小赵首先将目光投向市场，在激烈竞争的今天，市场是决定企业盈利水平最首要的因素。在调查的过程中，小赵了解到，本公司为开拓市场，建立了本地同行业最庞大的营销队伍，而且每年的营销预算都高于同行其他企业，建立了与本地几家最大企业旗鼓相当的市场份额。他觉得营销环节问题不大。接着他调查了本企业产品开发与价格情况，从中了解到，本企业有很强的技术力量，有一支高水平的科技开发队伍。本企业的产品不比同行的产品差，而且价格合理，不高也不低。他也感到困惑，这怎么会造成盈利水平的不断下降呢？

小赵又深入车间了解一线生产情况。生产线运行正常，员工们工作也较为认真。当然，也发现有些员工积极性不是很高，工作节奏较慢。车间主任抱怨道：“去年每个人都涨了一级工资。咱厂在本地工厂中是工资最高的，可是这些工人的积极性一点也没提高。”关于严格管理，他说道：“其实咱厂管理是很严格的，有那么多的管理规章制度。我本人管理也是非常严格的，对于那些迟到早退、生产不合格产品、材料损失浪费的工人从不客气，都狠狠地进行批评。可是这些现象就是屡禁不止，这生产率就是上不去。有的工人好像是在同厂里作对。其实厂子黄了你的饭碗也没了呀！我是没办法了。”小赵还了解到公司的管理机构庞大，管理费用高，产品生产成本也普遍高于同行，据说原材料进价也偏高……

调查的情况千头万绪，小赵决心运用管理理论进行分析，他也似乎觉得在运用泰勒的经济刺激手段与现代行为科学原理之间还有些冲突或需要进一步理顺的地方。

问题与思考：

1. 造成该公司盈利水平下降的原因有哪些？最主要的原因是什么？
2. 如何改善公司目前的状况？

八、辩论题

辩题：对于管理而言，人更重要，还是组织结构更重要？

正方：人更重要

人是管理要素中唯一具有能动特性的要素，而组织结构的设计、优化以及改革都要靠人来完成，组织的正常运作也离不开人。

即使具备良好的组织结构，如果人员素质不高或者能动性不强，还是会在执行领导、沟通以及控制等职能时产生问题。比如，组织人员之间存在严重的沟通障碍，会导致工作信息传递不畅，问题得不到及时处理，从而影响工作效率。可以设想一下，虽然组织结构中的层级结构设计得很科学，但上级与下属之间存在沟通障碍，下级人员不能准确理解上级的真实意图，可能会导致工作结果达不到预期。或者，即使组织结构中平行部门间的合作机制设计得很完善，也同样会由于人员不能胜任或沟通障碍，引发各部门衔接不畅、各自为政，工作难以协调的情况。可见，人的问题是有效管理的关键，只有解决了人的问题，才能解决其他的问题。

反方：组织结构更重要

组织结构会对人能力的发挥产生重要的影响。良好的组织结构能够促进人能力的发挥，而不良的组织结构往往会限制人能力的发挥。

没有组织结构的企业就是一盘散沙，管理起来毫无章程。公司的组织结构图就相当于一张导航地图，有了一份正确的组织结构图，管理者就能更好地掌握运营动态，员工就能更容易了解决策等方面的流程，对职业规划更有信心。

组织结构调整有利于功能的完善，实现战略落地；有利于人才整合，释放资源能量；有利于管理的提升，提高组织绩效；有利于人才的培养，支撑企业发展。

九、经典案例阅读

阅读案例 1　海尔集团的企业文化

海尔集团在 2018 年《财富》杂志世界 500 强榜单中名列第 499 位。作为一家 1984 年才建立起来的国内家电企业，目前在全球拥有五大研发中心，成为全球大型家电第一品牌，其品牌价值超过了 1 500 亿元。

海尔集团的成功，引起了哈佛大学的注意，首先是海尔的案例进入哈佛 MBA 课堂，然后是哈佛邀请张瑞敏亲自到课堂上为学生们现身说法讲海尔。哈佛的学者经过对海尔的反复研究，认为海尔在短时间内能够获得成功，源自于他们的企业文化、价值观和独特的经营理念。

一、海尔的企业精神是敬业报国，追求卓越

敬业报国的核心就是中国传统文化中的诚信，海尔就是要用最好的产品和服务诚信于消费者，诚信于社会，诚信于国家。这是海尔人勤勉敬业、报效国家的体现。追求卓越的核心是创新。同时，海尔集团意识到质量是产品的生命，信誉是企业的根本，产品合格不是标准，用户满意才是目的。

与此同时，海尔集团的工作作风也有了更深的价值取向。“迅速反应，马上行动”是海尔创造比较优势、冲击国际市场的速度利器，以跨越式赶超作为动力。张瑞敏在谈到企业速度的最终反应时，指出企业速度的外部表现是企业新产品开发、对市场的供应和满足消费者需求等方面，而内部表现是企业内部每一个员工的工作效率。这一作风使海尔集团的每一个员工都时刻处在一个积极的工作状态上，以尽可能高的效率完成工作，创造出更多的成绩。海尔集团基于此创造了两个管理理念，一个是“斜坡球论”，另一个就是“日清日高管理法”。“斜坡球论”指的是企业如同一个爬斜坡的球，受到来自市场和内部员工惰性形成的阻力，如果没有一个向上的动力它就会下滑，这个向上的动力就是对员工的管理。“日清日高管理法”也称为“OEC 管理模式”，它的意思就是全方位对所有人每天所做的每件事进行控制和管理。

二、海尔文化价值观的核心是创新

在海尔集团的整个发展中，创新变革一直贯穿其中。张瑞敏说过：“企业一旦站立到创新的浪尖上，维持的办法只有一个，就是要持续创新”。海尔文化以观念创新为先导，以战略创新为方向，以组织创新为保障，以技术创新为手段，以市场创新为目标，持续的创新伴随着海尔从小到大、从大到强、从中国走向世界。比如从“砸冰箱”的名牌战略到“砸仓库”的全球化战略阶段，再到如今“砸组织”的网络化战略阶段，海尔始终不断地创新，人单合一双赢模式体系更是颠覆了传统的管理模式，很好地适应了互联网时代对企业的要求。

三、企业文化最终的目的是要化人

企业文化的形成和发展很大程度上需要靠人。人不仅是形成和发展企业文化的主人，也是将抽象的企业文化、价值观和经营理念通过具体的行为表现出来的载体。所以真正的企业文化应该是获得全体员工的认同，通过潜移默化的教育和熏陶，最终形成员工统一的行动。按照海尔的说法，做好企业首先要做好人。人才是企业的核心竞争优势。人具有主动性，只要为员工创造了合适的条件和环境，员工就会自发地不断适应新环境、新变化，成为取之不尽、用之不竭的企业宝库。为此，海尔制定了许多制度来创造有利于员工发挥能力的环境，如通过公开竞聘上岗、轮岗等制度促进公司内部合理的人才流动。这些制度使每个员工都能发挥自己的长处，实现自身价值，从而积极主动进行创造性的工作。海尔给员工创造“自我设计”的机制，海尔设立了“海尔奖”和“海尔希望奖”，重奖在发明创造中具有突出贡献的人才。正因如此，海尔设计了一种以人为本、以人为中心的文化，在企业内部营造了一种尊重人、信任人、关心人、理解人的氛围，让每个员工都热情投入充满理想色彩的伟大事业，使管理的艺术和心灵的需求更加和谐、完美地统一起来。

四、海尔企业文化的三个层次

企业文化是企业发展的灵魂，而价值观是企业文化的核心内容。海尔集团的企业文化主要有三个层次，外层的文化是物质文化，体现为海尔的发展速度、产品和服务质量等；中间层是制度行为文化；核心层是价值观，即“敬业报国”“追求卓越”“海尔真诚到永远”等精神文化。那么，海尔集团的企业文化如何在实际工作中得到体现呢？为了将企业精神和企业文化转化为文化表象，海尔建立了相应的企业文化物化体系，具体表现在规章制度、企业英雄、行为方式、企业仪式和企业标识五个方面。比如在规章制度方面，明确昭示企业允许和反对的个人和组织的行为，将价值观和原则有效地贯穿到日常的管理制度和流程中，这包括10/10原则和80/20原则。前者指企业中有10%的人工作成绩靠前，10%的人工作成绩靠后，通过用先进者的经验去帮助落后者，以提高整个团队的工作业绩；后者是指关键的少数制约着不那么关键的多数。从管理的角度来看，管理人员是关键的少数，而多数的员工是从属地位的。

可以看出，海尔集团的成功得益于企业的文化管理。海尔的文化管理是基于我国特有的民族文化传统和社会心理，从人的心理和行为特点入手，培养企业组织的共同情感、共同价值，以形成共同的文化，同时密切结合社会的现实，兼收并蓄、创新发展，把企业管理的软要素作为企业管理的中心环节，激发员工的自觉行为，最终达到全面提升管理效率的目的。

阅读案例2　福特汽车的业务流程重组

福特汽车公司是美国三大汽车巨头之一，但是到了21世纪80年代初，福特像许多美国大企业一样面临着日本竞争对手的挑战，正在想方设法削减管理费和各种行政开支。公司位于北美的应付账款部有500多名员工，负责审核并签发供应商供货账单的应付款项。按照传统的观念，这么大一家汽车公司，业务量如此庞大，有500多个员工处理应付账款是非常合情合理的。当时曾有人想到，要设法利用电脑等设备，使办公能实现一定程度的自动化，提高20%的效率就很不错了。

促使福特公司认真考虑“应付账款”工作的是日本马自达汽车公司。马自达公司是福特公司参股的一家公司，尽管规模远小于福特公司，但毕竟有一定的规模了。马自达公司负责应付账款工作的只有5个职员。5∶500，这个比例让福特公司经理再也无法泰然处之了，应付账款部本身只是负责核对“三证”，符则付，不符则查，查清再付。整个工作大体上是围着“三证”转，自动化也帮不了太大的忙。应付账款本身不是一个流程，但采购却是一个业务流程。思绪集中到流程上，重组的火花就渐渐产生了。重组后的业务流程完全改变了应付账款部的工作和应付账款部本身。现在应付账款部只有125人（仅为原来的25%），而且不再负责应付账款的付款授权，这意味着业务流程重组工程为福特公司的应付账款部门节约了75%的人力资源。

业务重组前，应付账款部门的工作就是接收采购部门送来的采购订单副本、仓库的收货单和供应商的发票，然后将3类票据在一起进行核对，查看其中的14项数据是否相符。绝大部分工作时间被耗费在这14项数据由于种种原因造成的不相符上。业务处理流程如图2-1所示。

业务重组后，应付账款部门不再需要发票，需要核实的数据项减少为三项：零部件名称、数量和供应商代码。采购部门和仓库分别将采购订单和收货确认信息输入计算机系统后，由计算机进行电子数据匹配。最后结果是：应付账款部门的员工减少了75%，而不是原计划的20%。重组后的公司业务流程如图2-2所示。

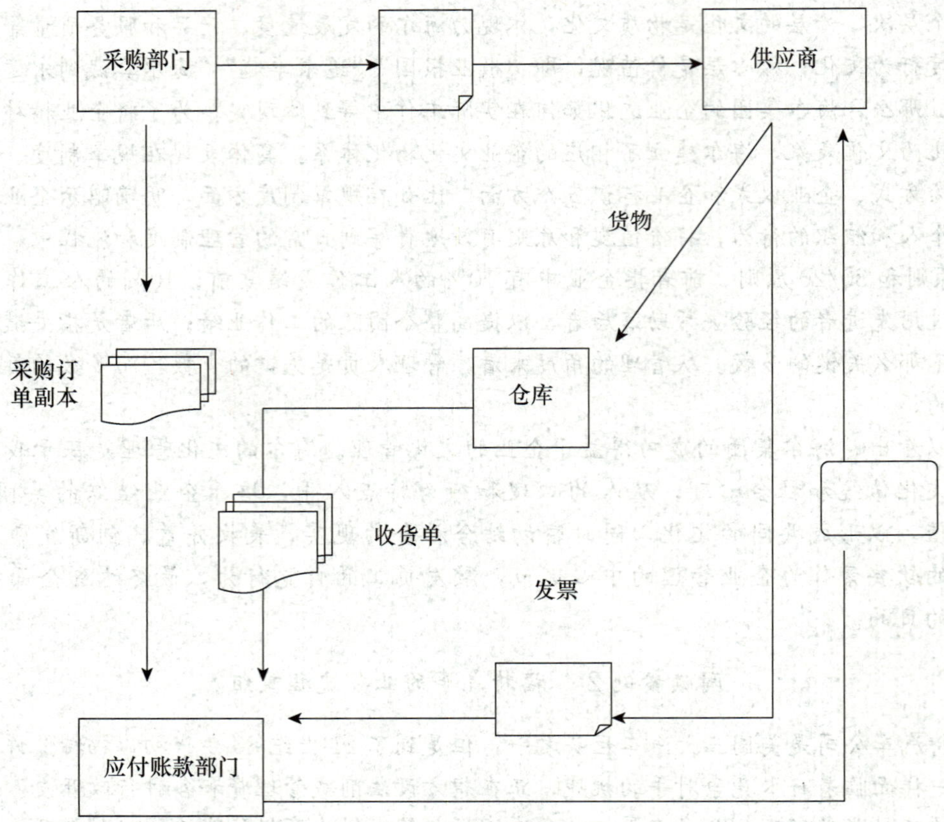

图 2-1　重组前的业务流程图

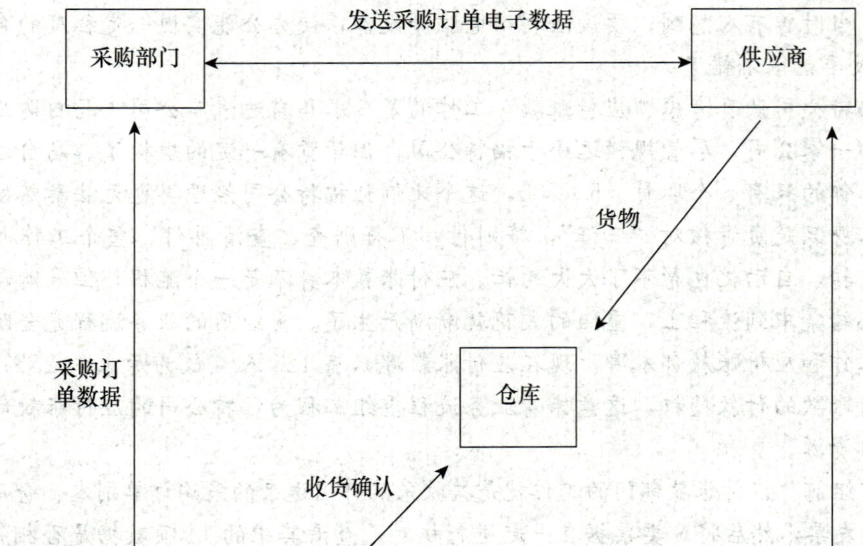

图 2-2　重组后的业务流程图

从福特汽车公司的业务流程重组中我们可以看出，业务流程重组不能仅面向单一部门，而要面向企业全局的业务处理流程。倘若福特公司仅仅重建应付账款部门，那将是徒劳无功的。正确的重组过程应将注意力放在整个物料获取的流程上，其中涉及采购、仓库和应付账款部门，从而才能获得戏剧性改善的成就。

类似的例证还有很多，如IBM信用卡公司（IBM Credit Corporation）通过业务流程重组工程，使信用卡发放周期由原来的7天缩减到4个小时，即提高生产能力100倍；柯达公司对新产品开发实施企业业务流程重组后，把35毫米焦距一次性照相机从产品概念到产品生产所需要的开发时间一下子缩减了50%，从原来的38周降低到19周；一家美国的矿业公司实现了总收入增长30%、市场份额增长20%、成本压缩12%以及工作周期缩短25天的好成绩；欧洲一个零售组织将工作周期缩短了50%，并使生产率提高15%；一家北美化学公司的订单传递时间缩短了50%还多，所节约的成本超过300万美元。

BPR的目标是将生产周期缩短70%，成本降低40%，顾客满意度、产品质量和总收入均提高40%。

（注：BRP，business process reengineering，业务流程优化）

十、推荐阅读书籍

1.［英］斯图尔特·克雷纳著，闾佳译，《管理百年》，中国人民大学出版社，2013年版

斯图尔特·克雷纳，管理史专家、记者，常年从事商业新闻报道。全球管理思想者排行榜Thinkers50创始人，该榜已创立12年，每年评选一次，被誉为全球先进管理思想的风向标。

《管理百年》这部管理学经典著作，从现代管理学史出发，以百年的时间为节点，用简洁而又生动的叙述，梳理了20世纪这个管理黄金时代中管理理论及实践的清晰脉络，揭示出管理未来的重要线索，展示了西方企业的实践，以及企业家们100多年来突破性的理念和不断自我颠覆的创意创新思维。

书中对每位大师的介绍包括3个部分：管理大师的生平及事迹；管理大师的思想观点和贡献；总结与评价。读者可以启迪思考，指导实践，提升自我。

2.［美］彼得·德鲁克著，王永贵译，《管理：使命、责任、实务》，机械工业出版社，2009年版

《管理：使命、责任、实务》（共3册，分别为使命篇、责任篇和实务篇）浓缩了德鲁克几十年知识经验与管理思考，以其简洁而浓缩的书名道出了管理学的真谛——使命、责任和实务，被学术界认为是一套面向管理者（工商企业与机构组织）的系统化管理手册，也是面向学生和有志于管理工作的仁人志士的系统化教科书。

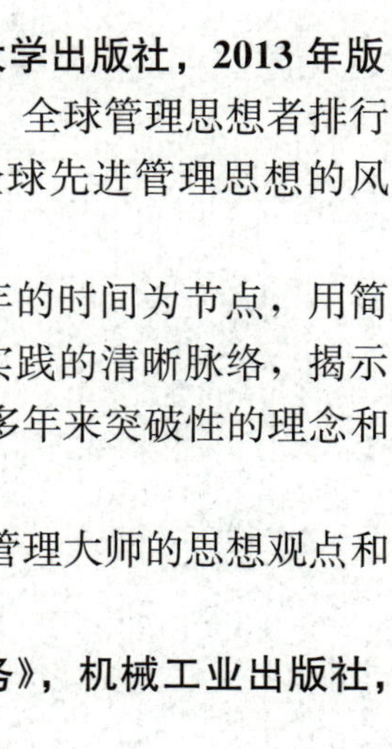

《管理：使命、责任、实务（实务篇）》围绕经营绩效、服务机构的绩效、卓有成效的工作和有所成就的员工、社会影响和社会责任、管理者的工作、管理技能与组织管理、高层管理者的任务与组织、战略与结构等，系统探讨和揭示了企业使命、企业责任、员工责任、员工资产、知识工作者、目标管理、管理分权、组织设计、

规模、多国公司、成长和创新型组织等方面的问题。

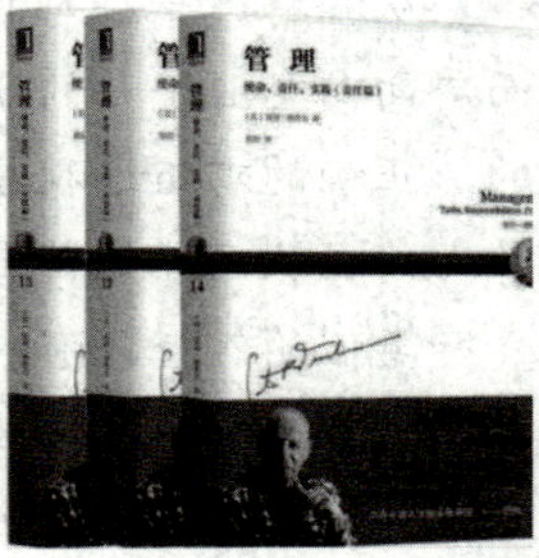

3. ［美］肯·史密斯等编著，徐飞、路琳、苏依依译，《管理学中的伟大思想：经典理论的开发历程》，北京大学出版社，2016年版

肯·史密斯，马里兰大学帕克分校史密斯商学院企业战略院长、讲习教授。在战略、竞争和合作领域，史密斯教授在国际顶级期刊上发表了许多学术论文，并出版了多部专著。

该书主编邀约了管理学 24 大经典理论的 32 位原创学者，请这些作者回溯令他们功成名就且构成了管理学发展路径重要里程碑的理论是如何开发并演化的。书中 24 条理论各自独立成章，整体上共同揭示了理论开发过程中重要的问题。本书集现代管理学研究中较为活跃的管理思想之大成，为深入了解这些理论的主要内容、适用范围以及背后逻辑的读者提供了极大便利，适合正在进行管理学学习和研究的青年学者及学生。

第三章

决策与决策过程

一、名词解释

1. 决策　2. 决策的主体　3. 不确定性情景　4. 确定型决策
5. 风险型决策　6. 不确定型决策　7. 程序化决策　8. 非程序化决策
9. 乐观准则　10. 悲观准则　11. 等概率准则　12. 最小后悔准则

二、单项选择题

1. 决策是工作和日常生活中经常进行的活动，但人们对其含义的理解不尽相同，你认为以下哪种理解较完整？（　　）

A. 出主意　B. 拿主意
C. 既出主意又拿主意　D. 评价各种主意

2. 共享单车既符合绿色出行的环保理念，又解决了市民出行“最后一公里”的问题，被广大消费者普遍接受。小蓝共享单车的采购经理正在对照各个供应商提供的价目表为上一个季度损耗的 5 000 辆单车进行补充采购决策。他做的是哪种决策？（　　）

A. 确定型决策　B. 不确定型决策
C. 风险型决策　D. 非程序化决策

3. 新一轮招聘录用工作结束后，人事经理小明按照公司的薪酬制度及标准为新进员工设定工资收入金额。他做的是（　　）。

A. 程序化决策　B. 非程序化决策　C. 风险型决策　D. 不确定型决策

4. 面对日益复杂的外部境况，很多企业将研发、生产、营销和财务等相关人员共同组成新产品开发团队，更多的是依靠（　　）。

A. 多目标协调　B. 集体智慧　C. 动态规划　D. 下级意见

5. 库存量保持在什么水平，何时支付货款，何时收回货款，这些与组织的日常运营活动相关的决策绝大多数属于（　　）。

A. 程序化决策　B. 非程序化决策　C. 风险型决策　D. 不确定型决策

6. 常规性、例行性、重复性决策被称为（　　）。

A. 非程序化决策　B. 程序化决策　C. 结构化决策　D. 满足化决策

7. 政策、程序和规则能帮助管理者应对（　　）。

A. 非程序化决策　B. 程序化决策　C. 结构化决策　D. 创新性决策

8. 从上年度的财务和市场分析报告来看，韩梅梅领导的团队销售收入高、利润水平可观、市场成长快，是明星产品团队；李雷领导的团队虽然利润水平一般、市场成长慢，但是排名首位的市场占有率和销售收入保证了企业的现金流，是金牛产品团队。新的一年，如何为两个团队制定资源配置计划，合理分配资金人员等，属于（　　）。

A. 非程序化决策　B. 程序化决策　C. 结构化决策　D. 创新性决策

9. 投资一项新技术、开发一种新产品，开展一场新的促销活动，进入一个新的市场，进行国际扩张，都属于（　　）。

A. 程序化决策　B. 非程序化决策　C. 结构化决策　D. 创新性决策

10. 进行不确定型决策的时候，决策与结果之间的关系是（　　）。

A. 好的决策一定产生好的结果　B. 坏的决策一定产生坏的结果

C. 坏的决策一定产生好的结果　D. 好的决策不一定产生好的结果

11. 群体决策既有其优点也有缺点，必须根据具体情况选用。在（　　）情况下通常不采取群体决策。

A. 确定长期投资于哪一种股票　B. 决定一个重要副手的工作安排

C. 选择某种新产品的上市时机　D. 签署一项产品销售合同

12. 决策过程的第一步是（　　）。

A. 确定目标　B. 识别问题　C. 诊断原因　D. 拟定方案

13. 现状与预期结果之间的偏离被称为（　　）。

A. 目标　B. 问题　C. 挑战　D. 决策

14. 新产品团队就如何推广即将上市的速食米饭项目进行头脑风暴。参会人员将各自的观点尽可能多地表达出来，而不去评估可行性和可操作性。他们处于决策过程的（　　）阶段。

A. 形成备选方案　B. 分析备选方案

C. 确定决策标准　D. 选择一个方案

15. 在决策制定过程中，实施备选方案必须（　　）。

A. 确保管理者的个人利益最大化

B. 采用统一客观的量化标准进行衡量

C. 对各个备选方案进行风险识别

D. 对环境进行重新评估，为新问题制定备选方案

16. 我们每个人的思想和行为都受到个人世界观模式的制约。在（　　）阶段，需要我们彻底放弃固有的思维定势，寻找全新的思维方式和独特的视角来解决问题或者利用机遇。

A. 确定目标　B. 诊断原因

C. 制定备选方案　D. 评估备选方案

17. 在提出各种备选方案之后，决策者需要（　　）。

A. 确保管理者的个人利益最大化

B. 采用统一客观的量化标准进行衡量

C. 与参与实施的管理人员进行沟通

D. 对环境进行重新评估，为新问题制定备选方案

18. 决策决定的是未来，而未来原本就是不确定的。以下关于“不确定性”的表述正确的是（　　）。

A. 根据业内专家的建议，这项新技术成功的可能性非常大

B. 根据我们以往的销售经验，这项新技术能大大提高市场占有率

C. 根据人力资源部门的预估，这项新技术的人员招募存在很大问题

D. 根据所收集信息和三位业内专家的专业估算，这项新技术成功的概率为 40%

19. 根据决策的重要性原则，战略决策为组织最重要的决策，通常占用组织更多的资源和决策者大量的时间。以下不属于战略决策的是哪一项。（　　）

A. 天气预报说下午有暴雨，我是骑车还是开车去上班？要不要带伞？要不要提前下班？

B. 今年的影视制作费是 9 000 万元，但是有 10 个好剧本，应该投哪个？

C. 我们应该放弃目前的技术，开发新技术吗？

D. 公司产能跟不上规模扩张，是引进设备扩大生产力，还是将部分生产外包？

20. 一个农业公司为即将到来的季节选择农作物和家畜的种养组合，需要考虑：天气状况如何？市场价格趋势怎样？成本会是多少？他们进行的是（　　）。

A. 确定型决策　　B. 风险型决策

C. 不确定型决策　　D. 非理性决策

三、多项选择题

1. 广义的决策包括（　　）。

A. 决策的前提　　B. 决策的行为　　C. 决策的条件　　D. 方案的比较

E. 决策的结果

2. 不确定性情境下，决策方案选择的基本准则是（　　）。

A. 乐观准则　　B. 悲观准则　　C. 等概率准则　　D. 最小后悔准则

3. 决策的特征有（　　）。

A. 目标性　　B. 可行性　　C. 不可选择性　　D. 动态性

E. 创造性

4. 决策的主体是决策的核心要素，可以是（　　）。

A. 部门经理　　B. 一线管理者　　C. 董事会　　D. 技术工程师

5. 决策者可以从以下（　　）方面评价和选择备选方案。

A. 行动方案的可行性

B. 所需资金和其他资源是否与组织的战略和内部政策保持一致

C. 行动方案的有效性和满意程度

D. 行动方案在组织中产生的结果

6. 决策的要素主要包括（　　）。

A. 决策主体　　B. 决策制度　　C. 决策方案　　D. 组织目标

E. 不确定性情景

7. 评价决策是否有效需要考虑（　　）。

A. 决策的合理性　　B. 决策的可接受性

C. 决策的时效性　　D. 决策的经济性

8. 下列属于例外问题的有（　　）。

A. 如何分配组织资源　　B. 如何处理有问题产品

C. 新进员工工资标准　　D. 竞争对手可能推出新产品

9. 集体决策的优点有（　　）。

A. 集中不同领域专家智慧

B. 利用更多知识优势和信息

C. 不同背景、经验成员多角度分析问题、解决问题

D. 得到普遍认同，有利于决策的实施

10. 影响决策的因素很多，主要包括（　　）。

A. 环境因素　　B. 组织文化

C. 组织的历史　　D. 决策者对风险的态度

E. 决策者的知识与业务能力

11. 下列关于决策任务的表述正确的是（　　）。

A. 从组织外部视角看，决策的任务是增强核心竞争优势

B. 从组织内部视角看，决策的任务还包括调整和优化组织管理体系

C. 从外部环境视角看，决策的任务是让组织灵活适应外部环境的变化

D. 从未来发展的角度看，决策的任务是保持组织的创业精神

12. 提高决策效率和效果的原则包括（　　）。

A. 乐观原则　　B. 重要性原则　　C. 准确性原则　　D. 灵活性原则

E. 等概率原则

13. 决策者通常可以从以下哪几个方面评价和选择备选方案？（　　）

A. 实施该方案所要求的资金和其他资源是否满足

B. 与组织的战略和内部政策是否一致

C. 员工是否能全身心地投入决策的实施过程中

D. 行动方案的有效性和满意程度

E. 方案本身的可能结果及其对其他部门以及组织未来可能造成的影响

四、判断题

1. 决策主体是决策过程的核心要素，必须是单个决策者进行决策。（　　）

2. 管理研究与管理实践中不断发展形成的科学决策方法，在很大程度上是将风险型问题和不确定型问题转化成了确定型问题，从而有利于做出科学决策。（　　）

3. 随着管理者在组织中地位的提高，所面临的程序化决策的数量和重要性都逐步提高，进行程序化决策的能力也变得越来越重要。（　　）

4. 决策者面临的多数重要问题，如怎样分配组织资源，如何处理有问题产品，如何改

善社区关系等，都属于程序化决策。(　　)

5. 群体决策存在速度慢、效率低的问题。(　　)

6. 从外部环境视角来看，决策的任务是让组织灵活地适应外部环境的各种变化。(　　)

7. 程序化决策涉及的是例外问题，非程序化决策涉及的是例行问题。(　　)

8. 决策是一个过程，有明确的起点，也有真正的终点。(　　)

9. 决策是对组织的未来实践活动的方向、目标、原则、方法所做的决定。(　　)

10. 不确定型决策的正确性与决策者个人因素有很大的关系。(　　)

11. 决策是有一定顺序的、条理化的过程，而不是在瞬间选定某一方案的单纯决断。(　　)

12. 组织的决策很少受到过去决策的影响。(　　)

13. 组织决策应该在外部环境与内部条件结合研究和寻求动态平衡的基础上做出。(　　)

14. 决策受决策者特点影响，不受组织文化的影响。(　　)

15. 识别问题是决策的起点，解决问题是决策的目的。(　　)

16. 群体决策会产生决策目标偏离组织目标而偏向个人目标的情况，所以最好不使用群体决策。(　　)

17. 如果外部条件不可预测，或缺少必要信息，不能对备选方案及其可能结果进行确切估计，就不能进行决策。(　　)

18. 目标能够指导决策者选择合适的行动路线，因此决策过程的第一步是识别目标。(　　)

五、简述题

1. 为什么决策经常被认为是管理者的工作本质？
2. 决策的要素有哪些？
3. 决策的功能和任务是什么？
4. 从环境因素的可控程度来看，决策问题可以分为哪三种类型？
5. 从决策所涉及问题的重复发生情况来看，决策可以分为哪两种类型？
6. 简述群体决策的优缺点。
7. 简述一般的决策过程。
8. 决策的影响因素有哪些？
9. 提高决策效率和效果的原则有哪些？
10. 不确定情境下决策方案选择的准则有哪些？

六、论述题

1. 结合具体实例，论述影响组织决策的因素。
2. 选择一个你最近做出并且结果对你具有重要影响力的决策，比如：报考哪所大学？

未来是继续深造还是准备就业？运用你在本章学到的知识，分析你的决策方式。

七、案例分析题

案例1　失踪的弹孔

第二次世界大战期间，美国军方组织美国著名统计学家们在哥伦比亚大学建立了一个叫做统计研究小组的秘密研究团队。这个团队的任务是协助军方进行战略决策分析，为赢取第二次世界大战的胜利服务。这个小组里牛人无数，比如，我们熟悉的控制论创始人诺伯特·维纳（Norbert Wiener），还有后来得了诺贝尔经济学奖的米尔顿·弗里德曼。不过，在这个牛人无数的小组中，天赋最高的并不是他们，而是一位叫亚伯拉罕·瓦尔德（Abraham Wald）的数学家。

有一次，军方给这群数学家们出了一道题。在打仗的时候，为了不被敌人的战斗机击落，需要给飞机装上装甲来加强防御性能。但是，装甲防护会增加飞机的重量，因而减弱飞机的机动性，还会消耗更多的燃油。因此，需要解决的问题是，怎样在防御性能和飞行性能之间找一个平衡点。军方希望数学家帮忙找到加强装甲防护最合适的部位。

军方给数学家提供了很多数据。美军的飞机与敌军的飞机交火后返回基地，会留下来很多弹孔。军方发现，在返航的飞机上，机身上的弹孔比引擎上的弹孔更多。因此，军方认为，最应该加强防御的是飞机的机身。他们想让统计学家研究一下，为了保护飞机，机身需要增加多少装甲。

瓦尔德给出的答案却与军方最初的想法大不一样。瓦尔德认为，需要加装装甲的地方不应该是弹孔多的部位，而应该是弹孔少的部位，也就是飞机的引擎。为什么会是这样呢？我们先从一个理论假设来看。从理论上来说，飞机各个部位中弹的概率应该是一样的。那么，为什么返航的飞机机身上的弹孔比引擎上的弹孔更多呢？换言之，引擎上本来应该有的弹孔去哪里了？瓦尔德认为，这是因为引擎被击中的飞机都坠毁了。回来的飞机，机身上尽管留下了很多弹孔，却仍然能够经得住打击，所以才能安全返航。打个比方来说，如果我们到战地医院去统计受伤的士兵，你会发现，腿部中弹的士兵肯定比脑部中弹的士兵要多。脑部中弹的士兵很少能够活下来，腿部中弹的士兵才有更大的存活概率。

瓦尔德拥有的空战知识肯定不如美军的军官，但他却能看到军官们无法看到的问题。

问题与思考：

1. 军官们犯错误的原因是什么？从决策过程来看，是哪一步出的问题？
2. 在日常生活中，我们能够从这个故事学到什么呢？

案例2　芭比娃娃的冒险

人生紧要处可能就那几步。在紧要关头的关键几步，如果敢打敢拼，能冲上去，或许就能开启一段辉煌的人生。

今天的案例——芭比娃娃，她的创始人露丝·汉德勒就是个在决策的时候抑制不住冲动能冲上去的人。芭比娃娃的历史上，几次大成功都是大冒险，而且都赌上了全部身家。

芭比娃娃的前身叫做“丽莉娃娃”，是德国一部流行漫画中的人物，丰满性感。在芭比娃娃诞生之前，美国市场上给小女孩玩的玩具大多是可爱的小天使，圆乎乎、胖乎乎的，类似著名童星秀兰·邓波尔的银幕形象。这是大人对孩子们玩具的想象。但从大孩子们的兴趣来看，这种玩具却略显“幼稚”。根据自己丰富的市场经验以及对大孩子们的了解，露丝认为，孩子们玩过家家的时候喜欢扮演爸爸妈妈，正是芭比娃娃的成人身材能够担任的玩具形象。但是，做出购买决策的是孩子的爸爸妈妈，他们会不会给孩子购买呢？我们都知道，那个年代还是相当保守的，家长会给孩子买一个芭比娃娃吗？这真是个问题。

更大的问题是，芭比娃娃的生产厂商已经是一家有一定影响力的企业。如果按照“丽莉娃娃”的形象推出一款新产品，会不会面临着被指责为“不正经”的风险？甚至，公司原来的业务都有可能受到拖累。当时是选择直接推出芭比娃娃，还是保持原有的业务不动，另起炉灶新开一个企业？公司的很多管理者担心失败，都赞成新开一个。因为按照当时的情况，如果失败，公司基本上就没有翻盘的机会了。但是露丝·汉德勒在这种时候顶住了各方压力，一咬牙就直接推出芭比娃娃。后来虽然有波折，但基本上成功了，公司也由此上了一个大台阶。

公司的第二次冒险发生在1955年。因为芭比娃娃获得了成功，美国广播公司就来找芭比娃娃赞助一款节目，也就是做电视广告。那时电视刚刚进入家庭，整个社会还没有利用电视打广告的意识，所以，电视广告这个提议提出来时，也让露丝·汉德勒非常震惊。这里面有两个大问题：第一，赞助电视节目的花费太高，一年的费用就相当于公司的净资产。换句话说，如果这个决策失误，芭比娃娃就有可能倾家荡产。第二，电视上打广告，是在每个星期播节目的时候打广告。但是，玩具这种消费品只有在圣诞节之前的6周才会出现大量订单，那么，广告效果能不能持续那么久呢？可以说这又是一场大赌。这里面存在4个说不清：

- 电视还没有普及，电视广告有没有效果说不清；
- 电视节目好不好看，收视率高不高说不清；
- 看了广告的人，能不能记住说不清；
- 就算记住了，在圣诞节的促销季，能有多少人去买芭比娃娃，还是说不清。

露丝·汉德勒就是在这一大堆说不清的基础上，一咬牙做了广告。更加令我们震惊的是，你知道露丝从接到电话到决定做广告的思考时间是多久吗？只有45分钟！

在决策的过程中，企业家和管理者所参考的决策参数以及决策风格往往差异非常大。

问题与思考：

1. 做出购买决策的是孩子的爸爸妈妈。在那个相当保守的年代，家长会给孩子买一个芭比娃娃吗？请简述你的理由。

2. 只用了45分钟就做出一个有可能导致公司难以为继、最终破产的决策，露丝是非理性的吗？

八、辩论题

辩题：个体决策优于群体决策，还是群体决策优于个体决策？

正方：个体决策优于群体决策

个体决策主要靠个人的价值观、知识、经验以及个人所掌握的情报信息进行决策。

无论政界的暴君和独裁者在民主风潮此起彼伏之际如何惨遭唾弃和谴责，在企业界，行事果断的独裁管理者依然有其施展的空间和发挥的余地。纵观历史上诸多成就斐然的企业家和管理者，从亨利·福特到杰克·韦尔奇，他们的管理方式往往相当的独裁，但却造就了令人叹为观止的辉煌业绩。

反方：群体决策优于个体决策

群体决策研究如何将一群个体中每一成员对某类事物的偏好汇集成群体偏好，以使该群体对此类事物中的所有事物做出优劣排序或从中选优。

随着互联网革命的风起云涌，尤其是移动互联网时代的强势来袭，出现了互动性和参与性很强的决策方法，即广义的群体决策。2009 年，美国国防高级研究项目署召开网络挑战比赛“气球项目”。来自麻省理工学院媒体实验室的参赛团队，基于众包的思路，巧妙利用 Facebook 和 Twitter 等社交网络，在 9 个小时内准确获得全部气球的定位，拔得头筹。

九、经典案例阅读

阅读案例 1　京东：“一言堂”成就的商业帝国

京东是一家大型电商公司。更准确地说，是一个以零售为核心业务的平台型公司。

（一）京东的由来

1. 京东多媒体

很多人可能不知道，其实京东的创始人刘强东在 1998 年就开始创业了。那个时候，中国最火的互联网公司叫搜狐，张朝阳刚刚成为《时代》杂志评选的“全球数字精英 50 人”；大洋彼岸的谷歌才刚刚诞生。

准确的创业时间是 1998 年 6 月 18 日。当时 24 岁的刘强东带着工作两年攒下来的 12 000 块钱，在北京中关村租了一个 4 平方米的摊位，开始了自己的创业。当时的京东还叫京东多媒体，主要的业务是给婚纱影楼的视频编辑业务提供硬件和系统。后来公司业务扩大，刘强东开始卖光磁产品、刻录机和录像机。熟悉京东历史的同学们可能知道，很长一段时间，京东主打的产品品类都是 3C 数码产品，这与创始人早期的创业经历有很大关系。

另外，刘强东还把早年创业经历里的一些习惯，像坚持正品、坚持低价、坚持周到服务带到了后来的京东。可以说，这些让京东在中国的电商大潮下存活下来的优秀品质，从刘强东最开始创业的时候就已经深深扎根了。

2. 从线下到线上

在京东创业的早期阶段，刘强东做得最正确的决策还是从线下转到线上，成为一家电商公司。

其实这个转变是有点偶然的。2003 年，北京暴发非典疫情，全城的零售业遭受重创。中关村卖家所有产品都大量积压，京东不到一个月就亏了 800 万。当时公司账面资金只有两三千万，再过两三个月就可能倒闭。

没办法的办法就是京东多媒体的员工开始在网络上发帖子，推销光盘。几年累积的口碑终于派上了用场，很多用户开始找京东订购光盘。此时，刘强东则对互联网产生了巨大的热情。原本连QQ号都没有的人，没日没夜地泡在网上，凌晨四五点还在回帖。

2004年1月1日，京东多媒体网站（www.jdlaser.com）正式上线。

每个伟大的企业都会有一次甚至几次“壮士断腕”的转折，因为商业环境不仅极其复杂还瞬息万变。如果不能迅速地抛弃存量，敢于“归零”的话，企业很容易就被淘汰。

3. 彻底转型电商

在2004年，京东线上业务的增速远远高于线下。尝到了互联网甜头的刘强东想要把公司线下柜台全部关掉，专注发展线上业务。

现在看来，这个决定非常正确。但对于当时的京东来说，2003年已经有八九千万的销售额，按照规划未来可以开到500个门店，业绩再翻几倍。放着眼前的钱不挣，去搞一个未必有前途的电商，风险其实挺大的。而且那个时候线下零售发展也很快速，例如全国最火的企业是苏宁、国美等电器巨头，而他们在忙着干什么呢？全国跑马圈地，快速开店。

这个想法一说出来，立即受到很多员工的怀疑和反对。作为创业公司创始人刘强东“独断专行”，决定撤掉线下业务，全力发展线上电商。

刘强东在京东的历史上有过几次这样“独断专行”的决策，最终都证明是正确的。当然，在更多的案例里，这种“独断专行”带来的却是灾难。可能这就是伟大的企业家和平庸的企业家的区别吧！

（二）京东的发展壮大

京东度过了早期最关键的创业期。它真正的大发展，还要等到2007年，京东获得第一笔融资之后。

如果说1998—2006年是京东打基础的原始积累阶段的话，那么从2007年开始，京东就借由资本的力量打开了一个新世界，成为了一个全品类综合性的电商公司。真正让京东脱颖而出的，也是让京东成为京东的，或者用商业的语言说，让京东建立起核心竞争力和护城河的，还是2007年的这次“自建仓配一体的物流体系”的战略决策。当时几乎所有人都不同意刘强东的想法，哪怕是最支持他了解他的投资人徐新。

很多人都说京东当初自建物流是为了改善用户体验，这一点没错。当时，一半以上的客户投诉都是到货慢，或者货摔坏了，都跟物流相关。在那个物流行业还是第三方天下的年代，野蛮卸货装货的现象很严重，这对以3C数码产品为主的京东影响很大。另外，也由于数码产品的价值比较高，包裹丢失的情况也时有发生。

后来，刘强东自己解释过为什么要自建物流。他是这么说的：

“如果只是为用户体验，可以不这么做。怎么做？全国700个城市，每个城市都建一个巨大的库房，能备多少货备多少，发货全部用顺丰。顺丰服务很不错，消费者在任何时候下单都有货，再加上顺丰这么快的送货速度，用户体验不好吗？可能比今天的京东还要好，但是能够成功吗？非常显然是不可以成功的，因为成本是支撑不住的。成本失控了，效率也不行，因为没备更多货，就需要更多现金流去备大量的货。”

“有一个基本的概念很多人都不理解，就是现金流，一家盈利的企业可能会倒闭，一家亏损但是现金流为正的企业可能不会倒闭。700个库房如果效率很差，给你5 000个亿都不够。所以京东打造物流系统，在前端给客户提供最佳体验的同时，我们后端也有很大的诉求，就是希望降低整个物流成本。我们自建物流的时候，看到中国一个巨大的机会，这个机会基于以下三个原因：

第一，中国没有UPS，没有Fedex，所以给了我们机会。

第二，中国的物流成本奇高无比。到2013年的时候，我们国家就公布过，全年中国的物流成本占我们GDP的17%～18%，实际上你可以把它等同于损耗，等同于浪费。在我们整个国家企业利润这么微薄的情况下，物流成本居然这么高。而欧洲只有6%～7%，日本是5%～6%，人家的物流成本比我们低10%。

第三，服务。因为中国过去的快递发展虽然非常迅速，但是服务品质比较低，加盟商和集团公司的利益其实是相违背的，二者利益不一致，加盟者希望多收单，因为快递公司给快递员结算，送件是义务，收件才是赚钱的。

所以中国快递发展成加盟模式，给快递造成了巨大的服务隐患，我分析了各种各样的情况，在中国长期来讲，所有的服务行业，如果做加盟的话，初期发展速度很快，你能够赚很多的钱，但这种商业模式我都不看好，今天出现一个，没了，明天出现一个又没了，因为这有违消费者的利益。”

这就是刘强东对为什么要自建物流做出的回应，现在来听这段发言，会觉得京东的这个战略决策非常正确。尤其是这个壁垒一旦建立起来，成型、成规模的物流体系就构成了一条巨大的护城河。而目前的局面就是这样，大家一提到京东，就会提到它的快递和物流体验。

在2017年4月，京东宣布组建京东物流子集团，京东物流将正式开始独立运营。未来，京东商城也只是京东物流的一个客户，而京东物流还会服务千千万万第三方商家和客户。

（三）刘强东的“一意孤行”

自建物流的决策发生于2007年。在年初，京东刚拿到第一轮今日资本的1 000万美元融资，年收入还不到5个亿。刘强东在董事会提出自建物流的计划，预算为10亿美元。投资人做了一些基本的计算：京东如果投资仓配一体的物流，一个城市一天送20单肯定亏钱，一天送2 000单才能盈亏平衡，但当时京东全国一天的单量也不过是3 000多。从20单到2 000单需要很长时间，快的城市可能要9个月，有的可能需要两年，甚至更长。这种长时间亏损京东受得了吗？尤其在2008年，金融危机爆发，京东整个融资都非常困难，谈这么大的理想是不是有点太激进了？

但好在董事会没有特别激烈地反对刘强东，而是慢慢支持他把这件事做起来了。后来刘强东也碰到了非常理解自己的知己张磊和高瓴资本，最终大家合力，把梦想变成了现实。

商业世界很多时候就是成王败寇。如果刘强东没有融到雄牛资本的1 200万美元，加上今日资本和梁伯韬追加的800万美元和100万美元，可能当时他的“梦想”就成了笑话。但是，不得不佩服刘强东的战略眼光，他很早就判断出在中国搭建一个物流体系的必要性和战略性，尤其是对于很多四、五线城市，京东的物流网络渗透得更好。因为县级市场经济水平比巨大型都市和省会城市低，但网购支出金额、频率、占比反而超过大都市。毕竟在这些地方，商业不发达，很多商品买不到，或者价高质次，或者假冒伪劣，这些地区对于电商的需求更高。所以当时京东的那句“以京东现有仓储布局为中心，横向面向中西部省份，纵向面向三、四线城市、城镇乃至农村县乡拓展物流布局”的口号，是非常准确的。

阅读案例2　硅谷文化的奠基者——英特尔公司

（一）英特尔公司的介绍

英特尔诞生于20世纪60年代。它的诞生，催生了硅谷地区的出现和发展，也是硅谷这个“地名”的由来。

2008年，全球经济陷入严重衰退。在当时，做好了应对衰退准备的公司数量极少。多数公司回应不景气的唯一办法是专注于短期的生存问题，然而，英特尔公司（Intel）的首席执行官鲍尔·欧德宁（Paul Otellini）却在2009年初提出，公司将投资70亿美元用于升级改造位于美国的制造工厂，而不是采用取消所有长期计划的方式应对经济衰退。这次升级改造是为了帮助公司恢复在成熟的PC行业的销售，同时引导公司走向新的、处于成长阶段的市场。欧德宁承诺了一个多元化的机会，希望新型凌动（Atom）系列微处理器产品能够工作于任何需要处理能力的设备，同时，借助网络电视或现金注册的便携上网本电脑等设备进军互联网。

提到硅谷精神，首先进入脑海的一般会是崇尚科学与技术、尊重最优秀的人才、与最优秀的人才一起工作，以及相信小公司、小企业也能改变世界。实际上这些精神正是由英特尔创立并发扬光大的。英特尔的开创性与奠基性，给之后层出不穷的科技公司定下这种基调。不管是苹果、谷歌、微软、脸书，还是特斯拉这种现象级的公司，或多或少都有英特尔的影子。

英特尔的管理思想，很大程度上都是通过一个人呈现的，那就是安迪·格鲁夫——硅谷公认的“最伟大的管理者”，可能没有之一。在2016年3月，格鲁夫去世的时候，传奇创业者和投资人马克·安德森（Marc Andreessen）说：“安息吧，格鲁夫。你是硅谷有史以来最优秀的企业家，很可能未来也是。”

直到现在，硅谷所有的企业家和创业者还在学习格鲁夫的管理思想。这种学习主要是通过两本著作，一本是《格鲁夫给经理人的第一课》（High Output Management）；另一本是《只有偏执狂才能生存》（Only The Paranoid Survive）。这两本书早已是管理学领域的经典著作。

关于半导体行业，有一个很重要的背景——这个行业其实是整个人类历史二百万年来，第一个能以指数级速度发展的行业。同时，科技行业本身波动性很大。这意味着历史上没有人知道在这样迅速发展的行业里，应该怎样管理公司。在英特尔短短五十年的历史里，面临着无数次的行业崩溃、资本寒冬、大裁员、战略转型，等等，曾无数次站在巨大的失败边缘，或者面临马上就要破产的危机。但是，每一次面临生死抉择的时候，如果英特尔有两个选择，一个是收紧投资，先度过寒冬再说；另一个是，继续拼命加大投资，保证摩尔定律依然成立，而它，最终都选择了捍卫摩尔定律本身。神奇的是，这样的赌注恰恰让英特尔无数次在危机中绝处逢生，最终再铸辉煌。带领英特尔走出这些最动荡历史时刻的，是格鲁夫凶悍的管理风格。

（二）英特尔的两个经典商业决策

英特尔历史上第一个经典商业决策发生在20世纪80年代初左右。当时半导体行业远远供过于求，整个行业都在洗牌，大家都推迟新品开发、削减费用，英特尔的日子同样很惨。所有迹象都表明此时公司应该保守谨慎，度过寒冬。然而，刚刚担任公司CEO职位的格鲁夫不仅没有依靠削减费用或者裁员来节省成本，反而大举投资新建工厂，并且一举推出四款新的处理器。然后，还在公司内部宣布一个后来恶名昭彰的所谓“125% 解决方案”。

这是什么意思呢？就是格鲁夫要求从 1981 年 10 月开始的 6 个月里，每个员工每天额外工作两小时，但没有任何报酬。可能科技公司的加班文化就是从那个时候开始的。另外，英特尔还卖了 12%价值 2.5 亿美金的股份给 IBM。这一套组合拳下来，英特尔不但度过了危机，还彻底打败了一众保守的竞争对手，稳稳地占领了行业统治地位。要知道，这只是格鲁夫接任 CEO 的第一年。

英特尔历史上第二个重要的商业决策更加著名——战略转型。

如今人们提起“企业转型”这个话题时，英特尔的这个案例仍然是被引用最多，也最津津乐道的。

1984 年前后，英特尔有两个核心业务：存储器和微处理器。英特尔从诞生伊始就是一家存储器公司，当时由于日本厂商一直在打价格战，存储器业务处于亏损状态。至于微处理器业务在当时还没有任何迹象表明未来能变成一个几万亿美元的大市场，公司只是顺手做一下。

于是英特尔面临一个重要的抉择：一边是公司创立伊始就建立的核心业务，但是现在亏损；另一边是新业务，体量很小，未来不确定。作为公司的管理者，你会怎么选？

格鲁夫后来回忆也说，关于要不要关停存储器业务，他们吵了很多次。大家不停地开会、争吵、辩论，最后还是达不成统一意见。为什么当时的英特尔如此犹豫呢？主要有三个原因：

第一，存储器业务不仅是一个贡献收入的业务，还是英特尔的技术核心。公司新研发出来的所有技术，都会先放在存储器上测试；

第二，英特尔一直有一个“全产品线”的信条。它认为一条完整的产品线，有助于帮助销售人员面对客户，拿下订单；

第三，可能也是最关键的一点，存储器是英特尔的骄傲。创始人诺伊斯和格鲁夫都不想看着公司起家的核心业务在他们的带领下关闭。这对他们来说实在是太失败了。

格鲁夫在《只有偏执狂才能生存》这本书里还提到了一个小插曲：

有一次在拜访工厂的时候，一名基层员工得知公司要关停存储器业务，于是特别不满地问格鲁夫说，你觉得不生产存储器的英特尔还是英特尔吗？格鲁夫当时特别生气，但只能忍着。

直到 1985 年，格鲁夫和摩尔在他的办公室里还在讨论，心情非常惆怅。突然，格鲁夫望着窗外，问出了企业管理学史上非常经典的一个问题，他说：

“如果我们现在被踢出公司，董事会招来一个新的 CEO。你觉得新的 CEO 第一件事会做什么？”

摩尔说：“他会退出存储器业务。”

格鲁夫看着摩尔说：“那为什么我们不能自己这样做呢？”

就这样，英特尔彻底关停了带领公司创造一个又一个辉煌的存储器业务，并且裁掉了 7 200 个职位，几乎是公司总人数的 1/3，而且绝大多数都是表现很好的员工。后来，一个董事会成员在投票的时候说，“这是我担任董事会成员之后，做过的最令人悲伤的决定。”

但也因为这次痛苦但理性的转型，使得英特尔在之后几十年迎来了连续的辉煌。格鲁夫在这种艰难的时刻，再次做出了正确的选择。这就是英特尔历史上最著名的转型的故事。

2008 年，高通公司（Qualcomm）和德州仪器公司（Texas Instruments）等竞争对手也都采用了由 ARM 控股公司研发、具有竞争对抗性的芯片。该芯片电池电量需求很小。随着笔记本电脑市场的不断增长，电池的使用情况和散热问题正成为电脑销售的关键因素。英特尔需要投入巨资，确保“凌动”系列产品能够赶上 ARM 微处理器的能量效率比。否则，设备制造商可能会从英特尔的竞争对手处购买微处理器。欧德宁坚信全球经济终将复苏，他希望英特尔能够为未来的成长准确定位新市场。

（三）总结

英特尔公司这个绝佳的例子代表了一些公司面对外部环境变化的态度。他们拒绝被糟糕的经济环境所吓倒，反而认真思考并利用环境趋势中的各种机会创造新产品。但是，不断变化的环境也可以伤害一家公司。许多领先公司因为未能适应环境变化已经退出曾经缔造辉煌的行业，或者更糟糕的是，由于未能创造变革已经倒闭。

例如，真空管领先制造商未能向晶体管成功转型，最终失去了市场。伊斯曼·柯达(Eastman Kodak)，化学胶片摄影的先驱者和市场领导者，在向数字化新技术时代艰难过渡的途中轰然倒下，宣布破产。在汽车行业，同样的情况可能即将成真，汽车制造商正在寻找汽油发动机的替代品。

然而，就像任何一枚硬币都有正反两面，失败于对环境的适应只是问题的一方面。英特尔公司的例子告诉我们，不断变化的环境可以在摧毁旧机会的同时创造新机遇。这个教训很简单：要想长期保持成功，一个组织需要与外部环境保持高度的协调一致。在环境所需与企业能提供，以及企业所需与环境能提供之间，必须建立战略性匹配的桥梁纽带。

十、推荐阅读书籍

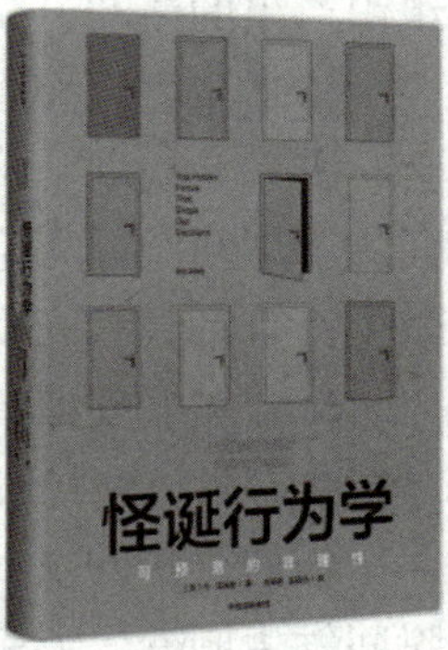

1.［美］丹·艾瑞里著，赵德亮、夏蓓洁译，《怪诞行为学》，中信出版社，2017 年版

丹·艾瑞里（Dan Ariely），美国杜克大学心理学和行为经济学教授，写了一系列畅销书，包括《怪诞行为学：可预测的非理性》《怪诞行为学 2：非理性的积极力量》等。

该书中，丹·艾瑞里带我们进入行为经济学领域，通过一系列实验研究颠覆了人们曾经普遍认同的我们的行为是完全理性的假设。无论是喝什么咖啡、减肥，买一辆车还是谈恋爱，我们的决策行为中总是带有各种非理性。然而，这些非理性的行为既不是随机的，也不是毫无意义的，它们是有系统的、可预测的。本书的观点新颖，具有很强的可读性。

2.［美］托德·G. 布赫霍尔茨著，杨清波译，《繁荣的代价》，中信出版社，2017 年版

作者托德·G. 布赫霍尔茨是哈佛大学经济学教授，著有《经济学的第一堂课》《天才的回声》《永不消逝的经营智慧》等畅销书。

该书通过梳理那些曾经繁荣的超级大国走向衰落的因素，指出经济繁荣的国家其实孕育着五大危机：生育率下降；外来文化冲击本土文化，造成价值观混乱；个人和国家债务不断增加；福利越好，公民越不愿意工作，导致职业道德水平下降；爱国精神消退。这五种力量是经济繁荣的产物，反过来却会摧毁繁荣。

3. ［美］迈克尔·马隆著，黄亚昌译，《三位一体：英特尔传奇》，浙江人民出版社，2015 年版

迈克尔·马隆是硅谷第一大媒体的资深科技记者，对英特尔发展历程了如指掌。

该书揭示了英特尔公司无处不在的产品和独一无二的商业实践背后那些引人入胜的故事——包括将新想法付诸实践的果敢，在外部环境极其艰难困顿的时刻却大胆主动进行投资的魄力，以及维护以戈登·摩尔命名的摩尔定律的虔诚。这一切保证了英特尔的持续成功。英特尔也曾经历起落与成败，但它屹立不倒的关键在于从错误中学习的精神。本书也对摆在公司面前的艰巨挑战进行了分析。

4. ［美］安迪·格鲁夫著，巫宗融译，《格鲁夫给经理人的第一课》，中信出版社，2017 年版

安迪·格鲁夫是英特尔前董事长及 CEO，硅谷公认有影响力的人物之一。

在组织中，中层经理人肩负着承上启下的关键责任，是组织的中流砥柱。但相对于一线员工或是位高权重的高层，中层经理人经常面对超负荷的工作，而且经理人的作用和影响容易被忽视。正因为这些特性，经理人具备同时处理数项管理活动的能力。另外，经理人还需要在有限的时间内，把精力放在促进整个组织产出的活动上。

该书从生产和管理的基本概念入手，深入浅出地讲解了从开会、决策、规划、组织架构，到员工招聘、培训、激励等方方面面的管理问题，无论对于组织的中层管理者，还是学习管理学的学生而言都具有高度的指导意义。

5. ［美］安迪·格鲁夫著，安然、张万伟译，《只有偏执狂才能生存》，中信出版社，2017 年版

任何企业的发展都会走到一个战略转折点，企业的根基会在瞬间发生剧变。如果放任自流，战略转折点的破坏力足以葬送一家“好好的”企业。然而，战略转折点并不总是通向灾难，如果管理者能够敏锐地觉察风向的转变并及时采取正确行动，利用这个时机改变发展方向，采用新的方法经营企业，战略转折点可能意味着一个新的发展机会。

担任英特尔首席执行官 11 年的格鲁夫，将他的珍贵经验和系统思考公之于众，指点管理者们如何在不利的环境和频繁的变化中进行战略转折点的思考。

第四章

环境分析与理性决策

一、名词解释

1. 一般环境　2. 具体环境　3. 组织内部环境　4. PEST 分析方法
5. 定量脚本法　6. 定性脚本法　7. 理性决策　8. 头脑风暴法
9. 德尔菲法

二、单项选择题

1. 假设你在斜坡上开车，这段斜坡的坡度将影响你的方向和速度。如果这段斜坡的坡度足够陡，你有可能达不到坡顶。当然，如果你调转方向冲向坡底，就要好好考虑刹车的性能问题。这个描述可以用来比喻（　　）的重要性。

A. 竞争环境分析　B. 一般环境分析
C. 具体环境分析　D. 微观环境分析

2. 外部环境中的各种影响因素构成总体环境的格局和趋势。作为身处其中的管理者来说，组织活动方向的选择以及过程的展开都要充分考虑这些不可控制因素。以下能够通过自身努力而改变的因素是（　　）。

A. 国际关系　B. 银行利率　C. 产品研发　D. 经济形势

3. 战略领域的开山之作《孙子兵法》中专门有一章“势”篇，即“时来天地皆同力，运去英雄不自由”，这是强调（　　）分析的重要性，以及在分析过程中，不仅要把握影响因素的整体性，更要抓住变化趋势。

A. 外部环境　B. 管理环境　C. 内部环境　D. 物质环境

4. 物价上涨时，企业必须为原材料支付更高的价格，同时可能要适当提高产品价格以弥补成本的上涨。这种行为是应对外部环境中的（　　）因素。

A. 政治法律环境　B. 经济环境　C. 技术环境　D. 社会环境

5. 新技术的出现和发展将在整个经济体中迅速蔓延，并在许多不同行业内迅速转化为生产力，从而改变竞争的本质。因而，在进行外部环境分析的过程中，企业需要时刻关注

（　　）因素的最新动态和发展趋势。

A. 政治法律环境　B. 经济环境　C. 技术环境　D. 社会环境

6. 惠普公司所销售的打印机墨盒和硒鼓的包装内，都会放置回收说明书，以及用来寄回墨盒和硒鼓的信封。这是企业对外部环境中（　　）因素的关注。

A. 社会环境　B. 经济环境　C. 技术环境　D. 自然环境

7. 美国环保总署发布政策要求草坪修剪机等小功率引擎必须执行更严格的排放标准。随着这项政策的推出，企业需要进行工艺改良，从而增加生产成本，提高购买价格。但是基于（　　）因素的考虑，将让我们的庭院拥有更清新的空气。

A. 社会环境　B. 经济环境　C. 技术环境　D. 自然环境

8. 文化传统和教育水平属于一般环境中的（　　）因素，会影响甚至改变消费者的生活习惯和价值观念，对企业的产品和服务提出不同要求。

A. 社会环境　B. 经济环境　C. 技术环境　D. 自然环境

9. 一个国家的（　　）直接影响企事业单位的管理政策和管理方法。管理者必须全面了解与本组织的生产经营活动相关的各种法律法规和政策，依法管理，并运用法律保护自身的合法利益。

A. 政治法律环境　B. 经济环境　C. 技术环境　D. 社会环境

10. 以下不属于具体或者微观环境的是（　　）。

A. 科技进步　B. 竞争者　C. 管制机构　D. 顾客

11. 与组织目标的实现直接相关的环境要素是（　　）。

A. 环境的复杂性　B. 微观环境　C. 宏观环境　D. 环境的不确定性

12. 假设公司的外部环境中影响因素较少，公司也不需要对这些影响因素有非常深刻的认识，那么公司所处的环境是（　　）。

A. 简单而动态的　B. 简单而稳定的　C. 复杂而动态的　D. 复杂而稳定的

13. 组织内不同类型人力资源的数量、素质和使用情况等人力资源环境属于（　　）。

A. 一般环境　B. 具体环境　C. 微观环境　D. 物质环境

14. 任何组织都有自身特有的文化。（　　）对成员及其活动会产生重要影响，包括影响组织成员个人士气和积极性、组织成员群体的向心力、组织的外部形象，最终影响组织的绩效。

A. 一般环境　B. 具体环境　C. 文化环境　D. 物质环境

15、孙子说“知己知彼，百战不殆”。这里的“彼”指的是（　　）。

A. PEST 模型中政治法律因素　B. 波特五力模型中各个影响因素

C. 行业内现有企业之间竞争因素　D. PEST 模型中社会文化因素

16. 行业内现有竞争者可能试图通过资本需求、经济规模、绝对成本优势、转换成本等方式建立进入壁垒，增加（　　）开展业务的成本，降低威胁。

A. 其他行业内企业　B. 潜在进入者

C. 卖方　D. 买方

17. 低成本承运商捷蓝航空公司于 2006 年 7 月开始增发北卡罗来纳州夏洛特市到纽约的日间非经停航班，特价机票的价格为其他主要航空公司的一半。不到两周，其他航空公司纷纷降价响应。捷蓝航空作为这条航线的（　　），遭到了强烈的反击。

A. 替代者　　B. 潜在进入者　　C. 卖方　　D. 买方

18. 2005 年，美国软饮料行业的销售量经历了近 20 年以来的第一次下滑。原因在于越来越多的消费者出于健康考虑，开始选择瓶装水和运动饮料。根据波特五力模型，瓶装水和运动饮料被称为（　　）。

A. 替代品　　B. 必需品　　C. 奢侈品　　D. 健康产品

19. 当替代品的价格______现有产品，而购买者所获得的价值______现有产品时，原有产品被替代的可能性就会______。下列选项（　　）正确。

A. 等于或低于，等于或高于，增加

B. 等于或高于，等于或低于，增加

C. 等于或低于，低于，增加

D. 等于或低于，等于或高于，降低

20. 在波特五力行业竞争分析中，替代品对行业的影响体现在（　　）。

A. 增加进入壁垒　　B. 导致一种产品或行业的消失

C. 妨碍行业竞争　　D. 确定了行业内企业产品的最高价格

21. 针对古典决策理论的缺陷，西蒙等人提出以______准则代替______准则作为决策的准则。下列选项（　　）正确。

A. 最优，令人满意的　　B. 最大化，最优

C. 最优，最大化　　D. 令人满意的，最优

22.（　　）把组织成员看作进行一定作业的生产工具，他们只能被动地接受命令、进行作业，在解决问题时并不发挥什么作用。

A. 决策人模式　　B. 动机人模式　　C. 机械人模式　　D. 管理人模式

23. 行为科学理论基于（　　），认为组织成员是人，是为了满足个人的要求、动机和目的而劳动的。

A. 决策人模式　　B. 动机人模式　　C. 机械人模式　　D. 管理人模式

24. 巴纳德的社会系统理论和西蒙等人的决策理论属于（　　），认为组织成员都是为实现一定目的而合理选择手段的决策者。

A. 决策人模式　　B. 动机人模式　　C. 机械人模式　　D. 管理人模式

25.（　　）是一种定性方法。具体做法是请一定数量的专家，针对需要解决的问题，在宽松的氛围中，敞开思路，畅所欲言，寻求多种决策思路。

A. 5W2H 法　　B. 头脑风暴法　　C. 德尔菲法　　D. 强迫联系法

26.（　　）依靠专家背对背地发表意见，管理小组对专家们的意见进行统计和信息反馈，经过几轮循环，使分散的意见逐步统一，最后达到较高的预测精度。

A. 5W2H 法　　B. 头脑风暴法　　C. 德尔菲法　　D. 强迫联系法

三、多项选择题

1. “放开二胎”政策实施数年之后，由于家庭成员数量和结构发生变化，七座 MPV 家用车的销量迅猛增长。这些抓住商机的汽车生产商是因为很好地分析了（　　）因素。

A. 政治法律环境　　B. 经济环境　　C. 技术环境　　D. 社会文化环境

2. 一般环境分析中最常见的是 PEST 分析方法，分别是（　　）。

A. 政治法律　　B. 经济环境

C. 社会文化环境　　D. 技术环境

E. 自然环境

3. 脚本法又叫情景分析法，根据使用过程中编制脚本方法的不同，分为（　　）等脚本法。

A. 最优　　B. 理性　　C. 定量　　D. 定性

E. 非理性

4. 行为决策理论将研究对象扩大到决策行为各个阶段，建立了基于人们实际决策行为的描述性决策模型，包括（　　）等，为行为决策理论后来的蓬勃发展和更广泛应用奠定了基础。

A. 前景理论　　B. 不确定性效应　　C. 锚定效应　　D. 渐进决策模型

E. 领导集体决策

5. 决策者把（　　）等心理学因素作为决策的行为基础。

A. 决断力　　B. 记忆力　　C. 学习能力　　D. 习惯养成

6. 马克斯·韦伯认为，人类行为可以解释为（　　）等理性。

A. 目的理性　　B. 价值理性　　C. 决策理性　　D. 情感理性

E. 渐进理性

7. 对于组织中确定性决策，通常可以采用（　　）等数学方法进行备选方案的优化选择。

A. 决策树法　　B. 排队论　　C. 线性规划　　D. 微分法

E. 非线性规划

8. 头脑风暴法发言遵守的规则有（　　）。

A. 不许批评　　B. 多多益善　　C. 允许补充　　D. 专家指导

9. 影响决策的因素很多，主要包括（　　）。

A. 组织的环境因素　　B. 组织文化

C. 组织的历史　　D. 决策者对风险的态度

E. 决策者的知识与业务能力

10. 活动方案评价方法包括（　　）。

A. 定性评价方法与定量评价方法

B. 财务评价方法与非财务评价方法

C. 理性评价方法与非理性评价方法

D. 动态评价方法与静态评价方法

11. 决策背景具有以下性质特征（　　）。

A. 整体性和综合性　　B. 复杂性

C. 动荡性　　D. 理性

E. 非理性

12. 决策背景的动荡性包含三层含义（　　）。

A. 环境的变化速度

B. 有关环境的信息和情报的不确定性

C. 决策者对风险的态度
D. 决策者进行决策时所考虑的时间期限
E. 决策者的知识与业务能力

13. 任何组织的经营过程，实际上是不断在（ ）之间寻求动态平衡的过程。
A. 决策者对风险的态度 B. 组织的外部环境
C. 组织的内部环境 D. 组织的经营目标

四、判断题

1. 管理学研究中对于环境分类的常用方法是把环境分为三个层次，即一般环境、微观环境和竞争环境。（ ）

2. 技术环境包括生产技术、管理技术、生活技术和服务技术等内容。（ ）

3. 受教育程度和文化传统是社会环境中最重要的构成要素。（ ）

4. 国际关系和政治形势不是一个企业所能干预和控制的，因而管理者在日常的管理工作中不用费心考虑。（ ）

5. 我们的祖国地大物博、资源丰富，管理者只需要考虑如何有效地利用和开发自然资源，而对于环境保护这类投入巨大、产出甚微的投资行为应当尽量避免。（ ）

6. 企业之间只存在竞争，不存在合作。战略同盟伙伴关系只是美好的愿望和奢求。（ ）

7. 技术环境是一般环境因素，但是企业并不能直接从技术环境中感受到技术进步的影响。（ ）

8. 同样的外部环境，对一个组织可能是一般环境，而对另一个组织却是具体环境。（ ）

9. 一般环境与具体环境可以相互转化。（ ）

10. 具体环境对组织的影响更直接、更频繁，因而是组织分析外部环境的焦点。（ ）

11. 行业的进入壁垒、行业的吸引力、行业发展风险、行业内企业的集体报复可行性，都影响潜在进入者的进入威胁。（ ）

12. 波特五力模型只适用于企业，不适用于其他类型的组织。（ ）

13. 如果一个企业能力很强，竞争优势十分明显，那么外部环境中的不确定性对该企业便不会构成威胁。（ ）

14. 芝加哥大学心理学家奚恺元教授写过一本书《正常的傻瓜》，列举了正常人中常见的傻相。管理者在决策过程中只有运用理性和逻辑，遵循最大化原则，不做正常人，才能被称为优秀的管理者。（ ）

15. 与其沉溺于不着边际的理性假设，不如冷静客观地去观察和审视决策者的行为常态，去探究和理解其本真的表现而不是想象抑或传说中应该展现的状态。（ ）

16. 根据西蒙等学者的观点，选择组织活动的方案，通常根据的是满意化准则，而不是最优化准则。（ ）

17. 古典决策理论认为，应该从经济的角度来看待决策问题，即决策的目的在于为组织获得最大经济利益。（ ）

18. 决策树法是一种定期修正未来计划的方法。（　　）

五、简述题

1. 简述组织环境的分类。
2. 简述环境各层次间的关系。
3. 简述 PEST 分析方法。
4. 波特五力模型中，五力分别指什么？
5. 简述 SWOT 分析方法的优点。
6. 简述理性决策的基本内容。
7. 理性决策的主要环节有哪些？
8. 行为决策的代表性模型有哪些？
9. 非理性决策的代表性模型有哪些？
10. 决策背景的性质有哪些特征？
11. 简述决策背景的分析步骤。
12. 简述决策树方法。

六、论述题

1. 举例论述决策理论发展的各个阶段。

2. 哈佛大学商学院的迈克尔·波特教授认为，虽然不同行业中的竞争压力不可能完全一致，但是竞争过程的作用方式是相似的。一个行业中的竞争状况是哪些竞争力量此消彼长、共同作用的结果？举例说明。

七、案例分析题

案例1　邹忌讽齐王纳谏

邹忌修八尺有余，而形貌昳丽。朝服衣冠，窥镜，谓其妻曰："我孰与城北徐公美？"其妻曰："君美甚，徐公何能及君也？"城北徐公，齐国之美丽者也。忌不自信，而复问其妾，曰："吾孰与徐公美？"妾曰："徐公何能及君也！"旦日，客从外来，与坐谈，问之："吾与徐公孰美？"客曰："徐公不若君之美也。"明日，徐公来，孰视之，自以为不如；窥镜而自视，又弗如远甚。暮寝而思之，曰："吾妻之美我者，私我也；妾之美我者，畏我也；客之美我者，欲有求于我也。"

于是入朝见威王，曰："臣诚知不如徐公美。臣之妻私臣，臣之妾畏臣，臣之客欲有求于臣，皆以美于徐公。今齐地方千里，百二十城，宫妇左右莫不私王，朝廷之臣莫不畏王，四境之内莫不有求于王：由此观之，王之蔽甚矣。"

王曰："善。"乃下令："群臣吏民，能面刺寡人之过者，受上赏；上书谏寡人者，受中赏；能谤讥于市朝，闻寡人之耳者，受下赏。"令初下，群臣进谏，门庭若市；数月之后，时时而间进；期年之后，虽欲言，无可进者。

燕、赵、韩、魏闻之，皆朝于齐。此所谓战胜于朝廷。

问题与思考：

这篇短文写了邹忌进谏的缘起、进谏的内容、进谏的结果。从齐威王纳谏中能得到哪些关于决策的启示？

案例 2　体育用品行业竞争环境分析

如果一家公司的主营业务已经成熟，继续增长的最好方式是什么？《回归核心》的作者祖克和艾伦研究了 1 850 家公司，提出两个结论：首先，当一家公司突破核心业务的边界，拓展到相邻业务的时候，将发生最持久的赢利性增长；其次，以可预见、可重复的方式开发拓展业务边界的模式，将确保公司始终超过竞争对手的增长。

耐克就是经典的例子。尽管耐克在运动鞋上颇有建树，但是，当公司于 1995 年决定从高尔夫球鞋多元化到高尔夫服装、球和装备的时候，没有人预料到公司会取得成功。仅仅数年后，耐克已经被公认为这个新业务市场上的主要参与者。据祖克和艾伦的研究，耐克成功的关键在于公司的增长模式。在进入新的体育市场的时候，公司成功地应用并调整这个模式，从慢跑，到排球、网球、篮球、足球，再到最近的高尔夫。首先，耐克公司在目标市场上确立运动鞋的领导者地位，即高尔夫球鞋。其次，耐克推出该项目顶级运动员认可的服装系列，在本案中是老虎伍兹。再次，公司构建新的分销渠道，与主要供应商签订新业务采购合同。耐克作为新产品强势营销者的声誉赋予了公司强大的信誉。最后，公司向新市场推出利润率较高的装备产品。在高尔夫俱乐部这个案例中，耐克公司开始于球杆，然后转向球车。一旦在美国市场捕获了骄人的市场份额，耐克的最后一步就是全球性扩张。

祖克和艾伦指出，耐克在体育用品行业超越锐步公司的原因就是借助这个模式。1987 年，耐克公司的营业利润只有 1.64 亿美元，相比之下，锐步的利润更高，为 3.09 亿美元。15 年后，耐克公司的利润已经增长到 11 亿美元，而锐步的利润则下降到了 2.47 亿美元。后来，锐步于 2005 年被阿迪达斯收购，而耐克公司一直在阔步前进，2008 年创造营业利润 24 亿美元。

在体育用品巨头三足鼎立的行业环境下，创始于 1996 年的运动品牌安德玛（Under Armour，纽交所代号：UA），与阿迪达斯（创始于 1949 年）、耐克（创始于 1972 年）等知名品牌相比，似乎略显年轻。安德玛创办者是前马里兰足球明星 Kevin Plank。由于厌倦了那种运动完身上棉制体恤衫被汗水浸湿的痛苦感觉，Kevin Plank 研制发明了一种能让运动员在剧烈运动中保持身体清爽和轻盈的材料。紧接着他马上说服了两支在炎热气候城市的大学足球队购买他的装备：乔治亚理工学院（在潮湿炎热的亚特兰大）以及亚利桑那州立大学（在沙漠附近的凤凰城区）。随后 NFL 球队亚特兰大猎鹰也穿上了安德玛的装备。此后，选择安德玛装备的球队数量不断增加，而这其中包括了大半 NCAADivision 1－A 的足球队。同时公司也为其他运动设计制造了不少装备。

以紧身运动衣打响招牌的安德玛，曾凭借其高科技性能受到消费者的热情追捧，一度超过阿迪达斯成为美国市场的第二大运动品牌。但是，高企的库存和下滑的营收，让安德玛在 2017、2018 连续两年亏损，跌落神坛。

问题与思考：

假设你是马里兰大学帕克分校的学生，请用波特五种力量模型为安德玛的创始人，前马里兰足球明星、校友 Kevin Plank 做一份行业竞争态势分析。

八、辩论题

辩题：工具理性优于价值理性？价值理性优于工具理性？

正方：工具理性优于价值理性

马克斯韦伯认为工具理性着重考虑决策手段对达成特定目的的能力或可能性，是行为的“目的理性”。目的理性是人类为了实现特定的目的，在手段、成本和收益之间进行的权衡和比较。西蒙运用手段——目的链作为分析思路，但是在研究中不允许价值观介入。

反方：价值理性优于工具理性

价值理性则关注权力本身是否符合决定价值，诸如公平、正义等。耶鲁大学的政治学家罗伯特达尔则认为一个行动是理性的并不等于说他符合道德目的或者符合在政治上负责的目的，而只是说，这个行动可以更有效率地将该组织推向前进。

九、经典案例阅读

阅读案例 1　潍柴动力　二十年铸剑

(一) 潍柴简介

2018 年，对于潍柴控股集团有限公司（简称潍柴动力或维柴）动力来说，有着特别的意义。这一年是潍柴动力改变自己命运的二十周年纪念日，也是习近平总书记视察潍柴动力十周年的纪念日。在 2018 年的两会上，总书记在听取了潍柴控股集团有限公司董事长谭旭光的汇报之后说：你们交出了一份沉甸甸的、靓丽的答卷。

先来看几个数字：1998 年，潍柴处于破产边缘；十年之后的 2008 年，潍柴的利润是 29 亿；又过了 9 年，利润就超过了 100 亿。请注意，这不是营业额，是净利润，而且这些利润是在以发动机为核心的主业里取得的，没有一分钱是来自于房地产领域的快钱。这在当时诸多浮躁的大型企业纷纷“不务正业”的衬托下，潍柴显得有些“格格不入”。2018 年 3 月份，潍柴出品的欧Ⅵ标准公交大巴在香港正式投入运营。在发车仪式上，谭旭光做了一件让台上嘉宾瞠目结舌的事情——“当众训人”。

谭旭光这次“当众训人”，不是训什么小员工，而是“训”坐在第一排的公司领导者，管理团队的核心成员。中国人，一般都是讲面子的，特别是对于那些封疆大吏，团队的核心成员，怎么都要留上几分面子。但是，他不是，话说得很重，而且是当着全集团一两百位核心管理者。

今天提起潍柴动力，在行业内、社会上大名鼎鼎。但是，1998 年的潍柴，却是一家挣扎在破产边缘上的企业。在破产之际，37 岁的谭旭光站了出来，成为了阻止这个企业破产的人，也成为了这个企业的新一任厂长。严格意义上来说，谭旭光没有上过大学，18 岁进厂工作，做了十年的产品技师，然后又做了10年的市场营销和国际贸易。这让他具备了两个能力：第一，他知道市场第一线的战斗，是决定成败的关键；第二，他也知道，过硬的产品力，是决定有没有市场机会的关键。然而，改革只是破冰，只是为企业的后续发展创造腾飞的机会。一个落后的国有企业最后能够在世界经济舞台上撑起一片天，还是要靠企业有好的战略，然后又能将这个战略落地。

（二）潍柴的管理之道

谭旭光的管理之道可以用五个词来概括：分别是“布局、投资、预算、干部、奖罚”。

1. 布局

潍柴动力原本是一家做柴油发动机的老国有企业。能有今天这样的影响力，基本上是1998—2018年这二十年打下来的。2003年，通过收购湘火炬、扬州客车，从发动机走到了动力总成系统。通过这个杠杆，在重型汽车的制造领域获得了质的跃迁。重型汽车，后来一直成为潍柴动力的核心业务线，不断得到深化。前面说的欧Ⅵ标准的客车，就是在这一条生产线上。潍柴动力在这个领域的水平大概达到一个什么状态了呢？据说在装备制造行业里有一家著名国际公司的CEO在总部办公室里挂着一张谭旭光的照片，用来时刻提醒着自己和团队。

潍柴动力布局的第二条业务线，是海上动力。2007年世界金融危机之后，它又收购了法国博杜安，学习做海上发动机；之后又收购了意大利的法拉帝游艇，在深化海上发动机能力的同时，从工业设备领域向消费类领域的业务拓展。2009年前后，潍柴动力开始布局液压制造，并斥资20亿欧元战略性重组有三万员工的德国凯傲集团。液压，是中国装备制造业的短板，而凯傲旗下的林德液压是这个方面的世界级企业，所以，谭旭光下决心再往前走一步。但令人没想到的是，这一步收购后来又在美国打开了另外一片天地。

2. 投资

投资，核心是如何决策。以并购决策为例，如果做好了，企业会获得超常规的发展。前面提到的法国博杜安公司，是一家破产企业。当时就有太多人质疑谭旭光，说博杜安的产品并不先进，没有收购价值，收购它干什么？谭旭光后来说，他就问了自己，也问了大家一个问题，如果不收购博杜安，我们自己从头开始做水上动力，技术平台要做多少年？答案是大约十年。有了这个答案，问题其实就不言自明了。收购博杜安的决策，本质上就是要不要收购一家企业，它的产品水平虽然还不够先进，但是，可以帮助你实现从零到十的跃迁，成为一个有十年积累的公司。

现在大家都说大国重器，但你知道制造大国重器，并不是制造一个产品，而是搭建一个技术平台、人员平台、配套体系、供应商的平台。假设一个大国重器项目下马了，可不是一个产品下马了那么简单，而是一大帮人马都散了，一个制造链条都散了。散了很容易，但重新聚起来，就难了。

收购博杜安，谭旭光还有一层心思，是想用博杜安来练手。因为博杜安只有300名员工。在他看来，搞国际化一定要从小规模开始，逐渐积累经验，一下子搞一个大家伙，往往吃不消。

3. 预算、干部与奖罚

谭旭光管理套路的后三点，可以联系在一起说：就是每年先订计划，做预算。随着潍柴动力逐渐变大，逐渐走出去，成为国内外业务各占一半的公司，这套预算管理体系越来越规范，也越来越有力量。干部的管理，就是按照目标、按照预算、按照业绩完成的情况来进行考评，非常简单直接。预算目标完成了，奖惩自然就有了，干部的位置也就有了；反之亦然。

比如，在潍柴动力直接由总部管理的中层干部有1 000位左右，公司构建了一个中层干部“三加一”的考核模式。每年，排名在最后的10%要进行三种处理：第一，进行诫勉谈话；如果不行的，下岗，做普通工作；再不行，就要考虑选择走人。潍柴动力的负向激励有点像通用电气在韦尔奇时代的末尾淘汰。

与此相对，每年业绩排在前面25%的管理干部，当年都会获得物质和精神上的奖励。连续三年获得优秀的干部，直接晋级。按照谭旭光的说法，在潍柴动力，不是一个人说了算，而是由业绩说了算。在潍柴，想干事的、有能力的，只要你努力，就一定能够上得去。

阅读案例2　迫降纽约哈德逊河之奇迹

2009年1月15日，全美航空公司（US Airways）一架客机从纽约长岛起飞后出现故障。飞行员应变迅速，驾驶客机避开纽约人口密集街区，无损坠落于哈德逊河。地面救援人员接应及时。机上155人全部获救。

纽约州州长戴维·帕特森称这起无人遇难的“空难”事件为“哈德逊河奇迹”。

1. 当机立断

这架空中客车A320客机15日15时26分从纽约长岛拉瓜迪亚机场飞往北卡罗来纳州夏洛特，但起飞约5分钟后出现引擎故障，怀疑由飞鸟“卷入”客机两侧引擎所致。

飞行员切斯利·B·萨伦伯格三世随即呼叫长岛地面控制中心，称客机遭遇“双重鸟击”。技术人员说，由于两个引擎均无法运行，客机难以返回起飞机场。

萨伦伯格三世知道附近的新泽西州泰特伯勒有一个小型机场，但他最终决定放弃这一着陆点，改向哈德逊河方向滑翔。

现年64岁的乘客伊丽莎白·麦克休回忆说，飞行员通知乘客“准备经历碰撞（着陆）”。接着，乘务人员指示他们双脚平放于地、注意低头和保护头部。

另一名乘客告诉美国有线电视新闻网（CNN）记者，他一开始以为飞行员要在地面紧急降落，但往窗外一看，意识到“天呐，我们是要往河里去”。

客机坠河后没有立即沉入河底，而是在水面上一边打转一边顺着水流往南漂，这给救援提供了宝贵时间。“纽约水上出租车”轮渡公司负责人汤姆·福克斯说，飞行员选择在河面“着陆”真是明智之举。

2. 救援迅速

纽约市消防部门15时31分接到首个报警电话，消防车不到5分钟便抵达事发现场。河对岸的新泽西州威霍肯市警方、消防队员和医疗救护人员也在几分钟内到达。另外，海岸警卫队等机构迅速支援。

目击者尼尔·赖雪说，他从附近一幢大楼的27层公寓内看到，“客机入水后，纽约市和新泽西州的渡船不到1分钟便朝事发水域驶去”。

第一艘参与救援的“托马斯·卡坦扎罗”号渡船船长文森特·隆巴尔迪告诉美联社记者，渡船上的乘客帮船员一起向客机乘客投掷救生衣和绳索。这艘船共救起56人。

参与救援的“托马斯·基恩”号渡船船长布里塔妮·卡坦扎罗现年20岁，上任才5个月。她说：“我们每个月举行两次救生演习。我知道自己该怎么做。”

事发后，共有14艘轮船参与救援。不少轮船闻讯赶来，发现救援工作早已井井有条地展开，于是选择在远处观望，以免添乱。

纽约警员迈克尔·德莱尼和罗伯特·罗德里格斯从一架直升机上跳入哈德逊河，救起一名落入水中、手抓渡船边缘的女乘客。当时气温低于零下6摄氏度，这名乘客"冻得厉害，没办法自己爬上船"。

多名警员进入机舱，确认乘客和机组人员全部获救后才离开。

3. 感动全美

纽约州州长帕特森称这起事件为"哈德逊河奇迹"。纽约市市长迈克尔·布隆伯格称赞飞行员萨伦伯格三世表现出色。"全体人员获救后，他（萨伦伯格三世）在机舱内来回走了两遍，确认没有落下一个人，"布隆伯格说，"他最后一个离开机舱。"

技术人员说，操纵客机在河面降落绝非易事，角度稍有偏差便会令机翼折断，机身扎入河底。萨伦伯格三世的出色驾驶不但保住了大家的生命，而且为后续调查保留了证据。这架客机现正"拴"在纽约曼哈顿的巴特里·帕克城码头。

现在这段故事已经被拍成电影《萨利机长》，由影帝汤姆·汉克斯扮演萨利机长。有兴趣的同学可以跟着影片一起回顾萨利机长做出英明决策的每一个瞬间，以及每一次抉择的艰难心路历程。

同样精彩的还有另一部国产影片《中国机长》。

十、推荐阅读书籍

1.［美］丹尼尔·卡尼曼著，何梦莹、李爱民、胡晓姣译，《思考，快与慢》，中信出版社，2014年版

丹尼尔·卡尼曼是现今有影响力的心理学家之一，他因对判断和决策制定的理性模式提出挑战而荣获2002年度的诺贝尔经济学奖。本书就是他多年研究和思考成果的集大成之作。

卡尼曼认为，我们的大脑有快与慢两种做决定的方式。常用的无意识"系统1"依赖情感、记忆和经验迅速做出判断，它见闻广博，使我们能够迅速对眼前的情况做出反应。但系统1也很容易上当，它固守"眼见即为事实"的原则，会出现损失厌恶和乐观偏见之类的错觉。有意识"系统2"通过调动注意力来分析和解决问题，并做出决定，它比较慢，不容易出错，但它很懒惰，经常走捷径，直接采纳系统1的直觉型判断结果。

为了使读者真切体会到系统1和系统2这两个主角的特点，卡尼曼介绍了很多经典有趣的行为实验，指出我们在什么情况下可以相信自己的直觉，什么时候不能相信；指导我们如何在商场、职场和个人生活中做出更好的选择，以及如何运用不同技巧来避免那些常常使我们陷入麻烦的思维失误。

2.［美］丹尼尔·卡尼曼，阿莫斯·特沃斯基著，郑磊译，《选择、价值与决策》，机械工业出版社，2018年版

阿莫斯·特沃斯基，美国行为科学家，因对决策过程的研究而著名，对经济、法律等需要面对不确定性进行决策的领域都产生了很大影响。

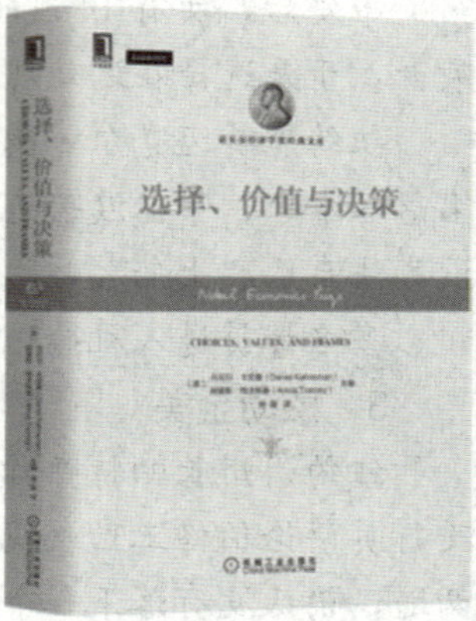

行为经济学界的两位创始人联手优选当今世界行为经济学理论与应用的研究成果，通过各个阶段与主题相关的代表性文献，勾勒出了行为经济学决策理论的一个完整知识框架，严谨地阐释了人类决策何以会产生偏误，以及如何产生偏误。读者可以从中了解行为决策理论的过去和发展；商业实践者也会发现，对日常面临的绝大多数风险管理问题，本书提供了深刻洞见和解决之道。

3. ［美］克里斯·祖克，詹姆斯·艾伦著，吴彤译，《回归核心：持续增长的战略》，中信出版社，2012 年版

克里斯·祖克，贝恩公司董事，兼任公司全球战略实施部联合负责人，主要关注各行各业中寻求新的赢利性增长的公司。

詹姆斯·艾伦，贝恩公司全球战略实施部联合负责人。

《回归核心：持续增长的战略》是贝恩公司 10 余年对近 2 000 家企业真实案例进行研究得出的结论。两位作者发现，有太多的公司盲目跟从“新经济”商业模式，放弃了自认为过时的核心业务。相反，无论是在经济繁荣或衰退时期，持续价值创造型公司都始终关注核心业务，并凭借邻近领域增长的可复制模式来持续创造价值。本书希望能找到企业创造持续价值的系统化方法，回答“企业如何取得长期赢利性增长”这个问题。

第五章

决策的实施与调整

一、名词解释

1. 计划　　2. 战略计划　　3. 战术计划　　4. 综合平衡法
5. 滚动计划法　　6. 计划评审技术　　7. 预测　　8. 目标管理
9. 决策追踪与调整　　10. 趋势图

二、单项选择题

1. 战略计划是由（　　）。
A. 中层管理者制定　　B. 高层管理者制定
C. 基层管理者制定　　D. 普通职工制定
2. 下面正确的陈述为（　　）。
A. 计划层次越高，其内容越明确、具体
B. 计划层次越高，其内容越抽象、笼统
C. 计划层次越低，其内容越抽象、笼统
D. 不论计划的层次高低，其内容都应明确、具体
3. 下面正确的陈述为（　　）。
A. 战术计划时间跨度大，覆盖范围窄
B. 战术计划时间跨度大，涉及范围广
C. 战略计划时间跨度大，涉及范围广
D. 战略计划时间跨度小，覆盖范围窄
4. 新产品的研究和开发计划是针对某项具体任务的事务性计划，属于（　　）。
A. 中期计划　　B. 专业计划　　C. 综合计划　　D. 项目计划
5. 企业的生产计划、销售计划、财务计划等，是涉及组织内部某个方面或某些方面的活动计划，统称为（　　）。
A. 中期计划　　B. 专业计划　　C. 综合计划　　D. 项目计划

6. 在制定（　　）过程中，首先设立组织的最高目标，然后将其分解到组织的每一个层级。

A. 战略计划　　B. 战术计划　　C. 作业计划　　D. 项目计划

7. 借助（　　），可以清楚地反映各种行动间的逻辑关系，反映出某种行动的起止时间，更重要的是可以清楚地看到项目的实际进展情况。

A. 雷达图　　B. 甘特图

C. 计划评审技术，PERT　　D. 关键路线法，CPM

8.（　　）的计划是有效率的。

A. 能实现最小成本　　B. 能以合理的代价实现目标

C. 成本等于收益　　D. 详细

9. 在制定计划方案的同时，应该制定（　　），即事先估计计划实施过程中可能出现的问题，预先设定备选方案。

A. 应急计划　　B. 评估计划　　C. 修改计划　　D. 选定计划

10.（　　）努力保证长期、中期和短期计划的相互衔接，目的是增加计划的弹性和适应性，保证计划符合实际情况进而得以顺利实施。

A. 滚动计划法　　B. 甘特图法

C. 计划评审技术，PERT　　D. 关键路线法，CPM

11. 下列关于战略计划和战术计划的说法中，正确的是（　　）。

A. 战术计划是战略计划的依据

B. 战略计划的实施是对已经形成的能力的应用

C. 战术计划是在战略计划的指导下制定的，是战略计划的落实

D. 战术计划的实施是组织活动能力的形成与创造过程

12. 目标管理在实践中普遍受到重视，以下对此的描述不正确的是（　　）。

A. 通过促进管理人员制定目标以及完成目标的时间帮助计划工作的开展

B. 帮助员工认识到自己工作的完成状况，直接关系到组织目标的实现

C. 管理者无须向下级详细解释目标管理的理念、好处，以及制定目标的程序

D. 为员工提供了明确的行动目标、自主工作和创新的组织氛围以及明确的奖惩标准

13.（　　）把个人目标与部门乃至整体组织目标结合起来，形成个人、局部和整体三个层次的目标体系。

A. 人事管理　　B. 财务管理

C. 全分解式目标管理　　D. 半分解式目标管理

14.（　　）把目标分解到基层组织，并不制定十分明确的个人目标，容易出现平均主义、大锅饭的现象。

A. 绩效管理　　B. 财务管理

C. 全分解式目标管理　　D. 半分解式目标管理

15. 预算（　　）。

A. 只能用于资金计划　　B. 与计划没有关系

C. 包括计划　　D. 是数字化的计划

16. 以下计划的具体形式中是以数字化形式体现的是（　　）。

A. 预算　B. 规则　C. 方案　D. 战略

17. 以下属于投资预算管理的是（　　）。

A. 固定资产购置预算　B. 销售预算

C. 生产预算　D. 制造费用预算

18. 各种预算中的材料都可以折算成金额反映在（　　）中，成为各项业务的整体计划，因而也称为总预算。

A. 经营预算　B. 销售预算　C. 生产预算　D. 财务预算

19. 以下属于组织进行决策追踪与调整的是（　　）。

A. 头痛医头脚痛医脚　B. 摸着石头过河

C. 治标不治本　D. 行百里路者半九十

20. 决策追踪与调整的原则，除了那一项之外其他都是需要考虑的（　　）。

A. 实践性与理论性相结合的原则　B. 任务型与关系型相结合的原则

C. 科学性与全面性相结合的原则　D. 可比性与可操作性相结合的原则

三、多项选择题

1. 计划工作的制定必须围绕哪两个基本问题？（　　）

A. 实现哪些目标　B. 如何实现所制定的目标

C. 实现目标需要花费的成本　D. 目标实现能获利多少

2. 一个组织在同一时期可能有多个目标，但任何目标都应该包括（　　）。

A. 明确的主题　B. 期望达到的数量或水平

C. 明确的理由　D. 用于测量计划实施情况的指标

E. 明确的时间期限　F. 明确的人选

3. 缩小现状与目标之间的差距的措施有（　　）。

A. 在现状的基础上力求改进　B. 改变标准

C. 变革现状　D. 修正目标

4. 有关预测论述正确是（　　）。

A. 对未来经营条件、销售环境变化的预测，是制定国际化的依据和先决条件

B. 从既定的现行计划发展而来的对将来的预测，是对计划工作结果的预测

C. 定量预测主要靠人们的经验和分析判断能力

D. 定性预测主要是根据已有的数据和资料，通过数学方法进行预测

5. 关于半分解式目标管理的描述正确的是（　　）。

A. 把目标分解到每一个成员

B. 把目标分解到基层组织

C. 有利于促进组织成员的团结、协作，增强组织凝聚力

D. 个人工作压力较大

E. 个人工作压力较小

6. PDCA 循环的特点包括（　　）。

A. 大环套小环　B. 上升式循环　C. 下降式循环　D. 综合性循环

7. 下列有关预算的说法正确的是（　　）。

A. 预算是一种计划思想的体现

B. 预算是对未来一个时期内的收支情况的预计

C. 预算是用财务数字来表明预期的结果

D. 预算是一种数字化的计划

E. 预算既是计划的方法，也是一种控制的手段

8. 以下属于财务预算管理的是（　　）。

A. 固定资产购置预算　B. 现金预算

C. 预计收益表　D. 预计资产负债表

E. 管理费用预算

9. 实行零基预算法的预算人员需要在以下哪几个方面重新考虑预算？（　　）

A. 组织目标以及预算要达到的目标是什么

B. 开展活动的必要性和预期成果是什么

C. 开展活动的备选方案是什么

D. 开展活动确定的人员是谁

E. 开展活动所需资金和获取资金的渠道是什么

F. 开展的活动最终的获利是多少

10. 基于组织决策的追踪与调整方法有（　　）

A. 鱼刺图　B. 眼动技术　C. 雷达图　D. 趋势图

E. 决策移窗技术

四、判断题

1. 就管理的过程而言，计划位于其他管理职能之首。（　　）

2. 计划是计划工作的结果文件，其中记录了组织未来所采取行动的规划和安排。（　　）

3. 计划是合理配置资源、减少浪费、提高效益的手段。（　　）

4. 按照计划的不同功能可以将计划分为程序性计划与非程序性计划。（　　）

5. 组织计划、生产计划、财务计划、市场开拓计划为综合性计划。（　　）

6. 作业计划通常具有个体性、可重复性和较大的刚性，不属于必须执行的命令性计划。（　　）

7. 综合性计划是长期的，专业性计划只能是短期的。（　　）

8. 目标管理是一种把个人需求与组织目标结合起来的管理。（　　）

9. 目标管理是一种以工作和人为中心的综合管理方法。（　　）

10. 目标管理的具体程序为：确立目标体系、实施目标、评价成果。（　　）

11. “望梅止渴”是人们在接近完成任务时会出现的一种“终末激发”效应，是计划激励人员士气的依据。（　　）

12. 我们根本不知道很多病毒的作用机理，只能在猜测和尝试中循症治疗。公共卫生计划的预警机制需要耗费巨额资金，完全没有建立的必要。（　　）

13. 直到现在，人们都没有弄清楚沙尘暴猖狂肆虐的根本原因，现今的应对方式即便不是南辕北辙，至少也是隔靴骚扰。人类不可能预见未来的根本，计划和决策都是无效的。(　　)

14. 造成北京市堵车现象严重的原因就那么几条，只是与汽车交通有关的众多政府部门不能协调一致地解决堵车问题。(　　)

15. 道路两旁商家店铺的招牌幌子规格不齐、色调不一，严重影响市容观感，政府出面要求家家统一的做法是“治标治本”的决策计划手段。(　　)

16. 目标管理的特点是上下级充分沟通，而不是下属被动服从命令、知识的过程。(　　)

17. 组织问题难以用一揽子计划来全面彻底地解决，必须小步快跑，渐进而行，不断调整。(　　)

18. 决策者和执行者有可能掩盖错误，而既得利益者容易抵触决策的调整，从而对决策的有效和持续追踪与调整带来障碍。(　　)

五、简述题

1. 计划工作的重要性体现在哪些方面?
2. 战略计划有哪些特点?
3. 战术计划有哪些特点?
4. 简述战略计划、战术计划和作业计划之间的关系。
5. 简述长期计划与短期计划的区别。
6. 简述项目计划的制定过程。
7. 目标管理有哪些特点?
8. 全分解式目标管理有哪些特点?
9. 简述 PDCA 循环。
10. 简述刚性预算管理和弹性预算管理的区别。
11. 简述决策追踪与调整同决策的补充和修正的区别。
12. 决策追踪与调整的特征有哪些?

六、论述题

1. 请结合实例或自己学习工作的体会，论述应该如何完成一份计划。

2. 在高中全校成绩排名上，父母期望你达到什么水平? 是否以书面形式表达出来? 如果把你自己的排名目标与父母的期望都写下来，二者一致吗? 如果不一致，怎么应用目标管理的方法进行改善。

七、案例分析题

案例1　目标管理的实际推广

最近，A公司独立核算、自负盈亏的利润中心之一，个人洗护用品事业部经理李雷听了一场关于目标管理的讲座，顿时激发起对目标管理的热情。他决定在即将召开的员工会议上介绍这个概念，看看能有什么进展。

李雷向本事业部的全体员工介绍了目标管理理论的发展历程，列举了因为采用目标管理的方法取得重大成就的世界著名企业，详细论述本事业部如果采用目标管理的好处，要求下属人员考虑采用目标管理的建议。

工作布置下去后，事情并非想象得那么简单。会上，与会者提出了好多问题。

财务经理问道："公司 CEO 是否给了你明年事业部的目标?"李雷回答说："没有。我一直在等总裁办公室告诉我他们的业绩期望，但是他们无动于衷。"

"那么事业部要做什么呢?"生产经理问。他希望最好按兵不动。李雷说："我打算自己决定事业部的业绩期望，希望销售额达到 3 000 万元，税前利润率达到 8%，投资收益率达到 15%，新项目 10 月 30 日之前投产。后面我还会陆续提出一些明确的指标，内部选拔管理人员，今年年底前完成 X 产品的研究开发工作，同时确保员工的流动率稳定在 5%以下。"

"下个月，我要求你们每个人把这些目标转换成自己职能部门的可考核目标"，李雷继续说："这些目标对财务、营销、生产和管理部门将是不同的。不管你们如何表述这些目标，我希望这些目标有助于事业部目标的实现。"

问题与思考：

1. 在没有得到公司 CEO 认可的情况下，李雷能够拟定可考核的长期和短期目标吗？怎样制定？你认为李雷希望从公司总部得到哪些重要的信息和帮助？

2. 李雷设定目标的方法是否最佳？你会怎么做？

案例 2　2 500 美元 Nano 汽车的迷之计划

没有防侧撞保护横梁，没有保险杠；为了减轻重量和节省成本，轮胎中没有内胎；为了便于组装，使用黏合技术替代传统的焊接技术；车身上小小的车轮与儿童玩具马车的车轮有得一拼；驾驶室操作台只配备了一个油度表、车速表和加油灯；即使是豪华版，车上安装的安全气囊成本仅为 10 美元…… 这就是 Nano 汽车。

在 2006 年 1 月份新德里汽车展上，印度塔塔汽车集团宣布将于 2008 年 12 月份推出这款价值 2 500 美元的 Nano 汽车。一时间在全世界引起轰动。同时，那些计划推出低价位经济型轿车的日本和韩国的竞争对手也在密切关注这条消息。

每加仑燃油行驶 50 公里的 Nano 汽车可能会改变印度人的出行方式。然而，在 Nano 汽车计划刚刚推出之际，钢材和其他原材料等成本价格就在不断上涨。印度国内生产的热轧卷板价格上涨了 42%，达到每吨 675 美元。接着是生产工期滞后，再后来是加尔各答工厂附近的居民抗议政府建厂占用土地却没有给予适当的补偿。

Nano 汽车生不逢时。由于成本上升，塔塔汽车公司第二季度净收益大约会下降 30%，这标志着该公司会出现 5 年之内最大的季度利润下降。2008 年，塔塔汽车公司以 23 亿美元从福特汽车公司手中兼并"路虎"（Land Rover）和"捷豹"（Jaguar），导致公司股票价格受到影响，一路下跌 42%。

2 500 美元的汽车要实现销售和利润是非常棘手的事情，其代价甚至可能是昂贵的。塔塔集团的高层管理人员认为，争取顾客是 Nano 汽车取得成功的关键。从 Nano 汽车亮相以来，投资者们担心，Nano 汽车要获取塔塔汽车公司董事长拉坦·塔塔（Ratan Tata）承诺的利润，将比最初设想的困难要多得多。

然而，拉坦·塔塔不为所动。尽管需要为了保持低价不得不做出一些让步，但他决心继续启动他的低成本汽车项目。

问题与思考：

1. 面对严峻的外部环境变化，拉坦·塔塔仍然坚持实施低成本战略推出 Nano 汽车。到了 2018 年，Nano 汽车的售价已经上涨到 3 500 美元/辆，并于 2019 年停产。如果有一台时光机可以让拉坦·塔塔回到 2008 年，你认为他会改变战略计划吗？为什么？

2. 由于塔塔在 Nano 汽车的制造方面极尽节约，导致其安全性无法得到保障，制造过程也滞后于原定计划，汽车碰撞测试成绩不佳，甚至还有自燃的隐患。如果需要进行决策调整，塔塔集团需要如何做？

八、辩论题

辩题：目标管理，利大于弊，还是弊大于利？

正方：相较于组织的长远发展，目标管理更能够提升组织的短期绩效

全分解式目标管理，是指把目标分解到每一个成员，形成个人、局部和整体三个层次的目标体系；半分解式目标管理，是指把目标分解到科室、车间等基层组织，依靠集体的力量实现目标。因而，无论是全分解式，还是半分解式，目标管理的重点都需要进行目标的分解。

在目标管理中，有利于行动的清晰目标，又有客观的标准与奖罚制度相辅佐，这便促使员工为了实现国民前的目标而忽视其他与目标及奖惩不相关的事件，使得组织的短期绩效得到显著提升。

反方：相较于组织的短期绩效，目标管理更能促进组织的长远发展

在目标管理中，员工由于参与目标的设置并享有充分的自主权，因此更愿意投入到实现组织目标的过程中去。目标管理为员工提供了明确的行动目标，自主工作和创新的组织氛围以及明确的奖惩标准，使员工的满意度提高。

这种以员工为核心的做法，让员工真正地参与到公司的管理之中，提高了员工的自信心。管理者相信每位员工的能力，极大地调动了员工的工作积极性，使他们主动地为公司的发展出谋划策。“众人拾柴火焰高”，员工有明确的工作和任务，从而为公司的发展竭尽所能。因而，目标管理更能促进组织的长远发展。

九、经典案例阅读

阅读案例 1　华为的 5G 战略

移动通信可以说从无线电通信发明之日就产生了。第一代移动通信技术 1G 在 20 世纪 80 年代由美国的贝尔实验室提出，1G 采用蜂窝组网架构，可以实现点到点的语音通话。第二代移动通信技术2G，在20世纪90年代出现并取得快速发展，采用了数字通信技术，主流的2G通信系统主要有GSM和CDMA两种体制。传统的2G网络以语音业务为主，无法满足用户对数据业务的需求。在21世纪初，第三代移动通信技术3G出现并迅速成为市场主流。到2010年，移动互联网及智能手机的迅速发展催熟了第四代移动通信（4G）。目前，移动通信技术已经迈入了第五代发展的时代，即5G。

在移动通信系统中，除了我们用户手中的终端之外，更重要的是无线网络系统。现代无线网络系统一般分为两大部分，一部分是核心网，另外一部分是无线接入网络。大家耳熟能详的基站，就属于无线接入网。

移动运营商除了购买无线基站设备建设无线网络之外，无线通信一般还需要如下3个要素才能真正运营。①牌照：一般情况下，电信运营在全球都是采用政府许可的方式，首先运营商要获得各个国家的电信业务运营商牌照，在牌照中一般规定可以运营的业务范围。如果要运营无线业务，运营商则还需要获得频谱。②频谱：部分国家会在发放无线频谱时规定该频谱的运营制式（2G/3G/4G/5G），一般情况下，频谱与牌照一起发放。③终端：最后，则是需要支持相应网络业务的在网终端。

华为轮值CEO，副董事长徐直军在第十二届全球分析师大会上表示“华为已经成为了ICT领域的领导者……但外部环境更趋复杂，世界经济下行压力加大，我们将长期在美国对领先技术持续打压的逆境中求生存、谋发展。”任正非在2019年的誓师大会上曾表示，“美国对华为的打击，首先是打击运营商BG(Business Group，业务集团）业务体系。我们公司至今只是领先世界1～2年，没有什么特别的产品，没有什么不可替代的尖刀产品，没有任何战略威胁的产品……公司选择机会的时候，只有市场规模大，技术上又足够难，才能建立起门槛……不能在世界战略中领先的产品，就应该退出生命周期……今年的重点是抓运营商BG的改革，要把运营商BG业务真正做成战略高地。”

“2020年将是华为艰难的一年，华为将继续处于‘实体清单’下……”徐直军认为，“生存下来是华为的第一优先，华为要继续坚持以客户为中心，以奋斗者为本，持续为客户创造价值，重点做好保增长、提能力、优组织、控风险。”而在保增长方面，“运营商业务将抓住5G发展带来的网络建设机会”。

与早期的2G、3G和4G移动网络一样，5G网络是数字蜂窝网络，其优势在于更高的数据传输速率，更低的网络延迟及更可靠的技术标准，因此5G网络将不仅仅为手机提供服务，还将应用在云AR/VR、车联网、智能制造、智慧能源、无线医疗、无线家庭娱乐、联网无人机、社交网络、个人AI辅助，智慧城市十大领域。

2019年，35个国已陆续完成5G新频谱发放。目前韩国、美国、瑞士、英国、阿联酋、意大利、中国、西班牙、科威特、摩洛哥等国家已提供5G商用服务。截至目前，全球发布的5G频谱中CBAND占比超过8成，而5G毫米波的商用国家则以美国为主。2020年全球5G将迎来规模商用的大发展时代。

早在2009年，华为就投入6亿美元，开始研究5G通信标准/协议，在2016年，正式成立5G产品线，启动了5G商用产品的开发。截至2019年末，5G专利申请数量华为排名第一。2019年5月16日，美国商务部将华为及其68家关联公司列入实体清单，对华为来说无疑是2019年最大的黑天鹅事件之一。华为5G总裁杨超斌在接受新浪5G频道的采访时坦言：“华为的5G绝对不会受影响。在5G技术方面，别的国家两三年内肯定追不上华为……

虽然美国对华为进行限制，但是就 5G 来说，对我们没有什么影响。华为在供应商的策略上一直坚持多供应商策略，任何一个元器件，我们都会考虑来自于不同的供应商，来自于不同的国家，美国也有我们的供应商……整个移动通信应被视为一整套生态系统，需要全球各个厂商共同参与，只有一起参与，才能形成全球统一的标准……因此我认为，在产业的构建上，华为公司跟欧洲、美国等厂商，都是合作的关系，而在市场层面，我们也是竞争关系。”在 5G 发展方面，任正非在采访中表示，要考虑怎么加快 5G 产业的节奏，拉着这个世界跑。要敢拉着愿意跑的客户先跑，并跑出价值来。另外，还要用“谷歌军团”运作模式，对 5G 网络进行端到端的系统研究进行梳理，攻克难点，让 5G 全系统更科学、更快、更宽、更便宜。

阅读案例 2　诺基亚的前世今生

在智能手机带领我们走进移动互联时代之前，手机业的霸主是芬兰的诺基亚公司，以生产坚硬得可以砸核桃、超长待机不用成天充电的功能型手机傲视群雄。而智能手机的时代来临，诺基亚被远远抛下，直至出售手机业务，淡出消费者的视野。不过，万幸的是，曾经的辉煌只是换了一个领域重新谱写。

下面，就让我们一起了解一下诺基亚公司在通信领域起起伏伏的前世今生。

1960 年，眼光独到的时任诺基亚总裁 BjornWesterlund 认为，未来的电信行业一定能赚大钱。于是，他建立了诺基亚电子部，并专注于电信系统方面的工作。果然，从 1962 年到 20 世纪 70 年代中期，电信业得到了迅速发展，诺基亚在芬兰电信市场的份额也不断增加。1967 年，诺基亚又专门成立了一个部门，开发数据处理、工业自动化和通信系统。这个部门后来不断扩大，业务领域包括个人电脑、工作站、数字通信系统和移动电话。1979 年，诺基亚与彩电制造商 Salora 共同成立了一家专门研发无线电话的合资公司——Mobira Oy。1981 年，诺基亚参与推出了当时世界上第一个蜂窝式电话公用网络——北欧移动电话服务网络（NMT）。1982 年，诺基亚（实际上是诺基亚控股的 Mobira Oy 公司）生产了第一台北欧移动电话网移动电话 Mobira Senator。1984 年，眼看着手机业务蓬勃发展，诺基亚干脆直接收购了 Salora。

此外，诺基亚还收购了瑞典国有电子计算机公司 Luxor。诺基亚将这两家公司合并成为一个部门（Nokia-Mobira Oy），专门生产时尚的消费电子产品。同年，诺基亚推出了后来非常经典的便携式车载电话 Mobira Talkman。此后的诺基亚继续疯狂并购，逐渐成为欧洲排名前列的电子设备制造商。1987 年，诺基亚正式发布了重达 1.7 磅的手提电话——Mobira Cityman 900。

可惜，好景不长。1988 年，由于消费电子产品市场面临激烈的价格竞争，诺基亚公司的利润急剧下降，公司进入了一个艰难的阶段。董事长卡里·凯拉莫（Kari Kairamo）甚至因为压力而自杀。新任董事长西莫·S. 沃尔莱托（SimoS. Vuorileto）上任之后，将公司划分为六个部门：电信、消费电子、电缆和机械、数据、移动电话和基础产业，同时剥离地板、纸张、橡胶和通风系统等其他部门。尽管做出了很多努力，诺基亚的利润仍然持续下降，1991 年亏损达到 1.02 亿美元。这其中的原因是多方面的，包括激烈的欧洲市场竞争、芬兰银行体系的崩溃以及苏联的解体（芬兰和苏联之间的贸易往来一直比较紧密）。

危急时刻，诺基亚集团董事会将 Nokia-Mobira 公司的总裁乔玛·奥利拉（Jorma Ollila）

调任集团总裁。乔玛·奥利拉，后来被认为是诺基亚史上最伟大的总裁。奥利拉对诺基亚进行了大刀阔斧的改革和业务精简，并将公司业务专注于核心电信业务方向。改革之后，诺基亚的下跌势头逐渐被扭转过来，开始重新进入发展的快车道。

1992 年，Nokia-Mobira Oy 正式改名为诺基亚移动电话。同年，诺基亚的第一部手持 GSM 手机诺基亚 1011 正式推出。后来，诺基亚又推出了 2100 系列手机。这款手机是第一款采用诺基亚标志性曲调铃声的手机。上市之初，诺基亚预测能卖出 40 万部，结果卖出了 2 000 万部，大受市场欢迎。从 1996 年起，诺基亚手机一步步击败摩托罗拉、爱立信等竞争对手，连续 15 年占据手机市场份额第一的位置。当时的诺基亚，几乎垄断了高速增长的手机行业，推出了很多经典型号的手机，也创造了很多行业第一。

正所谓盛极必衰，后来发生的事，大家应该都比较熟悉。

2007 年，谷歌推出了 Android（安卓）系统，苹果推出了搭载 ios 系统的智能手机 iPhone。从此，智能机时代正式开启。诺基亚虽然力推自家的“塞班”系统，但面对安卓和 ios，根本无招架之力。

2010 年，病急乱投医的诺基亚请来了微软前高管斯蒂芬·埃洛普（Stephen Elop）接任 CEO，他也是诺基亚历史上首任非芬兰籍（加拿大籍）CEO。埃洛普上任后，立刻开始了裁员、卖楼。同时，在他的领导下，诺基亚彻底放弃了自己的塞班系统，也放弃了大家寄以厚望的 meego 系统（塞班的接班人），甚至拒绝了呼声最高的安卓系统，最后投靠了微软，使用微软的 WP 系统（Windows Phone）。不过，微软的 WP 系统不仅没有拯救诺基亚，反而加速了它的灭亡。不久之后，手机巨人轰然倒下。

2013 年，诺基亚手机业务以 73 亿美元贱卖给了微软（市值最高时是 1 151 亿美元，缩水 16 倍）。贱卖之后，埃洛普拿着诺基亚 2 500 万美元的离职补偿金，又回到了微软，后来还一度成为微软总裁的热门人选。

虽然诺基亚的手机业务彻底失败了，但是，诺基亚坚守的另外一块业务却没有放弃——通信设备制造和解决方案。

不仅没有放弃，诺基亚依靠这块业务，还偷偷地实现了逆袭。

我们来看看诺基亚作为通信设备制造商，到底经历了什么：

* 2006 年，诺基亚和西门子合资成立诺基亚西门子通信公司（简称“诺西”）
* 2010 年，诺西并购摩托罗拉无线业务部门
* 2013 年，诺基亚全盘收购诺西（收购西门子所持股份）
* 2014 年，诺基亚收购阿尔卡特朗讯全球业务
* 2017 年，诺基亚超越爱立信，成为全球第二大通信设备商

诺基亚一路吃掉了西门子（部分）、摩托罗拉（部分）、阿尔卡特朗讯（全部），一度成为世界第二。现在的诺基亚，是摩托罗拉、阿尔卡特、朗讯、贝尔、西门子的超级联合体。这里面任何一个名字，当年都是通信行业里举足轻重的角色。

总之，如今的诺基亚，早已不是手机制造商，而是一个在全球市场占有重要地位的通信综合解决方案提供商。目前诺基亚的产品线包括无线产品、固定电话网络、IP 路由器、光网络等。值得一提的是，作为朗讯资产的继承者，诺基亚拥有通信行业的殿堂级圣地——贝尔实验室。

十、推荐阅读书籍

1.［美］迈克尔·波特著，陈丽芳译，《竞争战略》，中信出版社，2014 年版

迈克尔·波特，美国哈佛大学教授，知名的管理学大师，被誉为“竞争战略之父”。

竞争战略是指企业在同一使用价值的竞争上采取进攻或防守的长期行为。作者在本书中提出了三种卓有成效的竞争战略：总成本领先战略、差异化战略和集中战略，并对这三种通用战略实施的要求进行了详细的阐述与分析。他认为，所有企业都应该了解并制定相关战略，否则企业将在市场中处于不利的地位，并导致市场占有率低下、缺乏资本投资，从而削弱自己的竞争优势。没有形成竞争战略的企业注定是低利润的，它必须做出根本性的战略决策，向三种通用竞争战略靠拢。波特对竞争战略的研究开创了企业经营战略的新领域，对全球企业发展和管理学研究的进步做出了重要贡献。

《竞争战略》是企业管理者、创业者、管理学家及各大管理院校师生的必读书。

2.［美］迈克尔·波特著，陈丽芳译，《国家竞争优势》，中信出版社，2012 年版

作者基于 10 个主要发达国家的研究，根据企业凭以竞争的生产率，提出了“国家竞争优势钻石理论”，一种理解国家或地区全球竞争地位的全新方法，现在已经成为国际商业思维中不可或缺的一部分。波特的“集群”观点或相互联系的企业、供应商、相关产业和特定地区的组织机构组成的群体，已经成为企业和政府思考经济、评估地区的竞争优势和制定公共政策的一种新方式。

本书是波特“三部曲”的第三部，也是企业管理者、创业者、管理学家及各大管理院校师生的推荐阅读书籍。

3.［加］亨利·明茨伯格，布鲁斯·阿尔斯特兰德，约瑟夫·兰佩尔著，魏江译，《战略历程：穿越战略管理旷野的指南》（原书第 2 版），机械工业出版社，2012 年版

亨利·明茨伯格，加拿大麦吉尔大学（McGill）管理学院教授，当今世界上最杰出的管理思想家之一，知名著作《管理工作的本质》奠定了其管理大师地位。

布鲁斯·阿尔斯特兰德，加拿大安大略省多伦多大学管理学教授，主要著作包括《生存率研究》《集团公司人力资源管理》（合著）。

约瑟夫·兰佩尔，圣安德鲁斯大学管理学审稿人，管理应急政策研究所的创办人之一，在工程与建筑管理领域担任国际项目高级研究员。

《战略历程》是一大批世界级著名战略管理学家几十年研究成果的总结，它的价值不仅在于展示了横跨半个多世纪的战略管理发展的旅程图，引领我们去体味和感悟全方位的、多姿多彩的战略思想精髓，更重要的是，让我们能看到战略管理的全貌。

亨利·明茨伯格与另外两位作者，从十种不同的战略思想中演绎出了一个具有内在关联性的战略形成学派。《战略历程》的问世，既帮助读者全面了解了战略，也为读者在现实世界中对战略理论加以实践提供了综合性指南。

4. ［美］加里·哈默，C. K. 普拉哈拉德著，《竞争大未来》，机械工业出版社，2020 年版

加里·哈默尔，世界一流的战略大师。

C. K. 普拉哈拉德，国际上公认的公司战略和跨国公司管理领域的专家。

作者在书中首次提出“核心竞争力”这一概念，奠定了其战略管理大师的地位。“核心竞争力”并不是一家公司对自身价值的衡量，而是指在顾客眼里这家公司有多大的价值。未来企业必须与消费者一起创造价值、交换价值。企业与消费者共同努力扩展企业网络和构建消费者社区的程度越高，就越能为消费者提供独特的个性化体验，就越能创造出更大的核心竞争力要素。

同时，哈默尔和普拉哈拉德反对当时那种把主要精力放在竞争压力上的战略观点。这种观点认为，企业竞争的主要目标是从对手那里赢取市场份额，因此，它们的战略策划和决策过程也会受到对手的行动或潜在行动的影响。哈默尔和普拉哈拉德则尖锐地提出，这种思想有误导之嫌。在他们看来，企业应该把主要精力放在自己的优势和顾客的需求上，而不应首先考虑对手是如何做的，再来决定自己采取何种行动。他们明确提出：把市场定位对准顾客需求是企业在竞争中胜出的关键。

5. 黄卫伟、殷志峰、吴春波等编著，华为管理三部曲：《以奋斗者为本：华为公司人力资源管理纲要》《以客户为中心：华为公司业务管理纲要》《价值为纲：华为公司财经管理纲要》，中信出版社，2014 年版

《以奋斗者为本：华为公司人力资源管理纲要》由华为公司首席管理科学家主编，华为高管及顾问参与编著，经任正非批阅，华为轮值 CEO 审读。本书传承于《华为公司基本法》。历经 5 年整理，首次公开华为管理层 25 年人力资源管理思想精髓。其作为华为公司内部培训教材，对国内外企业管理者和研究者具有很高的研究及借鉴价值。

《以客户为中心：华为公司业务管理纲要》从业务管理方面，揭示华为的成长历程所遵循的理念、战略与机制。企业的长期战略本质上是围绕怎么成为行业领导者、怎么做行业领导者展开的。华为从成立至今，二十几年来坚持以客户为中心，聚焦核心，不为其他利益诱惑所动，力出一孔，利出一孔，长期艰苦奋斗，终于进入了世界信息与通信技术产业领先企业的行列。

《价值为纲：华为公司财经管理纲要》阐述了华为公司作为一个价值整合者，如何服务和监管业务扩张及价值创造的理念、政策和规则。

第六章

组织设计

一、名词解释

1. 组织设计　2. 组织运行制度设计　3. 权责对等原则　4. 机械化组织
5. 动态网络型组织结构　6. 组织整合　7. 正式组织
8. 非正式组织　9. 层级整合　10. 直线职权

二、单项选择题

1. 以下关于影响组织设计的主要因素的描述，不正确的是（　　）。
A. 不同的战略要求运用不同的组织结构
B. 组织规模越大，越倾向于规范化、集权化、专业化
C. 组织中的人力资源素质越高，通常就越需要采用有机结构
D. 处于相对稳定环境中的组织宜采用机械式结构

2. 组织中管理人员监督管辖其下属的人数越是适当，就越是能够保证组织的有效运行是组织工作中（　　）的内容。
A. 目标一致原则　B. 责权对等原则
C. 有效管理幅度原则　D. 分工与协作原则

3. 权责对等原则是指（　　）。
A. 只赋予责任　B. 赋予责任也赋予相应的权力
C. 只赋予权力　D. 权力大于责任或责任大于权力

4. 组织结构的本质是组织内部成员的（　　）关系。
A. 分工协作　B. 制约　C. 职、责、权　D. 相互监督

5. 一种松散、灵活的具有高度适应性的组织结构是（　　）。
A. 机械式组织　B. 有机式组织　C. 层级化组织　D. 职能制组织

6. 属于机械式组织的特点（　　）。
A. 适用于变动、复杂的外部环境　B. 对任务和群体最忠诚

C. 工作专业化水平较低　　D. 影响力建立在职权基础上

7. 组织中所有职位都实行从上到下的垂直领导，下级部门只接受一个上级的指令，各级负责人对其下属的一切问题负责，这是（　　）组织。

A. 职能制　　B. 直线制　　C. 直线职能制　　D. 矩阵式

8. 在直线职能型结构中（　　）。

A. 职能人员可以对下级发号施令

B. 直线人员可以对下级发号施令

C. 直线人员不能对下级发号施令

D. 职能人员和直线人员都可以对下级发号施令

9. 被称之为M型组织，最早是由美国通用汽车公司总裁斯隆提出的组织结构是（　　）。

A. 直线职能制　　B. 矩阵制　　C. 事业部制　　D. 职能制

10. 事业部结构的组织形式的基本原则是（　　）。

A. 分散决策，分散经营　　B. 集中决策，集中经营

C. 分散决策，集中经营　　D. 集中决策，分散经营

11. 在事业部结构组织中，最高管理层在加强对事业部的控制时，一般不应该采取的方式为（　　）。

A. 保持事业部的发展决策权　　B. 掌握资金分配权

C. 最高机关成员兼任事业部经理　　D. 掌握重要的人事安排权

12. 对于科研院所等研究项目较多、创新功能较强的组织或企业，以下哪一种组织形式最合适？（　　）

A. 直线制　　B. 事业部制　　C. 矩阵制　　D. 职能制

13. （　　）是在直线职能制垂直形态组织系统的基础上，再增加一种横向的管理系统。

A. 矩阵制　　B. 超事业部制

C. 事业部制　　D. 模拟分权制

14. 管理层次较少，而管理幅度较大的组织结构称为（　　）

A. 直线组织形式　　B. 高层结构形式

C. 扁平结构形式　　D. 职能组织形式

15. 关于扁平式组织结构，下列说法中正确的是（　　）。

A. 它是指管理层次多而管理幅度小的一种组织结构形态

B. 它有利于缩短上下级距离、密切上下级关系、降低管理费用

C. 它更有可能使信息在传递过程中失真

D. 它不适合于现代企业组织

16. 某企业总经理近来发现信息从基层传递到自己这里所花的时间很长，而且传递到自己这里的信息出现了很大程度的失真，对于整个企业计划的控制工作变得复杂了，下属许多管理人员抱怨自己在企业中的地位渺小。由此可推断，该企业出现这种情况的组织方面的主要原因最可能在于（　　）。

A. 管理幅度较小，管理层次较多

B. 总经理的管理幅度太宽，以至于无法对企业进行有效管理

C. 总经理对企业的管理花费的精力太少

D. 企业员工不听从领导，工作不努力

17. 指出下面正确的陈述。(　　)

A. 非正式组织对企业起主导作用

B. 企业内部存在非正式组织

C. 非正式组织是企业设立的正规部门

D. 非正式组织和正式组织是冲突的

18. 在如下何种情况下，管理幅度可以加宽。(　　)

A. 组织各项工作的过程普遍得到标准化

B. 工作的相互依赖程度高，经常需要跨部门协调

C. 组织环境很不稳定，时常出现新情况

D. 下属的工作单位在地理位置上相当分散

19. 组织规模一定时，管理层次和管理幅度呈(　　)关系。

A. 正比　　B. 指数　　C. 反比　　D. 相关

20. 管理者的管理跨度，随着管理层次的不同，其一般变化规律是(　　)。

A. 高层管理跨度＞中层管理跨度＞基层管理跨度

B. 高层管理跨度＝中层管理跨度＝基层管理跨度

C. 高层管理跨度＜中层管理跨度＜基层管理跨度

D. 高层管理跨度＞中层管理跨度＜基层管理跨度

21. (　　)与组织扁平化相悖。

A. 增加管理层次　　B. 增强员工自主性

C. 提高信息传递有效性　　D. 砍掉中间层

22. 考察一个组织分权程度的关键在于(　　)。

A. 按地域设立部门　　B. 按职能设立部门

C. 按顾客设立部门　　D. 决策权或命令权是保留还是下放

23. 组织中权力集中的优点具体表现为(　　)。

A. 形成政策和行动的一致性　　B. 有利于快速决策

C. 有利于激发下属的工作热情　　D. 决策更符合所在地的实情

24. 下面哪一条促使组织更多地进行集权而不是分权。(　　)

A. 决策信息的广泛性　　B. 培养后备管理人员

C. 企业规模的扩大　　D. 组织命令的统一性

25. 某大型集团公司在其各子公司的高层设有参谋，在高层的一次关于参谋问题的会议上，收集到了如下建议，你认为哪种更科学？(　　)

A. 设参谋之职违反了命令统一的原则，应取消此职

B. 为了不使参谋成为有职无权的摆设，应授予参谋决策和行动的权力

C. 参谋应当只起服务和协调的作用，不应越权或篡权

D. 参谋应当只起服务和协调的作用，没有权力提出决策建议

26. 如果你是公司的总经理，你将授予哪种人以决策和行动的权力？(　　)

A. 参谋人员　　B. 直线人员　　C. 咨询人员　　D. 一线员工

三、多项选择题

1. 组织设计包括两方面的内容（　　）。
   A. 静态的组织结构设计　　B. 动态的组织规范化设计
   C. 静态的权力结构设计　　D. 动态的组织运行制度设计
2. 一个完整的组织结构设计至少包括（　　）。
   A. 职能设计　　B. 部门设计　　C. 层级设计　　D. 岗位设计
3. 组织运行制度设计包括（　　）。
   A. 沟通系统设计　　B. 部门设计
   C. 激励设计　　D. 管理规范设计
   E. 职能设计
4. 下列有关"环境对组织设计的影响"论述正确的是（　　）。
   A. 当外部环境较为稳定时，合适采用机械式层级结构，组织的规范化、集权化程度比较高
   B. 当外部环境较为稳定时，合适采用有机式组织，组织的规范化、集权化程度相应下降
   C. 当外部环境不稳定时，合适采用有机式组织，组织的规范化、集权化程度相应下降
   D. 当外部环境不稳定时，合适采用机械式层级结构，组织的规范化、集权化程度比较高
5. 组织的生命周期可划分为（　　）。
   A. 创业阶段　　B. 生成阶段　　C. 成长阶段　　D. 成熟阶段
   E. 衰退阶段
6. 下列关于组织设计权责对等原则的表述，正确的是（　　）。
   A. 为了实现组织目标，各项工作必须明确责任
   B. 有权无责或权大责小，就会束缚企业管理人员的主动性和创造性
   C. 权责不明确容易产生官僚主义、无政府状态，使组织系统产生矛盾
   D. 企业组织成员要承担责任，就必须要有相应的权力
   E. 有责无权或责大权小，很容易产生不负责任的瞎指挥和滥用权力
7. 柔性经济原则对企业提出了两方面的要求是（　　）。
   A. 需要组织有严格的等级和层级结构
   B. 稳定性与适应性相结合，在维护组织稳定的同时保持一定的弹性
   C. 组织结构设计要合理，避免产生内耗，造成管理成本上升
   D. 组织的管理幅度尽可能大，减少管理层次
8. 对直线制组织结构的表述，正确的是（　　）。
   A. 结构简单，指挥系统清晰、统一
   B. 权责关系明确，横向联系少，内部协调容易
   C. 组织具有专业化分工，有利于管理水平的提高

D. 信息沟通迅速，解决问题及时，管理效率高
E. 组织结构具有弹性，组织内部便于横向交流

9. 机械式组织的使用条件有（　　）。
A. 任务明确且持久，决策可以程序化　B. 技术复杂多变
C. 环境不确定性强　D. 组织规模大
E. 有许多常规活动，以效率为主要目标

10. 矩阵型组织结构的优点包括（　　）。
A. 有利于加强各职能部门间的沟通协作，及时解决问题
B. 可以随时组建、重建和解散团队，提高组织灵活性
C. 能解决组织结构相对稳定和管理任务多变之间的矛盾
D. 对于高层管理者而言，矩阵制是一种有效的集权工具
E. 将不同部门专业人员集中在一起，使其学到更多技能

11. 下列关于非正式组织正确的说法是（　　）。
A. 非正式组织主要以感情融洽为主要的标准
B. 正式组织与非正式组织是交叉混合的
C. 非正式组织的危害要大于积极作用
D. 非正式组织会发展组织的惰性

12. 影响集权与分权的主要因素是（　　）。
A. 权力的性质　B. 组织因素
C. 问题的复杂程度　D. 环境因素
E. 管理者与下级因素

13. 职权有以下几种主要形式（　　）。
A. 直线职权　B. 参谋职权
C. 决策职权　D. 职能职权

14. 授权的含义有（　　）。
A. 工作设计　B. 分派任务
C. 授予权力或职权　D. 明确责任

15. 有关“直线管理者与参谋人员的区别”论述正确的是（　　）。
A. 直线管理者既拥有直线职权，同时也拥有参谋职权
B. 参谋是按照专业需求进行设置的，直线部门是按照层级设置的
C. 直线管理者拥有决策权，参谋只是向直线管理者提供建议
D. 对于决策的结果，直线管理者和参谋都同样要负责
E. 直线管理者的待遇取决于所在的组织层级、职位和绩效，参谋人员的待遇取决于所提供的建议的价值

四、判断题

1. 组织结构的规范性是指组织需要制定规章制度以及程序化、标准化的工作，规范地引导员工的行为。（　　）

2. 分工与协作原则就是在组织设计时，按照不同专业和性质进行合理的分工，并规定各个部门之间或部门内部的协调关系和配合方法。（　　）

3. 组织的结构应当保持一定的柔性以减少组织变革所造成的冲击和震荡。（　　）

4. 组织环境较为稳定时，组织结构设计可以采用柔性灵活的有机结构形式。（　　）

5. 许多多元化经营的企业，一般采用集权的职能结构。（　　）

6. 直线制组织结构是一种古老的组织形式，对于任何企业，其效率都比矩阵制组织结构差。（　　）

7. 事业部制的优点之一是高层权力比较分散。（　　）

8. 组织层次过多，不利于组织内部的沟通。（　　）

9. 组织结构扁平化是指组织通过裁减多余人员、精简机构、增加授权、扩大管理跨度等措施减少组织层次的过程。（　　）

10. 非正式组织对组织目标的实现存在负面影响，因此应该尽量避免组织内部非正式组织的形式。（　　）

11. 考察一个组织的分权程度，关键是看决策或命令权的下放和保留程度。（　　）

12. 环境不确定程度较高，则实行较大程度的分权。（　　）

13. 适当的授权可以增加管理宽度。（　　）

14. 如果组织内部各个方面的政策是统一的，分权最容易达到管理目标的一致性。（　　）

15. 有机式组织适用于环境相对稳定、规模较大的企业。（　　）

16. “集中决策、分散经营”的组织结构是事业部制组织结构。（　　）

五、简述题

1. 简述组织运行制度设计包含的内容。
2. 简述分工与协作原则。
3. 简述组织协调的必要性。
4. 有机式组织的适用条件有哪些？
5. 简述机械式组织和有机式组织的特点对比。
6. 简述直线职能制组织结构的优缺点。
7. 简述扁平化组织的优缺点。
8. 简述无边界组织的内涵和本质，如何建立无边界组织？
9. 简述动态网络型组织结构的优缺点。
10. 非正式组织和正式组织的区别有哪些？
11. 简述管理幅度设计的影响因素。
12. 简述职权的三种类型。
13. 影响组织分权程度的因素。
14. 简述分权和授权的区别。
15. 简述直线管理人员与参谋人员产生矛盾的原因。

六、论述题

1. 组织设计容易受到哪些因素的影响？试举例说明。
2. 组织设计的原则有哪些？请举组织的实例详细说明。
3. 试举例说明，如何将非正式组织和正式组织进行有效整合？

七、案例分析题

案例1　金果子公司的组织结构设计

金果子公司是由老张在10年前创立的水果企业，最早由家庭作坊发展而来，当前主要经营橘子和桃子这两种水果的种植、采摘和销售。金果子公司大体上开展如下三个方面的活动：一是田间劳动，由工人们负责水果的种植和采摘；二是农业技术，由农业专家负责开发新的水果品种并设法提高产量；三是市场营销，由销售人员负责走访各地的水果批发商和零售商，并完成销售工作。

金果子公司，虽然成立了20多年，其家族企业式的管理，一直比较宽松，没有制定什么正式的政策和规则，对工作程序和职务说明的规定也很有限。老张相信，一旦人们对工作有了亲身了解后，他们就应当而且能够有效地开展工作。

最近，公司总经理老张的儿子小张大学毕业，作为总经理助理开始参与公司的经营与管理。小张认为，金果子公司目前已经具备一定规模，首先有必要为公司建立起一种比较正规的组织结构。小张认为，金果子可以有两种选择：一是采取直线职能结构形式，具体如图6-1所示；二是按产品来设立事业部制组织结构，具体如图6-2所示。如果你是金果子公司总经理，该选取哪种组织架构呢？

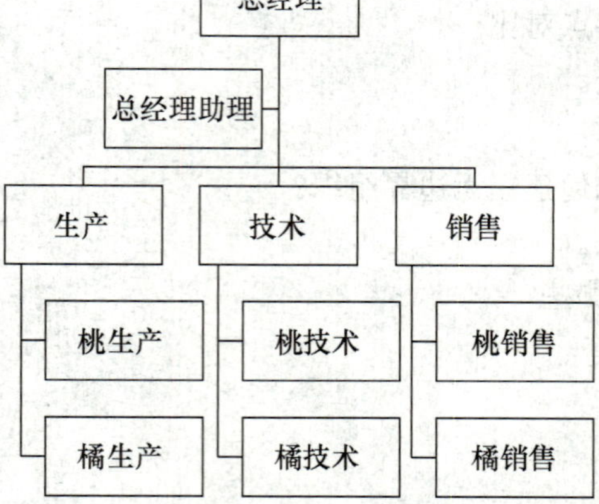

图6-1　金果子公司直线职能制组织结构

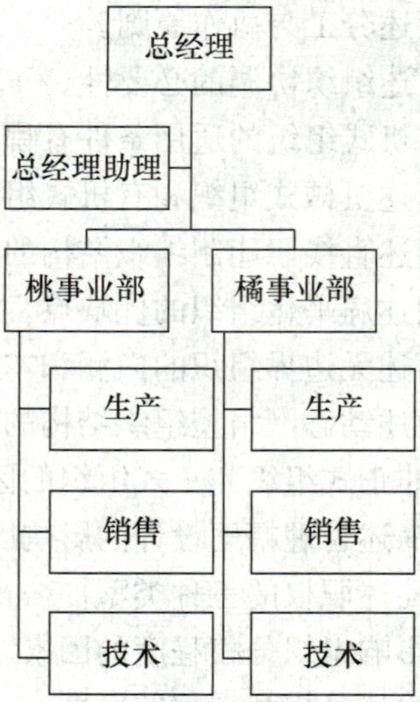

图6-2　金果子公司事业部制组织结构

问题与思考：

1. 直线职能制和事业部结构各有什么优缺点和适用的条件？

2. 你认为，金果子公司在经营规模扩大到要求建立起正规化的组织结构时，哪种形式更合适？

3. 预想不久后该公司的规模获得进一步的迅速扩大，那么在目前选择的组织形式基础上如何调整其结构设计呢？你认为可以增加什么样的管理部门？

案例 2　王华明的困惑

王华明近来感到十分沮丧。一年半前，他获得某名牌大学工商管理硕士学位后，在毕业生人才交流会上，凭着他满腹经纶和出众的口才，他力挫群芳，荣幸地成为某大公司的高级管理职员。由于其卓越的管理才华，一年后，他又被公司委以重任，出任该公司下属的一家面临困境的企业的厂长。当时，公司总经理及董事会希望王华明能重新整顿企业，使其扭亏为盈，并保证王华明拥有完成这些工作所需的权力。考虑到王华明年轻，且肩负重任，公司还为他配备了一名高级顾问严高工（原厂主管生产的副厂长），为其出谋划策。

然而，在担任厂长半年后，王华明开始怀疑自己能否控制住局势。他向办公室高主任抱怨道："在我执行厂管理改革方案时，我要各部门制定明确的工作职责、目标和工作程序，而严高工却认为，管理固然重要，但眼下第一位的还是抓生产、开拓市场。更糟糕的是他原来手下的主管人员居然也持有类似的想法，结果这些经集体讨论的管理措施执行受阻。倒是那些生产方面的事情推行起来十分顺利。有时我感到在厂里发布的一些命令，就像石头扔进了水里，我只看见了波纹，随后，过不了多久，所有的事情又回到了发布命令以前的状态，什么都没改变。"

问题与思考：

1. 严高工在实际工作中行使的是什么权力？你认为，严高工作为顾问应该行使什么样的职权？

2. 这家下属企业在管理中存在什么问题？如果你是公司总经理助理，请就案例中该企业存在的问题向总经理提出你的建议以改善现状。

八、辩论题

辩题：在组织中，是因人设岗还是因事设岗？

正方：组织应该因事设岗

组织设计，是从组织战略出发分析关键任务，进而按照分工协作的原则，设计部门和岗位，因此因事设岗是岗位设计的基本原则。组织发展到一定阶段，规模持续增长，组织管理更为完善，各部门职责和岗位职责都非常明确和清晰。因事设岗，可操作性强，更能体现内部公平，并能有效帮助整个组织达成战略目标。组织建设的目标，就应该是铁打的营盘流水的兵，在清晰稳定的岗位下，就算岗位任职人员有所流动，但流动对组织绩效的影响依然保留在可控范围之内。所以，组织结构设计应该因事设岗。

反方：组织应该因人设岗

组织中所有的工作都是由人来完成的，其中包括战略和策略制定。不同的人，会有不一样的战略，会带给组织不一样的业务机会。对于高级专业型人才、高层管理人才，为了更好地发挥其能动性和特长，企业应更多地考虑因人设岗。譬如联想公司董事长柳传志在考虑接班人时，为防止杨元庆和郭为的恶性竞争或离职，结合二人的优势特长，将联想一分为二，让其分别领导。这就是典型的因人设岗，不仅能够人尽其才，也能够达到激励人才、留住人才的目的。因此，针对战略性核心人才，考虑到人才的特殊性和组织发展的多种可能性，组织应该岗随人变，因人设岗。

九、经典案例阅读

阅读案例1 海尔集团的组织结构模式演变

(一) 海尔 HOPE 平台简介

依托"人单合一"管理模式及"世界就是我的研发部"的开放创新理念，海尔在2009年搭建了海尔开放创新平台（HOPE平台，Haier Open Partnership Ecosystem）。HOPE平台经过多年的发展，目前已经成为海尔旗下独立的开放式创新服务平台。HOPE平台是一个创新者聚集的生态社区，一个庞大的资源网络，也是一个支持产品创新的一站式服务平台。

作为一站式创新服务平台，HOPE跟踪、分析和研究与产业发展密切相关的超前3～5年的技术，同时推进这些技术的产业化转化。HOPE把技术、知识、创意的供方和需方聚集到一起，提供交互的场景和工具，促成创新产品的诞生。自成立以来，HOPE平台支持海尔各个产品研发团队和超前研发团队创造了众多的颠覆性产品，如MSA控氧保鲜冰箱、净水洗洗衣机、水洗空调、天樽空调、NOCO传奇热水器、防干烧燃气灶等，受到消费者喜爱，在市场上迅速成为明星畅销产品。

截至2020年底，HOPE服务的行业包括家电、能源、健康、日化、汽车、烟草、材料、智慧家居、生活家电等二十多个大的领域。目前HOPE平台上聚集着高校、科研机构、大公司、创业公司等群体，覆盖了100+的核心技术领域，社群专家12万+，全球可触达资源100万+。

经过11年的探索，HOPE平台打造了相对成熟并具有中国特色的开放式创新模式，并沉淀了核心的方法论，在需求定义、资源评估、用户需求洞察等创新服务的关键节点取得突破，解决了创新成果转化的瓶颈问题。

(二) 海尔人单合一管理模式和平台化组织架构

海尔HOPE平台的创立，借助于"人单合一"管理模式，颠覆了企业、员工和用户三者之间的关系。所谓的"人单合一"中，"人"就是指员工，"单"则指的是用户价值/需求，"合一"指员工的价值实现与所创造的用户价值合一。简而言之，"人单合一"就是每个员工都直接面对用户的需求，创造用户价值，并在为用户创造价值中实现自己的价值。

"人单合一"管理模式下，企业变成一个开放的平台，这个平台把用户、员工以及利益相关方都汇聚在一个平台上，形成共创共赢共享的生态系统，促使整个商业模式重建。企业平台化，即企业从传统的科层制组织颠覆为共创共赢的平台；员工创客化，即员工变成用户价值驱动的创客，从被动接受指令的执行者颠覆为主动为用户创造价值的创客和动态合伙人；用户个性化，即用户从购买者颠覆为全流程最佳体验的参与者，从顾客转化为交互的用户资源。海尔重组了后台三级经营体，以保障开放平台的有序经营和管理。人单合一后的组织结构如图 6-3 所示。

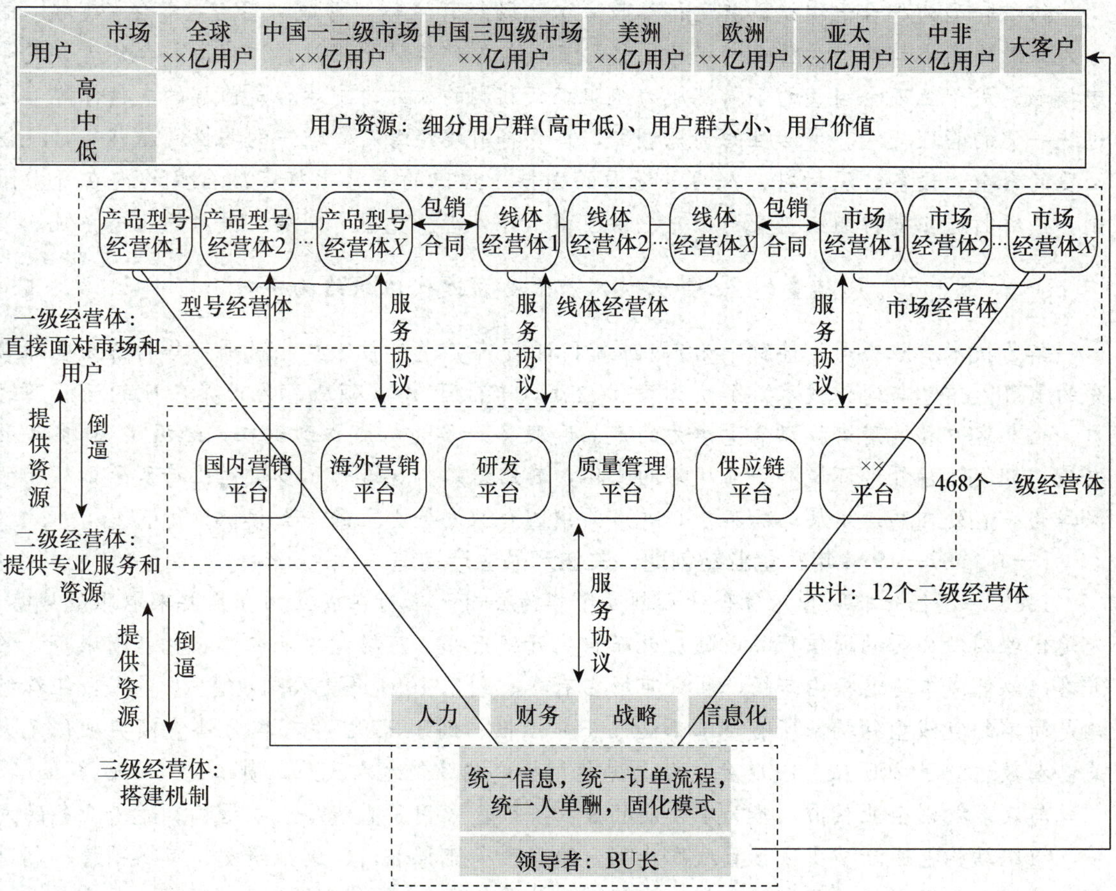

图 6-3 人单合一后的组织架构（以海尔白电集团为例）

人单合一，需要匹配“人人抢单”的人单酬机制。通过三级经营主体的管理和抢单机制，激发了海尔各级员工工作的积极性和主动性。例如在财务模块，海尔颠覆了传统按地域、工序等定岗的方式，将费用、应收、应付、税票等模块全部开放抢单，海尔财务在服务 19 个国家和地区、8 种语言 900 多家法人公司的前提下，员工总数从上千人降到 200 多人，工作效率提升了数倍。这充分证明，在任何业务领域都需要激发人的“原动能”，这种基于“原动能”而开创的“人单合一”模式具有强大的生命力和可供借鉴复制的意义。

（三）组织平台化转型借鉴

平台化不仅是互联网时代的社会现象、经济现象，更代表一种组织现象。组织的平台化转型目标是连接双边或多边主体，将组织作为一体化的平台，通过共享资源来赋能平台，从而创造单独一边所无法创造的价值。关于传统组织与平台化组织的区别有个形象的比喻，前者是“火车模式”，主要靠领头者，即“火车跑得快，全靠车头带”；后者则是“动车模式”，靠每节车厢共同驱动。

在组织平台化转型之下，全职工作的核心人员、独立的外包人员和弹性工作的自雇人员经由共享平台连接在一起，共同服务于企业的生态体系。相应组织管理，对内也应由金字塔式、命令式的等级控制转向交互式协同，对外应跨越传统组织边界，与外界组织和社会实现充分互动和交流。

组织转型为平台化组织，其运行参照海尔三级经营主体，形成“后台+中台+前端”的方式。敏捷的小前端作为独立的经营主体，直接与外部市场的用户、供应商、合作者、竞争者接触。成千上万个经营的小前端成为组织经营利润的来源；中后台是前端的支持保障，通过统一化的管理模式、灵活性的资源调配，负责将前端经营及管理中的共性问题归集，提供必要的资金、设备、原材料、人力等资源的支持。组织的平台化将突破自身的内在资源限制，最终打造出支持组织自身与用户、供应商、合作者、竞争者间共生关系的生态系统。

阅读案例2　华为技术有限公司近代组织结构分析

华为技术有限公司（简称华为），创立于1987年，总部位于广东深圳。华为作为全球领先的ICT（信息与通信技术）解决方案供应商，专注于ICT领域，为世界各地的运营商客户、企业客户和消费者提供有竞争力的产品和服务。华为从成立到现在，经历了30多年的发展，期间随着外部环境和企业战略的变化，其组织结构也进行了多次优化与变革，从而确保华为一直处在高速发展的历程中，并成为中国企业发展史上的一面旗帜。

（一）1987—1994年：企业初创期，关注产品生产制造

1987年，任正非联合几位合伙人创立了华为公司。华为在成立初期主要采取跟随战略，先是代理国外公司的通信产品，随后开始自主开发产品。市场竞争采取“农村包围城市”的策略，以低成本迅速抢占市场，扩大市场占有率。到了1991年，公司也才20多人，组织结构是简单的直线型结构，所有员工都向任正非汇报。到了1992年，华为销售额突破亿元大关，人数达到了200人。1994年，华为销售规模突破8亿元人民币，员工达到600多人。

与众多初创企业相似，华为在发展的最初阶段，采用了直线型组织结构。随着业务的发展，组织结构也逐渐演变成了直线职能制，除了业务流程部门，例如研发、市场销售、制造等部门，也有了支撑流程部门，例如财经、行政管理等。其组织结构图如下图6-4所示。

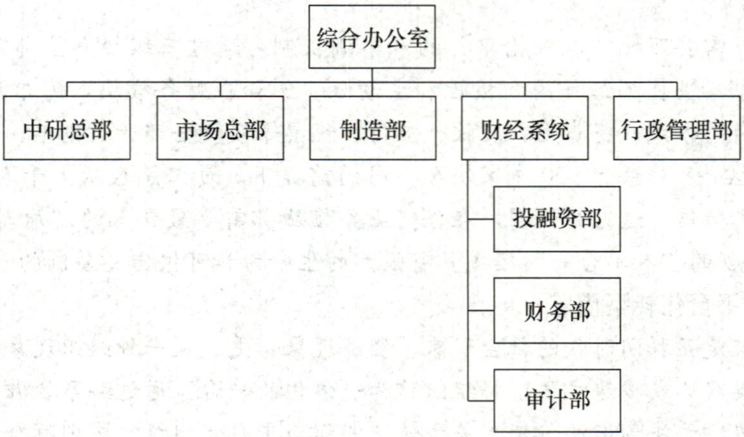

图6-4　华为第一阶段组织结构图

华为在这一阶段的组织结构中，权力集中，以便能快速统一调配资源参与市场竞争，并对外部环境的变化做出快速反应。所有的产品开发策略、市场营销策略都可以第一时间从公司高层直接传达给一线，从而集合团队之力达成公司发展目标。直线职能制组织结构与华为当时发展战略相匹配，也使得华为在当初激烈的市场竞争中存活下来，并获得了极大的发展。

（二）1995—2003 年：企业高速发展，提供个性化解决方案

在这一阶段，华为逐渐从集中化战略转向相关多元化战略，从单一研发生产销售程控交换机产品，逐渐进入移动通信、传输等多类产品领域，从而成为全面通信解决方案提供商。1995 年，华为公司成立了北京研究所，并在 1996 年开始进军国际市场。到了 1998 年，华为有近 8 000 名员工，销售规模达到 90 亿元。2003 年，华为销售规模首次突破 300 亿元。

随着业务的转型，向客户提供个性化解决方案，使得企业管理负担加重，部门之间的协调效率低下，企业急需打破直线职能制组织结构对企业发展的制约。为了减轻管理者的负担，提高部门之间的协调效率，华为将权力下放，建立了地区部与（产品）事业部制相结合的二维矩阵式的组织结构。其组织结构图如图 6-5 所示。

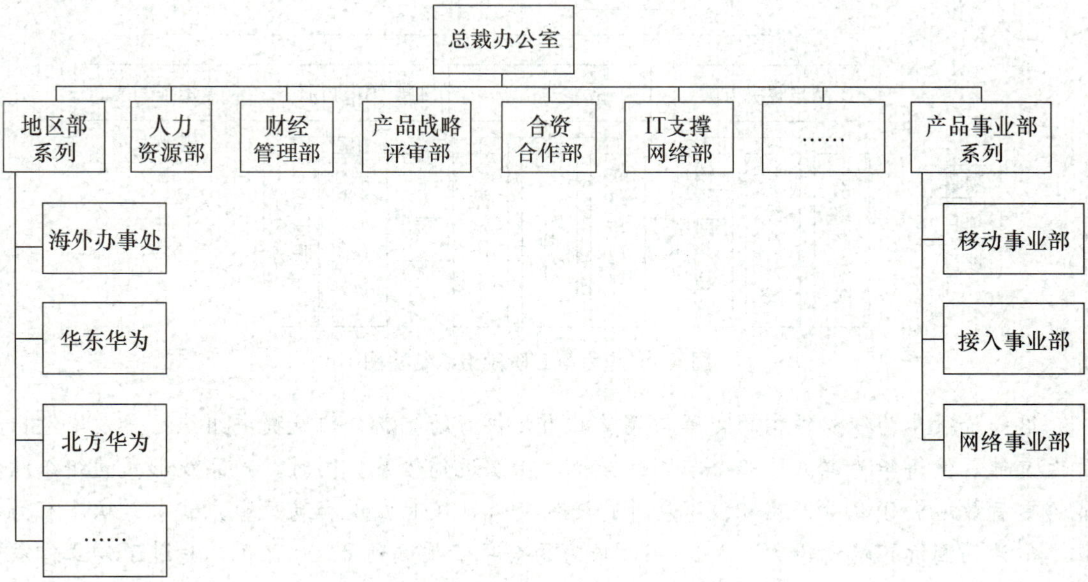

图 6-5　华为第二阶段组织结构图

此时，华为的组织结构是典型的矩阵型组织。华为在 1998 年定稿的《华为基本法》中提到，公司的基本组织结构是一种二维结构，包括按战略性产品类别划分的事业部和按地区划分的地区公司。事业部在公司规定的经营范围内承担开发、生产、销售和用户服务的职责；地区公司在公司规定的区域市场内有效利用公司的资源开展销售经营。事业部和地区公司均为利润中心，承担实际利润责任。当然，公司也有管理部门，职能专业化是建立管理部门的基本原则。二维矩阵式组织结构和事业部制组织结构，意味着地区部和事业部在各自业务领域内进行分权决策，自负盈亏，总部主要做重大决策控制和服务，以集中优势资源和精力突破市场难点。这一阶段的组织结构安排，为华为向国际化企业迈出了一大步。

（三）2004—2012 年：公司全球化发展，关注客户业务竞争力提升

本阶段，华为在产品开发战略上采取了多元化和国际化并举的战略，公司也由全面通信解决方案电信设备提供商，向提供端到端通信解决方案的电信设备服务商转型，公司发展由以前的产品驱动转为客户或市场驱动。在市场竞争战略上，华为采取与“合作伙伴”共赢的战略，致力于提高客户的业务竞争力。

华为在这个时期对组织结构进行了渐进式的演变，从原来的事业部与地区部相结合的组织结构，转变成以产品线为主导的组织结构，以利润为中心，加快决策速度，以适应快速变化的市场。此阶段的组织机构变革，还使得项目运作中以集成产品开发 IPD、集成供应链 ISC、客户关系管理 CRM 等为主干的流程更加成熟；同时华为还通过引入业界最佳实践，建设了支撑运作的完整 IT 框架。其组织结构图如图 6-6 所示。

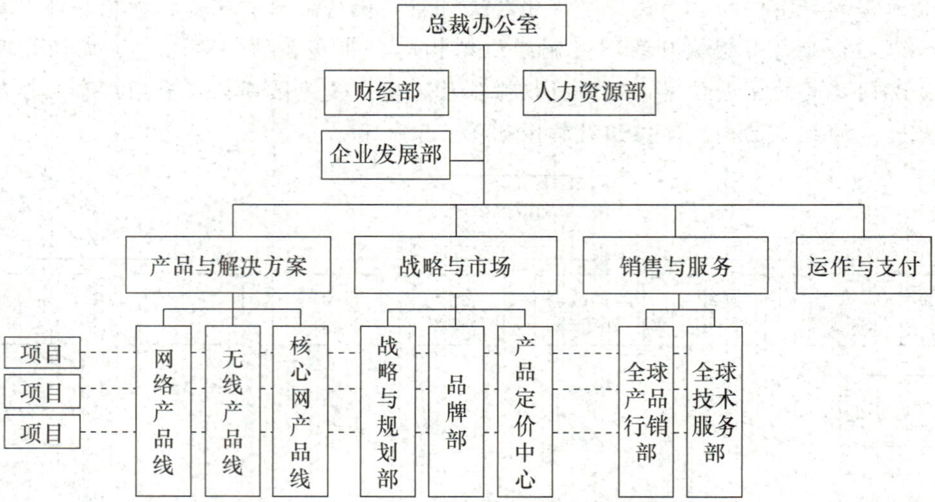

图 6-6 华为第三阶段组织结构图

这一阶段华为组织结构的变革与调整，为其权力的重新分配及提高组织运营效率做出了巨大贡献，使得华为建立了一个与国际接轨的组织运作体系。同时，产品线形式的组织结构能够更有效地和顾客就产品和技术展开广泛的交流，及时发现和满足客户需求，从而有力增强了华为的国际市场竞争力。2012 年，华为的全年营收达到 2 200 亿元，超过了爱立信成为通信行业老大。

（四）2013 年至今：公司稳步发展，关注客户业务竞争力提升服务

随着大数据、云计算等新兴技术的发展，华为面向企业和消费者的业务进一步多元化。华为公司设立基于客户、产品和区域三个纬度的组织架构，各组织共同为客户创造价值，对公司的财务绩效有效增长、市场竞争力提升和客户满意度负责。最新的组织结构图如图 6-7 所示。

组织结构图中，集团职能平台是聚焦业务的支撑、服务和监管的平台，向前方提供及时准确有效的服务，在充分向前方授权的同时，加强监管。ICT 基础设施业务管理委员会对 ICT 基础设施业务进行端到端经营管理。为加强对消费者业务的战略及风险管理，提升决策效率，公司设立消费者业务管理委员会，作为消费者业务战略、经营管理和客户满意度的最高责任机构。

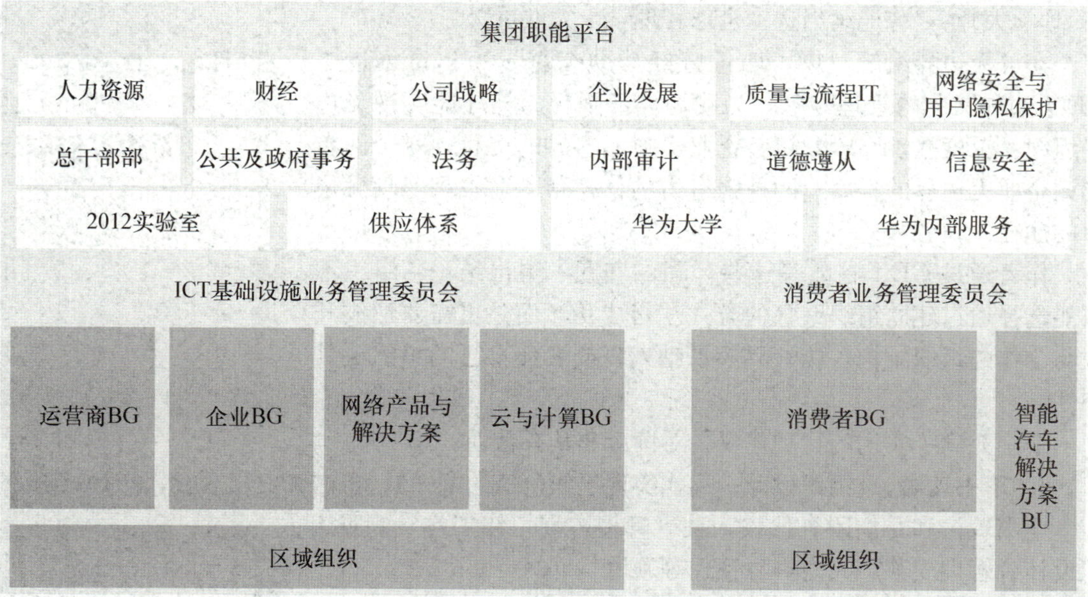

图 6-7　华为现阶段组织结构图（源于华为官网）

当前，华为提出自身的使命和愿景是打造全球领先的 ICT（信息与通信）基础设施和智能终端提供商，致力于把数字世界带入每个人、每个家庭、每个组织，构建万物互联的智能世界。面向未来，华为用内部近乎完美的分工协作和管理，不断迎接挑战达成目标。

十、推荐阅读书籍

1.［美］彼得·圣吉著，张成林译，《第五项修炼》，中信出版社，2018 年版

彼得·圣吉，美国麻省理工学院（MIT）斯隆管理学院教授，于 1990 年提出“终身学习”“学习型组织”的概念，被誉为“学习型组织之父”。

彼得·圣吉在《第五项修炼》中明确提出了“学习型组织”的管理理念，以及如何通过五项修炼来打造有学习力的学习型组织，强调从事一项修炼就意味着成为一个终身学习者。在这五项修炼中，重要的一项修炼是系统思考，即第五项修炼。系统思考是观察整体的修炼，可以帮助我们深刻理解个人向内观、向外看的全新方法。一个组织能够拥有长期竞争力的关键在于，有比竞争对手更快、更好的学习力和修炼方法。系统思考还需要开发共同愿景、心智模式、团队学习和自我超越的修炼，才能发挥出潜力。

2.［美］罗恩·阿什肯纳斯，戴维·尤里奇，托德·吉克等著，姜文波、刘丽君、康至军译，《无边界组织》，机械工业出版社，2016 年版

罗恩·阿什肯纳斯，谢弗咨询公司（Schaffer Consulting）的高级合伙人。

戴维·尤里奇，美国密歇根大学商学院教授，曾被美国《商业周刊》（2001 年）评为

“管理学大师”，曾连续当选为全球管理学十大教授”。

在《无边界组织》中，四位曾经帮助杰克·韦尔奇创造了GE无边界文化的管理专家，为我们详细阐释怎样才能实现无边界组织：深度呈现GE等知名企业实施无边界的历程；六个问卷测试企业无边界的程度；四种强有力的杠杆帮企业找到实现无边界的途径。

作者通过GE、谷歌等这些公司的实践，得出结论：组织不再能选择通过建立组织壁垒的方式获得成功，而是更需要形成开放与合作的组织结构，让外界容易纳入，或者让自己的组织更具弹性。

书中充满了实用的行动建议，对读者非常有帮助。

3. 李书玲著，《组织设计：寻找实现组织价值的规律》，机械工业出版社，2016年版

李书玲，和君集团合伙人，从事管理咨询一线工作，侧重组织设计、管理变革、人力资源管理等领域。

在组织设计这一问题上，多数学者都热衷于探讨某个局部的要素之间的函数关系，这样的研究会使组织的整体感消失。该书作者以系统观去还原一个真实的、复杂的、各要素间动态关联、相互纠葛的组织和组织过程，想法思路与众不同。

《组织设计》阐述整个组织建设过程的运行原理，总结关于组织设计的系统框架和内在规律，通过对组织管理学学科定位和研究方法的回顾，对组织定义的延伸思考，进一步探讨关于组织运转的真相，为组织管理学未来的研究和实践提供方向上的建议。

第七章

人员配备

一、名词解释

1. 人员选聘　2. 外部选聘　3. 内部选聘　4. 人事考评　5. 招聘
6. 情景模拟法　7. 专题培训　8. 角色扮演法

二、单项选择题

1. 对一个组织来说，(　　) 是各类资源中最重要的资源。
A. 人力资源　B. 物质资源　C. 财政资源　D. 信息资源

2. 内部选聘的最大优点是 (　　)。
A. 给组织带来新观念、新思想　B. 提高组织选聘的效益
C. 更能找到和岗位匹配的人员　D. 使用灵活，可签订短期或临时的合同

3. 人事考核工作中的难点是 (　　)。
A. 建立考核反馈机制　B. 区别不同类型的考评对象
C. 设计考核要素　D. 依据考核要素完善人事考评指标

4. 人员选聘要做到三个匹配，不包括 (　　)。
A. 人员技能与岗位职责的匹配　B. 人员个性与岗位职责的匹配
C. 人员价值观与组织价值观相匹配　D. 人员文化与组织文化相匹配

5. 内部选聘最常用的方法是 (　　)。
A. 以业绩为基础晋升　B. 从组织的人员记录中选择
C. 口头传播　D. 职务选聘海报

6. 人员录用时候，分别对应聘者进行笔试与面试选择，再按照规定的笔试与面试的权重比例，综合算出应聘者的总成绩，决定录用人选，这种方法是 (　　)。
A. 多重淘汰式　B. 补偿式　C. 结合式　D. 直观评估

7. 专门为组织选聘高级人才或特殊人才的职业选聘机构是指 (　　)。
A. 猎头公司　B. 人才交流市场

C. 职业介绍机构　　　　D. 校园招聘机构

8. 以职位的空缺和实际工作的需要为出发点选录人员，根据人的能力和素质的不同安排不同的工作，这个做法符合（　　）。

A. 任人唯贤原则　　　　B. 程序化、规范化原则

C. 动态平衡原则　　　　D. 因事择人、因材器使原则

9. 组织招聘是一个（　　）。

A. 招聘组织挑选应聘者的过程　　　　B. 双向选择过程

C. 应聘者挑选组织的过程　　　　D. 员工自荐的过程

10. 下列关于内部招聘的说法，不正确的是（　　）。

A. 有利于调动员工的工作积极性

B. 不利于吸引外部人才

C. 可能会导致组织内部的“近亲繁殖”现象的发生

D. 提高组织选聘人员的效益

11. 下列关于组织内部职位调动原因的说法，不正确的是（　　）。

A. 人际关系问题　　　　B. 对组织成员培养的需要

C. 组织成员对现任岗位的不适应　　　　D. 员工对岗位的喜欢程度不同

12. 组织根据发展需要或者部门根据岗位需要，组织部分或全部人员进行某一方面的培训，是（　　）。

A. 在职培训　　B. 专题培训　　C. 岗前培训　　D. 试听培训

13. 通过向培训对象提供相关的背景资料，让其寻找合适的解决方法，这种培训是（　　）。

A. 讨论法　　B. 角色扮演法　　C. 案例研讨法　　D. 讲授法

14. 比较适合管理人员的实践与沟通训练的方法是（　　）。

A. 讲授法　　B. 互动小组法　　C. 师傅传承法　　D. 视听技术法

15. 在人事考评中，（　　）是指依据对被考评者平日的接触与观察，由考评者凭主观判断进行评价的方法。

A. 实测法　　　　B. 成绩记录法

C. 直观评估法　　　　D. 民主测评法

16. 下列有关人员培训的说法不正确的是（　　）。

A. 人员培训能提高组织成员的综合素质

B. 培训有利于企业文化的建设

C. 培训可以提升组织凝聚力

D. 培训是一种比较重要的人力资源开发，但和人力资本投资相比，物质资本的投资更重要

17. 多用于人际关系能力训练的方法是（　　）。

A. 互动小组法　　B. 师徒传承法　　C. 案例讨论发　　D. 角色扮演法

18. 人员培训的首要任务是（　　）。

A. 为组织战略准备人力资源

B. 传播组织知识和文化

C. 帮助组织成员成长

D. 创造良好的组织环境

三、多项选择题

1. 人员选聘要做到以下三个匹配（　　）。
   A. 人员技能与岗位职责相匹配　　B. 人员个性与岗位职责相匹配
   C. 人员文化与组织文化相匹配　　D. 人员价值观与组织价值观相匹配
2. 确定组织人员需要量的主要依据是（　　）。
   A. 岗位职务类型　　B. 组织内的总体人员数量
   C. 岗位职务数量　　D. 外部环境中可提供的选聘人员数量
3. 外部选聘人员的具体来源有（　　）。
   A. 内部人员介绍推荐　　B. 上门求职者
   C. 内部人员自荐　　D. 劳务中介机构
   E. 教育机构
4. 下列有关“外聘的不足之处”论述正确的是（　　）。
   A. 有可能挫伤内部成员的工作积极性，减少内聘成员的晋升机会
   B. 外聘者需要较长调整时间来适应组织环境和工作
   C. 给组织内部成员带来竞争，促进其更加积极地工作
   D. 外聘者可能忽视调整自身来适应组织
5. 组织内部选聘的主要方式是（　　）。
   A. 组织内部人员的提升　　B. 组织内部人员介绍的外部人员
   C. 组织内部职位的调动　　D. 通过猎头公司找到的人员
6. 有关“人事考评的功能”论述正确的是（　　）。
   A. 实现组织绩效目标的有力工具　　B. 有助于形成激励机制
   C. 是一种反馈机制　　D. 促进组织成员共同协调发展
7. 人员考核的基本要素包括（　　）。
   A. 职业品德　　B. 工作态度　　C. 利他行为　　D. 工作业绩
   E. 工作能力
8. 通过猎头公司选聘人员的优势有（　　）。
   A. 准确把握关键职位所需要的工作能力
   B. 被聘用人员不需要进一步培训就可以马上上岗发挥作用
   C. 选聘人员的费用比较低
   D. 被选聘人员求知欲旺盛、成才快
   E. 可以为组织比较快捷、有效地完成特殊人才的选聘
9. 海报选聘的好处有（　　）。
   A. 给组织成员提供平等的成长和发展机会
   B. 组织成员可以自由、自愿申请
   C. 提高组织成员在某些职位上的稳定性

D. 吸引更多有资格的人员参加应聘和竞争
E. 使组织以较低成本配置人员进入最合适的位置

10. 员工考核的方法有（　　）。
A. 实测法　　B. 成绩记录法　　C. 补偿法　　D. 直观评估法
E. 多重淘汰法

四、判断题

1. 现代组织进行人才建设的基础是员工培训。（　　）
2. 人员配备的任务就是从组织的岗位要求出发，从组织内部选聘到适合组织岗位要求的人员。（　　）
3. 有效的人员配备就是要能够发挥人的长处，并尽量避免其短处。（　　）
4. 虽然处在动态环境中的组织需要不断的变革和发展，但是组织对其成员的要求是不变的。（　　）
5. 组织通过外聘，可以使组织内部的竞争加剧，并刺激内部员工工作积极性的提升。（　　）
6. 组织内部选聘最主要的方法是组织内部职位的调动。（　　）
7. 海报选聘能吸引更多有资格的人员参加应聘和竞争，能使组织以较低成本配置人员进入最适合的位置。（　　）
8. 保证组织成员队伍稳定和提高整体素质的有效途径是录用应届毕业生。（　　）
9. 组织中人员培训的类型主要分为岗前培训和在职培训。（　　）
10. 人员考核的基本要素当中，最重要的是工作能力。（　　）
11. 培训是最重要的人力资本开发，是比物质资本投资更重要的人力资本投资。（　　）
12. 人事考评既是一种激励机制，也是一种反馈机制。（　　）

五、简述题

1. 如何确定组织人员需要量？
2. 简述人员配备的原则。
3. 简述人员外聘的优点与不足。
4. 简述人员选聘的匹配标准。
5. 简述人员录用的常用方法。
6. 简述人员录用的流程。
7. 简述人员考核的基本要素。
8. 简述人员培训的任务。
9. 角色扮演法有什么优缺点？
10. 简述师徒传承法的优点。

六、论述题

1. 请论述在组织的人员配备过程中，如何既能保证人与岗位的匹配，又使组织人员有合理的流动性？

2. 英国管理大师劳伦斯·J. 彼得发现，“在实现等级制度的组织里，每个人都崇尚爬到能力所不及的层次”，这就是著名的彼得现象。如何防止彼得现象的出现？

七、案例分析题

案例1 某乡镇医院的绩效考评

某乡镇医院所采用的考评制度，是360度评价。该医院要求，每位医生及管理人员，在年底时需要进行相互评价，并以此作为年度考核的结果。所有人年底需要填写一份总结报告，报告格式高度统一，包括“德、能、勤、绩”四个方面；每个人需要在医院年度大会上进行3分钟左右的总结陈述；陈述之后，医院的每个人需要对其他人进行评价，按照从1分到5分进行打分。最终年度考核结果参考大家打分的平均结果，评定为四个等级，包括优秀、良好、合格和不合格。

这一绩效考评方式，受到了不少医院职工的质疑。一是德和能这两个方面的考核比较虚，不好进行量化评价，主观性偏大。二是多年考核结果发现，老好人式的职工，人际关系处理较为圆滑，群众基础不错，往往得分偏高，但其实他们干活相对轻松；另一些年轻人，承担了一些相对艰巨但又难以出彩的工作，得分往往偏低。三是打分的最终结果，区分度不大，呈现出你好我好大家好的态势。

后来，该医院对绩效考评进行了改革完善。在考核计算规则上，放弃了360度平均计分的方式，而加大了上级领导的评价权重，占80%，其他人评分占比20%；在考核结果的分布上，做出了一定限制，即评价为优秀的不能超过20%，评价为良好的不能超过30%，同时要求对评为优秀和不合格的人员提供关键事件进行说明。改革后的乡镇医院，焕发出了新的活力。

问题与思考：

请结合人事考评方法分析本案例改革前后的考评制度各有什么优缺点。

案例2 T公司的高管招聘

T公司成立于2015年，专注于网络游戏开发。随着公司游戏产品中国风特色越来越明显，游戏在线人数也越来越多。但随着在线游戏业务量的激增，公司运营不够顺畅，导致游戏体验非常不好，一些游戏玩家不满情绪增加，客户投诉时有发生。公司急需一位优秀的经营管理人才。

此时，猎头推荐了张先生。张先生有着两家大型外资IT企业经营管理的经验，业绩突出，在业内享有盛名。T公司总裁求贤若渴，与人力资源总监一起，对张先生经过两次长达3小时的面谈，发现张先生确实是自己梦寐以求的人才。不久张先生新官上任，担任T公司运营中心总监。

但是，一个月之后，T 公司总裁却意外地收到了张先生的辞呈。

经过多方面了解，人力资源总监弄清了张先生离职的原因：（1）思想活跃、喜欢创新和挑战的张先生与保守稳重的直接上级——公司某副总裁多次因意见不合而发生冲突；（2）张先生在公司面对一群“土生土长”的做中国风游戏的同事，经常产生一种“曲高和寡”的孤独感；（3）张先生无法适应一个各项制度不健全、管理流程混乱的企业，认为这样的企业，自己的能力无法施展。

问题与思考：

张先生这样的闪电离职令人深思，请具体分析 T 公司在招聘中存在的问题及改进方案。

八、辩论题

辩题：企业用人，应“以德为先”还是“以才为先”？

正方：企业用人，应“以才为先”

企业要在竞争不断加剧的环境下，实现赢利和可持续发展，首先是要有能够赢得市场的产品和服务，而这来自于全体员工的创造。创造的第一要素就是人才。新编《辞海》对“人才”的解释是：有才识学问的人，德才兼备的人，才识学问被放到了第一位。人才，就是在某一领域、某一行业或某一工作上做出较大贡献的人。有才的研发人员可以将设想转化为技术和产品；有才的生产人员能将图纸转化为工艺和产品；有才的营销人员可以使企业广开销路，获取更大的市场份额；有才的管理者会使企业的管理更为科学，员工更加团结；有才的决策者可以为企业的发展指出正确的方向。毋庸置疑，企业发展的首要因素是人才，企业用人，应以才为先。

反方：企业用人，应“以德为先”

《现代汉语辞典》中对人才的注释是：“德才兼备的人，有某种特长的人”。由此可见，“人才”，最大的特征是“德才兼备”。中国有句古话，先做人后做事，做人是做事的基础。一个品质恶劣却拥有才能的人，其才能大多用在了歪道上而没有用在正道上，一个领导人如果没有驾驭这种人的绝对把握，还是避而远之为好。当今社会，企业缺的并不是人才，而是员工内在的道德素养。所以，许多企业都提出自己的文化价值理念，对人才品德进行要求，例如华为提出认真负责的员工是企业最大的财富，IBM 要求员工具备诚实的品德和强烈的责任意识等。所以说，德是做人的根本、基础、前提，企业用人必须以德为先，才能够确保企业长期稳定的发展。

九、经典案例阅读

阅读案例　沃尔玛的员工招聘与培训

（一）沃尔玛介绍

1962 年美国沃尔玛公司创立于美国西部的一个小镇，1991 年成为美国第一大零售企业，

2001 年以后连续名列世界 500 强第一位，2002 年销售额达 2 465 亿美元。经过四十多年的发展，沃尔玛公司已经成为美国最大的私人雇主和世界上最大的连锁零售商。目前，沃尔玛在全球开设了超过 7 000 家商场，员工总数 190 多万人，分布在全球 14 个国家。每周光临沃尔玛的顾客 1.76 亿人次。

1996 年，沃尔玛在深圳成功地开设了亚洲第一家沃尔玛购物广场和山姆会员商店，沃尔玛目前已经在全国共 55 个城市开设了 104 家商场，包括沃尔玛购物广场、山姆会员商店、沃尔玛社区店三种业态。

沃尔玛的“天天平价”“一站式购物”等理念和“仓储式会员制”的营运方式得到广大消费者的青睐。沃尔玛坚持“本地采购”原则，在中国的商店里 95%以上的商品都是中国制造，每年还将大量的中国产品销往海外。

沃尔玛最独特的优势是其员工的献身精神和团队精神，本案例具体介绍沃尔玛员工的招聘和培训。

（二）沃尔玛的员工招聘

沃尔玛的企业文化是：尊重个人，服务顾客，追求卓越，创造非凡。沃尔玛公司十分重视人才的选拔与培养。员工一直被视为公司最大的财富，因为行业的竞争归根到底是人才的竞争。沃尔玛公司人力资源的基本战略可以简单地概括为：吸纳人才—留住人才—发展人才。这是写在招聘介绍中的。推行用人哲学是“保留、发展、招募”的模式，公司期望最大限度发挥员工的潜能并创造机会使其工作内容日益丰富和扩大，尽可能鼓励和实践从内部提升管理人员。沃尔玛绝大部分经理人员都是通过公司的管理培训计划，从公司内部逐级提拔上来的。

1. 招募形式

（1）外部招募有很多形式：如报纸广告、人才市场、网络招聘、猎头、校园招聘等。

（2）内部招聘：招聘时，人力资源部门会充分利用各种内部关系网络，如员工的人际关系网络、前员工的人际网络等进行人员的推荐；同时，沃尔玛内部有一个信息丰富的“人才银行”，储有大量人才信息。

2. 条件要求

诚实正直，良好的顾客服务意识，良好的团队合作意识和沟通技巧，对零售业感兴趣，有长远的职业发展目标，这是沃尔玛在招聘中都要提到的基本要求。在不同的部门还有专业、具体的要求。沃尔玛致力于招聘诚实、专业的同事并为其提供全面的培训，同时对其诚实的品质和专业技能进行定期考核。

3. 步骤

在招聘员工时，对于每一位应聘人员，无论种族、年龄、性别、地域、宗教信仰等，沃尔玛都为他们提供相等的就业机会。招聘过程中，每一位应聘者都必须经过笔试和面试。笔试又分为两种，一类是针对应聘管理层的一个综合测试，包括英文水平的测试、组织管理的测试、领导能力的测试、逻辑思维的测试等。另一类是针对应聘非管理层人员的测试题，包括文化素质的测试、团队合作精神的测试、简单服务行业英文口语的测试等。面试将会从言谈中了解应聘者的工作背景、综合能力、处理问题的态度、团队合作精神、个性及个人对工资福利方面的要求等。通过笔试和面试，筛选出合格的应聘者。在校园招聘中沃尔玛主要考察的是应聘者的潜力，在人才市场招聘中主要是考察应聘者的工作经验。

4. 内部提升

留住人才，沃尔玛的管理层招募以内部提升调任为第一选择，其次再考虑外部招聘。公司期望最大限度发挥员工的潜能并创造机会使其工作内容日益丰富和扩大，尽可能鼓励和实践从内部提升管理人员。沃尔玛绝大部分经理人员都是通过公司的管理培训计划，从公司内部逐级提拔上来的。对于每一位员工的表现，人力资源部门会定期进行书面评估，并与员工进行面谈，存入个人档案。据了解，沃尔玛对员工的评估分为试用期评估、周年评估、升职评估等。评估内容包括这位同事的工作态度、积极性、主动性、工作效率、专业知识、有何长处以及需要改进之处等。这些将作为员工日后获得晋职提升的重要依据。

5. 见习管理人员的招募渠道

(1) 从高校招募应届毕业生。

(2) 从在职人士中招募有潜力的人才。这类人员已有一些工作经验和社会经验，具备了一定的职业素养，对社会、生活和工作有了更多的认识，工作的稳定程度比应届毕业生更好。沃尔玛从这部分在职人士中招募有潜力、有培养前途的人士进行培养。不论他们目前在哪个行业，都有机会参加。

(3) 从相关行业挖掘成熟人才在相关行业已担任较高职位，有着丰富经验的成熟人才，沃尔玛也通过对外招聘吸纳他们进入见习管理人员队伍，提供培养方案，为在很快的时间内提升他们进入高层做准备。

(4) 从内部选拔培养对象。沃尔玛现行的人才策略中，留人是第一位的。所以，从内部员工中选拔有潜力的优秀员工，培养他们进入管理层，是沃尔玛一项重要的人才发展战略。

(三) 沃尔玛的员工培训

沃尔玛的经营者在不断的探索中领悟到人才对于企业成功的重要性，加强对员工的教育和培训是提高人才素质的重要渠道。因此，沃尔玛把加强对现有员工的培养和安置看作是一项首要任务。

1. 坚信“内训出人才”

在沃尔玛，很多员工都没有接受过大学教育，拥有一张 MBA 文凭并不见得能够赢得高级主管的赏识，除非通过自己的努力，以杰出的工作业绩来证明自己的实力。但这并不是说公司不重视员工的素质，相反，公司在各方面鼓励员工积极进取，为每一位想提高自己的员工提供接受训练和提升的机会。公司专门成立了培训部，开展对员工的全面培训，无论是谁，只要你有愿望，就有学习和获得提升的机会，而且，如果第一次努力失败了，还有第二次机会。因此，今天沃尔玛公司的绝大多数经理人员产生于公司的管理培训计划，是从公司内部逐级提拔起来的。

2. 沃尔玛重视好学与责任感的培养

沃尔玛创始人山姆先生推崇努力工作和待人友好，因此在用人中注重的是能力和团队协作精神。在一般零售公司，没有 10 年以上工作经验的人根本不会被考虑提升为经理。而在沃尔玛，经过 6 个月的训练后，如果表现良好，具有管理员工、擅长商品销售的能力，公司就会给他们一试身手的机会，先做助理经理或去协助开设新店，然后如果干得不错，就会有机会单独管理一个分店。

3. 沃尔玛建立终身培训机制

这种终身培训又分为不同的层次，有在岗技术培训，如怎样使用机器设备、如何调配材料；有专业知识培训，如外国语言培训、电脑培训；有企业文化培训，全面灌输沃尔玛的经营理念。更重要的是沃尔玛根据不同员工的潜能对管理人员进行领导艺术和管理技能培训，这些人将成为沃尔玛的中坚力量。

4. 沃尔玛把培训工作作为人力资源管理中的重中之重

沃尔玛建立了一套行之有效的培训机制，在人员的培训上投入大量的资金。在沃尔玛内部，各公司必须在9月份与沃尔玛国际部共同制订和审核年度培训计划。培训项目分为任职培训、升职培训、转职培训、全球最佳实践交流培训和各种专题培训。在每一个培训项目中都包括30天、60天、90天的回顾培训，以巩固培训成果。

5. 对招聘来的新员工进行定向教育

招聘来的新员工要接受企业文化的培训，即定向教育。采用寓教于乐的培训方式。沃尔玛为了让员工不断进步，采用的是经验式培训，以生动活泼的游戏和表演为主，训练公司管理人员"跳出框外思考"。培训课上，老师讲讲故事、做做游戏，再让学员自己搞点小表演，让他们在培训中呈现出真实的行为，协助参与者分析，讨论他们在活动中的行为，这种方式既有趣又有效。

6. 沃尔玛的交叉培训

所谓交叉培训就是一个部门的员工到其他部门学习，培训上岗，员工在对自己从事的职务操作熟练的基础上，又获得了另外一种职业技能。从而使员工在整个商场系统都能够提供同事或者顾客希望给予的帮助，促使员工能够完美、快速地解决他们所面临的问题。提高工作效率的同时还缓解了顾客的购物压力。这种交叉培训有利于员工掌握新职业技能；有利于员工提高积极性，消除以往只从事一种单调职务的不利心理因素；有利于消除员工之间的利益冲突，让员工在全国的任何一家店相互支援；有利于不同部门的员工能够从不同角度考虑到其他部门的实际情况，减少公司的损耗，达到信息分享。周末和节假日，特别是在圣诞节到春节期间是沃尔玛的销售高峰，顾客的热情采购使卖场挤得水泄不通，顾客排队结算时间长，所以公司制定了"飞鹰行动"计划，让不是前台的员工也能够从事收银，减少顾客的购物时间。

这种交叉培训的功效和岗位轮换有相同之处：让员工熟悉所有的工作流程，同时也避免在一个工作岗位工作太久，对工作出现倦怠心理。

沃尔玛如此辉煌的发展历史和发展前景，其用人之道确实值得我们深思、借鉴。

十、推荐阅读书籍

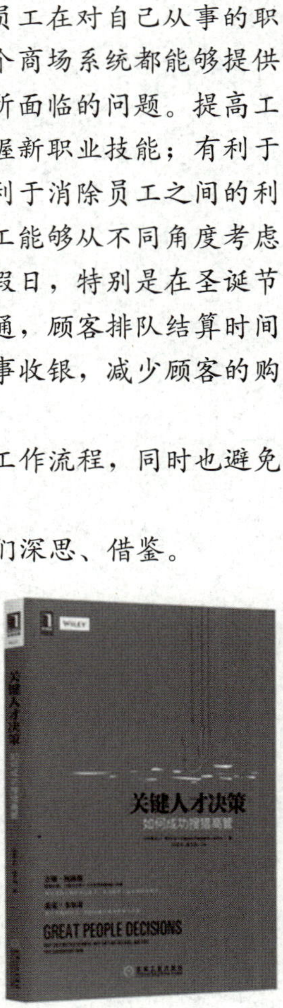

1. ［阿根廷］费罗迪，徐圣宇、康至军译，《关键人才决策——如何成功猎搜高管》，机械工业出版社，2014年版

费罗迪，高级人才寻访和咨询公司亿康先达国际的全球执行委员会成员，曾任麦肯锡公司的高级经理。

本书介绍了人才搜寻、评估、招揽、融入的方法经验，里面有很多有价值而且有趣的研究成果，同时还提供了一套系统又实用的人才决策工具。

2.［美］卡尔霍恩·威克、罗伊·波洛克、安得鲁·杰斐逊著，学习项目与版权课程研究员译，《将培训转化为商业结果：学习发展项目的 6D 法则》，电子工业出版社，2017 年版

这是一本学习转化领域非常经典的书籍，提出了学习发展项目的6D法则，结合生动的案例，指导如何将培训、学习与发展项目转化为企业期望的收益，从而使企业在商业和投资上获得更高的回报。

3.［美］赫尔曼·阿吉斯著，刘昕、柴茂昌、孙瑶译，《绩效管理》(第 3 版)，中国人民大学出版社，2013 年版

赫尔曼·阿吉斯，美国印第安纳大学凯利商学院组织行为与人力资源教授，全球组织效率研究所首任所长。

非常难得的绩效管理的优秀教材，系统清晰地阐述绩效管理理论与实践案例的好书，同时还提供了一些工具和方法指引，值得细读。

第八章

组织文化

一、名词解释

1. 组织文化　　2. 物质层的组织文化　　3. 制度层的组织文化
4. 精神层的组织文化　　5. 组织文化塑造　　6. 组织文化激励

二、单项选择题

1. “鼓励冒险、革新和发明创造”是（　　）组织文化的特征。
   A. 学院型　　B. 俱乐部型　　C. 棒球队型　　D. 堡垒型

2. 认为“不存在抽象的、好的组织文化内涵，不存在放之四海而皆准的组织文化”是（　　）组织文化的特征。
   A. 强力型　　B. 策略合理型　　C. 灵活适应　　D. 保守型

3. “团队的目标就是完成设定的任务”是（　　）组织文化的特征。
   A. 权力型　　B. 作用型　　C. 使命型　　D. 个性型

4. “管理者建立一种共同的愿景，使组织成员都朝着一个目标努力”是（　　）组织文化的特征。
   A. 适应型　　B. 愿景型　　C. 小团体型　　D. 官僚制型

5. 下列关于组织文化特征的说法正确的有（　　）。
   A. 组织文化包括组织实体性的文化设备和设施，因而是一种有形的资源
   B. 组织文化可以反映在组织管理和员工行为的方方面面，因而具有碎片化的特性
   C. 组织文化一旦形成，就具有较强的稳定性，不会因为内外部因素的变化而随时改变
   D. 组织文化具有封闭性的特征

6. 组织文化一旦形成较固定的模式，不仅会在组织内发挥作用，也会对社会产生影响，这是组织文化的（　　）。
   A. 导向功能　　B. 凝聚功能　　C. 辐射功能　　D. 调适功能

7. 一家企业的组织精神是：团结、守纪、高效、创新，严格管理和团队协作是该厂两大特色。该厂规定，迟到一次罚款 20 元。一天，全市普降历史上少有的大雪，公交车像牛车一样爬行，结果当天全厂有 85%的职工迟到，遇到这种情况，你认为下列四种方案中哪一种对企业最有利?（　　）。

A. 一律扣罚 20 元，以维持厂纪的严肃性

B. 一律免罚 20 元，以体现工厂对职工的关心

C. 一律免罚 20 元，并宣布当天早下班 2 小时，以方便职工

D. 考虑情况特殊，每人少扣 10 元，即迟到者每人扣罚 10 元

8. 文化的特性不包括（　　）。

A. 民族性　　B. 多样性　　C. 整体性　　D. 绝对性

9. 关于组织文化，以下正确的说法是（　　）。

A. 变化较慢，一旦形成便日趋加强

B. 变化较快，随时补充新的内容

C. 变化较慢，但每年都会抛弃一些过时的内容

D. 变化较快，特别是企业管理人员变更时

10. 组织文化中，最直观也是最容易感知的部分是（　　）。

A. 物质层　　B. 制度层　　C. 道德规范　　D. 精神层

11. 一般认为，组织文化有三个层次结构，其中属于组织文化核心层与显现层的中间层的是（　　）。

A. 物质层　　B. 制度层　　C. 道德规范　　D. 精神层

12. 组织文化是一种软性的理智约束，通过组织的共同价值观不断地向个人价值观渗透和内化，使组织自动生成一套自我调控机制。这句话描述了组织文化的（　　）。

A. 激励功能　　B. 辐射功能　　C. 导向功能　　D. 凝聚功能

13. 文化的特性不包括（　　）。

A. 民族性　　B. 多样性　　C. 整体性　　D. 绝对性

14. 塑造组织文化，应该注意（　　）。

A. 主要考虑社会要求和行业特点，和本组织的具体情况无关

B. 组织领导者的模范行为在组织文化的塑造中起到号召和导向作用

C. 组织文化主要靠自律，所以不需要建立制度

D. 组织文化一旦形成，就无须改变

15. 国际商用机器公司确立的“IBM 意味着服务”（　　）。

A. 是一种企业战略　　B. 是一项重大决策

C. 是一种企业文化　　D. 是一种规章制度

16. 一个组织内部的规章制度属于（　　）。

A. 组织的一般环境的内容　　B. 组织的内部环境的内容

C. 组织文化的隐性内容　　D. 组织文化的显性内容

17. 在企业文化结构中比较稳定的内核是（　　）。

A. 物资层　　B. 制度层　　C. 精神层　　D. 外围层

18. （　　）是组织文化的核心内容。它为组织的生存和发展提供了基本的方向和行动

指南，为组织员工形成共同的行为准则奠定了基础。

A. 组织精神　　B. 组织形象
C. 组织价值观　　D. 组织伦理道德

三、多项选择题

1. 组织文化的隐性内容包括（　　）。
A. 价值观念　B. 规章制度　C. 道德规范　D. 企业哲学
E. 组织精神
2. 一般而言，塑造组织文化的有效方法有（　　）。
A. 示范法　B. 自我教育法　C. 定向引导法　D. 感染法
E. 照搬照抄法
3. 组织文化的内容包括（　　）。
A. 组织体系内部的价值观　B. 敬业精神与管理哲学
C. 道德规范与员工的行为准则　D. 科学技术与文化水平
E. 组织的标志与工作环境
4. 组织文化的功能有（　　）。
A. 导向功能　B. 激励功能　C. 凝聚功能　D. 约束功能
E. 公关功能
5. 下面不属于深层企业文化的是（　　）。
A. 厂容厂貌　B. 沉淀于企业与职工心理的意识形态
C. 职工风貌　D. 企业规章制度
6. 关于组织文化的特征，下列说法正确的是（　　）。
A. 组织文化的中心是人本文化
B. 组织文化的管理方式以柔性管理为主
C. 组织文化的核心是组织制度
D. 组织文化的重要任务是增强群体凝聚力
E. 组织文化具有自己的独特性
7. 一般可以将企业文化划分为（　　）。
A. 战略规划层　B. 战术规划层　C. 物质层　D. 制度层
E. 精神层
8. 以下几项中属于物质层的企业文化的是（　　）。
A. 厂容厂貌　B. 意识形态　C. 产品形象设计　D. 职工风貌
E. 厂歌厂旗
9. 下列几项中属于制度层的企业文化的是（　　）。
A. 厂容厂貌　B. 意识形态　C. 道德规范　D. 行为准则
E. 厂歌厂旗
10. 影响组织文化的因素有（　　）。
A. 组织创建者的经营理念　B. 民族文化

C. 外来文化　　　　　　　　　　　　　D. 组织传统
E. 个人文化

四、判断题

1. 组织价值观是一个组织的精神支柱，是组织文化的核心。（　　）
2. 广义的文化是指人类在社会历史时间过程中所创造的物质财富和精神财富的总和。（　　）
3. 狭义的文化是指社会的意识形态，以及与之相适应的礼仪制度、组织结构、行为方式等物化的精神。（　　）
4. 文化具有民族性、多样性、绝对性、沉淀性、连续性和整体性的特点。（　　）
5. 一般认为，组织文化有三个层次结构，即浅层次、表层和显现层三层。（　　）
6. 组织文化作为一种自组织系统具有很多特定的功能。主要功能有整合功能、适应功能、导向功能。（　　）
7. 面对外来文化，我们应当全盘接受，甚至可以摈弃民族文化。（　　）
8. 组织并购中，领导者一般都比较看重融资的优势和产品线的协同性，其他的则没有那么重要。（　　）
9. 班级也有文化，班级的文化也约束着老师们的行为。（　　）
10. 在组织文化的结构层次中，物质层文化最终决定着精神层和制度层文化。（　　）
11. 组织文化有形成的自觉性的特点，就是说良好的组织文化不需要培植就可以在组织中自然形成。（　　）
12. 只要企业家已经提出一套崇高的组织文化观念，就表明该企业已经完成了组织文化的建设。（　　）
13. 文化水平对人们的需求层次没有影响。（　　）
14. 一个组织中，精神文化比物质文化有更多的稳定性。（　　）

五、简述题

1. 怎样把握组织文化的本质？
2. 按照组织文化的内在特征，可以将组织文化分为哪几种类型？
3. 按照组织文化对组织成员的影响力，可以将组织文化分为哪几种类型？
4. 按照组织文化所涵盖的范围，可以将组织文化分为哪几种类型？
5. 简要分析组织文化的特征。
6. 组织文化的外部影响因素有哪些？
7. 简述组织文化的构成。
8. 简述组织文化的功能。
9. 简述怎样选择正确的组织价值观。
10. 企业文化强化认同的方式有哪些？

六、论述题

1. 请举例论述组织文化有可能存在的潜在负效应。
2. 联系实际谈谈如何塑造企业文化。

七、案例分析题

案例1　先给谁换

走进任何一家南方李锦记的分公司，都会发现，所有员工桌面上的电脑显示器全是液晶的，因为液晶显示器没有辐射，不伤眼睛，还能节省办公空间，提高工作效率。所以公司在2003年决定，把原来的普通显示器全部换成液晶产品。由于当时液晶产品还没有大规模上市，需要逐步买来更换。那么，先给谁换呢？是老总、总公司员工，还是一线人员？

按照一般企业习惯，从上到下的顺序是“老板、管理层、员工、顾客”。但是，南方李锦记认为：优质的顾客来自优秀的员工，一切销售目标都是靠前线销售队伍完成的。南方李锦记的企业意识形态是一般习惯的翻转，是“顾客、员工、管理层、老板”。所以，第一批液晶显示器给了业务部输单组，这些最一线的同事需要一天到晚对着电脑工作，还经常加班加点；第二批更换显示器的是各地分公司，它们直接面对市场、消费者和业务伙伴；第三批换的才是总公司其他各部门的员工。

问题与思考：

用你学习过的企业文化基本理论分析南方李锦记的做法反映出什么样的企业价值理念？

案例2　九阳电器企业组织文化建设案例分析

济南九阳电器有限公司董事长王旭宁认为企业不论大小，都应重视企业文化的建设。企业文化不是一次运动，用三年两年时间就能够达到。最好是从企业小的时候就开始着手企业文化的建设，因为大了以后，再去建设企业文化就比较困难了。一个企业文化底蕴有多深，企业发展就有多大，浅薄的企业文化不可能发展成强势企业。九阳的目标是要做一个百年企业。纵观世界上的百年不衰的企业，他们都有一个共同特点，即重视企业文化建设，不以追求利润为唯一的目标，都有超越利润的社会目标。这是他们共同的企业价值观，也是企业文化的核心之一，这也正是九阳公司努力学习的典范。

对于九阳企业来说，企业文化概括为八个字，即“人本、团队、责任、健康”。“人本”就是既要尊重员工，又要发挥其潜能；“团队”是鼓励员工自觉地融入团队中，在九阳，自私的、本位的、不协作的员工是不受欢迎的，也是没有前途的；“责任”是做有责任感的企业，对员工、消费者、合作者与社会负责任，并在企业经营中努力让他们感到满意，同时倡导每一位员工都要做有责任感的人；“健康”是让员工拥有健康的身心和健康的生活方式，企业拥有健康的机制，以保证长期生存和发展。

具体来说，首先，公司从一开始就注意制度文化建设，并设定了严格管理、降低成本、提高质量、创世界一流企业的方针和目标。通过严格管理，规范员工行为，使公司员工把公司制度变成自觉的规范，进而统一到共有的价值取向上来。其次，在价值取向的建设当中，公司在成立时就设定了公司的经济发展和国家的社会经济发展相适应，和社会环境相协调，以及企业要和顾客利益共存，企业要和劳动者共存这样一些价值观念。通过培训，在教育和规范大家行为的基础上，把公司共有的价值观念，融入日常管理和工作中去，使员工的价值观念达到一致。最后，把个人的价值和个人的发展，有效地融入公司的发展当中去。如九阳公司把立足岗位、自我改善这项活动和小组无缺陷活动作为企业文化的一个重要组成部分加以实施和推广；把公司员工自我改善作为企业发展的一个重要动力，使得员工在生产过程中，成为质量管理的主体。他们是生产者，又是我们产品质量的保证者和确认者。在整个生产过程中，员工通过企业文化建设得到了较好的培训，提高了员工的素质，这就实现了企业的人本管理。通过企业文化建设，带动企业生产的高效率、产品的高质量、服务的高水平、企业的高效益，进而回归到员工的高收入上。九阳电器这些年的成功，也正好验证了企业文化建设的重要性。

问题与思考：

从九阳电器的组织文化建设中得到什么启示？

八、辩论题

辩题：组织文化，应倡导“干一行爱一行”还是“爱一行干一行”？

正方：企业文化，应倡导“干一行爱一行”

人是有很强的可塑性的，不同阶段以及不同的环境，人的兴趣会有改变，也是可以塑造的。随着社会的不断发展，竞争越来越激烈，很多时候我们喜欢一份工作，但却常常因为能力、机遇等因素的限制而无法从事这份工作。在不能改变的现实面前，我们不如理智地去适应现实，在工作中慢慢了解自己的工作，最后爱上这份工作。“干一行爱一行”中的爱也不是简单的兴趣爱好，而是一种理智的爱，是在熟知某一行之后产生的共鸣，愿意为之奋斗并做出贡献。“干一行爱一行”是爱岗敬业的最重要的体现。因此，“干一行爱一行”是一种现实和理智的做法。不管是职业选择我们，还是我们选择职业，都应该有“干一行爱一行专一行”的人生态度和工作价值观。

反方：企业文化，应倡导“爱一行干一行”

当今社会，是一个以人为本，尊重个性化发展的社会。“爱一行干一行”，有利于自我发展，实现自我价值。带着爱去工作，工作热情就会高涨，这种爱与热情会渲染他人，有利于提高团队的积极性，有利于焕发企业新的生命力，有利于推动社会的发展。带着爱去工作，员工更容易获得幸福感。没有热爱，在工作的倦怠期里，个人的消极情绪会影响工作。贝多芬热爱音乐而当了音乐家，达尔文热爱生物学提出了进化论，中国的诺贝尔奖获得者屠呦呦喜欢医学提炼出来了青蒿素。提倡“爱一行干一行”正是突出了人的自由选择权，是促进人的全面自由发展的重要一环。因此，在我们选择工作时，应尽可能考虑到个人的兴趣爱好，使其能够长期专注在喜欢的工作上并做出成绩。

九、经典案例阅读

阅读案例　海底捞企业文化建设

（一）海底捞企业简介

四川海底捞餐饮股份有限公司成立于 1994 年，是一家以经营川味火锅为主，融汇各地火锅特色于一体的大型跨省直营餐饮民营企业。十几年来公司已发展成为拥有数千余名员工，拥有一批食品、饮食、营养、工程、仓储、管理方面专家和专业技术人员，海底捞在我国北京、上海、广州等几十个城市及韩国、日本、新加坡、美国等国家有百余家直营连锁餐厅。

2018 年 9 月 26 日，海底捞正式登陆香港资本市场。

（二）海底捞企业文化的形成

1. 企业领导者的影响

四川海底捞餐饮股份有限公司董事长张勇先生从只有 4 张桌椅的麻辣烫起家，凭着想要成功的信念，用坚韧、踏实、努力、朴实的品性，一步步做起。张勇先生始终认为，人生不害怕艰难，不害怕没背景，只要有梦想，凭着自己的双手也可以改变自己、改变家庭甚至许多人的命运。用双手改变命运，是海底捞最有号召力的一句话，也是海底捞企业文化的精髓所在。海底捞的员工几乎都是来自社会最底层的，没受过什么高等教育的，但他们同样对自己的生活充满美好希望。海底捞一直致力于把“双手改变命运”的价值观转化为现实，并将之当做海底捞的目标之一，这鼓舞感动了海底捞员工，大大激励了员工的积极性与责任感，推动了海底捞的井喷式发展。

2. 独特的文化传播方式的影响

海底捞在成立之初并没有采取在广告上投入大笔资金做宣传的方式，而是主要通过顾客的口口相传，通过形成口碑效应达到宣传目的。随着公司规模的扩大，它才开始逐渐改变宣传方式，利用其他大众传媒如网络、书籍、电视等继续扩大海底捞的知名度和影响力。

（三）海底捞企业文化的核心价值分析

1. 用心创造差异化

公司在张勇董事长确立的服务差异化战略指导下，始终秉承“服务至上、顾客至上”的理念，以创新为核心，改变传统的标准化、单一化的服务，提倡个性化的特色服务，将用心服务做为基本经营理念，致力于为顾客提供“贴心、温心、舒心”的服务。

客人的要求五花八门，标准化服务最多能让客人挑不出毛病，但不会超出顾客的期望，而海底捞却给人带来超值享受。凡来过海底捞的人，恐怕都很难不对细致入微的服务留下深刻的印象，顾客等餐时，服务员会送上免费饮料、水果、点心，顾客还可享受免费美甲、擦皮鞋、上网等服务。顾客入座后，立马会送上绑头发用的皮筋、围裙、手机套，就餐期间会有服务员不时递上热毛巾。更深的感触是服务员个个精神饱满，快乐感染了每位顾客。在“大众点评网”上，很多顾客对这种贴心服务感到“受宠若惊”，感慨“终于找到了做上帝的感觉”。

海底捞细致入微的服务让顾客感到新鲜及温馨，全方位提升了顾客满意度，培育了大批忠实客户，海底捞没在广告宣传上花费大笔金钱，却获得了巨大的广告投入也无法带来的收益。

2. 把员工当家人

餐饮业的竞争归根到底是服务的竞争，而服务取决于员工。鉴于此，海底捞创始人张勇先生提出“把员工当成家人”“员工比顾客重要”的理念，在大多数餐饮业打工者居住在简陋的地下室时，海底捞为员工提供的公寓是正式住宅小区的两或三居室，距离店面走路不能超过20分钟。公寓内电话、电视和网络一应俱全，有专人打扫卫生，换洗床单。员工生病了会送上药品和病号饭，下夜班的员工还能享受到夜宵服务。如果是大堂经理和店经理以上的干部，其父母每个月都能领到几百块钱。此外海底捞还在一定地方建立了私立寄宿制学校，让员工的孩子在那里免费上学。

3. 员工比顾客重要

张勇从不考察分店的营业额，他只关心员工的满意度。他把两眼只盯着利润的企业家称为糊涂，但他不重视利润并不代表不能获得。海底捞的利润有目共睹，相对于顾客付出的金钱与时间，海底捞不仅依靠优质服务为其营造轻松悠闲的就餐体验，更重要的是通过菜品创新为其提供味觉享受，这才是餐饮业为顾客提供的根本价值。而所有这些价值，取决于它们的直接传递者：员工。

4. 优先培养人才

海底捞把培养合格员工的工作称为“造人”。张勇将造人视为海底捞发展战略的基石。海底捞对每个店长的考核只有两个指标：一是客人的满意度；二是员工的工作积极性，同时要求每个店按照实际需要的110%配备员工，为扩张提供人员保障。

在海底捞，任何新员工都有清晰的升迁路线，可以选择管理、技术和后勤三个方向，只要他们发挥自己的正直、诚实和勤劳，就可以实现自我价值。这种无视学历与工龄的选拔方式，既保证了员工升迁的公平与公正，又使服务员出身且经验丰富的管理层具备了对顾客满意度的直觉和判断能力。隐含在海底捞员工升迁制度中的还有一个独创的家访制度。每提升一个员工到重要岗位，张勇都会亲自访问他的老家。一是获取家里的鼓励和期望，这对大多数承担养家责任的海底捞员工是非常重要的。另外，每一个来到海底捞的员工都很年轻，又都缺乏特殊技能，家访有助于了解他们的差异和真实性情。著名的管理学家德鲁克先生认为人是企业最重要、最昂贵的资源。海底捞的管理者认为，对于你的员工，要么你培养他，让他进步；要么你放弃他，让他去别处发展。

企业面对激烈的市场竞争。我们塑造企业品牌，不仅应该注重强化管理，更应该注重文化建设，形成符合自身特色的企业文化价值观，用这种文化理念来促进管理、引领员工，使优质高效成为企业的文化印象和品牌代名词，让客户满意，让社会认可，从而为企业提供不竭的成长动力。

十、推荐阅读书籍

1. ［美］埃德加·沙因著，章凯、罗文豪等译，《组织文化与领导力》，中国人民大学出版社，2020 年版

埃德加·沙因，美国麻省理工学院斯隆管理学院荣誉教授，组织文化领域最具影响力的研究者之一，他率先提出了关于文化本质的概念，对于文化的构成因素进行了分析，被誉为“组织文化之父”。

《组织文化与领导力》对组织文化的概念进行了系统的阐述，认为企业文化是在企业成员相互作用的过程中形成的，为大多数成员所认同的，并用来教育新成员的一套价值体系。并在界定组织文化概念的基础上，提出了文化三层次模型这一主体性架构，从文化假设层面讨论了组织文化的基本维度，明晰了领导力在文化建设、植入和发展中的作用，论述了领导者如何管理文化变革及其新角色。本书是一部值得反复阅读和回味的经典著作。

2. ［美］特伦斯·迪尔、艾伦·肯尼迪著，李原、孙健敏译，《企业文化——企业生活中的礼仪与仪式》，中国人民大学出版社，2020 年版

特伦斯·迪尔，哈佛大学教授，南加利福尼亚大学罗西尔教育学院教授，企业文化理论的开拓者。

艾伦·肯尼迪，麦肯锡管理咨询公司顾问，知名管理专家。

该书是企业文化领域具有代表性的巨作之一，标志着企业文化理论的形成。两位管理学大师在 30 多年前通过对大量企业实践的研究，前瞻性地论述了这一重要主题，其理念和内容至今也不过时。

该书系统性地总结了企业文化的五大构成要素，即企业环境、价值观、英雄人物、礼仪与仪式、文化网络，分析了这些因素如何决定企业文化类型、塑造公司独特的身份。妙趣横生、引人入胜的趣闻轶事贯穿全书；笔调轻松，讲故事的方式娓娓道出耐人寻味的企业经济哲理，深刻剖析了企业文化的内涵，展示了企业文化对绩效的巨大影响。

3. 陈春花著，《从理念到行为习惯》，机械工业出版社，2016 年版

陈春花，北京大学国家发展研究院教授、华南理工大学工商管理学院教授、国内著名的企业文化研究者和传播者，先后出任新希望六和股份有限公司联席董事长兼首席执行官、山东六和集团总裁。

大部分情况下，人们都会认同企业文化具有巨大的作用，但是对于企业文化如何产生、如何发挥作用，甚至对于什么是企业文化这些最基本问题的认识都非常模糊。本书从文化的认知谈起，详细讲解了确定核心价值观、成为领袖、全球思维、新理念和打造企业文化，表述简单清晰透彻。

第九章

领导的一般理论

一、名词解释

1. 领导　2. 强制权力　3. 参照权力　4. 职位权力　5. 个人权力
6. 成熟度　7. 路径—目标领导理论　8. 权力距离倾向

二、单项选择题

1. 领导的本质是（　　）。
A. 用权　B. 协调人际关系　C. 管理职能　D. 影响力
2. 对“领导的本质就是组织成员的追随与服从”的正确解释是（　　）。
A. 运用职权让组织成员按领导者意图办事
B. 将组织目标与成员个人目标很好地结合起来，实现有效的领导
C. 运用奖励权激励成员实现组织目标
D. 运用惩罚权强制组织成员遵守规章制度
3. 关于管理和领导的关系，下列阐述中哪一个是正确的？（　　）
A. 二者是同一个概念，只不过是论述角度不同而已
B. 领导的内涵大于管理的内涵，管理是领导的一部分
C. 管理的内涵大于领导的内涵，领导是管理的职能
D. 二者的权力基础相同
4. 一个企业中的管理者为了提高自己对下属的领导效果，他应当（　　）。
A. 尽量升到更高的位置　B. 采取严厉的惩罚措施
C. 提高在下属中的影响力位置　D. 增加对下属的物质刺激
5. 不少人分不清管理和领导这两个概念的差别。其实，领导是（　　）。
A. 对下属进行授权以实现组织既定目标的过程
B. 对所拥有的资源进行计划、组织、指挥、监控以实现组织目标的过程
C. 通过沟通，影响组织成员，使他们追随其所指引的方向，努力实现组织目标的

过程

D. 通过行政性职权的运用，指挥组织成员按既定行动方案去努力实现组织目标的过程

6. 领导者有权对组织内部的一些违纪行为给予一定的处分或惩罚，指的是（　　）。

A. 法定权　　B. 强制权　　C. 奖赏权　　D. 参照权

7. 领导力的来源包括两方面：职位权力和个人权力，下列属于个人权力的部分是（　　）。

A. 强制权　　B. 参照权　　C. 法定权　　D. 奖赏权

8. 在勒温的模型中，把权力定位于职工群体的领导风格是（　　）。

A. 放任型　　B. 仁慈式　　C. 协商式　　D. 民主型

9. 俄亥俄州立大学对领导方式的研究发现，（　　）的领导者一般更能使下属达到高绩效和高满意度。

A. 高关怀—高定规　　B. 高关怀—低定规

C. 低关怀—高定规　　D. 低关怀—低定规

10. 管理方格理论中，（　　）表示领导者高度关心生产，很少关心人，为达到生产目的，常常会强制人们完成必要的任务。

A. 团队型管理　　B. 任务型管理　　C. 贫乏型管理　　D. 中间型管理

11. 团队型管理的领导方式位于管理方格图的（　　）格。

A. 9，1　　B. 5，5　　C. 1，9　　D. 9，9

12. 有关领导者团队“高阶理论”描述错误的是（　　）。

A. 高层管理人员在进行决策和采取行动时会受到自身的经验、性格、价值观等因素的影响

B. 组织决策成为决策者个人特质的反映

C. 高层管理团队的特征和首席执行官的个体特征相比，后者对绩效的影响更大

D. 人口统计学变量并不能精确代表管理人员的认知和价值观

13. 情境领导模型强调有效的领导应该根据下属的（　　）去匹配相应的领导者行为。

A. 工作能力　　B. 学识水平　　C. 忠诚度　　D. 成熟度

14. 在完成一项任务时，某公司的总经理不仅给下属提供工作所需要的资料、条件和咨询，并负责协调各部门关系，而且征求下属的意见共同决策。根据情境领导理论，该总经理的领导风格属于哪一种？（　　）

A. 高任务—低关系　　B. 高任务—高关系

C. 低任务—高关系　　D. 低任务—低关系

15. 领导者采用何种领导风格，应当视其下属的“成熟”程度而定。当某一下属既不愿也不能负担工作责任，学识和经验较少时，领导对于这种下属应该采取（　　）的领导方式。

A. 告知型　　B. 推销型　　C. 参与型　　D. 授权型

16. （　　）强调发展成熟的领导者和下属的关系，这样高质量的关系能够带来很多好处。

A. 领导—成员交换理论　　B. 情境领导模型

C. 领导者角色理论　　D. 权变领导理论

17. 某知名医科大学附属医院外科护士长，在处理危重患者时，应表现为（　　）。

A. 专制—权威式领导风格　　B. 开明—权威式领导风格

C. 民主协商式领导风格　　D. 参与式领导风格

18. 从管理方格理论中，我们体会到，欲使领导工作卓有成效，则应（　　）。

A. 采取集权领导注重完成任务　　B. 注重和谐的人际关系

C. 注重组织目标的达成和对职工的关心　　D. 充分发挥激励作用

19. 根据明茨伯格的管理角色理论，（　　）涉及发起和设计改进性方案的战略和检查会议。

A. 故障排除者角色　　B. 企业家角色

C. 资源分配者角色　　D. 谈判者角色

20. 管理者需要利用（　　）这一角色的作用把下属的个人需要和组织目标相结合，把各种分散的因素结合成为一个协作的组织。

A. 联络者　　B. 监听者　　C. 领导者　　D. 发言人

21. 根据权变理论，领导是否有效取决于（　　）。

A. 稳定的领导行为　　B. 领导者的品质权威

C. 是专制型领导还是民主型领导　　D. 领导者能否适应其所处的具体环境

22. 费德勒模型中用到的 LPC 问卷，其中 LPC 是指（　　）。

A. 管理模式　　B. 最不与自己合作的同事

C. 高素质的人员　　D. 激励的方法

23. 在路径一目标理论中对下属十分友善，表现出对下属关怀的是（　　）。

A. 指示型　　B. 支持型　　C. 参与型　　D. 成就导向型

24. 路径一目标理论认为，当下属具有中度或高度的成就动机时，（　　）领导者行为最具激励作用。

A. 成就导向型　　B. 参与型　　C. 指示型　　D. 支持型

25. （　　）认为，没有哪一种领导方式对所有的情况都是有效的，没有一成不变的、普遍适用的“最好的”管理理论和方法。

A. 领导者行为理论　B. 领导者特质理论　C. 权变理论　　D. 管理方格论

26. 王先生是某公司的一名年轻技术人员，后被调到公司企划部任部门经理，他采取了较为宽松的管理方式。试分析在下列哪种情况下，王先生的领导风格有助于产生较好的管理效果？（　　）

A. 企划部任务明确，王先生与下属关系好但职位权力弱

B. 企划部任务明确，王先生与下属关系差但职位权力强

C. 企划部任务不明确，王先生与下属关系差且职位权力弱

D. 企划部任务不明确，王先生与下属关系差但职位权力强

27. 看得见的文化特征，如礼仪、语言、生活习惯等，属于（　　）。

A. 核心层文化　　B. 中层文化　　C. 表层文化　　D. 精神层文化

28. 有关霍夫斯泰德的文化理论描述错误的是（　　）。

A. 在权力距离较小的文化中，领导应当充分授权，让下属共同参与决策过程

B. 不确定性回避倾向较高的文化中，人们厌恶风险、尊重权贵，此时领导者的行为可以偏向关怀维度，领导者可以更多采用授权的方式

C. 较高的阳刚倾向的文化中，领导者应当在下属完成任务后给予物质奖励，有助于提高工作绩效

D. 偏向娇柔倾向的社会价值观重视人们之间的联系、关心他人和整个生活质量的程度

29. 领导者运用权力的最重要原则是（　　）。

A. 慎重原则　　B. 公正原则

C. 例外原则　　D. 有权不用过期作废

30. 某公司销售部经理被批评为“控制得太多，领导得太少”，据此你认为该经理在工作中存在的主要问题可能是（　　）。

A. 对销售人员的疾苦没有给予足够的关心

B. 对销售任务的完成没有给予充分的关注

C. 事无巨细，过分亲力亲为，没有做好授权工作

D. 没有为下属销售人员制定明确的奋斗目标

三、多项选择题

1. 领导者的职位权力有（　　）。

A. 奖赏权　　B. 参照权　　C. 法定权　　D. 强制权

E. 专家权

2. 对非职位权力产生影响的因素主要有（　　）。

A. 领导者个人的品格　　B. 领导者个人的才能

C. 领导者被组织赋予的权力大小　　D. 领导者个人的知识

3. 领导和管理主要存在的差异有（　　）。

A. 职能范围不同　　B. 权力来源不同

C. 主要功能不同　　D. 发挥功能的途径不同

4. 领导行为或过程包含的要素有（　　）。

A. 领导者　　B. 被领导者

C. 组织内部环境　　D. 组织外部环境

5. 以下哪项是属于民主式的领导方式？（　　）

A. 经理允许下属在规定的界限内行使职权

B. 经理提出问题，征求意见，做出决策

C. 完全由经理自己做出各种决策

D. 经理极少运用其权力，给下属以充分的自由去做决策

E. 经理完全让下属做任何事情

6. 领导行为理论包括（　　）。

A. 俄亥俄州立大学的领导行为四分图　　B. 管理方格理论

C. 领导行为连续统一体理论　　D. 领导一成员交换理论

E. 路径一目标领导理论　　　　F. 勒温的领导方式理论

7. 行动一致性用（　　）来代表群体内部的互动程度。

A. 信息交换　　B. 资源共享　　C. 协作行动　　D. 联合决策

8. 有关情境领导理论的观点哪些是正确的?（　　）

A. 领导者的行为分为任务行为和关系行为

B. 高任务行为的特点是组织模式、沟通渠道和完成任务的具体方式被清晰界定

C. 高关系行为的特点是社会情绪的支持、友谊和相互信任

D. 任务行为和关系行为是一对非此即彼的单一维度关系，不可以同时存在

E. 领导者应该根据下属的成熟度去匹配相应的领导行为

F. 员工的成熟度是固定的，所以不同的员工就可以采用不同的领导方式

9. 领导一成员交换理论认为（　　）。

A. 领导者对于不同特点的下属会采取不同的领导方式

B. 高质量的领导一成员关系会产生有效的领导效果

C. 圈内人和圈外人并不会影响领导一成员关系的形成

D. 领导一成员的交换关系会受到工作相关因素的影响，但不会受到社会因素的影响

10. 管理角色理论的观点包括（　　）。

A. 不同领域的管理工作多具有挑战性，管理者需要在不同的角色之间进行转换

B. 如果愿意，管理者可以只承担某些角色，做好某些工作

C. 10 个角色形成一个整体，任何一个角色的缺失都可能使其他角色无法完整实现

D. 企业家的角色是 10 种角色中最显著的一种，也是管理者权力最明显的表现

11. 根据费德勒模型，影响领导形态有效性的环境因素有（　　）。

A. 领导者和下属的关系　　B. 职位权力

C. 领导者的魅力　　D. 领导者的个人特性

E. 任务结构

12. 下列有关路径一目标理论中的命题哪些是正确的?（　　）

A. 领导者可以根据情境的不同改变自己的领导风格

B. 领导者在选择领导行为时主要考虑下属的特征

C. 当下属具有中度或高度的成就动机时，成就取向型的领导者行为最具有激励作用

D. 当下属自认为与任务相关的能力越高时，指示型领导行为将越受欢迎

13. 领导的权变理论包括（　　）。

A. 费德勒模型　　B. 领导行为四分图

C. 情境领导模型　　D. 领导角色理论

E. 路径一目标领导理论　　F. 领导一成员交换理论

G. 领导者团队理论

14. 根据文化层次论中的文化洋葱比喻，属于中层文化的是（　　）。

A. 语言　　B. 社会规范　　C. 生活习惯　　D. 社会的基本理念

E. 社会价值观

15. 领导特质理论在解释领导行为方面不成功的原因有（　　）。

A. 忽视了情境因素

B. 忽视了下属的需要

C. 认为拥有了某些特质就一定能够成为领导者

D. 一种特质可以广泛地和所有有效领导相关

四、判断题

1. 诚实和正直形成了领导者和下属之间信任关系的基础。（　　）

2. 一个人凭借拥有一些特质的组合就能成为领导者。（　　）

3. 领导行为四分图认为：双高模式不一定总是最有效的，在一些情境中可能采取“高定规—低关怀”或“低定规—高关怀”的模式更好。（　　）

4. 领导者团队理论认为，只要了解首席执行官的个体特征就能预测到组织的绩效。（　　）

5. 情境领导模型认为任务行为和关系行为是一对非此即彼的单一维度关系，不可同时存在。（　　）

6. 领导者需要不断评估下属的工作能力和工作意愿，并调整自己的任务行为和关系行为与之相适应，以取得真正有效的领导。（　　）

7. 管理角色理论中，传播者是指把组织的计划、政策、行动、结果等信息传递给组织以外的人。（　　）

8. 一个管理者不担任联络者的角色，就不能获得内外部的更多信息，因此就不能够很好地传递信息和利用信息做出有效的决策。（　　）

9. 有效的领导只与领导者本身的特质和行为有关，与实施领导的情境无关。（　　）

10. 情境领导模型中高关系行为的特点是组织模式、沟通渠道和完成任务的具体方式被清晰定义。（　　）

11. 费德勒模型认为：在有利的情境中领导者能够进行控制和产生影响，在不利的情境中他们的控制和影响力减弱。（　　）

12. 下属自认为与任务相关的能力越高时，领导者路径—目标明确的指示型行为越受到欢迎。（　　）

13. 在权力距离较小的文化中，下属比较容易接受领导者的指导和命令，领导者也希望得到下属的忠诚与服从。（　　）

14. 较高的阳刚倾向的文化中，领导者应当在下属完成任务后给予必要的物质奖励，这样有助于提高工作绩效。（　　）

15. 领导者依靠组织赋予的权力对下属产生影响。（　　）

16. 在管理方格理论中，任务型领导因为重视任务的完成，因此一定会提高企业的生产率。（　　）

17. 领导行为四分图提出的关怀维度，是指以人为中心，更关心下属的满意度。（　　）

18. 管理方格理论致力于探讨什么样的领导方式可以使资源更有效地转变为结果。（　　）

19. 情境领导模型认为，存在一般意义上最好或最差的领导。（　　）

20. 资源分配者负责对组织的所有资源进行分配，事实上做出或批准所有重大组织的决定。（　　）

五、简述题

1. 如何区分领导与管理？
2. 简述不同的人性假设分别采取怎样的管理措施？
3. 领导权力的来源有哪些？
4. 俄亥俄州立大学的研究确立了哪两个领导行为的维度？其二者有何区别？
5. 简述管理方格理论及其最具代表性的五种领导方式。
6. 请简要地说明情境领导模型。
7. 何谓成熟度？其主要包括哪几个方面？
8. 管理中如何理解“圈内人”和“圈外人”？
9. 明茨伯格将经理的工作划分为哪三种类型？
10. 费德勒是从哪三个维度对情境是否有利进行分析的？请简要说明。
11. 根据费德勒的权变领导理论，在面对不同的情境时，如何选择领导者的风格？
12. 路径一目标领导理论阐述了哪两个重要的命题？
13. 豪斯将领导者行为分为哪四种类型？
14. 什么是文化层次论中的文化洋葱？
15. 请简要说明什么是“不确定性回避倾向”。

六、论述题

1. 如何看待独裁型、民主型和放任型领导？请结合实例说明。

2. “在社会经济迅速发展的今天，（1，9）型的领导风格比（9，1）型的领导风格更科学。”这种说法对吗？请用费德勒的权变模型进行解析。

3. 分析你的父母是采用什么领导风格对你进行管理的？是否有效？你希望他们采用什么样的领导风格？为什么？

七、案例分析题

案例1　ABC公司的领导风格

ABC公司是一家中等规模的汽车配件生产集团。最近，对该公司的一个重要部门经理进行了一次有关领导类型的调查。

1. 安西尔

安西尔对他本部门的产出感到自豪。他总是强调对生产过程、出产量控制的必要性，坚持下属人员必须很好地了解生产指令以得到迅速、完整、准确的反馈。安西尔遇到小问题时，会放手交给下级去处理，当问题很严重时，他则委派几个有能力的下属人员去解决问题。通常情况下，他只是大致规定下属人员的工作方针、完成怎样的报告及完成期限。安西尔认为只有这样才能实现更好的合作，避免重复工作。

安西尔认为对下属人员采取敬而远之的态度对一个经理来说是最好的行为方式，所谓的“亲密无间”会松懈纪律。

安西尔说，在管理中的最大问题是下级不愿意接受责任。他讲到，他的下属人员可以有机会做许多事情，但他们并不是很努力地去做。

他表示不能理解以前他的下属人员如何能与一个毫无能力的前任经理相处。他说，他的上司对他们现在的工作运转情况非常满意。

2. 鲍勃

鲍勃认为每个员工都有人权，他偏重于管理者有义务和责任去满足员工需要的学说。他说，他常为他的员工做一些小事，如给员工两张下月在伽利略城举行的艺术展览的入场券。他认为，每张门票才 15 美元，但对员工和他的妻子来说却远远超过 15 美元，通过这种方式，也是对员工过去几个月工作的肯定。

鲍勃说，他每天都要到工厂去一趟，与至少 25%的员工交谈。鲍勃不愿意为难别人，他认为安的管理方式过于死板，安的员工也许并不那么满意，但除了忍耐别无他法。

鲍勃已经意识到在管理中有不利因素，但大都是由于生产压力造成的。他的想法是以一个友好、粗线条的管理方式对待员工。他承认尽管在生产率上不如其他单位，但他相信他的雇员有高度的忠诚与士气，并坚信雇员们会因他的开明领导而努力工作。

3. 查理

查理说他面临的基本问题是与其他部门的职责分工不清。他认为不论是否属于他们的任务都安排在他的部门，似乎上级并不清楚这些工作应该谁做。查理承认他没有提出异议，他说这样做会使其他部门的经理产生反感。他们把查理看成是朋友，而查理却不这样认为。查理说过去在不平等的分工会议上，他感到很窘迫，但现在适应了，其他部门的领导也不以为然了。

查理认为纪律就是使每个员工不停地工作，预测各种问题的发生。他认为作为一个好的管理者，没有时间像鲍勃那样握紧每一个员工的手，告诉他们正在从事一项伟大的工作。他相信如果一个经理声称为了决定将来的提薪与晋职而对员工的工作进行考核，那么，员工则会更多地考虑他们自己，由此而产生很多问题。他主张，一旦给一个员工分配了工作，就让他以自己的方式去做，取消工作检查。他相信大多数员工知道自己应该把工作做得怎么样。

如果说存在问题，那就是他的工作范围和职责在生产过程中发生了混淆。查理的确想过，希望公司领导叫他到办公室听听他对某些工作的意见。然而，他并不能保证这样做不会引起风波而使情况有所改变。他说他正在考虑这些问题。

问题与思考：

1. 你认为这三个部门经理各采取了什么领导方式？试预测这些模式各将产生什么结果？
2. 是否每一种领导方式在特定的环境下都有效？为什么？

案例 2　克莱斯勒汽车公司的危机

在 20 世纪 80 年代，李·艾珂卡因拯救濒临破产的美国汽车巨头之一克莱斯勒公司而名声鹊起。今天，克莱斯勒公司又面临另外一场挑战：在过热的竞争和预测到的世界汽车产业生产能力过剩的环境中求生存。为了度过这场危机并再次成功地进行竞争，克莱斯勒不得不先解决以下问题。

首先，世界汽车产业的生产能力过剩，意味着所有汽车制造商都将竭尽全力保持或增加它们的市场份额。美国的汽车公司要靠增加投资来提高效率，日本的汽车制造商也不断在美国建厂。欧洲和韩国的厂商也想增加他们在美国的市场份额。艾珂卡承认，需要对某些车型削价，为此，他运用打折和其他激励手段来吸引消费者进入克莱斯勒的汽车陈列室。可是，艾珂卡和克莱斯勒也认为，价格虽然是吸引顾客的主要方法，但从长期性来看，这不是最好的方法。克莱斯勒必须解决的第二个问题是改进它所生产汽车的质量和性能。艾珂卡承认把注意力过分集中在市场营销和财务方面，而把产品开发拱手让给了其他厂家，也认识到必须重视售后服务。艾珂卡的第三个问题是把美国汽车公司（AMC）和克莱斯勒的运作结合起来。兼并美国汽车公司意味着克莱斯勒要解雇许多员工，这包括蓝领工人和白领阶层。剩余的员工对这种解雇的态度从愤怒到担心，这给克莱斯勒的管理产生巨大的压力，难以和劳工方面密切合作、回避骚乱来确保汽车质量和劳动生产率。为了生存，克莱斯勒承认，公司各级管理人员和设计、营销、工程以及生产方面的员工应通力协作，以团队形式开发和制造与顾客的需求相匹配的高质量产品。克莱斯勒的未来还要以提高效率为基础。今天，克莱斯勒一直注重降低成本、提高质量并靠团队合作的方式提高产品开发的速度，并发展与供应商、顾客的更好关系。在其他方面，艾珂卡要求供应商提供降低成本的建议。艾珂卡说，降低成本的关键是“让全部 1 万名员工都谈降低成本。”

艾珂卡现已从克莱斯勒公司总裁的职位退休，有些分析家开始预见克莱斯勒的艰难时光。但一位现任主管却说，克莱斯勒有一项大优势：它从前有过一次危机，却度过了危机并生存下来，所以，克莱斯勒能够向过去学到宝贵的东西。

问题与思考：

1. 如何用权变管理的思想解决克莱斯勒面临的问题？
2. 如果你是总裁，克莱斯勒在今天该怎么做？

八、辩论题

辩题：领导者的品质是天生的，还是在实践中通过训练培养的？

正方：领导者所具有的品质是天生的，是由遗传决定的

传统特性理论认为领导者的特性来源于生理遗传，是先天具有的，且领导者只有具备这些特性才能成为有效的领导者。特性理论的创始人阿尔波特及其同事们曾分析过 17 953 个用来描写人的特点的形容词。亨利 1949 年在调查研究的基础上指出，成功的领导者应具备十二种品质。

反方：领导者所具有的品质是在实践中形成的，是可以通过教育训练培养的

领导力是可以提高的。有些人的领导特质在很年轻的时候就崭露头角。有的人天生聪颖并充满自信，这的确是个明显的优势。不过，几乎所有的人都可以通过特定的培训，成为后天卓越的领导者。由此可见，更多的领导者是后天培养的，而不是天生的。

九、经典案例阅读

阅读案例1 张瑞敏与海尔的37年

海尔集团董事局主席、首席执行官张瑞敏执掌37年以来，海尔集团从一个濒临倒闭、资不抵债的集体所有制小厂发展成为物联网时代世界引领的生态型企业。据海尔集团介绍，在张瑞敏的带领下，1984年营业额只有348万元、亏空高达147万元的青岛电冰箱总厂，到2020年已发展成为全球营业额超3 000亿元、利税总额超400亿元的全球化企业。其中，海尔集团旗下上市公司之一的海尔智家荣居世界500强。

张瑞敏带领海尔创新创业30多年来，始终围绕的是“人的价值第一”这条主线。从提出“高质量的产品是高质量的人干出来的”到如今的“人人都是创客”，张瑞敏始终认为员工价值是企业第一位的，通过人单合一模式，海尔变成创业平台，每个人都拥有创业机会，从成就企业家个人到成就一群企业家。

一、奉献精神

张瑞敏坚信“上下同欲者胜”，树立了海尔“人的价值第一”“员工第一”的理念。

在海尔发展情况有所好转，能够为员工分发福利的时候，工人希望能有烧煤气的煤气灶。公司就拿一批冰箱换回来煤气证，每一批换的不多。当时张瑞敏定了一条规定，三班制的员工先发，其次轮到二班制的员工，之后是常规班的员工，再后才是管理人员，到最后是他自己。

分房的时候，也是先给大家分，领导就算房子再紧张，也是先给工人。当时一个生产线上的老工人分完房之后，在扫院子。张瑞敏问他为什么要扫院子？他说从来没想到普通工人也能够分到房子，无以报答就天天早上扫院子。

正是张瑞敏以身作则，将员工价值放在首位，海尔形成了上下同欲的创新创业精神，成功地实现了一次次的战略转型。

二、感动德国专家的拼搏精神

创业初期，海尔从德国利勃海尔引进了一条冰箱生产线。海尔团队到德国利勃海尔参加培训，当时培训的企业共有3家，分别来自青岛、杭州和武汉。另外两家企业的人到了德国后，觉得技术学习很简单，认为没有必要进行十几天的培训，于是到处游玩。张瑞敏和团队的人，每天学习到凌晨一两点，周六日也不休息，拉着德国的老师问问题，一定要把知识吃透。德国人看到后赞叹，青岛来的中国人和其他人不一样。

许多年后，当年去参加培训的两家公司，一家已经消失了，一家则被海尔兼并了。这种不达目的誓不罢休、要做就要做到最好的精神今天依然在海尔身上闪亮。

三、学习精神

“和你们伟大的作家列夫·托尔斯泰说的一样，幸福的家庭都是相似的，不幸的家庭各有各的不幸。”“我上中学时看契诃夫的小说《套中人》，现在感触很深，许多企业就如同套中人，想的是千万别出乱；每个员工成了套中人，没有市场的敏锐感。”这是2017年1月，张瑞敏与俄罗斯联邦储蓄银行赫尔曼·戈夫交谈时的情景。

在接受记者采访的时候，张瑞敏讲述自己年轻时恰遇特殊时期，书很少。在那样的条件下，他也会各处借阅各种类型的书，一本范文澜的《中国通史简编》被他当成教科书来读。如今，张瑞敏依然保持阅读习惯，一有闲暇就会读书，熟悉张瑞敏的一位司机说，他只要一上车就会看书。张瑞敏现在每年读的书超过一百本，从诸子百家到全球最新最前沿的成果。

张瑞敏的办公室有一个巨大的书库，藏书多到需要专业的图书管理员来打理。与很多企业家书架只是摆设不同，张瑞敏书库里的很多书籍都有他做的标注。

四、敢为人先的开拓精神

20世纪90年代末，正值中国加入WTO的前夕。海尔已经成为中国家电品牌的领军者。但张瑞敏认为当时海尔的员工素质无法满足国际化的要求，必须要“走出去”，只有“找高手下棋”，棋艺才能够提升。

当时，中国很多企业在国家的号召下，纷纷“走出去”，但很快就转回国内做定牌。只有海尔坚持创牌，而且“先难后易”，选择从竞争更激励的欧美国家入手。

张瑞敏决定投资3 000万美元，在美国南卡罗莱纳州建立海尔美国工业园，生产家电。一石激起千层浪，社会对此议论纷纷，有人认为海尔是在盲目扩张，有人明确持批评态度，甚至还有杂志以《提醒张瑞敏》为题，为海尔在美国建厂的前景担忧。

海尔在美国的本土化，依然没有派驻高管，而是聘用当地的美国人来经营，并通过让美国高管认同海尔文化，再通过他的言传身教影响整个美国的海尔人。

如今，海尔已经连续多年蝉联全球白色家电第一品牌。中国自主家电品牌出口量目前仅占到海外整体市场份额的2.46%，而这当中的82%来自海尔。

阅读案例2 低调的工匠

阮立平，浙江公牛集团董事长，中国最有工匠精神的企业家之一。他在22年前创立的公牛品牌，已经成为中国插线板或者插座这个行业里的绝对标杆和龙头企业。

工匠精神，如果放在企业家身上，也可以称为企业家精神。具体来说，专注是其底色，有胆有识，坚持不懈；敬业是其动力，全心投入，不离不弃；创新是其内核，眼光独到，走在前沿。阮立平专注于插线板这一样产品，并且潜心慢行。

（一）温和

当被人称作中国最有工匠精神的人之一时，阮立平谦和地微笑着说：“这么说不太合适。”温和的笑容，是阮立平招牌式表情。“在我的印象中，我们老板从来没有跟人翻过脸。”一位公牛电器的中层管理干部这样说。即使阮立平和下属有不同意见，他也从来不说“你是错的”“你应该……”之类的话。他会先说“这个问题我们先这么看”，再摆出理由，然后问“你说是不是?”甚至在自己的行程安排上，他也会温和地询问助手的意见。

（二）挑战

在过去的几年里，公牛电器新成立了LED基础照明和数码配件这两个事业部。阮立平为此不仅要制定战略，还要组建队伍，之后还要扶上轨道，忙得不可开交。现在，公司要进行变革，他打算把大部分的管理事务分出去。以后，他要花更多的精力在产品端和营销端，主要是围绕客户。

阮立平每到一个地方，都会到当地的商店和超市去看看，看看自己竞争对手的产品。他一直以自己对市场和用户需求的准确把握而自豪。不过，现在他发现光凭自己去把握年轻人的需求越来越难了，他不得不依靠团队来做这个事情。

阮立平强调企业步伐要慢，但推崇快速决策。2015 年 4 月，小米突然推出了一款带 USB 接口的插座，给了公牛电器巨大的触动。公司马上召开了管理层全员大会，检讨、反思并商量对策。很快，公牛电器就推出了自己的同款产品，以低于对方 1 元的价格出售。眼下在各大电商平台上，这两款分别被用户称为小米小白和公牛小白（因为其颜色都是白色）的产品的表现开始分化，前者价格越来越低，后者价格不断上扬，这反映出公牛电器的产品优势开始显现，稳住了阵脚。

（三）利他

阮立平认为，公牛插座的成功并不只是因为质量够好，而主要应归功于“利他”的理念，比如，对于消费者而言，要让他们觉得买这个产品物有所值；而对于企业员工，要保证他们的待遇，让他们安心工作，而且还能获得成长。“这不仅仅是做一个‘工匠’的问题，而是一个系统性的工程。”他说。

尤其是针对公司员工的“利他”让人印象深刻。公牛电器有一个企业文化部，专门负责对员工的关怀。在这些关怀措施中，有一个“小候鸟”计划。公牛电器的所有普通员工中的 92% 是外地人，其中有不少是双职工。在寒暑假，这些双职工的儿女可以前来公司陪伴他们的父母亲，其交通、住宿等费用大部分由公司承担。据说，这个计划已经惠及了 157 个儿童。

最近这三年的宏观经济形势其实并不好，但这段时间却正是公牛电器快速发展的时期，这不仅体现在包括中高层管理干部在内的人员规模上，也体现在公司的经营效益上，以至于阮立平在开会时强调“要慢一点，再慢一点”。

“我一直在对我的团队讲，我们是要走远路的，走远路要是急的话，你是走不远的。”他说。

十、推荐阅读书籍

1. ［美］罗伯特 · B. 西奥迪尼著，闾佳译，《影响力》，北京联合出版公司，2016 年版

罗伯特 · B. 西奥迪尼，著名的社会心理学家，在说服、顺从和谈判领域享有广泛的国际声誉，因其在商业道德和政策运用方面所做的前沿研究，被评为“领导力和管理大师”。

该书是罗伯特 · B. 西奥迪尼的社会心理学经典作品，为我们解释了为什么有些人极具说服力，而我们总是容易上当受骗，并且从实践技巧的角度，深度剖析影响力的逻辑、交换、说明、树立榜样、回避、威胁等各要素，全方位地提高影响他人的能力，从而获得更大的成功。

2. ［美］詹姆斯 · M. 库泽斯、巴里 · Z. 波斯纳著，徐中、沈小滨译，《领导力：如何在组织中成就卓越》，电子工业出版社，2019 年版

詹姆斯 · M. 库泽斯，圣克拉拉大学列维商学院领导力系的执行主任，并在全球讲授领导力。他不仅是备受尊敬的领导力领域的学者，也是一位富有经验的管理者，曾被《华尔街日报》提名为美国受欢迎的 12 位企业领导力高管教育家。

巴里 · Z. 波斯纳是圣克拉拉大学列维商学院著名的领导力教授，担任了 12 年的商学院院长。他是香港科技大学、土耳其伊斯坦布尔

Sabanci 大学和西澳大利亚大学的著名访问学者兼教授。在圣克拉拉大学，他获得了杰出校长奖、杰出教师奖和众多的教学与研究奖项。

该书提出五种卓越领导的习惯行为，并阐述了五种习惯行为在实际工作中如何落实的问题。告诉读者怎样把以身作则、共启愿景、挑战现状、使众人行和激励人心践行到工作中去，怎样去营造和谐共赢的企业文化和人事关系。书中引入了大量作者实证研究的翔实案例，给广大读者带来真实、可靠和直面的领导力体验。

3.［美］詹姆斯·克劳森著，马昕译，《权力与领导：如何影响他人，怎样激发正能量》，民主与建设出版社，2019 年版

詹姆斯·克劳森，美国弗吉尼亚大学达顿商学院教授。主要研究方向包括领导学、组织变革、组织领导、组织绩效、职业生涯管理等，长期为惠普、通用电气、可口可乐、安永等企业担任顾问。

该书将领导定义为管理能量，从行为、思维和价值观三个层次来分析领导。领导力并不仅仅是管理职位上碾压别人的权力，也不仅仅是大数据理性派的运筹帷幄，还有属于企业家精神的热情和感染力，包括选择什么样的企业战略，建立什么样的企业文化，如何陈述企业愿景，这些都是企业长效发展必备的顶层设计。

该书强调信息时代要注重影响人的思维和心灵，并着重于如何透过多变的人类行为将第三层领导应用于管理中。对于寻求建立长效领导力，塑造企业文化和价值观的企业家、管理人员来说是极具启发和实操意义的。

第十章

激励

一、名词解释

1. 激励　2. 期望值　3. 效价　4. 正强化　5. 负强化
6. 自然消退　7. 工作丰富法　8. 员工持股计划

二、单项选择题

1. 激励过程的起点是（　　）。
A. 目标　B. 行为　C. 动机　D. 需要

2. “经济人”假设下的激励理论认为（　　）。
A. 职工受到尊重后会被激励
B. 被激励的职工会感到满意
C. 职工得到足够报酬则会努力工作
D. 精神上的激励比物质报酬更能收到好的效果

3. 管理活动中强调重视职工之间的关系，培养职工的归属感和认同感，这种管理方式源于（　　）。
A. 社会人假设　B. 经济人假设
C. 复杂人假设　D. 自我实现人假设

4. 麦格雷戈提出了人性假设理论中重要的 X 与 Y 理论的概念。下列属于 Y 理论的假设前提的是（　　）。
A. 人天生讨厌工作　B. 人喜欢被命令
C. 人不抱有野心　D. 多数人具有解决问题的想象力和创造力

5. 成功后的喜悦比薪酬更重要，这是人们的（　　）。
A. 生理需要　B. 安全需要　C. 社交需要　D. 自我实现

6. 对于一个以自我实现需要占据主导地位的员工来说，最有效的激励措施是（　　）。
A. 提高工资　B. 改善工作环境　C. 颁发奖状　D. 委以重任

7. 公司为每一位员工购买一份人寿保险，这可以满足员工的以下哪种需要？（　　）

A. 自我实现需要　　B. 社交需要

C. 安全需要　　D. 尊重需要

8. 双因素理论中的双因素指的是（　　）。

A. 人和物的因素　　B. 信息因素与环境因素

C. 自然因素和社会因素　　D. 保健因素和激励因素

9. 赫兹伯格认为，下列因素中不属于激励因素的是（　　）。

A. 期望　　B. 成就感　　C. 责任感　　D. 人际关系

10. 公平理论认为，影响员工工作努力程度的因素是（　　）。

A. 薪酬量　　B. 比较的结果　　C. 工作条件　　D. 晋升机会

11. 企业中，常常见到员工之间会在贡献和报酬上相互参照攀比。一般来说，你认为员工最有可能将哪一类人作为自己的攀比对象？（　　）

A. 企业的高层管理人员　　B. 处于相近层次的人

C. 员工们的顶头上司　　D. 企业中其他部门的领导

12. 从期望理论中得到的最重要的启示是（　　）。

A. 目标效价高低是激励是否有效的关键

B. 期望值的高低是激励是否有效的关键

C. 存在着负效率，应引起领导者注意

D. 应把目标效价和期望值进行优化组合

13. 中国企业引入奖金机制的目的是发挥奖金的激励作用，但到目前，许多企业的奖金已经成为工资的一部分，奖金变成了保健因素。这说明（　　）。

A. 双因素理论在中国不怎么适用

B. 保健和激励因素的具体内容在不同国家是不一样的

C. 防止激励因素向保健因素转化是管理者的重要责任

D. 将奖金设计成为激励因素本身就是错误的

14. 认为人类的需要是以层次的形式出现的，由低级需要开始逐渐发展到高级需要，这种观点源于（　　）。

A. 需要层次理论　　B. 双因素理论

C. 激励需求理论　　D. 归因论

15. （　　）是麦克利兰采用相对系统、客观的研究方法得出的研究结果。

A. 成就需要理论　　B. 公平理论

C. 期望理论　　D. 双因素理论

16. （　　）认为“人们需要或动机的强弱和人们对实现需要/动机的信心强弱对行为的选择是有影响的”。

A. 公平理论　　B. 期望理论　　C. 强化理论　　D. 成就需要理论

17. 期望理论认为激励力量的大小取决于达到目的的效价和期望值两个因素，（　　）。

A. 效价越小激励力量越大

B. 效价越大激励力量越大

C. 期望值越大激励力量越小

D. 只有期望值和激励力量同时变化时才会影响激励力量

18. 下列哪种理论不是激励理论？（　　）

A. 需要层次理论　　B. 双因素理论
C. 权变理论　　D. 期望理论

19. 某国政府为鼓励球员努力踢球，为国争光，采取“凡在世界杯中获得优秀球员称号者给予高额奖金”的措施。这一措施属于哪一种强化？（　　）

A. 负强化　　B. 正强化　　C. 惩罚　　D. 自然消退

20. 强化可以分为正强化、负强化、惩罚和自然消退，其中（　　）可以增强或保持行为。

A. 正强化，惩罚　　B. 正强化，负强化
C. 负强化，惩罚　　D. 负强化，自然消退

21. 期望理论是由美国的心理学家（　　）提出来的。

A. 亚当斯　　B. 麦克利兰　　C. 弗鲁姆　　D. 赫茨伯格

22. ______是指对每个行为都给予强化，______是指并非对所有行为都进行强化。针对上述空格正确的选项是（　　）。

A. 连续强化，间断强化
B. 固定比率强化，可变比率强化
C. 连续强化，可变比率强化
D. 固定比率强化，间断强化

23. （　　）是以激发员工追求良好声誉为手段的激励方式。

A. 信任激励　　B. 荣誉激励　　C. 情感激励　　D. 精神激励

24. （　　）是指通过增加岗位的技术和技能的含量，使工作内容更具有挑战性和自主性，以满足员工更高层次的心理需求。

A. 工作扩大法　　B. 岗位轮换法　　C. 组织培训法　　D. 工作丰富法

25. 俗话说“人往高处走，水往低处流”与哪一种理论比较契合？（　　）

A. 成就需要理论　　B. 双因素理论
C. 需要层次理论　　D. 期望理论

三、多项选择题

1. 需要层次理论中的自我实现需要包括（　　）。

A. 成长与发展　　B. 发挥自身潜能　　C. 实现理想　　D. 成就感

2. 比较马斯洛的“需要层次理论”与赫兹伯格的“双因素理论”，马斯洛的五种需要理论中属于保健因素的是（　　）。

A. 生理需要　　B. 安全需要　　C. 社交需要　　D. 尊重需要
E. 自我实现需要

3. 下列因素中属于保健因素的有（　　）。

A. 工资　　B. 工作条件　　C. 地位　　D. 工作上的责任感
E. 同事的认可　　F. 能力提升

4. 下列因素中属于激励因素的有（　　）。
A. 工作成就感　　B. 工作条件
C. 个人的发展前途　　D. 职务上的责任感
5. 关于双因素理论，下列观点错误的是（　　）。
A. 满意和不满意共同存在于单一的连续体中
B. 使人们感到满意的因素往往都是和工作条件有关的
C. 保健因素能消除不满意，也能带来满意感
D. 使人们感到不满意的往往都是属于工作环境或外界方面的因素
6. 成就需要理论认为人的需要有以下哪几种？（　　）
A. 成就需要　B. 自我实现需要　C. 尊重需要　D. 权力需要
E. 亲和需要
7. 麦克利兰对成就需要的观点是（　　）。
A. 成就需要是天生的
B. 成就需要是影响他人且不受他人控制的需要
C. 成就需要更多受环境、教育、实践综合作用的结果
D. 成就需要是一种内化的需要，是取得高业绩的主要动力
E. 高成就需要者重成就、轻报酬
8. 期望理论认为，激励的过程要处理好以下几方面的关系：（　　）
A. 努力与绩效的关系　　B. 绩效与个人目标的关系
C. 绩效与奖励的关系　　D. 奖励与满足需要的关系
9. 根据期望理论，通过激励促成组织中员工行为的产生，取决于这一行动的（　　）。
A. 效价　B. 难易程度　C. 时间　D. 期望值
E. 代价
10. 关于“目标设置理论”的观点描述正确的是（　　）。
A. 目标本身不具备激励作用
B. 在实现目标的过程中，工作绩效水平取决于组织支持和员工个人的能力与个性特点
C. 目标能把人的需要转化为动机
D. 人们接受的目标将提高其实现目标过程中的自觉性与主动性
11. 下列哪些报酬是内在报酬？（　　）
A. 自我能力的肯定　　B. 奖金
C. 晋升　　D. 成就感
12. 目标对人们努力程度的影响取决于哪几个方面？（　　）
A. 目标的明确性　　B. 目标的难易性
C. 目标责任清晰度　　D. 目标接受度
13. 强化理论认为（　　）。
A. 当行为的结果对人们有利时，这种行为就会在以后重复出现
B. 按照强化对象的不同需要采取不同的强化措施
C. 应该将工作业绩同某种形式的奖惩相联系并及时反馈给行动者

D. 强化理论的基础是操作性条件反射学说

14. 激励从调动人的积极性的角度出发，系统解决（ ）的关键问题。

A. 激励什么 B. 为何激励 C. 如何激励 D. 谁来激励

15. 以奖励作为激励手段时要做到（ ）。

A. 物质奖励和精神奖励结合起来 B. 奖励与思想工作结合起来

C. 奖励与惩罚结合起来 D. 频繁奖励

E. 奖励方式需要统一下来

四、判断题

1. 人的行为过程是一个“刺激—需要—动机—行为—目标—满足（受挫）”循环往复的过程。（ ）

2. 梅奥认为，人作为一个复杂的社会成员，对其工作积极性起决定作用的是金钱和物质。（ ）

3. 经济人假设强调物质的需求，社会人假设强调情感的需求。（ ）

4. 动机性行为是由行为人的自我意识支配而自觉启动和进行的，外力不可以影响甚至改变某个人的行为。（ ）

5. 社会人假设认为人与人之间的关系和组织的归属感比经济报酬更能激励人的行为。（ ）

6. X理论认为，员工个人自我实现倾向与组织所要求的行为之间并无冲突，如果给予机会，员工会自动地把自己的目标与组织的目标相结合。（ ）

7. 任何违背人的行为规律和人性假设的激励措施都将无法达到调动个体积极性的目的。（ ）

8. 人的行为选择往往并非完全偏向一种需要，而是受制于多种需要的调和与相互妥协。（ ）

9. 高层次的需要出现以后，低层次的需要就会消失，不会对行为造成影响。（ ）

10. 赫茨伯格认为满意的对立面是不满意。（ ）

11. 未满足的需要才具有激励作用，已基本得到满足的非优势需要对人不再具有激励作用。（ ）

12. 保健因素可以在一定程度上消除不满意，激励因素是调动人们积极性的关键。（ ）

13. 成就需要不是天生的，而更多的是受环境、教育、实践综合作用的结果。（ ）

14. 公平理论认为，人们对报酬是否满意是一个社会比较过程，满意的程度取决于绝对报酬。（ ）

15. 横向比较是人们将自己当前的相对报酬与自己过去的相对报酬进行比较。（ ）

16. 行为强化理论认为，行为的结果会对人的动机产生很大影响，从而使行为在后续得以增加、消失或减少。（ ）

17. 榜样激励是指组织通过改善生活环境和人际环境，从而使员工在工作过程中心情舒畅、精神饱满的激励方法。（ ）

18. 精神激励虽然成本较低，但是往往难以取得物质激励所能达到的效果。(　　)

五、简述题

1. 如何理解动机性行为?
2. 简述动机性行为的特点?
3. X理论的观点是什么?
4. 简述社会人假设的基本观点。
5. 简述Y理论的基本观点。
6. 简述需要层次理论的观点。
7. 简述对马斯洛需要层次理论的评价。
8. 简述双因素理论的主要观点。
9. 简述公平理论的观点。
10. 简述高成就需要者的特征。
11. 应用期望理论应处理好哪几方面的关系?
12. 简述主要的强化方式。
13. 在应用强化理论时，应遵循哪些原则?
14. 简述目标设置理论的观点。
15. 在激励实务中，常用的激励方法有哪些?

六、论述题

1. 请结合实例谈一谈，如何看待公平理论。
2. 请运用相关的激励理论分析应如何对新踏入职场的大学生进行有效的激励。

七、案例分析题

案例1 “富强油漆”厂激励问题

施迪闻是富强油漆厂的供应科科长，厂里同事乃至外厂的同行们都知道他心直口快，为人热情，尤其对新主意、新发明、新理论感兴趣，自己也常在工作里搞点新名堂。

前一阶段，常听见施科长对人嚷嚷说：“咱厂科室工作人员的那套奖金制度，是彻底的大锅饭平均主义，我看，到了非改不可的地步了。奖金总额不跟利润挂钩，每月按工资总额拿出5%当奖金，这5%是固定死了的，一共才那么一点钱。说是具体每人分多少，由各单位领导按每人每月工作表现去确定，要体现‘多劳多得’原则，还要求搞什么‘重赏重罚，承认差距’。可是谈何容易，‘巧妇难为无米之炊’呀！总共就那么一点点，还玩得出什么花样？理论上是说要奖勤罚懒，干得好的多给，一般的少给，差的不给。可是你真的不给试试看？不给你造反才怪呢！结果实际上是大伙基本上拉平，皆大欢喜；要说有那么一点差距，确定分成三等，不过这差距也只是象征性的。照说这奖金也不多，有啥好计较的？可要是一个钱不给，他就认为这简直是侮辱，存心丢他的脸。”

最近，施科长跟人们谈起了他的一段有趣的新经历。他说：“改革科室奖金制度，我琢磨好久了，可就是想不出啥好点子来。直到上个月，厂里派我去市管理干部学院参加一期中层管理干部培训班。有一天，他们不知打哪儿请来位美国教授，听说还挺有名，他给我们做了一次讲演。”

“教授说，能影响人积极性的因素很多，按其重要性，最要紧的是‘工作的挑战性’，就是指工作不能太简单，轻而易举地就完成了；要艰巨点儿，得让人动点儿脑筋，花点儿力气，那活儿才有奔头。再就是工作要有趣，要有些变化，多点花样，别老一套，太单调。还要给自主权，给责任，要让人家感到自己有所成就，有所提高。还有什么表扬啦，跟同事们关系友好融恰啦，劳动条件要舒服安全什么的，我也记不准、记不全了。可有条我是记准了：工资和奖金是摆在最后一位的，也就是说，最无关紧要。”“你想想，钱是无关紧要的！闻所未闻，乍一听都不敢相信。可是我细想想，觉得这话是有道理的，所有那些因素对人来说，可不都还是蛮重要的吗？我于是对那奖金制度不那么担心了，还有别的更有效的法宝呢。”

“短训班办完，回到科里，正赶上年末工作总结讲评，要发年终奖金了，这回我有了新主意。我那科里，论工作，就数小李子最突出：大学生，大小也算个知识分子，聪明能干，工作积极又能吃苦，还能动脑筋。于是我把他找来谈话。”“别忘了我如今学过点现代管理理论了。我于是先强调了他这一年的贡献，特别表扬了他的成就，还细致讨论了明年怎么能使他的工作更有趣，责任更重，也更有挑战性……瞧，学来的新词儿，马上用上啦。我们甚至还确定了考核他明年成绩的具体指标，最后才谈到这最不要紧的是奖金。我说，这回年终奖，你跟大伙儿一样，都是那么多。我心里挺得意：学的新理论，马上就用到实际工作中来了。”

“可是，小李子竟发起火来了，真的火了。他蹦起来说，‘什么？就给我那点儿？说了那一大堆好话，到头来我就值那么一点儿？得啦，您那套好听的请收回去送给别人吧，我不稀罕。表扬又不能当饭吃！’”

“这是怎么一回事？美国教授和学者的理论听起来那么有道理，小李也是知识分子，怎么就不管用了呢？把我搞糊涂了。”

问题与思考：

1. 案例中的施科长在培训班学的理论用在小李身上为何失效了？谈谈你的看法。
2. 如何解决“富强油漆”厂的激励问题呢？

案例 2　林肯电气公司的按件计酬与职业保障

林肯电气公司年销售额为 44 亿美元，拥有 2 400 名员工，形成了一套独特的激励员工的方法。该公司 90%的销售额来自于生产弧焊设备和辅助材料。

林肯电气公司的生产工人按件计酬，他们没有最低小时工资，员工为公司工作两年后，便可以分享年终奖金。在过去的 56 年中，平均奖金额是基本工资的 95.5%。近几年经济发展迅速，员工年均收入为 44 000 美元左右，远远超出制造业员工年收入 17 000 美元的平均水平。

公司自 1958 年开始一直推行职业保障政策，从那时起，他们没有辞退过一名员工。当然，作为对此政策的回报，员工也相应要做到几点：在经济萧条时他们必须接受减少工作时间的决定，而且要接受工作调换的决定；有时甚至为了维持每周 30 小时的最低工作量，不得不调整到一个报酬更低的岗位上。

林肯公司极具成本和生产率意识，如果工人生产出一个不合标准的部件，那么除非这个部件修改至符合标准，否则这件产品就不能计入该工人的工资中。严格的计件工资制度和高度竞争性的绩效评估系统，形成了一种很有压力的氛围，有些工人还因此产生了一定的焦虑感，但这种压力有利于生产率的提高。据该公司的一位管理者估计，与竞争对手相比，林肯公司的总体生产率是他们的两倍。该公司还是美国工业界中工人流动率最低的公司之一。其两个分厂被《财富》杂志评为全美十佳管理企业。

问题与思考：

1. 林肯公司使用了何种激励理论来激励员工的工作积极性？
2. 为什么林肯公司的方法能够有效地激励员工工作？

八、辩论题

辩题：自我激励与外部激励哪一个更重要？

正方：工作的根本动力来源于自我激励。

从内外因的辩证关系来看，内因是根本，外因是条件，内因决定事物发展方向和性质，对事物的发展起决定性作用，而外因只对事物的发展和变化起加速或减缓的作用。

自我激励是内因，是员工价值实现的基础和决定性因素。企业创造机会是外因，是员工价值实现的外在条件，只有通过自我努力的内因，才能产生作用，若不以自我努力为主，员工的价值实现就是无源之水，无本之木。自我激励是员工价值实现的决定性因素。

反方：企业创造机会更为重要，工作的根本动力来源于外部激励。

心理学家告诉我们，人的行为是要受到一定的激励而产生的。企业针对每一名员工因材施教，纵横相交，点面结合，以此实现长期效应，激励员工不断地向价值目标迈进。

企业创造机会覆盖了员工价值实现的全过程，员工的每一步成长与进步，都离不开企业创造的机会，员工在企业创造的机会中实现价值，所以企业创造机会形成了强大推动力，使企业与员工共同步入价值双赢的良性循环。

九、经典案例阅读

案例 1 华为公司的员工激励

华为公司在 2017 年首次进入《财富》世界 500 强前 100 名，以年营业收入 785 亿美元名列第 83 位。华为的崛起固然与国家经济社会发展的大好形势有关，但也与华为自身的人力资源管理，特别是员工激励的作用密不可分。

（一）卓有成效的物质激励

华为对于员工的物质激励在全国已经非常出名了，就是愿意给钱，敢于给钱。当时哪怕负债累累、资金捉襟见肘，华为也敢于提供优于行业的薪酬待遇，并且还执行每年平均超过

10%的工资薪酬提升。特别值得一提的就是华为大胆地实施股权激励，华为的任正非仅仅持有公司1.4%的股权，其余股权由8.4万名华为员工持有。员工持股是对员工长期激励的有效办法，员工与华为之间的关系由雇佣关系变成合作伙伴关系，华为公司的效益与每一位员工的薪酬都密切相关。据报道，2015年华为公司用于支付员工工资和奖金的数额高达148.5亿美元，占华为当年收入额的23.6%，而同行业的平均水平仅为12%。

与此同时，华为采用同贡献、同报酬的薪酬分配体系，最大限度地激发员工潜能。该体系的核心在于按照员工对华为的贡献度大小，而不是职位等级划分薪酬。同时这一体系，还打破了工龄工资的限制，鼓励新员工多努力，多做贡献，这有利于保持华为员工工作上的积极性。

（二）鼓励创新的精神激励

技术研发工程师占据华为1/2的员工比例，而企业研发是一项高投入、高风险的业务。为了最大化激励员工研发热情和研发创造力，华为坚持将不低于年收入10%的资金用于高精尖领域的研发，在今后30年内这一个比例还将继续增长到20%。同时为了避免因为研发失败的风险打压工程师研发热情和研发创造力，华为规定，在拥有30%研发投入的基础科学研究中，允许50%的失败率，也就是说在研发项目论证中，只要有一半机会可以成功，这一项目就可以继续开展下去。这实际上是对员工自主性的保护。此外，在精神激励方面，华为公司各种各样的奖励可谓琳琅满目，荣誉部门专门对员工进行考核、评奖。

在华为，只要员工在某个方面取得了一定的进步就有机会获得相应的奖励和荣誉。华为专为此成立了荣誉部，其专门负责对员工进行考核、评奖，目的是挑选创新榜样。金牌奖是奖励为公司持续商业成功做出重大和突出贡献的团队和个人，是公司授予员工的最高荣誉。金牌奖每年年末评选一次，获奖代表可以获得与公司高层合影的机会。重大、及时的荣誉激励是为了奖励在公司发展的特殊节点做出突出贡献、表现出色的团队和个人。华为的荣誉奖有两个特点：第一，获奖面广、获奖人数多，所以员工甚至会在自己毫无察觉的情况下得知自己获得了公司的某种奖励。只要有自己的特点，工作有自己的业绩，员工就能得到荣誉奖，新员工有进步奖，参与完成了一个项目有项目奖，等等。

（三）刚柔相济的文化激励

作为一家民族企业，华为公司很好地吸收了中国传统文化的精华，同时积极借鉴国外著名企业的现代管理经验，在结合华为企业家创业思维的基础上产生华为自身的管理理念、管理思想和管理文化。华为公司的核心文化有两种，一种作为华为企业文化之魂的“狼”文化，其核心是互助、团结协作、集体奋斗，这是华为文化之魂。这一文化包含多方面内容：对于专业领域敏锐的嗅觉，对于事业不屈不挠、永不疲倦的进取精神，对于企业群策群力的团队精神。实事求是地讲，华为的“狼”文化适合大部分年轻人，特别是青年大学生投身于华为公司。因为华为能够提供的不仅是高薪，而且是一个可以充分展现、发挥自我的大舞台。这种文化氛围的激励是对人自我实现需要的满足，也是华为公司的目标与员工个人目标达成一致的契合点，实际上是一种双赢的结果。

另一种是“家”的氛围，华为一直强调企业就是家的理念，让员工感觉在为家服务。华为公司成立了各种俱乐部，旨在丰富员工的生活，提升员工生活的品质。俱乐部为华为员工提供了互相交流的机会，有利于和谐同事关系的形成，满足了员工社会需要和归属需要。

案例2 海底捞对员工激励的7个举措

海底捞董事长张勇说，门店的那些做法其实没有一件是他想出来的，都是员工在平时工作中自发提出来的。海底捞内部有一个员工分享的平台，员工每天工作完了之后，回到宿舍，有一件必须做的事情就是写日记，把今天做的一些有价值的事情，包括好的做法在论坛上发表出来。一个门店做得很好的一个小创新，很快就会被其他门店看到，并被学习。这就是为什么海底捞好想法层出不穷的原因。

创新层出不穷只是一个“果”，导致这个“果”的“因”在于海底捞有这样一个分享的平台，同时有这么一群员工愿意去分享。那么员工们为什么愿意去分享呢？这其实是海底捞真正值得学习的地方，也就是海底捞的激励哲学。

海底捞激励哲学最底层的原因是董事长张勇的个人价值观。张勇的个人价值观是什么呢？双手改变命运：

第一，创造一个公平公正的企业环境；

第二，让农村出来的孩子，能够通过自己的双手改变命运；

第三，把海底捞做大。

正是在这样一种价值观的支撑之下，在海底捞才会出现一群从来不用担心背叛的创业团队，也会有一大批像孩子一样单纯的店经理和一批具有中华民族传统美德的员工。

因为有了这些，所以顾客到了海底捞门店，才会感觉与众不同，非常温暖。正是因为有这样一个牢固的价值观体系作为支撑，海底捞所有的激励都非常具有方向感。

（一）非常重视和尊重人性的董事长

张勇认为，要想让好人不变坏，首先就要满足他的最基本的生存需求。在这个层面激励人，就是要让他比别人过得更好一些。海底捞比同行的餐饮企业都要辛苦，但是一方面张勇舍得给钱，另外在员工的福利待遇方面也舍得投入。比如，其他企业员工都住地下室，海底捞给员工租的是居民小区，四人一间，有热水，有电脑，有网络。每个月发员工的奖金，直接寄给他们老家的父母。父母通过钱多钱少就知道自己的孩子在海底捞干得怎么样了，如果有的员工从海底捞辞职了，那这笔奖金就没了。张勇笑着说：“都不用我管，他父母就给他打电话了，说这么好的企业你不好好干，你想干什么！”海底捞还在张勇老家简阳开办了员工子弟学校，员工在老家的孩子都有地方上学……有了这样一些好的待遇，即使海底捞再辛苦，员工也不愿意离开了。

（二）有待遇有职业发展

在海底捞除了有好的待遇和保障之外，员工还会感觉自己“有发展”。在海底捞有明确的三条发展线：一条是管理线，一条是技术线，还有一条是后勤线。走管理线，从二级员工、一级员工、主管、小区经理、大区经理这样一层层发展上去；如果不走管理线，只是做一名服务员，也会有一级服务员、二级服务员、标兵服务员、模范服务员、功勋服务员，一层层走上去，工资和待遇都会发生变化。

（三）员工有决策权和自主权

在海底捞，门店店长的审批权是100万，一个一线的员工就可以决定送顾客一盘菜、一个大西瓜等，还有免单权。海底捞还特别鼓励员工创新，有专门的部门对创新进行管理，搜集、处理并进行反馈。同时规定，每个员工每个月必须有5个以上的建议，好的建议真的会被采纳。创新有分级标准，对应一定的创新奖金，同时也与晋升挂钩。海底捞还有个特别的创新机制，就是让职能部门开办门店，一个职能部门就曾经开办过两个门店，而且都比较成功。他们选出一个员工来做具体的经营管理，部门其他人员给予支持，从选址、装修，到招工、运营，都由这个部门统一来进行管理，海底捞有一定的资金支持。年底赚取了利润之后，一部分交给公司，另一部分就由这个职能部门的员工一起分享。

（四）员工满意度和顾客满意度的考核

张勇的逻辑很清楚，做餐饮行业必须让顾客满意。但是顾客怎样才能满意呢？首先就是你的员工要满意，所以在对店长的考核上，不考核利润，只看客户和员工。在客户满意度考核方面，看的不是客户投诉数量，而是看是否敢于暴露客户投诉所反映的问题，是否仔细分析了客户投诉的问题，是否采取真正有效的措施，让投诉客户最终满意。在员工方面，对店长的一个重要考核指标是人才成长。海底捞从 2011 年的 50 多家店，发展到 2016 年的 100 多家店，5 年间门店数量翻了一番，到 2020 年，海底捞门店数量达到 3 696 家。这其中一个核心关键因素就是他们的管理和员工团队的快速成长。

（五）有管理层“支持”

首先，海底捞有非常高效的三级例会制度——领班经营例会、店经理经营例会和运营管理层经营例会。通过这些例会，每天处理前一天发生的问题，将基层的信息迅速传递到高层并予以解决。其次，海底捞有高管亲临现场指导的惯例，所有高管都要有一定的时间安排下一线，与员工同吃同住，现场调查员工的意见，现场宣讲政策，现场手把手地指导员工。再次，海底捞非常重视流程制度的建设，固化管理经验，提高同一问题的处理速度。努力做到政策流程出台快、执行快、修订快。最后，海底捞有一个非常棒的案例支持体系，通过案例的积累提高同类问题的处理速度。在海底捞有七个不放过：找不到问题的根源不放过，找不到问题的责任人不放过，找不到问题的解决办法不放过，改进方法落实不到位不放过，问题、责任人和员工没有受到教育不放过，没有长期改进措施不放过，没有建立档案不放过。

（六）通过信仰对员工进行高层激励

首先，双手改变命运的价值观；其次，海底捞选人的标准是“态度比能力更重要”，做人做事的原则是“敬天爱人、正确做事”。所以在海底捞，员工做事不需要看上级在想什么，不需要去猜老板希望我做什么，他只要按照“做人何为正确”，勤勤恳恳地把本职工作做好就会有发展。

（七）明确的红线和制度管控

海底捞绝对不是只有正向激励，没有负向激励。张勇曾经说过，我们非常需要制度，“制度是防止好人做坏事”。海底捞有一个比较特别的工种——内部记者。内部记者有权力到各个门店去进行明访暗查，公司也设有爆料热线，发现任何好的事情，或者不好的事情，他们都会在内部刊物上进行爆料，被爆料的员工或者是经理必须进行回馈。

当然，海底捞今天通过它的价值观和各种激励手段所形成的奇异能量绝对不是靠几个口号、一两天就形成的。这是海底捞长期的文化积淀和历史渊源，一件件事做出来的。

其实道理很简单，就是充分尊重人性，从人性的底层往上来进行满足。在满足了员工的底层生存安全需求之后，又充分让员工有发展，尊重员工，从而让员工获得强大的自我内驱动力，这是更高层面的员工激励哲学。

十、推荐阅读书籍

1. ［美］亚伯拉罕·马斯洛著，许金声等译，《动机与人格》，中国人民大学出版社，2012 年版

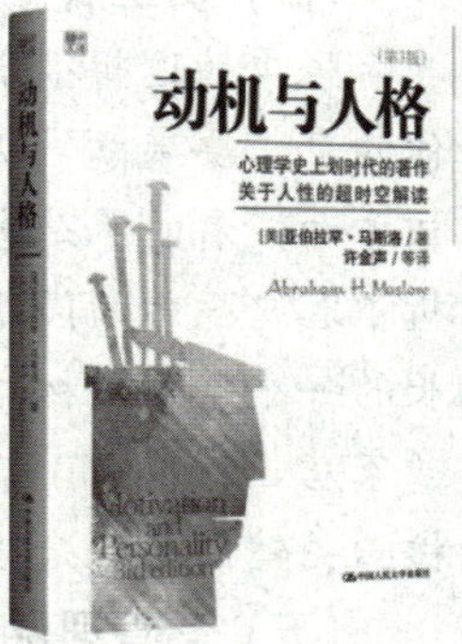

亚伯拉罕·马斯洛，美国著名心理学家、伦理学家，以需要层次理论最为著名。

最终达成自我实现的心理学理论的奠基之作，也是人本主义心理学的奠基之作，首次出版于 1954 年。书中马斯洛将人的需要分为意动需要、认知和理解的需要、审美需要三大相互重叠的类别，并对意动需要的五个层次即生理需要、安全需要、归属和爱的需要、尊重的需要与自我实现的需要进行了详细阐述；还在大量的案例研究的基础上对自我实现者的性格与爱情的特征进行了分析与归纳。

2. ［美］弗雷德里克·赫茨伯格著，张湛译，《赫茨伯格的双因素理论》，中国人民大学出版社，2016 年版

弗雷德里克·赫茨伯格，美国心理学家、管理理论家、行为科学家，因为提出了著名的“双因素理论”而在管理学界拥有极高的声望。

该书阐释了作者是如何基于实际调查取样得出保健因素和激励因素对员工工作态度的不同影响的。从方法论上说，作者取样、观察、分析和报告的方法，值得学习效仿。从对企业界的价值上说，“保健因素”和“激励因素”的区分，为企业对员工进行有效激励，从而提高工作效率和工作满意度，提供了实际的价值。在当今的商业环境下，“双因素理论”仍具有现实的意义，为企业的人力资源管理带来新鲜有效的启示。

第十一章

沟通

一、名词解释

1. 沟通　2. 噪声　3. 编码　4. 解码　5. 正式沟通渠道
6. 环式沟通　7. 信息过滤　8. 人际冲突　9. 建设性冲突　10. 回避策略

二、单项选择题

1. 俗话说“流水不腐，户枢不蠹”，水不经过流动便是一潭死水，毫无生气，企业也是如此。这说明管理中（　　）的重要性。

A. 计划　B. 组织　C. 控制　D. 沟通

2. 沟通过程中的第一个步骤是（　　）。

A. 编码　B. 发送　C. 解码　D. 反馈

3. 信息接收者将通道中加载的信息翻译成他能够理解的形式是（　　）过程。

A. 编码　B. 发送　C. 解码　D. 反馈

4. 沟通中将信息转换成传输的信号或符号是（　　）过程。

A. 编码　B. 发送　C. 解码　D. 反馈

5. 沟通是管理中的黏合剂，可以理解为（　　）。

A. 沟通可以将个体与团体捆绑在一起　B. 沟通有利于消除摩擦
C. 沟通促进个体发展　D. 沟通不可或缺

6. 管理需要信息沟通，而信息沟通必须具备的三个关键要素是（　　）。

A. 传递者、接收者、信息渠道　B. 发送者、传递者、信息内容
C. 发送者、接收者、信息内容　D. 发送者、传递者、接收者

7. 如果一个组织中小道消息很多，而正式沟通的信息较少，这意味着该组织（　　）。

A. 非正式沟通渠道中信息传递顺畅，运作良好
B. 有相当多的人好搬弄是非，传播小道消息
C. 充分发挥了非正式沟通通道的作用，促进了信息交流

D. 正式沟通通道中信息传递存在问题，需要调整

8. 各人有各人的动机，每人的动机各不相同，要管理好企业，还要了解员工的动机，以便进行管理，这就要求管理人员进行（　　）。

A. 沟通　　B. 授权　　C. 人员配备　　D. 激励

9. 英国大作家肖伯纳曾经说过："你有一个苹果，我有一个苹果，彼此交换后，各人手里仍然还是一个苹果；你有一种思想，我有一种思想，彼此交流思想，那么我们每人便有了两种思想。"你认为这句话对当前企业管理工作的启示是（　　）。

A. 企业之间的物质交换不如经验交流重要

B. 人各有所长，各有所需，但精神需要更为重要

C. 当前流行的请客送礼之风，与精神文明建设的要求格格不入

D. 促进企业内部人们的信息沟通可以提高企业的竞争力

10. 一个组织的下级向上级汇报情况属于（　　）。

A. 纵向信息沟通　　B. 横向信息沟通

C. 斜向信息沟通　　D. 非正式的信息沟通

11. 下列属于"小道消息"的是（　　）。

A. 下行沟通　　B. 非正式沟通

C. 双向沟通　　D. 用含蓄形式进行沟通

12. 组织规定的汇报制度、定期或不定期的会议制度、上级指示按组织系统逐级下达或下级情况逐级上报等属于（　　）。

A. 正式沟通　　B. 非正式沟通　　C. 单向沟通　　D. 上行沟通

13. 为了防止不利于或者有碍于组织目标实现的小道消息传播，最有效的措施是（　　）。

A. 严厉处置小道消息的散布者

B. 切断小道信息的传播渠道

C. 加强和疏通正式渠道，及时传递正道消息

D. 严厉处置听信小道消息的员工

14. 现在很多大公司鼓励各级员工通过多种途径直接向公司高层领导反映意见、提出建议，公司总裁也会设立专门的信箱，以接收这些意见或抱怨。这里的沟通可以看成是一种（　　）。

A. 下行沟通　　B. 横向沟通　　C. 对角沟通　　D. 上行沟通

15. 在非正式沟通的网络中，最普遍的沟通形式是（　　）。

A. 随机式　　B. 集束式　　C. 单线式　　D. 流言式

16. 在正式组织环境中，正式沟通可以有链式、轮式、环式、全通道式和"Y"式等五种沟通形态，它们各有优点。其中有助于实行分权管理的沟通形态是（　　）。

A. 链式沟通　　B. 环式沟通　　C. 轮式沟通　　D. 全通道式沟通

17. 当人们觉得信息怎么看都看不完时，可能会把信息工作搁置起来，这种情况导致沟通障碍的主要原因是（　　）。

A. 沟通渠道过长　　B. 沟通环境不良

C. 沟通媒介选择不当　　D. 信息过载

18. 关于非正式沟通的说法中，哪一种是正确的？（ ）

A. 非正式沟通必须具备发送者和接收者这两个要素，所传递的内容无关紧要

B. 非正式沟通必须同时具备发送者、接收者和所传递的内容三个要素

C. 非正式沟通的流向是自上而下的

D. 非正式沟通的流向是自下而上的

19. 沟通中会收到各种“噪音干扰”的影响，这里所指的“噪音干扰”（ ）。

A. 只来自于信息编码过程 B. 只来自于信息传递过程

C. 只来自于信息解码过程 D. 只来自于沟通全过程

20. 一个企业的领导者直接管理几个部门的控制系统，这种沟通形式为（ ）。

A. 环式 B.“Y”式 C. 轮式 D. 全通道式

21. 对于组织解决复杂问题最有效的沟通方式是（ ）。

A.“Y”式沟通网络 B. 环式沟通网络

C. 轮式沟通网络 D. 全通道式沟通网络

22.（ ）的最大的优点在于它持久、有形、可以核实。

A. 口头沟通 B. 非语言沟通 C. 书面沟通 D. 电子媒介沟通

23. 当组织冲突不足，管理者需要考虑激发必要的、适度的冲突是（ ）。

A. 建设性冲突 B. 破坏性冲突 C. 日常冲突 D. 利益性冲突

24. 下列对于冲突的说法错误的是（ ）。

A. 冲突是客观存在的、不可避免的社会现象

B. 差异是否真实存在无关紧要，只要人们感觉到差异的存在，冲突状态也就存在

C. 冲突是否存在是一个客观性的问题，并不是一个主观的知觉问题

D. 冲突发生于对稀缺资源分配方式的分歧以及不同观点、信念、个性等的冲撞

25. 如果冲突本身不太重要，或者冲突已经引发过度的情绪反应，此时（ ）可能在短期内很有效。

A. 竞争策略 B. 合作策略 C. 回避策略 D. 妥协策略

26. 当需要采取不受欢迎的措施迅速解决重大问题，或他人的支持对你解决问题不太重要时，可以采取（ ）。

A. 竞争策略 B. 合作策略 C. 回避策略 D. 妥协策略

27. 当冲突双方势均力敌，希望对复杂的问题取得暂时的解决办法，可以采取（ ）。

A. 竞争策略 B. 合作策略 C. 回避策略 D. 妥协策略

28. 管理人员要学会积极倾听，下列哪项不属于积极倾听的做法？（ ）

A. 必要时用自己语言复述听到的内容

B. 避免分心的举动或表示厌倦的动作

C. 赞许性的点头

D. 当发觉遗漏或不明白时，随时打断提问

29. 如果组织结构臃肿、各部门之间分工不明、机构重叠或条块分割，就会给沟通双方造成一定的心理压力，这种沟通障碍主要源于（ ）。

A. 组织氛围不和谐 B. 组织机构不合理

C. 分工不专业 D. 文化差异

30. 信息发送者可以让信息接收者用自己的话复述信息，如果听到的复述正如信息发送者的本意，则有利于确保沟通的准确性。这说明（　　）的重要性。

A. 信息编码　B. 信息解码　C. 信息反馈　D. 信息传递

三、多项选择题

1. 哪些可以认为是沟通过程中的噪音（　　）。

A. 难以辨认的字迹　B. 沟通双方有难听懂的语言

C. 固有的成见　D. 对对方的反感

2. 从管理学的角度来看，在组织层面上的沟通可以分为（　　）。

A. 言语沟通　B. 非言语沟通　C. 正式沟通　D. 非正式沟通

3. 口头沟通的优点是（　　）。

A. 简便易行、灵活迅速　B. 可以直接进行情感交流

C. 在传递过程中不容易被歪曲　D. 获得及时反馈

4. 非正式沟通包括（　　）。

A. 小道消息，私下交谈　B. 网上谈论

C. 小组会议　D. 通知

5. 下列属于克服沟通障碍的技巧的是（　　）。

A. 学会倾听　B. 重视反馈

C. 克服认知差异　D. 抑制情绪化反应

6. 关于环式沟通的说法，正确的是（　　）。

A. 可以看成是链式沟通的一个封闭式控制结构

B. 每个人都可以同时与两侧的人沟通

C. 信息流通通道多，组织成员士气高昂

D. 沟通渠道窄、环节多，沟通的速度和准确性都难以保证

7. 比较链式与全通道式两种信息沟通网络的各自特点，错误的结论是（　　）。

A. 全通道式网络采取一对一的信息传递方式，传递过程中不易出现信息失真情况

B. 全通道式网络由于采取全面开放的信息传递方式，具有较高的管理效率

C. 全通道式网络比链式网络更能激发士气，增强组织的合作精神

D. 链式网络比全通道式网络更能激发士气，增强组织的合作精神

8. 据资料表明，语言表达作为管理沟通的有效手段，可分为三种类型：身体语言、口头语言、书面语言。它们所占的比例分别为50%、43%、7%。根据这一资料，你认为下述哪些观点正确？（　　）

A. 身体语言太原始，大可不必重视它

B. 人与人之间的沟通，还是口头语言好，身体语言太费解

C. 在沟通中，身体语言起着十分重要的作用

D. 身体语言能帮助口头语言表达出更真实的信息

9. 下面哪些陈述是冲突的相互作用的观念？（　　）

A. 冲突都是不好的、有害的，是组织管理不善的信号

B. 应该把群体维持在最佳的冲突水平上，能够保持群体的活力和创造力

C. 冲突是不可消除的，在很多时候对组织绩效的提高是有所帮助的

D. 一个平静、和谐、合作的群体可能变得静止、冷漠，所以应该适当地制造冲突

10. 冲突是不可避免的，当出现冲突时，应积极应对。有关结构方面的冲突原因包括（　　）。

A. 沟通双方的认知方式、立场不同

B. 个人价值观、性格特征、能力等思维方面的差异

C. 组织设计不良，造成整合困难

D. 专业化、任务互依性、资源稀缺等

11. 根据冲突对组织的影响的不同，可以将冲突分为（　　）。

A. 认知冲突　　B. 建设性冲突　　C. 破坏性冲突　D. 程序冲突

12. 沟通在实际工作中的作用有（　　）。

A. 最大限度化解工作中的各种矛盾

B. 降低管理的模糊性，提高管理的效能

C. 改善组织内的工作关系，充分调动下属的积极性

D. 与外部环境建立联系，降低交易成本，提高组织竞争力

13. 非正式沟通的优点有（　　）。

A. 沟通效果好、约束力强、易于保密

B. 能够把真实的思想、情绪、动机表露出来

C. 沟通方便、方式灵活、沟通速度快

D. 沟通速度比较慢，显得较为刻板

14. 有关反馈的结论哪些是正确的？（　　）

A. 反馈主要是言语的，基本不涉及非言语

B. 反馈是沟通过程中的最后一个环节，往往决定沟通目标能否实现

C. 双向和单向沟通中都存在反馈

D. 正确使用信息反馈系统，能够极大地减少沟通中出现的障碍

15. 冲突水平与组织效率之间的关系主要表现为（　　）。

A. 当冲突水平过高时，组织会陷入混乱、对抗，破坏绩效，危及组织的正常运转

B. 当冲突水平过低时，组织缺乏生机和活力，会进入变革困难时期，组织发展停滞不前

C. 当冲突达到最佳程度时，可以阻止迟滞，解除紧张，激发创造力

D. 冲突水平和组织效率之间表现出倒 U 型的关系

四、判断题

1. 组织中的正式沟通是指根据组织架构有序进行的沟通。（　　）

2. 小道消息的特点就在于它属于管理层控制范围，涉及组织中所有人的利益，传播迅速。（　　）

3. 沟通指的是人们了解他人思想和情感的单向过程。（　　）

4. 组织内部沟通包括横向平行沟通和上行沟通。（　　）

5. 沟通中的障碍可以是各种各样的，其中包括文化、观念、年龄的差异。（　　）

6. 沟通渠道的选择是指对传播信息的媒介的选择。（　　）

7. 非正式沟通的优点是传递速度快；缺点是难以控制，信息容易失真。（　　）

8. 下行沟通是指在组织中，信息从较低的层次流向较高层次的一种沟通。（　　）

9. 当沟通中出现冲突时，应尽量避免，因为冲突有害无益。（　　）

10. 信息不足会影响沟通的效果，但如果信息过量就不会出现类似的问题。（　　）

11. 冲突是指导致某种抵触或对立的可感知的差异，只有差异真实存在，冲突状态才会存在。（　　）

12. 妥协策略是为了从长远角度出发换取对方的合作，或者是屈服于对方的势力和意愿。（　　）

13. 结构差异是指来自组织结构本身的设计不良，而造成整合困难，最后导致冲突。（　　）

14. 反馈是指信息接收者给信息发送者一个信息，只能是言语的，不能是非言语的。（　　）

15. 东方社会比较重视团队和谐，权力距离过小，沟通方式比较直接。（　　）

五、简述题

1. 简述沟通的功能。
2. 简述沟通的过程，并画图表示。
3. 有效沟通的标准有哪些？
4. 简述影响有效沟通的因素。
5. 非正式沟通的优缺点。
6. 克服沟通障碍的做法有哪些？
7. 简述你对冲突概念的理解。
8. 冲突有哪些特征？
9. 简述组织冲突与绩效的关系。
10. 简述导致冲突的主要原因。
11. 简述建设性冲突与破坏性冲突的区别。
12. 简述相互作用的冲突观念。
13. 画图简述托马斯二维模式。
14. 简述激发冲突的手段。

六、论述题

1. 管理人员应如何看待组织中的非正式沟通？并举例说明。
2. 请举例或者结合实际，论述管理者应该如何进行冲突管理？
3. 请结合实际，谈谈为什么有效倾听要强调反馈的重要性？

七、案例分析题

案例1 南京冠生园陈年馅月饼事件

2001年9月3日，中央电视台报道了南京冠生园陈年馅月饼事件。南京冠生园9月18日在媒体上发表声明，声明称该报道蓄意歪曲事实，公司绝没有使用发霉或退回馅料生产的月饼；声明指责记者的报道别有用心，其意图就是破坏冠生园的名誉；声明同时表示：对毁损公司声誉的部门和个人，公司将依法保留诉讼的权利。

在接受记者采访时，南京冠生园老总却声称使用陈年月饼是普遍现象，是全行业公开的秘密，并且指明道姓地提起这些厂家的名字。这种说法激起了月饼生产企业的强烈不满，一些月饼生产企业和经销商表示要起诉南京冠生园，而全国命名为冠生园的企业有很多家，南京冠生园说出这样的话，也殃及了与其同名的企业，招致了这些厂家的仇视，他们纷纷采取各种手段与其划清界限。

南京冠生园老总在接受记者的采访过程中，一再表现出无视消费者的态度。面对消费者，他非但没有做出任何解释和道歉，反而开脱说陈年馅月饼的做法并不违反有关规定，并自欺欺人地表示“生产日期对老百姓来说只是看看而已”。如此言论，既降低了冠生园这个知名品牌的标准，又愚弄了广大的消费者。

南京冠生园陈年馅月饼事件在全行业掀起了轩然大波，不仅消费者人心惶惶，而且当年行业的销售大幅下降，南京冠生园自己更是一蹶不振，直至宣告破产。

问题与思考：

1. 在危机事件中，南京冠生园与媒体、同行企业、消费者的沟通有何不当之处？
2. 这一事件为企业的危机沟通提供了哪些经验教训？

案例2 合同条款引发的混乱

固特异轮胎公司向中国大陆供应的航空轮胎，是由泰国工厂制造和翻修的，之后经由海运运抵中国的港口，再经由陆路运输运至航空公司指定的仓库。

固特异正在向东方航空公司供应某一机型的航空轮胎，并与之签订了合同。合同上表明，轮胎到达上海港后，由陆路运送至东方航空进出口公司寄售仓库，合同上同时标明了仓库地址。固特异供应部门根据合同上标明的地址，要求运输公司RCL将轮胎运送至合同上标明的地址：东方航空进出口公司寄售仓库。轮胎运送至该地址后，按照合同，固特异公司已完成合同内容。

因东方航空公司需将轮胎装配至飞机轮毂上，需要将轮胎运送至HONEYWELL航空机轮刹车厂进行装配，所以，实际情况是在轮胎运送至东方航空进出口公司寄售仓库后，轮胎还将转送至HONEYWELL航空机轮刹车厂的仓库。

据了解，固特异的销售在和东方航空进行合同谈判时，曾经答应将轮胎直接运送至HONEYWELL航空机轮刹车厂仓库，但没有将此要件写入合同中，此销售已离职。东方航空公司认为，固特异应将轮胎运送至HONEYWELL航空机轮刹车厂仓库，因为当时已和固特异销售达成共识。同时认为，合同上标明的地址只是作为海关报关时使用，此地址并不能限定东方航空公司的要求：固特异将轮胎运送至其指定仓库——HONEYWELL 航空机轮刹车厂仓库。

固特异认为运送至东方航空进出口公司寄售仓库后义务终止，因此将东方航空的轮胎和其他航空公司的轮胎一并运送至东方航空进出口公司寄售仓库，以便节约成本。东方航空认为固特异应将轮胎直接运送至 HONEYWELL 航空机轮刹车厂仓库，但实际情况是轮胎先运送至东方航空进出口公司寄售仓库后，再由 RCL 转运至 HONEYWELL 航空机轮刹车厂的仓库，东方航空认为两个仓库之间发生的运输费用是由固特异运输方式产生的，仍应由固特异承担。因此，此段费用双方均不愿承担，运输公司 RCL 无法收款。

固特异销售经理与东方航空经过协商后，最终达成协议，东方航空进出口公司寄售仓库与 HONEYWELL 航空机轮刹车厂仓库之间的运输费用由双方各承担一半，并从即日起，之后的运输费用全部由固特异承担。

问题与思考：

1. 就以上案例，分析如何在合同确认、工作交接和部门交流等方面进行正确的口头沟通和书面沟通。

2. 沟通障碍有可能给企业造成什么影响？

八、辩论题

辩题：在工作中，是工作能力更重要还是沟通更重要？

（下面是辩论要点，具体内容由参加辩论者结合实际自己论述）

正方：沟通比工作能力更重要

任何工作只是社会关系的一部分，工作的效果与结果，需要在整个社会关系中得到检验，这就需要与社会关系沟通与调整，沟通决定了工作的方向。

现代社会的工作已不是单纯的个体行为，是团队协作的过程，协作需要沟通才能步调一致，没有良好的沟通就不能发挥团队效率，甚至产生反作用力。

工作过程中，个体的具体工作，也是需要不断与外部关系协调、平衡、校正的，没有沟通就会适应不了不断变化的外部环境。

反方：工作能力比沟通更重要

能力反映了个体在某一工作中完成各种任务的可能性。能力就是指顺利完成某一活动所必需的主观条件、直接影响活动效率的重要因素和使活动顺利完成的个性心理特征。

最能体现工作能力的就是专业能力，这是最直观的一种体现。身处职场，人们需要基本职场竞争力，就是要具备专业技能。这些能力或专业技能，能够让员工在职场竞争中走得更远。其次是执行力，一个聪明的员工，从来都是执行不讲条件、不谈理由、不打折扣。没有任何一个领导喜欢那种挑三拣四、拈轻怕重、讨价还价的员工。强大的执行力，首先增加了你的印象分，通过“我可以、我能”，进而使目标得以实现，才会体现自己的价值。

九、经典案例阅读

阅读案例1 DLTD公司的管理与沟通

正如沃尔玛公司总裁萨姆·沃尔顿所言："沟通是管理的浓缩"，良好的管理与沟通有利于管理者有效发挥管理职能，实现组织目标，保持有效的沟通是管理人员实现组织管理职能的主要方式和途径。

（一）DLTD公司简介

DLTD公司位处中国东北辽宁省大连市，专为知识型产业人群打造绿色时尚生活和全方位增值的精英都会，项目的开发商团队由香港知名房地产公司与大连龙头地产企业共同组成。DLTD的首发版块黄泥川总建筑面积185.2万平方米，定位为绿色知识社区，拥有原生宅邸、商业中心、中央会所、山体公园、低碳公园、湖区公园、产业办公楼等。

（二）DLTD公司面临的问题

1. DLTD面临着销售低迷和内部沟通不力的问题

黄泥川板块从2011年初正式预售以来，成交量却出人意料的低，2011年初开盘到2012年中，实际销售量不到可供楼盘总量的50%。从消费者处得到的反馈是：公司的产品不符合他们的需求。公司主打高端路线，使得客户群体被动地被分为两大类：追求品质、长期投资的外地人员；刚性需求、追求实用的本地工薪层。公司内部有些人认为住宅部都难辞其咎。销售报表上的指标业绩长期提不起来，销售中心的售楼员总是处于无精打采的工作状态。

规划设计部的刘总已近退休年龄，是公司的元老，在公司大大小小的决策上都有着不可忽视的作用。对项目的规划设计工作，刘总尽心尽力与政府部门、设计公司协调沟通，多次修改、完善设计方案，力求做到最好。但有些部门认为这次的销量低迷应归因于设计部，认为设计部未详细区分消费群体，针对所有产品都采用高端定位方案，并且在施工过程中不断地修改设计方案，导致工程不得不返工，而随着设计、工程成本的追加，也使得住宅销售价格的增加超出了普通消费者预期。刘总觉得非常委屈，当初采用高端定位方案是公司高层统一意见后决定的，而且不断地修改设计方案也是为了配合商业部门的后续需求。现在房屋销售不出去，却让设计部负责，刘总怎么也想不通。

商业部的徐总面对的非议绝不少于住宅部及规划设计部，住宅的销售量不佳，许多人把这一矛头指向了商业部，认为是商业运作的不力，导致商业配套不能满足消费者的需求。但徐总也是依据公司的决策走高端路线，在衣、食、娱乐的招商上对商业广告要求甚是严格。

工程部的陈总也觉得委屈，公司之前一次性投入大量土地，国家出台了对囤地行为的处理政策，政府对开发商不断施加压力，导致工程部不得不大范围动工，但商业部和规划设计部却不断修改方案，使得工程部疲于施工，无暇兼顾绿化和体育设施等的质量，交房后被消费者指出了各种各样的缺陷。

目前公司内部各部门之间不是寻找原因，解决问题，而是相互指责，保护自己，导致内部矛盾激化。公司现在可谓是内忧外患，总经理十分担忧的是内部的管理不善、沟通不足，不仅影响着此次开盘的销售，若形成一种风气，还将威胁整个项目的持续健康发展。

（三）公司的管理对策

建立健全内外畅通的沟通渠道，完善管理和组织体制是解决上述问题的根本对策。

1. 加强对外部客户的沟通，从根本上了解外部客户所需、所想。

DLTD必须加强与消费者的沟通，并依据消费者的不同消费层次及消费需求，提供不同类型的产品。建立顾客信息数据库，顾客信息库是企业成熟程度的标志之一，也是企业维护客户关系的基础。在当今房地产行业，DLTD要想在众多竞争者中脱颖而出，就必须满足消费者的多样化需求，而前提就是必须对已有或潜在的顾客情况和资料进行大量收集、整理，建立和健全顾客信息库，详尽地了解顾客的信息，掌握消费群体的分布，以达到更好地与消费者有效沟通的目的。

2. 形成一套完善的内部管理制度，从权责分明、流程合理、内容完整等方面进行制度内容上的优化，力求做到不遗漏、不重叠。

3. 设立统一的沟通协调部门，及时汇聚和公示各部门的想法，提高部门间的沟通效率，及时解决内部矛盾，抓住最佳决策时间。

4. 建立良好的内部沟通渠道。

(1) 设立意见箱：DLTD可以在公司内部设立一个意见箱，公司内的每一位员工都可以直接对话最高管理层，一旦他们的意见或建议被采纳，提议人将获得一定的奖励。

(2) 建立内联网：建设自己内部的网站，在内联网上发布公司的政策、新闻以及相关信息，让每一位员工都了解到发生在身边的大小事，利用好内联网，可以给企业带来活力，增加凝聚力，为企业的良好发展发挥作用。

（四）总结

房地产企业应从管理层开始提高认识，并向全公司强调推行管理沟通对企业发展的重要性，设立合适的组织机构，制定和完善企业各项管理制度，建立良好的内外沟通渠道，采用多样化的沟通方式。另外，房地产企业还应转向从消费者的角度出发，以客户的利益为导向，加强与客户的沟通，并把收集到的客户需求融入企业的产品中，从而赢得目标消费群体，保证企业的长期发展。

阅读案例2 米其林的内部沟通与协调

全球轮胎科技的领导者“米其林”公司逾百年前于法国的克莱蒙费郎建立，为了进一步加强在中国市场的发展，于1989年在北京成立了首个在中国大陆的代表处，负责产品推广及筹备分销网络。米其林现已遍及五大洲，拥有75家工厂和超过13万名员工的雄厚实力，在全球市场中雄踞同行业榜首。米其林之所以能获得如此骄人的业绩，与其企业内的沟通与协调管理方式密不可分。尊重员工是公司信奉的价值观，并将员工当作公司的战略合作伙伴。

米其林提倡尊重人的文化，公司并不挖墙脚，而是因地制宜，在系统内部培养人员，满足每个员工的职业发展需要。米其林的中高层管理人员基本都是从内部晋升走上今天的岗位的，而公司的员工流失率也不到市场平均水平的一半。米其林内部如此和谐的工作环境，离不开其有效的内部沟通与协调管理。

（一）职业生涯经理和直接主管的沟通

一个员工来到米其林公司，有两个人会对他的职业生涯发展产生重大影响：一个是他的直接主管，另一个是他的职业生涯经理。员工的直接主管负责他目前的职业培训；职业生涯经理为员工未来的职业发展负责。职业生涯经理和主管一起做岗位的后备人员计划。在米其林公司，没有任何一个主管拥有某个员工，员工是公司的签约者。如果职业生涯经理的意见是对的，员工表达的也是同样的期望，即使主管觉得这个人干得很好，不希望他调走，他也不会被强行留住，公司只会尊重员工的选择。这要归功于职业生涯经理和直接主管的良好沟通。

（二）职业生涯经理与员工的沟通

新员工在加入米其林的前三年，公司会要求职业生涯经理与员工每年做一次面谈。三年之后，当经理对员工已经有了很深的了解，公司则会要求每两年必须跟员工面谈一次。当然，这个过程中如果公司或者员工有任何需求，经理要随时准备抽出时间和员工进行沟通。

另外，职业生涯经理会通过一些渠道进一步了解员工的工作。例如，他们会密切关注每年员工的绩效管理结果；部门经理和员工一起做未来的规划，分析员工的强项和弱项等。通过双向沟通，人力资源部门会知道员工的工作意向，并了解到哪些员工有更大的潜力在特定岗位上成为未来内部提升的首选，在满足员工发展需求的同时，合理配置公司的内部资源。

（三）不间断的员工培训

市场上直接招聘员工成本也许会更低，但从市场招聘的人员不一定符合米其林的要求。技术含量的特殊性，使得胜任米其林工作的一些专业人员和管理人员至少需要花费三年甚至六年的时间来培养，而市场上基本没有完全符合米其林要求的人才。进入公司后，为满足工作所需而不断提升个人技能是必不可少的。因而，无论对于员工还是公司来说，人才培训都是一种保障。培训可以有效提升员工的自信心，降低其内心的不安全感，促进其与公司共同发展。

为了让新入职的员工对米其林的百年文化有充分了解，用人部门和培训部门会给员工做入职引导，介绍企业的历史和价值观、人力资源政策等，并为其引荐同事，与相关的工作部门接触，以使其对工作环境有所热悉。为了让员工适应米其林的环境，公司还有一个“哥们系统”：每个新员工都会在相关部门找到一个“哥们”，在他工作第一个月内对他进行指导，帮助他熟悉公司。人力资源部门会给每个“哥们”一个预算，支持他们进行简单的活动，让新员工在遇到问题的时候不会感到无助或者陌生。

十、推荐阅读书籍

1.［美］科里·帕特森，约瑟夫·格雷尼，罗恩·麦克米兰，艾尔·史威茨勒著，毕崇毅译，《关键对话：如何高效能沟通》（原书第2版），机械工业出版社，2017年版

科里·帕特森，在斯坦福大学从事组织行为方面的研究工作，曾负责过多个长期行为变化调查研究项目。

约瑟夫·格雷尼，企业变革研究领域从业30多年的资深顾问。非营利组织Unitus的共同创始人，该组织致力于帮助世界贫困人口实现经济自立的目标。

罗恩·麦克米兰，广受好评的演讲师兼企业咨询顾问。柯维领导力研究中心的创立者之一，曾担任该中心的研发部副总裁。

艾尔·史威茨勒，密歇根大学行政开发中心讲师，为《财富》500强中的数十家企业提供过服务，主要从事培训和管理指导工作。

大多数人在面对难以解决却将对生活产生重大影响的“关键时刻”，都不知如何应对。本书作者团队基于20多年对全球10万多人的跟踪调查，甄选出大家公认的对话高手，找出其在“关键对话”中共有的特征和行为，层层剖析，归纳出一套行之有效的方法，既能圆满地解决问题，又不会伤害或冒犯对方。本书同时辅以丰富的对话情境和轻松幽默的小故事，帮助读者迅速地掌握这些技巧。

2. ［美］罗杰·费希尔，斯科特·布朗著，王燕译，《沟通力》，中信出版社，2012年版

罗杰·费希尔，哈佛大学教授，“哈佛谈判项目”主任；同时供职于冲突管理咨询公司和剑桥冲突管理咨询集团，为众多的政府部门、企业和个人提供谈判咨询服务。

斯科特·布朗，“哈佛谈判项目”主任助理，曾担任贝恩咨询公司高级管理顾问。

对于如何建立良好的人际关系，我们往往认为：对等原则是一种很好的为人处世方式；维护实质性的利益和保全良好的关系不可兼得；避免分歧对于建立良好关系来说非常重要。但这些在本书作者看来都是误区！虽说关系是双方的，但有一方努力就能改善关系，因为人们的态度会相互影响；实质问题和人际关系都要处理，但千万不要把两者缠在一起；自始至终一团和气的人际关系是不现实的，我们不可能爽爽快快地解决所有分歧，但是我们可以做出选择，改变现状……

作者提出，建立良好关系的关键要素是理性、理解、沟通、信赖、非强制性和相互接受，并就如何通过沟通建立良好的人际关系进行了很好的阐述。

3. ［美］戴维·珀金斯著，龙胜东译，《圆桌——如何建立高效团队的学问》，中国青年出版社，2011年版

戴维·珀金斯，哈佛大学教育学研究生院教授，“哈佛零计划”的策划人之一，该研究小组关注的是认知能力以及这种能力在各种情况下对学习的影响。

作者用圆桌的比喻来揭示有效的合作和沟通在当今的智能型组织中的重要性。传统的等级森严的组织不足以应对现代商业的复杂性，因为领导者必须依靠周围人的专业知识。书中使用大量的实例详细阐释了团队成员间、老板与员工间沟通协作过程中遇到的各种问题，提供了一套实用的方法，在确保组织内部有着良好沟通的同时，寻找到更好的解决途径，让组织的智能水平更高，以应对当今日益激烈的残酷竞争。

4. ［美］罗纳德·B. 阿德勒，拉塞尔·F. 普罗科特著，黄素菲、李恩、王敏译，《沟通的艺术：看入人里，看出人外》，北京联合出版公司，2017年版

罗纳德·B. 阿德勒，以沟通写作为专业，主题涵盖商务沟通、公共演讲、小团体沟通、独断力以及社交技巧，还帮助专业和商务人士改进他们在职场中的人际沟通技巧。

拉塞尔·F. 普罗科特，北肯塔基大学教授。与阿德勒相识后，两人就使用故事作为教学用具达成了共识，围绕沟通这个主题撰写了多部书籍。

该书分为“看入人里”“看出人外”和“看人之间”三部分。“看入人里”聚焦于探讨与自己有关的沟通因素，简要介绍人际关系的本质，强调自我在沟通中的角色，并分析知觉与情绪在沟通中的重要性。“看出人外”聚焦于探讨与沟通对象有关的因素，分析语言和非口语的特性，强调倾听的重要性；“看人之间”聚焦于讨论关系动力，强调关系的重要性与关系中的亲密距离。

作者投注了多年的专业经验，将本书打造成为有关人际关系理论与实践的最佳读本，不仅讲述了人与人沟通的实用技巧，更从沟通的角度查看人际与人性，不管是否将之用在学习技巧上，都会让读者受益匪浅。

第十二章

控制的类型与过程

一、名词解释

1. 控制　2. 前馈控制　3. 现场控制　4. 反馈控制　5. 战略控制
6. 营销控制　7. 激励控制　8. 绩效考评控制　9. 偏差

二、单项选择题

1. 控制是使组织的活动达到预期（　　）的保证。
A. 使命　B. 愿景　C. 目标　D. 计划

2. 控制最基本的目的在于（　　）。
A. 寻找错误　B. 衡量业绩
C. 确保行为依循计划发展　D. 使人们失去自由

3. 企业的控制主体可以划分为高、中、低三个层次。其中，以（　　）为主体是高层控制主体。
A. 股东　B. 经营者　C. 普通员工　D. 管理者

4. 控制客体就是评价的对象范围，包括财产、交易和（　　）三大类。
A. 知识　B. 信息　C. 流程　D. 业务

5. 对于控制全局的管理人员来说，重要的是现状所预示的趋势而非现状本身是指（　　）。
A. 反映计划要求原理　B. 控制关键点原理
C. 控制趋势原理　D. 组织适应性原理

6. 对于主管人员的控制来讲，越将注意力集中于特例，则控制工作的效能和效率就越高，反映的是（　　）。
A. 控制关键点原理　B. 例外原理
C. 组织适应性原理　D. 直接控制原理

7. 为了进行有效的控制必须要特别注意那些对于根据计划衡量业绩有关键意义的因素，

反映的是（　　）。

A. 控制关键点原理　　B. 例外原理

C. 组织适应性原理　　D. 直接控制原理

8. “治病不如防病，防病不如讲卫生”。根据这一说法，以下哪一种控制方式最重要？（　　）

A. 前馈控制　　B. 同期控制　　C. 反馈控制　　D. 集中控制

9. （　　）控制强调防止错误的发生。

A. 前馈　　B. 反馈　　C. 同步　　D. 预防

10. 为了进行有效的控制，所获取的信息除了必须尽可能准确以外，还必须及时、可靠和（　　）。

A. 安全　　B. 适用　　C. 多样　　D. 稳定

11. 就客观条件，尤其是对管理者需要的信息量和可靠性而言，要求最高的控制类型是（　　）。

A. 同期控制　　B. 反馈控制　　C. 前馈控制　　D. 集中控制

12. 所有权和经营权相分离的股份公司，为强化对经营者行为的约束，往往设计有各种治理和制衡手段，包括：

①股东们要召开大会对董事和监事人选进行投票表决；

②董事会要对经理人员的行为进行监督和控制；

③监事会要对董事会和经理人员的经营行为进行检查监督；

④要强化审计监督，如此等等。

这些措施是（　　）。

A. 均为前馈控制

B. 均为反馈控制

C. ①前馈控制，②同期控制，③、④反馈控制

D. ①、②前馈控制，③、④反馈控制

13. （　　）的主要作用是通过总结过去的经验和教训，为未来计划的制定和活动的安排提供借鉴。

A. 前馈控制　　B. 同期控制　　C. 反馈控制　　D. 集中控制

14. 人员的配备工作，属于（　　）。

A. 现场控制　　B. 前馈控制　　C. 反馈控制　　D. 直接控制

15. （　　）控制着眼于组织的产出情况。

A. 机械　　B. 同步　　C. 前馈　　D. 反馈

16. 根据管理控制的职能不同，控制主要分为（　　）、财务控制以及营销控制三种类型。

A. 制度控制　　B. 风险防范控制　　C. 战略控制　　D. 预算控制

17. 根据组织的具体控制内容，控制可以分为制度控制、（　　）、预算控制、激励控制、绩效考评控制五种类型。

A. 风险防范控制　　B. 财务控制　　C. 营销控制　　D. 战略控制

18. （　　）是指企业通过激励的方式控制管理者及员工行为，使管理者及员工的行为

与企业目标相协调。

A. 制度控制　B. 风险防范控制　C. 战略控制　D. 激励控制

19. （　）一般应包括风险的预警与辨识、风险的评估以及风险的预防。

A. 制度控制　B. 风险防范控制　C. 战略控制　D. 激励控制

20. 控制工作得以开展的前提条件是（　）。

A. 建立控制标准　B. 分析偏差原因　C. 采取矫正措施　D. 明确问题性质

21. 控制过程的最后一步是（　）。

A. 确定标准　B. 分析与纠偏　C. 衡量绩效　D. 质量控制

22. 控制过程中合理的顺序是（　）。

A. 确定标准、分析与纠偏、衡量绩效

B. 衡量绩效、确定标准、分析与纠偏

C. 衡量绩效、分析与纠偏、确定标准

D. 确定标准、衡量绩效、分析与纠偏

23. 如果希望通过测量来调整和引导人们的行为，所选择的指标就必须与组织的（　）和目标相一致。

A. 计划　B. 结构　C. 战略　D. 预算

24. 在组织中，通常使用的控制标准不包括（　）。

A. 时间标准　B. 生产率标准　C. 成本标准　D. 质量标准

25. 一般而言，组织使用的确定标准的方法不包括（　）。

A. 统计计算法　B. 经验估计法　C. 工程方法　D. 历史比较法

26. 在衡量业绩的过程中，（　）对于改变成绩毫无意义。

A. 改变标准　B. 全力运用反馈控制

C. 保持现状　D. A和C

27. 进行控制时，首先要建立标准。关于建立标准，下列四种说法哪一种有问题？（　）

A. 标准应考虑实际情况　B. 标准应越高越好

C. 标准应考虑实施成本　D. 标准应考虑可行程度

28. 控制职能通过（　）的行动与其他三个管理职能紧密地结合在一起。

A. 制定标准　B. 衡量成效　C. 找出偏差　D. 纠正偏差

29. 确定衡量方式所考虑的指标不包括（　）。

A. 衡量的主体　B. 衡量的项目　C. 衡量的方法　D. 衡量的时间

30. 管理者所采取的纠正偏差的措施和行动如果是永久性的根治措施，则是为了解决（　）。

A. 急性问题　B. 慢性问题　C. 随机性问题　D. 系统性问题

三、多项选择题

1. 为了实施有效控制，必须要注意（　）。

A. 控制的目的性　B. 控制的及时性

C. 控制的经济性　D. 控制的客观性

2. 按照控制作用的环节来分，控制类型有（　　）。
A. 前馈控制　B. 现场控制　C. 更正控制　D. 反馈控制
3. 根据管理控制的职能不同，控制主要分为（　　）三种类型。
A. 战略控制　B. 财务控制　C. 营销控制　D. 制度控制
4. 根据组织的具体控制内容，控制可以分为（　　）五种类型。
A. 制度控制　B. 风险防范控制　C. 预算控制　D. 激励控制
E. 绩效考评控制有效
5. 营销控制主要包括（　　）。
A. 年度计划控制　B. 盈利控制　C. 效率控制　D. 战略控制
6. 控制的原则有（　　）。
A. 有效标准原则　B. 直接控制原则
C. 控制关键点原则　D. 例外原则
E. 控制趋势原则
7. 控制的基本过程是（　　）。
A. 确定标准　B. 改变标准　C. 衡量绩效　D. 分析与纠偏
8. （　　）是数量标准的三个潜在来源。
A. 竞争对手的资料　B. 工程研究
C. 历史经验　D. 生产操作人员的意见
9. 一个合理的测量指标体系应具有的特征包括（　　）。
A. 可控性　B. 完整性
C. 与组织的战略和目标的一致性　D. 均衡性
10. 有效的控制要求（　　）。
A. 选择关键的经营环节　B. 确定恰当的控制频度
C. 收集及时的信息　D. 合理运用预算或非预算的控制手段
11. 关于控制频度，说法正确的是（　　）。
A. 过于频繁的衡量，会增加控制的费用
B. 检查和衡量的次数过少，则可能使许多重大的偏差不能及时发现
C. 以何种频度，在何时对某种活动的绩效进行衡量，这取决于被控制活动的性质
D. 管理人员可以在他们方便的时候，而不是在工作绩效仍“在控制中”进行衡量
12. 管理者在衡量实际工作绩效时，通常可以采取（　　）等方式。
A. 技术测量　B. 书面报告　C. 个人观察　D. 统计数据
13. 有效的控制要求（　　）。
A. 选择关键的经营环节　B. 确定恰当的控制频度
C. 收集及时的信息　D. 合理运用预算或非预算的控制手段
14. 组织中常见的控制方法包括（　　）。
A. 预算　B. 监测　C. 视察　D. 报告
15. 在组织中，通常使用的控制标准包括（　　）。
A. 时间标准　B. 生产率标准　C. 消耗标准　D. 质量标准
E. 品质标准

四、判断题

1. 控制就是纠正实际执行情况与所计划的理想状态之间的偏差。（　　）

2. 控制职能通过衡量成效的行动与其他三个管理职能紧密地结合在一起，使管理过程形成一个闭环系统。（　　）

3. 控制应该突出重点，但不能强调例外原则。（　　）

4. 衡量业绩是控制活动的唯一目的。（　　）

5. 大部分组织仅仅只需要一种控制系统。（　　）

6. 控制过程就是管理人员对下属行为进行监督的过程。（　　）

7. 反馈控制作用在行动结果之上，力求“吃一堑，长一智”改进下次工作的质量。（　　）

8. 成语所说的“亡羊补牢”的含义就是同期控制。（　　）

9. 预先控制的内容包括检查资源的筹备情况和预测其利用效果两个方面。（　　）

10. 人员控制最常见的方法就是监督检查和绩效考评。（　　）

11. 一个合理的测量指标体系应具有与组织的战略和目标保持一致性的特征。（　　）

12. 控制关键点原理与例外原理区别在于前者强调点上的异常情况，后者强调点的选择。（　　）

13. 控制工作的第一步是制定控制标准。（　　）

14. 衡量实际工作要在工作完成之后才能进行。（　　）

15. 对企业的一切业绩都要制定出以实物或以货币来衡量的标准。（　　）

16. 纠正偏差有助于人们了解工作中的因果关系，从而使人们工作得更好。（　　）

17. 偏差是控制标准与实际工作绩效之间的差距，因此纠正偏差就是修订控制标准。（　　）

18. 衡量绩效是控制活动的最终目的。（　　）

五、简述题

1. 如何理解控制的内涵？

2. 简述企业的控制目标。

3. 简述企业的控制原则。

4. 简述前馈控制的特征及优缺点。

5. 简述反馈控制的特征及优缺点。

6. 简述控制的过程，并画图表示。

7. 常见的控制标准有哪些？

8. 对关键控制点的选择，一般应统筹考虑哪些方面的因素？

9. 控制标准的确定方法有哪些？

10. 简述控制标准的基本要求。

11. 造成偏差的原因一般有哪些？

六、论述题

1. 举例谈谈在实际控制衡量过程中应当注意哪些问题?
2. 请结合实际案例，谈谈控制中分析偏差和实施纠偏的过程及注意事项。
3. 请结合具体案例，讨论在实践过程中有效的控制应当注意哪些策略问题?

七、案例分析题

案例1　扁鹊的医术

魏文王问名医扁鹊说："你们家兄弟三人，都精于医术，到底哪一位医术最好呢?"扁鹊答说："长兄最好，中兄次之，我最差。"文王吃惊地问："你的名气最大，为何反长兄医术最高呢?"扁鹊惭愧地说："我扁鹊治病，是治病于病情严重之时。一般人都看到我在经脉上穿针管来放血、在皮肤上敷药等大手术，所以以为我的医术高明，名气因此响遍全国。我中兄治病，是治病于病情初起之时。一般人以为他只能治轻微的小病，所以他的名气只及于本乡里。而我长兄治病，是治病于病情发作之前。由于一般人不知道他事先能铲除病因，所以觉得他水平一般，但在医学专家看来他水平最高。"

管理如同医生看病，治标不能忘固本。许多企业高调重视管理，而现实中却存在"头疼医头、脚疼医脚"的管理误区，造成"重结果轻过程"现象比比皆是。

问题与思考：

1. 结合中国的管理实际，分析这则故事给你在管理思维上的启示。
2. 你认为应如何防止企业进入管理控制的误区?

案例2　天安公司的管理创新

天安公司是一家以生产微波炉为主的家电企业。2005年该厂总资产5亿元，而5年前，该公司只不过还是一个人员不足200人，资产仅300万元且濒临倒闭的小厂，5年间企业之所以有了如此大的发展，主要得益于公司内部的管理创新。主要是：

第一，生产管理创新。公司对产品的设计设立高起点，严格要求；依靠公司设置的关键质量控制点对产品的生产过程全程监控，同时，利用PDCA和PAMS方法，持续不断地提高产品的质量；加强了员工的生产质量教育和岗位培训。

第二，供应管理创新。天安公司把所需采购的原辅材料和外购零部件，根据性能、技术含量以及对成品质量的影响程度，划分为A、B、C三类，并设置了不同类别的原辅材料和零部件的具体质量控制标准，进而协助供应厂家达到质量控制要求。

第三，服务管理创新。公司通过大量的市场调研和市场分析活动制定了售前决策，进行了市场策划，树立了公司形象；与经销商携手寻找最佳点共同为消费者提供优质服务；公司建立了一支高素质的服务队伍，购置先进的维修设备，建立消费者投诉制度和用户档案制度，开展多形式的售后服务工作，提高了消费者满意度。

问题与思考：

1. 案例中的控制类型有哪些？请分别指出，并说出各自的特点。

2. 天安公司“设置不同类别的原辅材料和零部件的具体质量控制标准”属于哪类控制标准？

3. 案例中，“公司所设置关键质量控制点”，体现了控制原则中的哪一项？

八、辩论题

对于企业来说，产品质量控制和品牌建设哪个更重要？

正方：质量控制更重要

质量是企业的生命。企业质量管理好坏直接决定企业的命运。企业产品如果没有质量作保证，就会失去市场；失去市场，企业的生命就会终止。

质量是创建品牌的基础。企业的品牌要想在市场上站稳脚跟，必须靠企业质量来支撑。顾客是否认可品牌，根本原因不在于品牌叫得响不响，关键在质量好不好。不靠质量的品牌，即使勉强树立起来也是海市蜃楼。

质量也是一个企业的社会责任。社会上任何人都时时刻刻离不开质量，质量已经成为保障人民日常生活与安全的大堤。尤其是食品、药品、武器等质量，关乎老百姓的健康，关乎国家的安危。

反方：品牌建设更重要

品牌是时代发展的必然产物。过去企业的生存靠质量，现如今经济全球化，社会供求关系复杂化，产品质量同质化，市场竞争已由过去单纯的性能竞争转变为品位竞争，消费者也由单纯的物质需求转变为心理需求，也就是由过去的质量竞争转变为今天的品牌竞争。

品牌是赢得顾客、争得市场的制胜法宝。当今社会，物质丰富，享受至上，同类同质量的产品多，企业强势品牌就会让消费者心中只有该企业，从而形成企业核心的竞争力量。

品牌是企业克敌制胜，取得发展的“杀手锏”。产品很容易被模仿，但品牌是独一无二的，品牌可以使企业避免陷入同质化的竞争。

九、经典案例阅读

阅读案例1 巴林银行的倒闭

（一）银行介绍

巴林银行创立于1762年，至今已有233年的历史。最初从事贸易活动，后涉足证券业，19世纪初，成为英国政府证券的首席发行商。此后100多年来，该银行在证券、基金、投资、商业银行业务等方面取得了长足发展，成为伦敦金融中心位居前列的集团化证券商，连英国女皇的资产也委托其管理，素有“女皇的银行”美称。在《亚洲金融》杂志组织的由机构投资者评选亚洲最佳经纪活动中，巴林银行连续4年名列前茅。就是这样一个历史悠久、声名显赫的银行，竟因一个28岁的青年进行期货投机失败所累而陷入绝境。

（二）银行倒闭过程

1989 年 10 月，尼克·里森正式到巴林银行工作。他富有耐力和毅力，善于逻辑推理，能很快解决以前不能解决的问题，因此被视为期货与期权结算方面的专家。伦敦总部对里森的工作很满意，并允诺可以在海外给他安排一个职务。

1992 年，巴林总部决定派里森到新加坡分行成立期货与期权交易部门，并出任总经理。

1992 年夏天，伦敦总部让里森另设一个错误账号，用来记录较小的错误，自行在新加坡解决。里森将账号取名为：88888。而巴林银行原来已经有了一个“99905”的错误账号。几周后，总部要求还是统一使用“99905”的账号，被忽略的“88888”账户为里森日后制造假账提供了机会。

1992 年 7 月 17 日，里森手下一名交易员犯了一个错误：客户要求买进 20 份日经期货合约，此交易员误读为卖出 20 份。里森发现后，用“88888”账号承接了 40 份日经期货空头合约，以掩饰这个错误。此空头部位的损失为 6 万英镑。

里森开始运用“88888”账户掩饰一些交易。其后一段时间，里森的交易做得还算顺手，到 1993 年 7 月，他已经把“88888”账户亏损的 600 万英镑转为略有盈余。如果里森就此打住，那么巴林银行的历史也许会改变。

1993 年下半年，里森犯的一个严重失误是为了争取日经市场上最大的客户波尼弗伊。连续几天，市场价格破纪录飞涨 1 000 多点，用于清算记录的电脑故障频繁，交易记录都靠人力，等发现错误时，里森在一天之内的损失便已高达 170 万美元，在无路可走的情况下，里森决定继续隐瞒失误。

1994 年，里森对损失已经麻木，到了 7 月，“88888”账户上的损失已经达到 5 000 万英镑。事实上，里森做出的很多交易都是被市场牵着鼻子走，并非出于他对市场的预期。他已经成为被其风险部操纵的傀儡。

1994 年下半年，里森认为，日本经济已开始走出衰退，股市将会有大涨趋势。于是大量买进日经 225 指数期货合约和看涨期权，希望在日经指数上升时赚取大额利润。

1995 年 1 月 18 日，日本神户大地震，东京日经指数大幅度下跌。尼克·里森一方面遭受了更大的损失；另一方面购买更庞大数量的日经指数期货合约，希望日经指数会上涨到理想的价格范围。

1 月 30 日，里森以每天 1 000 万英镑的速度从伦敦获得资金，已买进了 3 万份日经指数期货，并卖空日本政府债券。

2 月 10 日，里森的交易数量创造了新加坡交易所交易史的新纪录，已握有 55 000 份日经期货及 2 万份日本政府债券合约，但交易数量越大，损失越大。

2 月 23 日，巴林期货的最后一日，里森对影响市场走向的努力彻底失败。日经股价收盘降到 17 885 点，而里森的日经期货多头风险部位已达 6 万余份合约；其日本政府债券在价格一路上扬之际，其空头风险部位亦已达 26 000 份合约。

2 月 24 日，日经指数再次加速暴跌。

2 月 24 日，银行董事长彼得·巴林得知尼克·里森失踪，终于发现里森做的日本股票利率期货巨亏 4 亿英镑，而巴林银行总家底不过 5 亿多英镑，不得不求助于英格兰银行。英格兰银行和世界上 40 多家金融机构进行联系，乔治行长两次跑到唐宁街向财政大臣克拉克汇报，希望挽救局面。然而损失已达 14 亿美元，并且随着日经 225 指数的继续下挫，损失还将进一步扩大，因此各方金融机构竟无人敢伸手救助。

2月26日，巴林银行遭受巨额损失合计达14亿美元，最终无力继续经营而宣布破产。从此，这个有着233年经营史和良好业绩的老牌商业银行在伦敦城乃至全球金融界消失。

（三）从控制的视角分析巴林倒闭的原因

1. 巴林银行内部管理不善，控制不力，缺乏风险防范机制

在新加坡分行，里森既是清算部负责人，又是交易部负责人，一身二职，说明巴林银行内部管理极不严谨。同时，巴林银行也没有风险控制检验机构对其交易进行审计。巴林银行管理层知道里森在关西大地震后仍在增加仓位，却继续在1995年1月至2月间将10亿美元以上资金调拨给新加坡分行，充分说明巴林银行风险意识薄弱。巴林银行设立新加坡分行，在组织形式上也欠周详考虑，如果注册为全资子公司而不是分公司，也就不会招致巴林银行全军覆没的后果。

2. 新加坡国际金融交易所存在监管漏洞

巴林银行新加坡分行所持的未平仓期货合约占整个市场未平仓合约总数的三分之一。单一的经纪行为占有如此大的市场比重，新加坡交易所也没有采取措施制止，明显存在监管漏洞。

阅读案例2　巨人集团的兴衰

（一）公司背景

巨人集团曾经是我国民营企业的佼佼者，一度在市场上叱咤风云，该企业以闪电般的速度崛起后，又以流星般的速度迅速在市场上沉落了。1989年8月，史玉柱用先打广告后付款的方式，将其研制的M—6401桌面排版印刷系统软件推向市场，赚进了经商生涯中的第一桶金，奠定了巨人集团创业的基石。1991年4月，珠海巨人新技术公司成立；1993年7月，巨人集团下属全资子公司38个，成为中国第二大民营高科技企业；1994年年初，号称中国第一高楼的巨人大厦一期工程动土，同年史玉柱当选为“中国改革风云人物”；但1997年年初，巨人大厦在只完成了相当于三层楼高的首层大堂后停工，各方债主纷纷上门，老“巨人”的资金链断裂，负债2.5亿元的史玉柱黯然离开，巨人集团破产。

（二）老“巨人”的衰弱——内部控制的紊乱

1. 内部环境

巨人集团有董事会，但形同虚设。史玉柱手下的几位副总都没有股份，在集团讨论重大决策时，他们很少坚持自己的意见，他们也无权干预史玉柱的错误决策。因此，在巨人集团的高层没有一种权力制约，巨人集团实行的是“一个人说了算的机制。另外，权利都集中在史玉柱一人手中，因此，监事会实质上也无法起到任何监督和制衡的作用。集团的快速扩张，资产规模的快速膨胀，也使得内部的管理变得浮躁而混乱。同时，巨人集团从几个人发展到上千人，人员素质、组织结构以及企业文化都在不断磨合；由于缺乏规范的基础性内部控制，各类违规、违纪、违法案件，诸如截留、坐支、挪用公款、搞虚假广告等问题屡见不鲜，最终酿成了资金断流、经营难以为继的局面，甚至在危急时刻，减肥产品“巨不肥”带来的利润还被一些人私分。如此可见，巨人集团的内部环境存在着多大的漏洞。

2. 风险评估

由于缺乏必要的财务危机意识和预警机制，“老巨人”的债务结构始终处在一种不合理的状态。在巨人营销最辉煌的时期，每月市场回款可达 3 000 万～5 000 万元。以如此高额的营业额和流动额，完全可以陆续申请流动资金贷款，并逐渐转化为在建项目的分段抵押贷款。但史玉柱一向以零负债为荣，以不求银行为傲。一味指望用保健品的利润积累来盖大厦，这成了巨人突发财务危机的致命伤。到 1996 年下半年，资金紧张时，由于缺乏与银行的信贷联系，加上正赶上国家宏观调控政策的影响，巨人陷入了全面的金融危机。

企业积极管理和应对风险的关键，在于评估风险、量化风险，针对风险根源和计量采取不同的风险管理策略。巨人集团每一次遇到危机时，都没有对企业面临的内外风险进行评估，没有看清楚纯粹风险损失有多大，如何把握机会风险，而仅仅是跟进社会上的热点行业，盲目涉足多元化经营，而导致现金流缺乏，同时缺乏危机意识，最终未能控制好财务风险和经营风险。巨人集团向保健品和房地产行业多元化发展的目标，与巨人集团的管理能力、资金能力和技术能力产生错位，企业管理、资金、人员素质不能与设定的目标相匹配，企业战略风险增大。

3. 控制活动

控制活动指对所确认的风险采取必要的措施，以保证单位目标得以实现的政策和程序。巨人集团采用的是控股型组织结构形式，在使各厂属单位（子公司）保持较大独立性的同时，却又缺乏相应的财务控制制度，从而使公司违规、违纪、挪用贪污事件层出不穷，在一定程度上加速巨人集团陷入财务困境的步伐。巨人集团没有充分估计自己的资金实力，在设计建造巨人大厦过程中不断加成，不断增加资金预算，使巨人集团的资金严重不足。作为企业，应该确保公司有限财务资源的合理配置和有效利用，保持资产结构与资本结构、资产盈利性与流动性的有机协调，从而在资金上保证公司的健康发展。公司集团化必须与财务控制制度建设保持同步发展，集团公司能否稳定健康发展的关键在于能否有效整合集团。而财务控制制度建设是集团公司整合的重要而关键的一个环节。

4. 内部监督

该要素要求企业对内部控制建立与实施情况进行监督与检查，评价内部控制的有效性，发现内部控制缺陷，应当及时加以改进。内部监督分为日常监督和专项监督。

巨人集团的每一次重大决策，都是史玉柱苦思冥想出来的。尽管点子多、思路好，但个人的主观性不可避免地造成史玉柱决策失误多，执行难度大、风险大。巨人集团曾试图通过不断重造组织结构，构建内部控制，来改变史玉柱一人决策的局面。但是，当现实无法符合设想时，史玉柱又被动地改变设想，最终也没能成功地构建健全的内部控制，从而使得其自身的内部控制监督也没得到有效的设计和实施。1996 年 7 月，集团监事会主席周良正在一份报告中指出：集团内部出现各类违规、违约、违法案件，截留、坐支、挪用公款，虚假广告、冲货的人屡见不鲜。而此时巨人集团已经离破产不远了，连挽救都变得无能为力了。

（三）“老巨人”倒下的经验教训

1. 资金短缺与协调困难的矛盾问题

公司的多元化发展必须与其核心竞争能力紧密联系，并以培植公司新的核心竞争能力为中心，从而有助于维持和发展公司的竞争优势，确保公司的长期稳定发展。

巨人集团从事房地产开发和建设，却未向银行申请任何贷款，不仅使企业白白浪费了合理利用财务杠杆作用从而给企业带来效益的可能机会，而且也使企业因放弃举债而承担高额的资本成本，最后使企业在资产结构与资本结构、盈利性与流动性的相互矛盾中陷入难于自拔的财务困境。

2. 集团化管理与财务失控的矛盾问题

确保公司有限财务资源的合理配置和有效利用，保持资产结构与资本结构、资产盈利性与流动性的有机协调，从而在资金上保证公司的健康发展。随着多元化经营道路的发展，企业规模急速扩大，集团化管理成为必然。集团公司管理的主要任务是集团公司的整合，没有整合的集团公司难于发挥集团的整体优势，充其量是一个大拼盘，各个属下各自为政，集团内部难于协调运作，财务失控也就在所难免。

巨人集团采用的是控股型组织结构形式，各厂属单位（子公司）保持较大的独立性，但是缺乏相应的财务控制制度，从而使公司违规违纪、挪用贪污事件层出不穷。这在一定程度上加速了巨人集团陷入财务困境的步伐。

十、推荐阅读书籍

1. 刘胜强、陈新旭著，《企业内部控制》（第 2 版），清华大学出版社，2018 年版

该书以传统代理理论、组织行为理论为基础，根据财政部、证监会、银监会、保监会、审计署于 2008 年联合发布的《企业内部控制基本规范》和五部委 2010 年联合发布的《企业内部控制配套指引》及其解释来编写。该书以内部控制与风险管理的实践逻辑为主线，引进了新的概念和法规体系，注重讲述内部控制的基本理论和实施技巧。本书的特色在于既有理论探讨，也有案例解读，更有经验总结。

2. 王德敏著，《企业内控精细化管理全案》，人民邮电出版社，2017 年版

王德敏，北京弗布克管理咨询有限公司培训课程部讲师，主要从事企业内控培训课程开发、高校企业管理类课程课件开发和企业管理 E-LEARNING 培训课程开发。

该书为企业提供了“风险提示＋关键节点＋职责分工＋工作流程＋管理制度”五位一体的全套解决方案，细化了企业在组织架构、发展战略、人力资源、资金活动、采购业务、资产管理、销售业务、研究开发、工程项目、担保业务以及业务外包等 18 个方面的管理风险与关键控制点，具有很强的实用性与可操作性。该书讲的不是空洞的理念，而是拿来即用、立竿见影的解决方法。

3. ［美］菲利浦·克劳士比著，杨钢、林海译，《质量免费》，中国人民大学出版社，2011 年版

菲利浦·克劳士比，开创了现代管理咨询在质量竞争力领域的新纪元，被誉为“品质大师”“零缺陷之父”。克劳士比的著作被公认为质量与管理科学中最好的著作。

该书是管理学的经典名著，也是哈佛、沃顿、耶鲁等商学院 MBA 的必读物。克劳士比在书中阐释了质量管理的错误观念，以及ITT公司如何在全球实施质量过程改进的成功故事。有著名的“质量管理成熟度方格”，分为5个成熟阶段，每一个阶段都对应6个管理领域：不确定期、觉醒期、启蒙期、智慧期、确定期。HPA的传奇故事更是详细而完整地解剖了管理层如何运用14个步骤推动组织改进的全过程，而质量管理成熟度方格又提供了一种让管理者决定其组织的质量过程何去何从的方法。

第十三章

控制的方法与技术

一、名词解释

1. 预算控制　2. 审计控制　3. 财务控制　4. 市场控制
5. 团体控制　6. 全面质量管理　7. 六西格玛管理　8. 管理信息系统（MIS）
9. 决策支持系统（DSS）

二、单项选择题

1. 预算既是一种计划，也是一种（　　）。

A. 财务手段　B. 控制方法　C. 运营方法　D. 控制指标

2.（　　）是指利用正式的章程、规则、政策、标准、科层权力、书面文件和其他科层机制来规范组织内部门和成员的行为并评估绩效。

A. 预算控制　B. 审计控制　C. 层级控制　D. 市场控制

3. 根据审查主体不同，审计可分为（　　）和内部审计。

A. 外部审计　B 联合审计　C. 第三方审计　D. 部门审计

4.（　　）是由外部机构选派的审计人员对企业财务报表及其反映的财务状况进行独立的评估。

A. 内部审计　B 联合审计　C. 第三方审计　D. 外部审计

5.（　　）是指对反映组织资金运动过程及其结果的会计记录及财务报表进行审核、鉴定，以判断其真实性和公允性，从而起到控制的作用。

A. 预算控制　B. 审计控制　C. 财务控制　D. 市场控制

6. 财务控制常用的比率可以分为三类：偿债能力比率、盈利能力比率和（　　）。

A. 生产能力比率　B. 营运能力比率　C. 流动比率　D. 经营比率

7. 组织借助经济的力量，通过价格机制来规范组织内部门（单位）和员工的行为通常被定义为（　　）。

A. 预算控制　B. 审计控制　C. 财务控制　D. 市场控制

8. 企业内部的市场控制有三个层次，分别是公司层、部门层和（　　）。

A. 员工层　　B. 个人层　　C. 执行层　　D. 项目层

9. 团队控制主要依靠（　　）手段来控制员工的行为，需要组织具有共同的价值观和员工之间的相互信任。

A. 组织文化　　B. 工资激励

C. 规章制度　　D. 领导者个人影响

10. 全面质量管理的基本方法是 PDCA 循环，包括计划、执行、（　　）、处理四个阶段。

A. 控制　　B. 调节　　C. 检查　　D. 整合

11. 全面质量管理的基本要求是“三全一多”，即全过程的质量管理、全员的质量管理、全业务的质量管理和（　　）的质量管理。

A. 多层次　　B. 多方法　　C. 多角度　　D. 多主体

12. 六西格玛管理的组织体系包括高层领导、倡导者、黑带大师、（　　）、绿带、业务负责人。

A. 黑带　　B. 红带　　C. 执行者　　D. 监控者

13. 六西格玛业务改进最常用的方法是 DMAIC，主要包括界定、测量、分析、（　　）和控制。

A. 提升　　B. 改进　　C. 创新　　D. 整合

14. 下列不属于六西格玛管理原则的是（　　）。

A. 高度关注顾客需求　　B. 重视流程的改善

C. 无边界合作　　D. 追求完美不容忍失败

15. 在管理学科中，通常把（　　）定义为经过加工处理后对组织管理的决策和目标实现有参考价值的数据。

A. 知识　　B. 信息　　C. 决策　　D. 计划

16.（　　）是一个旨在支持管理人员履行其职能，以及时、有效的方式来收集、分析和传递组织内外部信息的系统。

A. 管理信息系统　　B. 电子数据处理系统

C. 决策支持系统　　D. 柔性作业系统

17.（　　）是以管理科学和行为科学等为基础，以计算机技术、仿真技术和信息技术为手段，针对半结构化的决策问题支持决策活动的、具有智能作用的人机系统。

A. 管理信息系统　　B. 电子数据处理系统

C. 决策支持系统　　D. 柔性作业系统

18. 下列不属于柔性作业系统的特点的是（　　）。

A. 以顾客需求为导向　　B. 以信息技术为基础

C. 以敏捷反应为标志　　D. 以降低成本为前提

19. 柔性作业是指生产系统能对市场需求变化以较低的成本和较高的（　　）做出快速的适应。

A. 产出　　B. 收入　　C. 效率　　D. 质量

三、多项选择题

1. 从战略层面的角度，组织的控制方法可以划分为（　　）。

A. 层级控制　　B. 市场控制

C. 个体自我控制　　D. 团体控制

2. 外部审计的优点是（　　）。

A. 审计人员与管理当局不存在行政上的依附关系，不需看企业经理的眼色行事

B. 可以保证审计的独立性和公正性

C. 了解内部的组织结构、生产流程和经营特点

D. 内部组织成员可能产生抵触情绪，不愿积极配合

3. 反映企业偿债能力的财务比率包括（　　）。

A. 流动比率　　B. 速动比率

C. 资本金利润率　　D. 资产负债率

4. 常用的企业运营能力比率有（　　）。

A. 资产负债率　　B. 应收账款周转率

C. 存货周转率　　D. 市场占有率

5. 全面质量管理的基本方法是 PDCA 循环，包括（　　）四个阶段。

A. 计划　　B. 执行　　C. 检查　　D. 整合

E. 处理

6. 全面质量管理的基本要求是“三全一多”，即（　　）。

A. 全过程的质量管理　　B. 全员的质量管理

C. 全组织的质量管理　　D. 多方法的质量管理。

7. 六西格玛业务改进最常用的方法 DMAIC，主要包括（　　）。

A. 界定　　B. 测量　　C. 分析　　D. 改进

E. 控制

8. 六西格玛管理的原则（　　）。

A. 高度关注顾客需求　　B. 依据数据和事实管理

C. 重视流程的改善　　D. 开展主动改进型管理

E. 无边界合作

9. 除了信息系统之外，组织通常还可以利用（　　）等信息技术

A. 电信和网络　　B. 专家系统　　C. 机器人　　D. 办公自动化

10. 柔性作业系统的特点（　　）。

A. 以顾客需求为导向　　B. 以信息技术为基础

C. 以敏捷反应为标志　　D. 以知识创新为目标

四、判断题

1. 预算既是一种计划，也是一种控制方法。（　　）

2. 走动式管理也是一种控制方法。(　　)

3. 预算是指针对特定的活动进行资源分配的数字化计划。(　　)

4. 预算预估了企业在未来时期的经营收入或支出，同时也为各部门或各项活动规定了在资金劳动、材料、能源等方面的支出不能超过的额度。(　　)

5. 根据审查主体不同，审计可分为外部审计、内部审计和联合审计。(　　)

6. 外部审计是由外部机构选派的审计人员对企业财务报表及其反映的财务状况进行独立的评估。(　　)

7. 利用财务报表提供的数据，常用的比率可以分为三类：偿债能力比率、盈利能力比率和营运能力比率。(　　)

8. 企业内部的市场控制有三个层次，分别是公司层、部门层和项目层。(　　)

9. 质量分为产品质量和工作质量，产品质量代表着企业经营的结果，工作质量意味着企业对经营成果产出过程的控制。(　　)

10. 全面质量管理的基本要求是“三全一多”，即全过程的质量管理、全员的质量管理、全业务的质量管理和多方法的质量管理。(　　)

11. 在管理学科中，通常把信息定义为经过加工处理后对组织管理的决策和目标实现有参考价值的数据。(　　)

12. 柔性作业是指生产系统能对市场需求变化以较高的成本和较高的效率做出快速地适应。(　　)

13. 管理信息系统是一个旨在支持管理人员履行其职能，以及时、有效的方式来收集、分析和传递组织内外部信息的系统。(　　)

14. 决策支持系统是以管理科学和行为科学等为基础，以计算机技术、仿真技术和信息技术为手段，针对半结构化的决策问题支持决策活动的、具有智能作用的人机系统。(　　)

五、简述题

1. 预算控制的优点以及局限性有哪些？
2. 简述审计控制的两种基本形式及其主要特点。
3. 市场控制主要包括的三个层次是什么？
4. 简述团体控制的动因。
5. 简述产品质量与工作质量的区别与联系。
6. 全面质量管理的基本要求是什么？
7. 什么是全面质量管理工作程序的 PDCA 循环？
8. 六西格玛管理有哪些原则？
9. 简述六西格玛业务改进的方法。
10. 简述现代控制的信息技术方法。
11. 简述柔性作业系统的特点。

六、论述题

1. 请结合实际情况，论述团体控制的动因。

2. 请论述全面质量管理中“全面”两字的含义。

3. 试述柔性作业系统的发展趋势。

七、案例分析题

案例1 斯普林菲尔德再造公司的管理控制

斯普林菲尔德再造公司（SRC）是从事发动机和发动机部件翻新再造的企业。该公司的主要业务是将汽车、推土机和重型卡车中磨损的发动机取出来，然后再翻新制造。这是一份较脏的工作。该公司是1983年从国际联合收割机公司分离出来，由公司的一批管理者将公司收购下来。当时，这一公司有职员119人，年度亏损为60 488美元。SRC公司独立出来以后，公司的管理者决定采用一种新方法来降低成本、提高放率和刺激员工的工作积极性。他们认为，应当教会每一位员工知道如何使企业盈利，并且促使他们将精力投身到企业的生产经营中来。

为了使每一个人知道企业的经营方式，他们聘请管理者与企业的财务人员为他们讲解各种有关课程。当雇员熟悉企业的管理规则之后，管理者就教他们如何得高分，并根据组织的安排采取行动。经过培训，雇员们已经知道了税后利润、留存权益、股东权益、现金流等相关的财务控制知识。然后公司的管理者向公司的每一位雇员提供关于企业经营的信息，并通过这些信息来促使员工为提高企业的经济效益而努力。为了鼓励员工接受这一办法，公司还提出将公司税后利润的20%作为奖金发给大家。在公司每周一次的大会上，管理者公布最新的财务报表。表中的数据显示企业当前的经营情况及与年度目标相比的完成情况，以及他们是否可以得到年度奖金。

通过公司员工的共同努力，企业的经营情况大有好转。今天，公司的雇员达到了650人，每年的税后利润也达到了600万美元，而且可以支付130万美元的奖金。

问题与思考：

1. 企业雇员了解企业内部管理信息对于企业发展的重要性有哪些？
2. 在控制过程中如何发挥企业员工的积极性？

案例2 鄂尔多斯集团财务管控

（一）鄂尔多斯集团的四大职能中心

鄂尔多斯集团公司具有四大职能中心，即投资中心、管理中心、财务中心、技术中心。这四大职能中最基础和最根本的是财务控制。集团在1997年组建了财务公司。它的主要职能可概括为“四统一分，二级管理，两个重点，六项工作”。

1. “四统一分”

“四统”是指机构、人员、制度、资金统一。

机构统一：集团下属企业财务部门的设立全部由集团财务公司统一决定，大企业设部，中企业设科，小企业设股。

人员统一：全集团所有财务人员由集团财务公司派驻和管理，实行垂直领导，人员的工资、奖金、升迁、职称评定，全部实行垂直管理。

制度统一：财务方面的制度由财务公司统一执行。过去各成员企业报销制度各行其是，你一个标准，我一个标准，非常混乱。现在就是一个制度，各成员企业必须严格统一执行。

资金统一：全集团所有的资金由财务公司一个账户统一进行管理。所有下属企业在外的开户一律取消，成立内部银行，从源头上管理资金的流向。过去有些企业乱借钱，乱担保，给集团造成了很大的损失。

“一分”就是分别核算。各成员企业仍旧是独立核算，自负盈亏。

“四统一分”把过去管不住、管不到位的地方从源头上管住了，只要动用资金，就先报预算，由集团审批，不合理的就给卡住了。

2.“二级管理”

“二级管理”是指集团一级核算，各企业一级管理。集团把下属的各投资主体管住，各企业再对自己的车间、总务、工会、分厂等部门进行二级管理。

3.“两个重点”

“两个重点”是指集团的财务管理以资金和成本为重点。采取“抓大放小”的方式抓资金的源头；控制成本，以倒算成本、模拟市场来进行成本指标的分解。

4.“六项工作”

一是比价采购：原辅材料的采购，采取货比三家的方式进行。

二是工程招标：集团所有的建筑、安装、设备维修全部实行招标制，提高透明度。集团下属的建设安装公司和其他非集团企业一样参与竞标。

三是预算控制：集团所有单位和部门的支出都要实行预算申报，由集团统一进行资金预算管理。

四是费用包干：除有成本的单位外，党政工作处、事业发展处、企业管理处、劳资处、财务处、财务公司等行政部门都实行成本费用包干，就是核定一定费用，超支不补，节约部分给予奖励。

五是盈亏考核：指标的考核，与部门的经营责任、业绩、职务的升迁都有相互呼应的关系。

（二）鄂尔多斯的财务运营

财务公司实施账户统一管理后，银行的利息费用就降低了 2 800 多万元。因为变散存为统存，仅利息一项 1999 年就至少节约 836 万元。

账户统一管理的好处如下：第一，统一管理后，由过去的零存变成现在的统一存在集团一个账户上，可积聚大量的资金，内部由此可以运筹资金，形成内部贷款；第二，启动大量资金还贷款，负责财务的副总经理随时控制资金的流向，如果发现有一笔贷款要到期了，就拿出一笔资金先还掉。过去这个企业的钱不可能还那个企业的钱，内部互相是一种堡垒形式，现在打通了，是一个企业的概念。在财务的运营上他们称之为“一个漏斗进出”，财务管理从被动转为主动。

集团的子公司想用资金，首先必须保证它的回款，并预先提出申请。比如说集团某个企业预计年销售额 2 000 万元，那就给它的账上记下 2 000 万元。企业要买原料，需要预付款，必须把原料的购进单、用户单、支借单和用款申请报告提供给财务公司，如果三证齐全，自己的账上有资金，就可以批准动用；如果账上没有钱，那要首先向财务公司贷款，财务公司给予贷款后，计收利息。

子公司在财务公司存款也要收取利息，财务公司统一监控。子公司给职工发放福利费，要先打报告。如集团规定每个职工福利费一年是100元，子公司想发200元，财务公司就不给发放。这在过去很难管，集团公司一个制度出台以后，全能管住。所以财务管理就由过去的事后管理变成了现在的事前分析、事中管理、事后控制。这样，就把过去的被动管理变成了主动管理。

（三）营销环节的财务控制

鄂尔多斯集团的内销市场由集团在北京注册的全资子公司——北京东胜鄂尔多斯工贸中心负责，集团和它在管理上是垂直领导。在财务关系上也实行“四统一分”。分公司资金都要集中到工贸中心的账户上，然后工贸中心再全部打回集团财务公司的统一账户上，同时附有一个分配表，财务公司再分开账户进行管理。如果有一个企业资金闲置不用，集团可以用来还集团其他企业的到期贷款，把资金的利用率有机地结合了起来。

工贸中心在全国各地有39家分公司，分公司的业务主要是批发和零售。集团对工贸中心进行全面整顿后，工贸中心下面的分公司变成了营销、配货、财务三位一体。财务方面，由集团财务公司对工贸中心、工贸中心对分公司实行直统。

随着集团母子公司体制的建立，母公司如何发挥集团公司的核心作用，有效监督、控制子公司的资金运行情况和经营发展方向，最大限度地调动子公司管理层的积极性和创造性，是当前企业重组过程中碰到的带有共性的问题。鄂尔多斯集团公司在实践中推出的“四统一分”财务管理模式，为解决上述问题提供了可借鉴的途径。

问题与思考：

1. 鄂尔多斯的财务控制能给我们什么启迪？

2. 鄂尔多斯的管控模式适用的环境条件是什么？在哪些环境下可能会对实施这种管控模式不利？

八、辩论题

辩题：信息技术给企业内部控制带来机遇大于挑战还是挑战大于机遇？

正方：机遇大于挑战

信息技术广泛的渗透性和关联带动作用，使得信息化成为技术创新的关键环节，信息技术已经成为企业竞争力的关键因素之一。现代信息技术给企业内部控制环境带来最大的变化就是使资金流、信息流能够全部集中起来，从而为加强企业跨地域经营带来更高的效率和更强的控制能力。

国际数据公司（IDC）的研究报告显示，全球500强企业中，信息技术超过生产设备投资的企业达65%，而企业网络投资的回报率则高达10倍以上。瑞士的雀巢集团总部利用信息化系统，对分布在全球400多家企业的资金、质量实行集中统一。总部随时监控资金在世界各地运作的状况，在几分钟内就能调动分散在全球的几十亿、上百亿资金，使劳动生产率提高10%～30%，库存降低30%～60%，流动资金周转速度提高了60%～200%，报表周期缩短90%以上。美国福特汽车公司通过应用网络技术，完成一个票据审核流程由原来的2周缩短为2小时，专门负责票据处理的人员由500人减少到150人。

反方：挑战大于机遇

网络信息系统的开放性使企业信息系统直面外部威胁。首先，大量的企业信息通过开放的 Internet 传递，存在被截取、篡改、泄露机密等安全风险，很难保证其真实性与完整性。其次，互联网的开放性给一些非善意访问者以可乘之机，给系统带来巨大的安全风险。再次，计算机病毒的猖獗也为信息系统带来更大的风险，有效地防治计算机病毒对保障网络系统的安全性至关重要。最后，系统升级时的稳定性和可靠性对会计数据库的安全产生重大影响，系统升级过程中新系统的稳定性和可靠性对会计数据的处理具有较大影响。

内部监督的有效性受到影响。企业管理信息系统是一个由硬件、软件、操作人员和各种规程构成的复杂的系统，该系统将许多不相容职责相对集中，加大了舞弊的风险；系统信息以数据的形式存储，易被修改、删除、隐匿或伪造且不留痕迹；系统对错误的处理具有重复性和连续性；系统设计主要强调核算的要求，很少考虑审计工作的需要，这些往往导致系统留下的审计线索很少，稽核与审计必须运用更复杂的查核技术，且要花费更多的时间和更高的代价，这无疑将加大稽核与审计的难度，必须建立完善的信息管理制度。可以看出，在现代信息技术条件下，企业面临最大的挑战就是如何保障信息系统的稳定性和数据的安全性。

九、经典案例阅读

阅读案例 1　托利多公司六西格玛管理案例分析

托利多公司进行六西格玛的目的是不断提高产品质量和顾客满意度，将资源的浪费降到最低，从而培养持续改进、追求完美的企业文化，彻底消除满足现状的心态，保持托利多公司持续稳定地增长。在托利多公司运作的任何过程都逐步推广实施六西格玛，促使每位员工做任何事都能更少失误，以达到六西格玛及以上为努力目标，使零缺陷的工作能量化体现。

（一）托利多公司六西格玛组织职位组成

为便于六西格玛的有效开展，梅特勒—托利多落实完善了专门的六西格玛组织，并对职责和权限做出明确规定。六西格玛组织具体由下列职位组成：

1. 执行领导：为实施六西格玛提供必要的资源，包括人力资源、财力资源、专项技能(如财务核算)、时间、培训；提议、筛选项目或对选择项目和成立团队进行指导；参与关键项目树立榜样。

2. 推行委员会：开展六西格玛知识培训；负责本公司六西格玛系统的建立；统筹本公司六西格玛系统的运作及推进。

3. 倡导者：了解六西格玛工具和技术的应用；为黑带提供管理、领导、支持；检查项目；在实施六西格玛战略中致力于降低成本、提高收入和效益。

4. 黑带大师：培训六西格玛工具和技术；为黑带提供技术支持；推动黑带们领导的多个项目；为倡导者和执行领导提供咨询帮助；作为内部的咨询师、培训教师和专家。

5. 黑带、绿带：寻找应用六西格玛战略和工具的机会，包括内部和外部；选择改进项目，制定相应目标和量化指标；组建六西格玛项目团队；为团队员工提供新战略和工具的正式培训；管理并推动、领导项目团队，评价团队成员；以培训、案例研究、小规模研讨等形式来传达新的战略和工具；按计划完成项目，确保项目效益，并总结推广；通过应用六西格玛战略和工具来推销六西格玛。

6. 项目团队成员：参加所有的会议和相关培训；完成每次会议后布置的工作；积极地参与并贡献专业知识；应用六西格玛突破 DMAIC 过程来解决问题。

(二) 托利多公司六西格玛管理实施过程与效果

1. 咨询培训

六西格玛实施的咨询培训聘请专业机构和公司黑带相结合进行，通过培训产生黑带大师后再由公司自行组织。具体培训计划按照项目进度的五个阶段依次进行。项目实施分五个阶段，以培养六西格玛突破“黑带”骨干为主线，建立一支有效的六西格玛管理团队，从而建立和完善六西格玛管理体系。每个阶段先以培训为导入，依照六西格玛管理程序，逐步推进。阶段成果确认后，再执行下一阶段计划。依照国外经验，将建立以“倡导者”为主导的六西格玛推进人员，“黑带大师”协助倡导者协调六西格玛管理的实施，在起始阶段将由咨询公司顾问担任。公司黑带将成为全面推行六西格玛管理的中坚力量，负责具体执行和推广。公司将根据众多底线收益项目，培养一批“绿带”，测试六西格玛在日常工作中的应用。

2. 项目选择

(1) 项目选择要求：项目选择关键是具有代表性，既不能选择较容易实现的造成轻视六西格玛，也不能选择很难实现的使大家失去信心，还要考虑在现有基础上计算经济效益和对其进行计算控制的可操作性。第一轮的项目由所推荐参加黑带培训人员代表其部门（也可跨部门）提出，然后进行项目预选，确定 10～20 个项目，应尽量考虑到市场、设计、制造、营销、管理等各个方面，最终的黑带项目的评价由咨询机构与公司相关人员一道待项目完成后进行。

(2) 项目选择准则：项目完成后的年收益不小于 200 000 元人民币；项目原则上在 8 个月内完成；难度特别高的项目确实需要延期完成需经六西格玛经理和该项目所属总监批准；项目的成本应不超过项目收益的 20%；项目应具有一定的影响。

(3) 项目来源：项目来源由各部门自行申报和六西格玛推行委员会指派相结合，年初由各部门根据工作中的缺陷、用户抱怨、生产线返工记录分析，从重要度和难度方面都适合列入六西格玛改进的项目，由项目负责人提出项目申报材料给六西格玛经理，经六西格玛推行委员会评估后列入预选项目；同时，六西格玛推行委员会根据公司产品在市场上的表现，在听取质量保证部和技术服务部的意见后，提出项目指派给相应的部门，由各部门经理确定项目负责人，并将项目列入预选项目。

(4) 项目的筛选：六西格玛推行委员会根据项目负责人的介绍、项目的重要程度、难易程度并结合公司的发展战略，对这些项目进行直接打分，根据得分的先后顺序挑选出项目。经执行领导认可后，项目负责人填写立项申请表，经部门经理和六西格玛经理批准后正式进入项目实施阶段。

3. 项目进程控制

(1) 确定（define）阶段：帮助公司确定顾客对于质量认知的首要因素及自身所包括的核心业务流程。指导建立六西格玛管理的组织结构。通过顾客满意确认、质量成本等质量经济性分析，界定项目范围和识别潜在项目。实施步骤：A. 现状调研，填写 DMAIC 项目工作表，劣质成本分析等。B. 专题培训，主要内容包括：过程流程图等常用图示法；过程能力分析；顾客满意分析。C. 现场指导，“黑带”主管顾问现场答疑，帮助建立六西格玛管理组织结构，确定以后每阶段培训对象。D. 阶段确认，经 champion 和项目负责人双方确认已达到阶段目标，实施下一阶段计划。

(2) 测量（measure）阶段：帮助公司建立反映自身所含核心业务流程运作有效性的测量系统。通过六西格玛管理指标分析、顾客满意度测评等体系的建立制定可靠合理的测量标准，以监控过程进度和确定改进目标。实施步骤：A. 专题培训，内容包括：过程流程图等常用图示法；过程能力分析；测量系统分析；顾客满意分析。B. 测量目前的实际缺陷水平。C. 现场指导："黑带"主管顾问及专家现场答疑。D. 阶段确认，经 champion 和项目负责人双方确认已达到阶段目标，实施下一阶段计划。

(3) 分析（analyze）阶段：指导企业确定应用哪些方法来消除当前业绩与目标业绩之间的差距，有效使用统计工具来指导分析，找出造成缺陷的原因。实施步骤：A. 专题培训，培训内容包括：失效模式及后果分析；假设检验；故障树分析；方差分析；回归分析。B. 分析并找出造成缺陷的主要原因。C. 现场指导，"黑带"主管顾问，专家现场答疑。D. 阶段确认，经 champion 和项目负责人双方确认已达到阶段目标，实施下一阶段计划。

(4) 改进（improve）阶段：帮助企业寻找新管理方法和技术工具，以把事情做得更好、更快、更节约成本。应用统计方法来确认这些改进。实施步骤：A. 专题培训，主要内容包括：质量功能展开；试验设计；多变量图及相关分析；响应曲面方法；水平对比法。B. 提出改进方案和措施，并验证改进措施的实际效果。C. 现场指导，"黑带"主管顾问、专家现场答疑。D. 阶段确认，经 champion 和项目负责人双方确认已达到阶段目标，实施下一阶段计划。

(5) 控制（control）阶段：通过系统和组织的改善，帮助企业控制改进，保持新的水准。实施步骤：A. 专题培训，主要内容包括：统计过程控制；防差错技术；业务过程重建；自我评估和持续改进。B. 建立针对关键质量要素的监控体系，缺陷不会重新出现。C. 现场指导，"黑带"主管、顾问和专家现场答疑。D. 阶段成果确认，从五个阶段的运行效果做出总体评价，确认项目效果。

4. 考试

控制阶段的培训结束后由六西格玛经理组织对项目负责人进行考试，考试成绩计入最终的项目评估结果，以 10 分为满分进行折算，占最终评估的权重 10%。

5. 项目评价

所有项目评价都要量化并形成文件，包括比较实施前后的西格玛水平，所有的关键因素和使用的工具，准确核算项目的投入和效益，用利润率指标衡量项目要大于公司经营利润率。实施前后的西格玛水平指标需经 champion 确认，效益指标需经财务部确认，并计入项目最终评估结果，将每个项目的效益按顺序以 10 分为满分进行折算，占最终评估的权重 10%。

6. 黑带、绿带的产生和保持

完成两个黑带项目或者一个黑带项目一个绿带项目，接受六西格玛培训时间达到 80 课时，同时具备两个条件即为黑带预备候选人，由六西格玛执行领导根据项目完成情况和项目负责人的六西格玛水平决定是否授予黑带资格。完成两个绿带项目或者一个黑带项目一个绿带项目，接受六西格玛有关的培训达到 64 课时，同时具备两个条件即可被评为绿带。黑带、绿带由专门机构授予资格，任期为2年。黑带、绿带任期为2年，2年内至少完成一个项目或者辅导2个及2个以上项目者可以连任。

7. 激励政策

按国外的经验和惯例，“黑带”都为全职六西格玛人员，但考虑到人力资源的合理利用和初期阶段，MTCN都为兼职人员，故对黑带和项目组成员需制定一定的激励政策，以促进六西格玛的推广。1）晋升激励：凡晋升部门经理或经理岗位将优先从黑带中选拔。2）物质奖励：六西格玛项目纳入个人OST（目标、战略、战术）考核内容，接受部门经理及倡导者的双重考核，公司每年对六西格玛项目进行年度评选嘉奖。

阅读案例2　宝洁公司的全面质量管理分析

宝洁公司（Procter & Gamble，简称P & G），始创于1837年，是一家美国消费日用品生产商，也是目前全球最大的日用品公司之一。“宝洁”是世界上市值第6大公司（年销售额为500亿美元）、世界上利润第14大公司。他同时是财富500强中最受赞誉的公司之一。宝洁公司全球雇员近10万人，在全球80多个国家设有工厂及分公司，所经营的300多个品牌的产品畅销160多个国家和地区，其中包括织物及家居护理、美发美容、婴儿及家庭护理、健康护理、食品及饮料等。

是什么让“宝洁”在洗化王国里始终走在世界的前列呢?“质量是企业的生命”，这句话已经成为现代企业的共识。而“宝洁”不仅仅将其作为企业运作原则，更是将其作为深入了解消费者对质量需求及进行其他企业行为的基本动力。它不只是方法论，更是一种行事态度。以质竞争，攻优夺誉，这便是宝洁公司营销策略的重要组成内容。“宝洁”从产品研制开始，直到设计、生产工艺保障、质量管理的控制、包装装潢、售前售后服务都胜人一筹，靠全面的质量管理制度和方法，建立起一个健全的全面质量管理保证体系。

“宝洁”坚持以质量为中心，全体职工以及有关部门积极参与，把专业技术、经营管理、数理统计和思想教育结合起来，建立起产品的研究、设计、生产、服务等全过程的质量管理体系，从而有效地利用人力、物力、财力、信息等资源，以最经济的手段生产出顾客满意的产品，使组织、全体成员及社会受益，从而使企业获得长期成功和发展。

“宝洁”很注重质量培训，把它视为实施全员的质量管理前提之一。宝洁公司由质量管理部门提出员工分层培训计划，根据岗位需要对员工进行必要的质量培训，并对培训的有效性进行评价。而设立于1991年年底的宝洁学院，正是为实现全员质量管理这一宗旨服务的。这些都为宝洁的全面质量管理实施提供了良好的人员准备。宝洁还通过制定各部门各级各类人员的质量责任制，明确了自己在质量责任制中的责任和权限，各司其职，密切配合，形成一个高效、协调、严密的质量管理工作的系统。

“宝洁”要求员工在处理业务时遵守法律的规定和精神，在采取每一个行动、做出每一个决定时，始终坚持公司的价值观与原则，以求真的态度并以数字为依据来提出建议及确认风险，始终努力去做正确的事。用数据说话，树立了整个宝洁科学的工作作风，把质量管理建立在了科学的基础上。在“宝洁”，任何活动都在遵循计划（P）、执行（D）、检查（C）、处理（A）的工作程序，质量管理当然也不例外，这是“宝洁”赢的哲学里一条最基本的原则。“宝洁”始终在谨守其核心价值——以产品质量而非包装设计或是公司形象为竞争基础。它始终强调应该以提供高质量的产品作为出发点，并且将产品质量作为品牌的核心，坚持质量第一，把顾客的需要放在第一位，树立为顾客服务，对顾客负责的思想，在这方面“宝洁”给我们做了一个很好的典范。

十、推荐阅读书籍

1. 韩之俊、许前、钟晓芳编著，《质量管理》（第四版），科学出版社，2017 年版

该书根据教育部“十二五”教材建设思路，汇聚各学科优秀教师精心编写而成。该书共分为八章，其中第一章至第三章为质量管理的基本理论和方法，该部分系统地介绍了质量管理的基础知识、质量管理体系和质量改进的基本工具；第四章介绍了目前服务质量理论和服务质量评价方法；第五章介绍了质量管理中的一些常用统计技术；第六章至第八章分别介绍了几个较为前沿的专题：稳健性设计（田口方法）、质量功能展开（QFD）、可靠性工程基础知识。

2. ［美］彼得 · S. 潘迪、罗伯特 · P. 纽曼著，毕超、崔丽野、马睿译，《六西格玛管理法》（第二版），机械工业出版社，2017 年版

彼得 · S. 潘迪，毕威特管理咨询有限公司的创始人和总裁。毕威特管理咨询有限公司是一家国际咨询企业，该公司向从金融服务业到高科技行业的各个行业提供六西格玛实施、培训和管理开发服务。

罗伯特 · P. 纽曼，业务改进方法和六西格玛方面的资深咨询师与知名演讲家。曾为 NBC、GE 金融服务公司等提供咨询服务。

该书是一本全面介绍六西格玛管理法的经典图书，为读者提供了基础的非技术层面理解和实施六西格玛管理法的系统知识。作者以在通用电气、摩托罗拉、联合信号及其他许多行业的公司中实施六西格玛的广泛深刻的经验和体会，阐明六西格玛的利益、战略地位、基本概念以及实施过程和组织准备。同时，作者又以理论的规范为逻辑分享他们的实践经验和理解，给我们以启示和感悟。从理论视角，可以读出一个系统的体系：六西格玛的作用、基本概念、实施方法（六西格玛路径图和 DMAIC 过程）、组织准备、实施指导原则及诸多六西格玛哲理。

3. ［美］肯尼斯 · C. 劳顿、简 · P. 劳顿著，黄丽华、俞东慧译，《管理信息系统》（第十一版），机械工业出版社，2018 年版

肯尼思 · C. 劳顿，纽约大学 Stern 商学院信息系统教授，研究工作集中于大型信息系统和多媒体信息技术的规划和管理。

简 · P. 劳顿，信息系统领域的管理咨询顾问。

该书全面系统地介绍了管理信息系统的概念、结构、技术和应用，内容新颖，反映了美国当代的最新水平。该书以管理为出发点，分别从管理、宏观及应用的视角来剖析管理信息系统，实用性强，备有大量案例，非常有利于企业各类人员对管理信息系统形成统一的认识。

第十四章

风险控制与危机管理

一、名词解释

1. 风险　2. 动态风险　3. 投机风险　4. 风险管理　5. 风险识别
6. 风险评估　7. 风险避免　8. 风险分担　9. 危机　10. 危机预警

二、单项选择题

1. 按社会经济环境是否发生变化，风险可分为（　　）。
A. 静态风险与动态风险　B. 纯粹风险和投机风险
C. 基本风险与特定风险　D. 可分散风险和不可分散风险
2. 按是否有获利机会，风险可分为（　　）。
A. 静态风险与动态风险　B. 纯粹风险和投机风险
C. 基本风险与特定风险　D. 可分散风险和不可分散风险
3. 按风险所涉及的范围，风险可分为（　　）。
A. 静态风险与动态风险　B. 纯粹风险和投机风险
C. 基本风险与特定风险　D. 可分散风险和不可分散风险
4.（　　）是由组织外部环境变化而带来的损失可能性，通常由宏观经济、产业组织、生产方式、生产技术以及消费者等因素的变化所引起。
A. 静态风险　B. 动态风险　C. 纯粹风险　D. 投机风险
5.（　　）是指与特定的社会个体有因果关系的风险。
A. 基本风险　B. 特定风险　C. 可分散风险　D. 不可分散风险
6.（　　）是指组织通过对风险的识别、衡量和处理，力求以最小的经济代价为组织目标的实现提供安全保障的管理活动。
A. 风险识别　B. 风险管理　C. 风险评估　D. 风险控制
7. 了解组织情况，获取第一手资料的有效风险识别方法是（　　）。
A. 流程图法　B. 现场调查法

C. 财务报表分析法　　D. 组织结构图示法

8.（　　）是现场调查法的一种替代，是由相关责任人或风险经理填写事先设计好的调查表，进而根据表格内容来识别分析。

A. 流程图法　　B. 现场调查法
C. 审核表调查法　　D. 组织结构图示法

9. 风险识别的方法有现场调查法、审核表调查法、（　　）、流程图法、财务报表分析法。

A. 情景分析　　B. 敏感性分析
C. 风险地图　　D. 组织结构图示法

10.（　　）是将组织活动按照内在的逻辑联系绘成流程图，针对流程中的各个环节，特别是关键环节和薄弱环节，进行风险因素、风险事故及可能的损失后果等方面的识别和分析。

A. 流程图法　　B. 现场调查法
C. 审核表调查法　　D. 组织结构图示法

11. 下列不属于风险评估方法的是（　　）。

A. 情景分析　　B. 敏感性分析
C. 风险地图　　D. 组织结构图示法

12. 从控制风险的策略角度，保险是一种（　　）方式。

A. 风险避免　　B. 风险分担
C. 损失减低管理　　D. 风险保留

13. 从控制风险的策略角度，风险分散是一种（　　）方式。

A. 风险避免　　B. 风险分担
C. 损失减低管理　　D. 风险保留

14. 下面不属于非财务型风险分担的方式是（　　）。

A. 外包　　B. 租赁　　C. 委托管理　　D. 保险

15.（　　）是指在风险发生的可能性较大且影响程度较高的情况下，组织采取的中止、放弃或调整等风险处理方式以避免风险损失的一种方法。

A. 风险识别　　B. 风险管理　　C. 风险避免　　D. 风险控制

16.（　　）是危机管理的核心环节之一。

A. 应急预案的制定和管理　　B. 突发事件的处理
C. 突发事件的运行　　D. 突发事件的善后

17. 组织在进行某项经营活动时，由于内外环境的变化等原因，使得风险增加或者组织承担风险的能力降低，此时就可以采取（　　）活动的方式来避免风险。

A. 完全拒绝承担风险　　B. 中途放弃承担风险
C. 试探承担部分风险　　D. ABC 都对

18. 危机的特征有突发性、危害性、（　　）、信息资源不充分。

A. 不可避免性　　B. 紧迫性　　C. 严峻性　　D. 有限性

19. 危机预警系统一般由四个子系统构成，即信息收集子系统、信息加工子系统、（　　）和警报子系统。

A. 信息分析系统　　B. 信息评估系统
C. 信息决策系统　　D. 信息处理系统

20. 通常情况下，有效的危机反应不包括（　　）。
A. 建立危机处理小组　　B. 启动应急预案或制定新的方案
C. 危机规避　　D. 获取更多信息

21. 危机发生后，要尽量避免或减少危机的连锁反应，采取果断措施（　　），阻止危机的蔓延。
A. 寻找危险源　　B. 隔离危险源　　C. 评估危险　　D. 分析危险

22.（　　）是组织在进行持续的资料收集基础上，根据收集的相关资料和数据预测危机的可能发生情况并进行危机等级判定，以在危机发生前发出相应的警报。
A. 危机规避　　B. 危机预警　　C. 危机评估　　D. 危机处理

23.（　　）是危机管理的最高权力机构和协调机关，作为统一指挥中心，有权调动组织资源应对危机，并代表组织做出各种承诺和说明。
A. 企业高层　　B. 战略规划部门
C. 危机处理小组　　D. 危机恢复小组

24 .（　　）的目的是使组织尽快从危机事件的影响中恢复过来，而危机处理小组的任务主要是控制和平息危机，减少危机带来的危害和损失。
A. 企业高层　　B. 战略规划部门
C. 危机处理小组　　D. 危机恢复小组

25.（　　）是指危机恢复小组要尽量收集、获取危机的详尽资料，并对组织的受损情况展开客观、公正的评价，从而为危机恢复决策提供科学的依据。
A. 建立危机恢复小组　　B. 获取危机处理信息
C. 制定并实施危机恢复计划　　D. 隔离危机

26.（　　）要对危机的成因、危害、预防与预警情况、处理措施与执行情况、危机后的反馈与重建工作等方面展开调查与分析，并做出客观、正确的评价和总结，为今后的危机管理提供经验教训。
A. 危机规避　　B. 危机分析　　C. 危机评估　　D. 危机处理

三、多项选择题

1. 风险管理是一个过程，是降低和控制风险的一系列活动，它涉及（　　）。
A. 管理目标的确定　　B. 风险的识别和评估
C. 风险管理方法的选择　　D. 风险管理的实施
E. 风险管理效果的评价与改进

2. 按是否有获利机会，风险可分为（　　）。
A. 静态风险　　B. 动态风险　　C. 纯粹风险　　D. 投机风险

3. 风险管理目标中，损失前目标包括（　　）。
A. 经济目标　　B. 合法性目标
C. 社会责任目标　　D. 持续经营目标

4. 风险管理目标中，损失后目标包括（　　）。
A. 生存目标　　B. 持续经营目标
C. 收益稳定目标　　D. 社会责任目标

5. 风险识别的方法包括以下（　　）。
A. 流程图法　　B. 现场调查法
C. 财务报表分析法　　D. 组织结构图示法

6. 风险评估的标准包括以下（　　）。
A. 系统性原则　　B. 科学性原则
C. 动态性原则　　D. 可操作性原则

7. 非财务型风险分担方式包括以下（　　）。
A. 外包　　B. 租赁　　C. 委托管理　　D. 保险
E. 出售　　F. 理财

8. 风险分担主要包括（　　）。
A. 财务型风险分担　　B. 非财务型风险分担
C. 风险分散　　D. 复制风险单位

9. 风险识别的主要内容包括（　　）。
A. 可能出现的风险事故　　B. 风险事故的可能影响范围
C. 风险发生的直接或间接后果　　D. 风险发生后的可能连锁反应或叠加效应
E. 组织内外存在的风险因素

10. 危机通常具有的特性包括（　　）。
A. 突发性　　B. 紧迫性　　C. 信息的有限性
D. 敏感性　　E. 危害性

11. 危机预警系统一般由四个子系统构成，即（　　）。
A. 信息收集子系统　　B. 规避风险子系统
C. 信息加工子系统　　D. 制定预案子系统
E. 信息决策子系统　　F. 警报子系统

12. 通常情况下，有效的危机反应包括（　　）。
A. 建立危机处理小组　　B. 启动应急预案或制定新的方案
C. 建立危机恢复小组　　D. 隔离危机
E. 制定危机恢复计划　　F. 获取更多信息

13. 危机恢复的措施主要包括（　　）。
A. 建立危机恢复小组　　B. 获取危机处理信息
C. 制定并实施危机恢复计划　　D. 隔离危机
E. 危机评估与发展

四、判断题

1. 在风险事故尚未发生时，风险管理的目的是尽可能得消除、降低或转移风险事故的发生，确保组织的正常运营。（　　）

2. 只要做好风险管理，风险事故都可以避免。(　　)

3. 风险的损失程度是指风险事故一旦发生，可能造成的最大损失值。(　　)

4. 风险管理是指组织通过对风险的识别，力求以最小的经济代价为组织目标的实现提供安全保障的管理活动。(　　)

5. 风险识别的方法有现场调查法、审核表调查法、组织结构图示法、流程图法、财务报表分析法。(　　)

6. 风险评估是指在风险发生的可能性较大且影响程度较高的情况下，组织采取的中止、放弃或调整等风险处理方式以避免风险损失的一种方法。(　　)

7. 导致危机的几个基本因素是紧急决策，人员、物质、时间等严重缺乏。(　　)

8. 危机管理是一门科学，属于静态的管理。(　　)

9. 危机管理应该着重预防危机的发生，也就是说，在企业发展的关键时期，在危机发生之前就采取管理行动，避免预期危害的出现。(　　)

10. 危机管理是一个过程，既包括危机爆发前的管理，也包括危机爆发后的管理。(　　)

11. 危机管理的目的在于减少乃至消除危机可能带来的危害。(　　)

12. 应急预案的制定和管理是危机管理的核心环节之一。(　　)

13. 危机发生后，要尽量避免或减少危机的连锁反应，采取果断措施评估危险，阻止危机的蔓延。(　　)

14. 危机处理小组的目的是使组织尽快从危机事件的影响中恢复过来。(　　)

15. 危机恢复小组的任务主要是控制和平息危机、减少危机带来的危害和损失。(　　)

五、简述题

1. 风险与危机的区别有哪些?
2. 简述风险管理目标的两个方面。
3. 请简述静态风险和动态风险的基本内涵。
4. 请简述纯粹风险和投机风险的基本内涵。
5. 请简述基本风险与特定风险的基本内涵。
6. 请简述风险识别过程。
7. 风险评估的原则有哪些?
8. 简述控制风险的策略。
9. 危机的特征有哪些?
10. 危机预警措施主要包括哪些?
11. 简述危机处理小组和危机恢复小组各自的职责。

六、论述题

1. 风险识别的方法有哪些? 并结合实际论述其在使用过程中的优缺点。
2. 请论述有效的危机反应包括的主要内容。
3. 请论述危机恢复措施的主要方面。

七、案例分析题

案例1 “中航油”事件

2003年下半年，中国航油公司（新加坡）（以下简称“中航油”）开始交易石油期权（option），最初涉及200万桶石油，中航油在交易中获利。

2004年一季度，油价攀升导致公司潜亏580万美元，公司决定延期交割合同，期望油价能回跌；交易量也随之增加。

2004年二季度，随着油价持续升高，公司的账面亏损额增加到3 000万美元左右。公司因而决定再延后到2005年和2006年才交割；交易量再次增加。

2004年10月，油价再创新高，公司此时的交易盘口达5 200万桶石油；账面亏损再度大增。

10月10日，面对资金周转出现严重问题的中航油，首次向母公司呈报交易和账面亏损。为了补加交易商追加的保证金，公司已耗尽近2 600万美元的营运资本、1.2亿美元银团贷款和6 800万美元应收账款资金。账面亏损高达1.8亿美元，另外已支付8 000万美元的额外保证金。

10月20日，母公司提前配售15%的股票，将所得的1.08亿美元资金贷款给中航油。

10月26日和28日，公司因无法补加一些合同的保证金而遭逼仓，蒙受1.32亿美元的实际亏损。

11月8—25日，公司的衍生商品合同继续遭逼仓，截至25日，实际亏损达3.81亿美元。

12月1日，在亏损5.5亿美元后，中航油宣布向法庭申请破产保护令。

问题与思考：

请对中航油危机事件的原因进行分析，并简述给我们的启迪。

案例2 丰田汽车危机的历史背景

“日本制造”这块牌子几十年来在世界市场中，可谓有口皆碑，早就是高品质的代名词。日本汽车更是打遍天下无敌手，在欧洲、美洲都有极好的声誉。每年的多项汽车品质综合评比，优胜者均以日本车系为主，能够上榜的欧美品牌寥寥无几。日系几大汽车公司强力展开攻势，连年攻城夺池，海外市场份额稳步扩大，对欧美本土车商形成极大的威胁。从2008年全球经济危机开始，欧美几大汽车公司纷纷告急，直至申请破产保护，日本车商虽然也遇到销售量大幅下滑的危机，但手中仍有大笔的现金可供周转，经营状况远远好于其竞争对手。谁料想，天有不测风云，2010年新年刚过，已经坐到了北美第二大车商位子上的丰田汽车，就遭遇了前所未有的信任危机。

在美国交通部有关管理部门的巨大压力下，丰田先后宣布了对数款车型全面召回，并停止数款车型的生产和销售，其中包括最受消费者欢迎的花冠系列和佳美系列。目前被召回的丰田公司产品分布在欧洲、北美洲和亚洲市场，召回数量截至2010年1月28日已经达到530万辆。与此同时，各地车商已经停止销售被召回款型的汽车，很多车主开始与车行交涉如何处理可能有问题的车辆。几大汽车出租商已经宣布所有丰田汽车均被停止使用。而多年来被日本车压得喘不过气的美国车商，纷纷兴高采烈地宣布补贴政策，扬眉吐气欢迎丰田的客户转向使用它们“没有问题”的产品。而最令丰田公司头疼的，是在美国媒体上弥漫的对丰田产品的不信任，这可能对消费者信心产生极大的影响。而这一切都是丰田进入北美市场以来所未有过的。

问题的根源，就在于汽车的加速踏板，也就是平常所说的“油门”。美国的交通安全管理部门接到消费者投诉，若干款型的丰田产汽车出现了加速异常的情况。具体问题是，汽车在行驶中，会出现突然自动加速的情况，或者在驾驶员已经松开油门减速的情况下，速度自动继续上升。在管理部门与丰田公司交涉后，丰田于去年宣布，问题是由于驾驶员脚下的脚垫向前移动，导致加速踏板工作异常。丰田在去年提供的解决方案就是“拿走脚垫”。看起来是一个很简单的问题，但耐人寻味的是，丰田于去年年底宣布大规模召回某些款型车辆，专门修理“问题脚垫”。直到今年，在美国交通安全管理部门的持续压力下，丰田终于承认，除了脚垫有问题，加速踏板自身也有质量问题，有可能会导致汽车在行驶中速度失控。

从丰田公司这边看，一家以高质量产品著称的汽车制造商，会在一个小小的加速踏板上翻了船，导致要召回500多万辆车，蒙受巨大损失，同时股价下跌，市场被对手挤压，而最关键的是失去了很多消费者的信赖。《纽约时报》的记者在采访东京的一家研究机构时，得到了如下的回答：“一点也不奇怪，完全是在意料之中”“丰田在做着自己已经无法完全控制的事情，它过分高估了自己，向外扩张得太快了”。而《华尔街日报》的文章则透露了一点小秘密：“丰田已经不是像过去一样，从一个小圈子的日本零件供应商手里订购零件，现在的零件采购范围是全世界。”

问题与思考：

请对丰田汽车危机的原因进行分析。

八、辩论题

辩题：我国商业银行发展业务和风险控制哪个更重要？

正方：业务发展更重要

首先，业务发展是国家经济环境的要求。我国现在GDP是世界上经济增长最快的地区，国家实行了新的经济政策，继续深入实施宏观调控，投资增幅减缓，经济增长方式由投资拉动向消费推动转变。在社会化分工越来越细，非公有制经济、中小企业也在超常规地蓬勃发展，商业银行所面对的客户结构出现了多元化的变化，良好的外部环境为商业银行的各项业务提供了前所未有的发展机遇。

其次，业务发展是金融市场竞争的要求。国内多家股份制银行在经济发达地区广泛设点，随着金融市场对外资银行的开放，大量外资银行陆续在我国设立分行或办事处，金融市场的竞争日趋激烈，“逆水行舟，不进则退”。

最后，业务发展是商业银行的战略要求。我国银行大多正处在与国际接轨的战略转型时期，吸引着国际上多家战略投资者的参与投资和管理，以世界一流的商业银行为标准、追求利润的最大化、追求价值回报的最大化已经成为我国商业银行的战略发展目标，这对银行的业务发展提出了更高要求。

反方：风险控制更重要

商业银行是经营信用、经营风险的特殊行业，商业银行的各项业务发展总是与各种风险如影随形。风险控制是商业银行正常运行中必不可少的工作，商业银行的价值就是自身的风险控制能力，商业银行的收益直接体现在对风险的经营管理上。我国银行所面临的经营环境、法律环境等仍不规范，信用意识依然较差，商业银行在经营过程中遇到的风险趋于增加和多样化，风险防范是贯穿整个业务发展的主题。

在业务运行中，信用、政策、市场、操作、管理等各种风险交叉存在于业务发展的各个环节，大部分风险是可以提前预防和控制的。如果一味追求发展，忽视风险的防范，就会给银行的经营带来一系列问题，产生较大的负面影响，进而影响银行各项业务的健康发展，风险控制是业务发展的前提条件。

曾经发生的中国银行的“高山案”、德州建行的“刁娜案件”、邯郸农行的“金库案件”等系列金融案件，究其根本是基础管理存在薄弱环节，风险防范意识不强，风险防范长效机制没有真正建立。一个银行综合风险防范能力的高低决定了银行发展的好坏，因此风险管理能力是商业银行核心竞争能力的重要组成部分，只有控制好风险才能提高资产质量，保证高质量的业务发展。

九、经典案例阅读

阅读案例1 雷曼兄弟破产

（一）案情

2008年9月15日，美国第四大投资银行雷曼兄弟按照美国公司破产法案的相关规定提交了破产申请，成为了美国有史以来倒闭的最大金融公司。拥有158年历史的雷曼兄弟公司是华尔街第四大投资银行。2007年，雷曼在世界500强排名第132位，2007年年报显示净利润高达42亿美元，总资产近7 000亿美元。从2008年9月9日，雷曼公司股票一周内股价暴跌77%，公司市值从112亿美元大幅缩水至25亿美元。第一个季度中，雷曼卖掉了1/5的杠杆贷款，同时又用公司的资产作抵押，大量借贷现金被用于为客户交易其他固定收益产品。第二个季度变卖了1 470亿美元的资产，并连续多次进行大规模裁员来压缩开支。然而雷曼的自救并没有把自己带出困境。华尔街的“信心危机”，金融投机者操纵市场，一些有收购意向的公司则因为政府拒绝担保没有出手。雷曼最终还是没能逃离破产的厄运。

（二）原因

1. 受次贷危机的影响。

次贷问题及所引发的支付危机，最根本原因是美国房价下跌引起的次级贷款对象的偿付能力下降，其背后深层次的问题在于美国房市的调整。美联储在IT泡沫破灭之后大幅度降息，实行宽松的货币政策。全球经济的强劲增长和追逐高回报，促使了金融创新，出现很多金融工具，增加了全球投资者对风险的偏好程度。2000年以后，实际利率降低，全球流动性过剩，借贷很容易获得。这些都促使美国和全球出现了房市的繁荣。而房地产市场的上涨，导致美国消费者财富增加，增加了消费力，使得美国经济持续快速增长，又进一步促进了美国房价的上涨。2000—2006年美国房价指数上涨了130%，是历次上升周期中涨幅最大的。房价大涨和低利率环境下，借贷双方风险意识日趋薄弱，次级贷款在美国快速增长。同时，浮动利率房贷占比和各种优惠贷款比例不断提高，各种高风险放贷工具增速迅猛。

但从2004年中开始，美国连续加息17次，2006年起房地产价格止升回落，一年内全国平均房价下跌3.5%，为自1930年代大萧条以来首次，尤其是部分地区的房价下降超过了20%。当美国居民债台高筑难以支撑房市泡沫的时候，房市调整就在所难免。无力还贷的房贷人越来越多，一旦这些按揭贷款被清收，最终造成信贷损失。

和过去所有房地产市场波动的主要不同是，此次次贷危机，造成整个证券市场，尤其是衍生产品的重新定价。而衍生产品估值往往是由一些非常复杂的数学或者是数据性公式和模型做出来的，对风险偏好十分敏感，需要不断的调整，这样就给整个次级债市场带来很大的不确定性。投资者难以对产品价值及风险直接评估，从而十分依赖评级机构对其进行风险评估。然而评级机构面对越来越复杂的金融产品并未采取足够的审慎态度。而定价的不确定性造成风险溢价的急剧上升，并蔓延到货币和商业票据市场，使整个商业票据市场流动性迅速减少。由于金融市场中充斥着资产抵押证券，美联储的大幅注资依然难以彻底消除流动性抽紧的状况。到商业票据购买方不能继续提供资金的时候，流动性危机就形成了。

这一轮由次级贷款问题演变成的信贷危机中，众多金融机构因资本金被侵蚀和面临清盘的窘境，这其中包括金融市场中雄极一时的巨无霸们。贝尔斯登、“两房”、雷曼兄弟、美林AIG皆面临财务危机，或被政府接管，或被收购，破产收场。在支付危机爆发后，除了美林的股价还占52周最高股价的1/5，其余各家机构股价均较52周最高值下降98%或以上。

2. 雷曼兄弟自身的原因

(1) 进入不熟悉的业务，且发展太快，业务过于集中。

作为一家顶级的投资银行，雷曼兄弟在很长一段时间内注重于传统的投资银行业务（证券发行承销，兼并收购顾问等）。进入20世纪90年代后，随着固定收益产品、金融衍生品的流行和交易的飞速发展，雷曼兄弟也大力拓展了这些领域的业务，并取得了巨大的成功，被称为华尔街上的“债券之王”。在2000年后房地产和信贷这些非传统的业务蓬勃发展之后，雷曼兄弟和其他华尔街上的银行一样，开始涉足此类业务。这本无可厚非，但雷曼的扩张速度太快（美林、贝尔斯登、摩根士丹利等也存在相同的问题）。雷曼兄弟一直是住宅抵押债券和商业地产债券的顶级承销商和账簿管理人。即使是在房地产市场下滑的2007年，雷曼兄弟的商业地产债券业务仍然增长了约13%。这样一来，雷曼兄弟面临的系统性风险非常大。在市场情况好的年份，整个市场都在向上，市场流动性泛滥，投资者被乐观情绪所蒙蔽，巨大的系统性风险给雷曼带来了巨大的收益；可是当市场崩溃的时候，如此大的系统风险必然带来巨大的负面影响。

另外，雷曼兄弟“债券之王”的称号固然是对它的褒奖，但同时也暗示了它的业务过于集中于固定收益部分。虽然雷曼也在其他业务领域（兼并收购、股票交易）方面有了进步，但缺乏其他竞争对手所具有的业务多元化。

(2) 自身资本太少，杠杆率太高。

以雷曼为代表的投资银行与综合性银行（如花旗、摩根大通、美洲银行等）不同，它们的自有资本太少，资本充足率太低。为了筹集资金来扩大业务，它们只好依赖债券市场和银行间拆借市场；在债券市场发债来满足中长期资金的需求，在银行间拆借市场通过抵押回购等方法来满足短期资金的需求。然后将这些资金用于业务和投资，赚取收益。即公司用很少的自有资本和大量借贷的方法来维持运营的资金需求，这就是杠杆效应的基本原理。借贷越多，自有资本越少，杠杆率（总资产除以自有资本）就越大。杠杆效应的特点就是，在赚钱的时候，收益是随杠杆率放大的；但当亏损的时候，损失也是按杠杆率放大的。杠杆效应是一柄双刃剑。

（三）对企业经营的启示

1. 危机意识

正如比尔盖茨所说的“微软离破产永远只有18个月”。海尔董事长张瑞敏提出的“永远战战兢兢，永远如履薄冰”，说明企业越大，企业家越要有危机意识。

2. 提升企业的内部管理和抗风险能力

雷曼兄弟作为一个生存了158年的企业，其内部管理已经达到了相当规范的程度，但其仍在困境中破产，说明企业的抗风险能力是一个综合的因素。所以做企业不仅要加强企业的内部管理，同时也要提高企业在困境中生存的能力。

3. 正确的战略规划

持有次贷债券是雷曼兄弟的战略决策，其破产的主要原因也是因为其持有大量次贷债券，说明雷曼兄弟的战略规划出现了问题。做企业战略规划非常重要，战略规划的任何疏漏都会将企业带入无法预料的困难境地。

阅读案例2　雀巢奶粉碘超标风波

2005年5月25日，浙江省工商局公布儿童食品质量抽检报告，其中国际知名品牌雀巢的金牌成长3+奶粉被查出碘含量超标。

5月26日，雀巢中国公司做出反应：承认碘超标事实，解释碘超标是由于牛奶原料天然含有的碘含量存在波动而引起的，又声称该项碘检测结果符合《国际幼儿奶粉食品标准》。

5月27日，雀巢中国有限公司发布声明，以中国营养学会公布的《中国居民膳食营养素参考摄入量》为参照，称儿童碘摄入量的安全上限为每日800微克为参照，因此雀巢金牌成长3+奶粉“是安全的”。

5月28日，雀巢正式对外公布，出现碘超标质量问题的奶粉批次为：2004.09.21，但却拒绝透露生产数量及销往哪些市场。

5月28日，与雀巢公司的推三挡四、故意拖延却无实质性措施对照，家乐福等部分经销商开始对雀巢奶粉进行自发下架处理。

5月29日，中央电视台经济半小时播出专题——《雀巢早知奶粉有问题》。

6月1日，中国消费者协会表态支持消费者起诉雀巢，并公开指责雀巢公司明知奶粉有问题仍然任其上市销售，不能自圆其说。

6月2日，云南昆明发现雀巢同样产品另一批次奶粉碘超标。

6月5日，迫于巨大压力，雀巢首次正式向消费者表示道歉，但购买该批次奶粉的消费者不能退货，只能换货，且只能更换同类型号产品。

6月7日，雀巢终于在退货问题上有所松动，表示可以退货，但没有透露退货细节。

6月9日，国家标准委首次对雀巢奶粉事件表态：雀巢奶粉必须强制执行国家标准，对不达标产品禁止生产和销售。

6月11日，雀巢公司公开表示，将主动替换零售市场上所有批次的金牌成长3+奶粉。

6月15日，雀巢开始退换所有金牌3+奶粉，并开始接受超市退换货。

6月19日，雀巢高层再次向公众道歉：称公司为错误付出昂贵代价。

上述雀巢奶粉碘超标事件的危机应对过程可以清晰地发现，作为国际著名的食品生产经销商，雀巢在中国的危机管理能力和公关表现与其具有广泛影响力的国际知名品牌形象相差甚远。雀巢公司严重违背危机管理6F原则：

1. 违背Forecast（事先预防）原则

作为一家进入中国市场多年的著名食品生产商，雀巢在产品生产和检验等最基本的环节均出现技术和人为疏漏，并且对中国国家标准如此轻视，令大批不合格婴儿奶粉得以出厂销售，严重违背了危机管理的事先预防原则。在危机事件正式爆发前雀巢公司本有充足的缓冲时间进行应对，却令大好时机白白浪费。雀巢方面在事件正式曝光前15天便已经知道了流向市场的不合格奶粉的批次和流向，但仍然没有采取任何行动进行预防，对中国市场消费者的淡漠再次为其后来的危机应对埋下败笔。

2. 违背Fast（迅速反应）原则

雀巢奶粉碘超标最早发现于2005年4月下旬，浙江省工商局查出不合格儿童食品后，浙江省有关部门迅速与雀巢中国有限公司取得联系，要求在15天内予以答复。雀巢的傲慢和反映迟钝从这一刻开始流露：除了5月9日雀巢方面做出答复承认检测站检验结果外，直到5月25日浙江省工商局公布抽查结果前再没有进一步解释和跟进，错过了解决危机的最佳时机。虽然在媒体批露后，雀巢委托公关公司连续表态进行辩解，但已经为时已晚，无济于事了。

3. 违背Fact（尊重事实）原则

在铁定的事实面前，雀巢还在百般狡辩。明明违反了中国国家标准，竟然创造性地搬出《国际幼儿奶粉食品标准》和中国营养学会公布的儿童碘摄入量安全上限来做挡箭牌。最后通过媒体发布出“雀巢金牌成长3+可以安全食用”的声明，对消费者形成“误导”。

4. 违背Face（承担责任）原则

事件发生后，雀巢首先想到的是将自己可能面临的损失降到最低。当全国各地经销商开始主动下架撤货时，雀巢还在表示不回收，只是对消费者“带来的不必要的麻烦”表示道歉。在巨大压力面前，雀巢方面才开始有所动作，但仍然像政治家们谈判般步步为营，生怕自己的利益损失太大。先是说只换不退，并且只能更换同批次产品，后来表示可以退货，到6月11日才最终表态说将主动替换零售市场上所有批次的金牌成长3+奶粉。

5. 违背Frank（坦诚沟通）原则

雀巢两次向媒体回应，先是辩解碘检测结果符合《国际幼儿奶粉食品标准》，后又搬出中国营养学会公布的儿童碘摄入量的安全上限即每日800微克为参照，称雀巢金牌成长3+奶粉“是安全的”。雀巢的推三挡四、含糊其词，使其产品危机进一步恶化成为品牌信任危机。碘超标被媒体曝光后相当长一段时间，雀巢公司高层仍然没有给予充分重视，直到6月5日，雀巢中国有限公司大中华区总裁穆立才迫于压力公开向消费者表示道歉。

6. 违背Flexible（灵活变通）原则

事件发生后，雀巢公司没有与政府、权威检测机构、营养专家进行有效沟通和公关，不仅没有一个权威机构发话，还引来国家标准委等官方的严厉批评指责，四处树敌结果令自己更加被动。具有讽刺意味的是，雀巢公司的婴儿奶产品在过去就曾引起过争议并令雀巢遭受巨额经济损失。

1977 年，一场著名的“抵制雀巢产品”运动在美国突然爆发，美国奶制品行动联合会的会员到处劝说美国公民不要购买“雀巢”产品。起因是人们相信雀巢公司为了公司的利润，有意忽视人造乳品在营养方面的缺陷并误导消费者。对此雀巢公司只是一味地为自己辩护，结果遭到了新闻媒介更猛烈的抨击。正如美国新闻记者米尔顿·莫斯科维兹所言，“抵制雀巢产品”运动是“有史以来人们向大型跨国公司发起的一场最为激烈和最动感情的战争”。这场抵制运动让雀巢婴儿奶粉危机延续了 10 多年。在被抵制的十几年时间里，雀巢美国公司一直在承受着巨额的经济损失。直到 1984 年 1 月，由于雀巢公司承认并实施世界卫生组织有关经销母乳替代品的国际法规，国际抵制雀巢产品运动委员会才宣布结束抵制运动。经历过长达十年的世界性抵制雀巢奶粉运动，事隔 20 多年来到中国的雀巢，在危机公关意识与危机处理能力上竟然表现得毫无长进。

十、推荐阅读书籍

1. 武艳、张晓峰、张静著，《企业风险管理》（第 2 版），清华大学出版社，2016 年版

该书系统介绍了在竞争多变的市场条件下企业风险管理理论、策略、方法和计谋。主要内容包括：风险管理概述、企业风险管理、风险管理框架下的内部控制、流动资产风险管理、筹资风险管理、信用风险管理、生产风险管理、人力资源风险管理、市场营销风险管理、新产品开发风险管理、电子商务风险管理、投资项目风险管理、并购风险管理、利率风险管理、汇率风险管理。

2. ［澳］罗伯特·希斯著，王成、宋炳辉、金瑛译，《危机管理》，中信出版社，2004 年版

罗伯特·希斯，组织与管理方面的顾问。他从 1982 年开始从事管理与沟通方面的咨询工作，1986 年起致力于危机管理的研究，并开设了首个涉及危机管理的课程。

该书是一部针对危机进行管理的佳作。在美国，本书是许多公司主管和公用事业机构官员的案头经典。这部佳作集众人之所长，将管理理论与实践经验、现实点击与管理技巧融为一体，将成功的经验和有效的方法奉献给读者。该书不仅适用于公司主管和危机管理人员，还适用于与危机有关的人员，甚至适用于平民百姓。可以说这是一本对任何人都有裨益的书。

3. ［美］纳西姆·尼古拉斯·塔勒布著，万丹、刘宁译，《黑天鹅：如何应对不可预知的未来》，中信出版社，2020 年版

纳西姆·尼古拉斯·塔勒布，一名哲学思想者、“不确定性”问题的实践研究者，在此之前花了 21 年的时间研究风险，目前是纽约大学理工学院风险工程学特聘教授。

以“黑天鹅”命名，是因为欧洲人第一次看到黑天鹅，对真实存在的黑天鹅感到不可思议，而引出“黑天鹅”概念。你不知道的不代表不存在，作者用黑天鹅来指小概率但影响巨大的事件。黑天鹅的存在，预示着不可预测的重大稀有事件，比如新型冠状病毒肺炎疫情，它们常常带来意料之外的重大冲击。

作者通过此比喻，从一些观察思考角度提出我们需要有独立思考的能力、批判求真知的精神，时刻关注，包括充满不确定性那部分，复盘客观看待，才有可能从中获益。

4. ［美］米歇尔·渥克著，王丽云译，《灰犀牛》，中信出版社，2017 年版

米歇尔·渥克，全球思想领袖，2007 年古根海姆学者奖获得者，总部在纽约的国际政策研究所所长、芝加哥议会全球事务研究中心副主任。

该书以灰犀牛比喻大概率且影响巨大的潜在危机。米歇尔·渥克很好地补充了纳西姆·尼古拉斯·塔勒布的理论观点，相对于黑天鹅事件的难以预见性和偶发性，灰犀牛事件不是随机突发事件，而是在一系列警示信号和迹象之后出现的大概率事件，也可以说是那些高概率出现的、影响极大的、本可以预见的却又被人忽视的事件。

《灰犀牛》这本书中，作者引用了大量来自生活、政治、经济和社会的真实事例，将我们刻意无视的一切危机，真实地呈现在我们面前，并且给我们提供了详细的方法去应对危机事件，还教会我们如何从危机事件中寻找机遇。这本书，适合每一个爱看书的人，小到个人生活层面，大到全球经济领域，都适用。

第十五章

创新原理

一、名词解释

1. 创新　　2. 源创新　　3. 渐进式创新　　4. 战略创新
5. 局部创新　　6. 结构创新　　7. 文化创新　　8. 环境创新
9. 市场创新　　10. 管理思维创新

二、单项选择题

1. 深化创新就是利用对前一阶段成果的良好信任，改革与愿景规划不相适应的体制、结构、政策；培养、任用、晋升能执行愿景规划的员工。这些说法涉及创新领导的哪个环节？(　　)

A. 构建愿景规划　　B. 广泛的授权运动
C. 夺取短期胜利　　D. 巩固已有成果

2. 下列不属于管理的“维持职能”的是（　　）。

A. 组织　　B. 创新　　C. 控制　　D. 领导

3. 关于企业战略创新的说法，以下哪一个选项是错误的？(　　)

A. 旨在发现和变革组织目标
B. 旨在表现出战略决策的流创新
C. 新来者面对巨大资源短缺也能成功的唯一途径
D. 战略创新一般包括制度创新、结构创新和文化创新。

4. 德鲁克认为七种创新来源中，与其他类型的创新相比，(　　) 创新具有最漫长的前置期。

A. 技术性　　B. 产品性　　C. 流程性　　D. 知识性

5. 市场创新的更多内容是通过企业的（　　）来进行的。

A. 销售活动　　B. 营销活动　　C. 经营活动　　D. 研发活动

6. 关于创新的说法，以下哪一个选项是错误的？(　　)

A. 德鲁克认为，任何改变现存物质财富，创造潜力的方式都可以称为创新
B. 熊彼特从经济学视角较早提出了管理创新的思想
C. 管理创新和维持都是属于同一类的管理活动
D. 实现任何一种新的组织也是创新的一种

7. 创新管理决策涉及多个方面，以下不属于创新决策逻辑的是（　　）。
A. 创新基础的选择　　B. 创新方式的选择
C. 创新对象的选择　　D. 创新战略的选择

8. 对于现有管理理论、手段和方法的根本性突破是（　　）。
A. 渐进式创新　B. 结构创新　C. 破坏性创新　D. 要素创新

9. 关于创新逻辑的说法，以下哪一个选项是错误的？（　　）
A. 创新决策逻辑涉及创新计划、创新分析以及创新决策的定制等多个方面
B. 创新基础的选择需要用以解决在何种层次上组织创新的问题
C. 创新对象选择主要涉及材料、产品、工艺、手段等不同方面
D. 创新水平解决的主要是组织企业创新活动时选择的战略种类

10. 最先给出创新定义的人是（　　）。
A. 约瑟夫·熊彼特　　B. 罗纳德·科斯
C. 哈罗德·孔茨　　D. 彼得·德鲁克

11. 下列选项中，不属于创新活动的是（　　）。
A. 设备的更新改造　　B. 产品的开发
C. 质量的检验　　D. 工艺的改进

12. 不断寻找机会，通过创新满足需要，赋予资源以生产财富能力的人称为（　　）。
A. 开创者　　B. 企业家
C. 企业家精神　　D. 领导者

13. 企业制度创新的方向是（　　）。
A. 寻求生产资料的社会成员“个人所有”与“共同共有”的最适度组合
B. 不断地追求和实现报酬与贡献的更高层次上的平衡
C. 不断调整和优化企业所有者、经营者、劳动者三者之间的关系，使各个方面的权力和利益得到充分的体现
D. 不断寻求企业生产资料最有效利用的方式

14. 利用头脑风暴法进行创新时，下列要求错误的是（　　）。
A. 参加者最好有不同的背景，而且是同一层次的
B. 允许参加者提出疯狂的或是极端的想法
C. 尽可能提出更多的想法和建议
D. 鼓励对他人的想法提出批评

三、多项选择题

1. 组织外部环境动态性的特征主要表现在（　　）。
A. 技术变化的速度　　B. 社会沟通的复杂程度

C. 人们交往的复杂程度　　D. 信息技术的发展

2. 企业制度主要包括（　　）。

A. 经营制度　B. 产权制度　C. 创新制度　D. 管理制度

E. 变革制度

3. 从系统的外部来讲，有可能成为创新契机的变化主要有（　　）。

A. 文化与价值观念的转变　　B. 生产经营中的瓶颈

C. 人口的变化　　D. 宏观经济环境的变化

E. 技术的变化

4. 企业在进行创新的过程中，需要进行一系列的创新管理决策，包括（　　）。

A. 创新基础　B. 创新对象　C. 创新水平　D. 创新方式

E. 创新时机

5. 从技术创新的角度看，创新对象选择主要涉及（　　）。

A. 材料　B. 产品　C. 工艺　D. 企业员工

E. 手段

6. 系统的生命力取决于（　　）。

A. 社会对系统贡献的需要程度　　B. 系统从社会中获取资源的能力

C. 系统利用资源的能力　　D. 系统对社会需要的认识能力

E. 系统本身的贡献能力

7. 下面对维持和创新的说法正确的是（　　）。

A. 维持对系统的生存发展是非常重要的，创新则可有可无

B. 创新是维持基础上的发展

C. 维持是创新的逻辑延续

D. 创新是为了实现维持的成果

E. 维持是为更高层次的创新提供依托和框架

8. 诱发企业创新的源泉包括（　　）。

A. 意外的成功或失败　　B. 行业和市场结构的变化

C. 企业内外的不协调　　D. 观念的改变

E. 新知识的产生

9. 过度创新可能带来的问题有（　　）。

A. 导致组织的僵化和保守

B. 抑制人能力的发展

C. 结构体系的混乱，专业化程度的削弱

D. 忽视市场的竞争和技术的变化

E. 消耗大量的资源，投入不能从创新收益中得到补偿

F. 导致规章制度权威性的减弱，乃至组织的瓦解

10. 技术创新战略是一系列选择的综合结果，这些选择一般涉及（　　）等多个方面。

A. 创新的对象　　B. 创新的水平

C. 创新的基础　　D. 创新实现的时机

E. 创新的方式

11. 企业应该正视任何意外的成功或失败的情况，并进行认真地分析，为此企业需要努力搞清并回答的几个问题是（　　）。

A. 企业应采取何种对策才能充分地利用发生的变化，以使之成为企业发展的机会
B. 发生的变化会将企业引向何方
C. 如何避免变化
D. 究竟发生了什么变化
E. 为什么会发生这样的变化

四、判断题

1. 企业是创新的重要力量。（　　）
2. 为适应环境的变化，组织应不断调整系统内部的内容和目标，这在管理上叫作管理的创新职能。（　　）
3. 对企业而言唯一不变的就是创新。（　　）
4. 产品创新属于制度创新。（　　）
5. 产品创新是技术创新的一种。（　　）
6. 根据创新与环境的关系，创新可以分为局部创新和整体创新。（　　）
7. 汽车的动力系统由燃油改为燃气也属于一种创新。（　　）
8. 如果提出的构想还不是非常完善的话，就不应该急于进行创新行动。（　　）
9. 设备创新就是指不断地用新设备取代老设备。（　　）
10. 创新型管理认为每一个管理者都应该成为创新者。（　　）

五、简述题

1. 简述管理创新的内涵。
2. 根据创新理论中的“流”与“源”的概念，简述管理创新的两种存在方式。
3. 简述管理的维持与创新的关系。
4. 管理创新的主要内容有哪些？
5. 管理创新有哪些不同的方式？
6. 简述组织创新包含的主要内容。
7. 如何理解创新思维？
8. 简述企业创新的源泉。
9. 为什么说“有效管理就是实现维持与创新的最优组合”？
10. 简述创新管理决策的四个方面。

六、论述题

1. 结合产品寿命周期理论分析新产品开发对于企业发展的意义，并举例说明。
2. 请结合实际，论述创新与企业可持续发展的关系。

七、案例分析题

微软和 TCL 的创新之路

20 世纪中叶以来，随着科学技术的飞速发展和科技成果的广泛应用，科学社会化的速度明显加快，以技术创新为核心的技术进步在经济增长中的作用更加突出。

（1）微软：不断创新，成为知识经济的缩影。比尔·盖茨创立的微软公司获得巨大成功的全部奥秘在于，他们将知识作为主要资本来从事生产，将研究与开发置于中心地位，保持持续不断的创新。该公司 OFFICE 产品部副总经理克里斯彼得斯说："我们所做的一切在 3 年以后将不再有意义。"比尔·盖茨有一句名言"微软距离破产永远只有 18 个月"，道出了微软追求创新的经营理念。

有人说，微软是世界信息业的骄子，它的崛起反映的不只是一种知识创造财富的现象，它是美国快速发展的信息产业的一个组成部分，象征的是一种新的产业、新的经济——知识经济的出现，它是知识经济的缩影。为什么微软公司取得了如此大的成功呢？原因就是在公司内创造最好的"创新"氛围，为各种人才发挥创造力提供最好的条件和资源，不断进行创新，扩大其新产品序列，不断地从一个软件市场和销售渠道进到另一个软件市场和销售渠道。

（2）TCL 集团：在变革与创新中成长起来的竞争型国企的典型代表。TCL 也是中国家喻户晓的知名品牌之一，在全国电子百强企业中 TCL 集团进入前十名。1998 年，实现总产值 138 亿元，销售收入 92 亿元，实现利税总额 6.5 亿元。TCL 之所以能在全国经济不景气、国有企业效益全面滑坡和全国产品市场销售疲软的情况下，逆流而上，取得如此骄人的战绩，就在于该企业始终将经营变革与管理创新作为企业发展的推进器。TCL 正是依托不断地经营变革和管理创新，在变革创新中争创了新的优势，提高了企业竞争力，实现了企业的持续、稳定、快速发展。TCL 通过不断的变革与创新，带来行动上的超前和理念上的超前，从而形成其他一般企业无可比拟的优势。与一般基础性产业的国企依托资源禀赋取得发展的成功不同，TCL 属于无资源禀赋的竞争性行业企业，它的成功在于其始终保持与改革的潮流一致，与市场需求一致，与技术发展的潮流一致，与国际上现代化企业的发展步调一致，不断地变革创新，强化企业的竞争优势，时时更新观念，打破以往的模式，不断否定自己、超越自己。

问题与思考：

1. 微软公司成功的事实表明：创造财富的主要力量在于（　　）。

　A. 机器设备　　B. 原材料　　C. 操作工人　　D. 知识

2. 为什么说创新是企业改善市场环境的重要手段？

八、辩论题

辩题：产品与服务的创新不足阻碍了市场的发展，还是宣传营销力度不够阻碍了市场的发展？

正方：产品与服务创新不足阻碍了市场发展

德鲁克认为，任何改变现存物质财富、创造潜力的方式都可以称为创新；创新是新思想的运行，是付诸行动的一切新的想法。市场出现消费升级的原因，一方面顾客愿意稍微多花一点钱去提升品质；另一方面也是市场上大部分的品牌已经尝试过了，对“新”这件事要求更多。因而，产品、服务的创新力度不足，使得供给端的产品无法满足市场的需要，从而阻碍了市场的发展。

反方：宣传营销力度不够阻碍了市场发展

市场创新的更多内容是通过企业的营销活动来进行的，即在产品的材料、结构、性能不变的前提下，或通过市场的地理转移，或通过揭示产品新的物理使用价值，来寻找新用户，再通过广告宣传等促销工作，来赋予产品一定的心理使用价值，影响人们对某种消费行为的社会评价，从而诱发和强化消费者的购买动机，增加产品的销售量。

“酒香也怕巷子深”，宣传力度是影响市场发展的主要原因。

九、经典案例阅读

阅读案例1　创新先锋——3M公司

（一）3M公司简介

美国明尼苏达矿业制造公司，因英文名称头3个单词以M开头，所以简称3M公司。3M公司以其为员工提供创新的环境而著称，视革新为其成长的方式，视新产品为生命。公司的目标是：每年销售量的30%从前4年研制的产品中取得。每年，3M公司都要开发200多种新产品。它那传奇般的注重创新的精神已使3M公司连续多年成为美国最受人羡慕的企业之一。在过去15年中，著名的《财富》杂志每年都出版一份美国企业排行榜，其中有10年3M公司均名列前10名。面对知识经济的挑战，3M公司的创新实践，为企业提供了不可多得的范例。

3M公司文化突出表现为鼓励创新的企业精神。3M公司的核心价值观：坚持不懈，从失败中学习，好奇心，耐心，事必躬亲的管理风格，个人主观能动性，合作小组，发挥好主意的威力。

（二）3M公司的创新机制

1. 员工能力的提升

通过正确的人员安置、定位和发展提高员工的个人能力。公司发展既是员工的责任，也是各级主管的责任。提供公平的个人发展的机会，对表现优秀的员工给予公平合理的奖励。个人表现按照客观标准进行衡量，并给予适当的承认与补偿。3M公司鼓励每一个人开发新产品，公司有名的“15%规则”允许每个技术人员至多可用15%的时间来“干私活”，即搞个人感兴趣的工作方案，不管这些方案是否直接有利于公司。当产生一个有希望的构思时，3M公司会组织一个由该构思的开发者以及来自生产、销售、营销和法律部门的志愿者组成的风险小组。该小组培育产品，并保护它免受公司苛刻的调查。小组成员始终和产品待在一起直到它成功或失败，然后回到各自原先的岗位上。有些风险小组在使一个构思成功之前尝试了3次或4次。每年，3M公司都会把“进步奖”授予那些新产品开发后3年内在美国销售额达200多万美元，或者在全世界销售达400万美元的风险小组。

2. 组织结构的改变

组织结构上采取不断分化出新分部的分散经营形式，而不沿用一般的矩阵型组织结构。

组织新事业开拓组或项目工作组，人员来自各个专业，且全是自愿的。提供经营保证和按酬创新，只要谁有新主意，他可以在公司任何一个分部求助资金。新产品搞出来了，不仅是涨薪，还包括晋升。比如开始创新时是一位基础工程师，当他创造的产品进入市场，他就变成了一位产品工程师，当产品销售额达到 100 万美元，他的职称、薪金都变了。当销售额达到 2 000 万美元时，他已成了“产品系列工程经理”。在达到 5 000 万美元时，就成立一个独立的产品部门，他也成了部门的开发经理。

3. 提倡员工勇于革新

只要是发明新产品，就不会受到上级任何干预。同时，允许有失败，鼓励员工坚持到底。公司宗旨中明确提出：决不可扼杀任何有关新产品的设想。在公司上下努力养成以自主、革新、个人主动性和创造性为核心的价值观。这是因为，3M 公司知道为了获得最大的成功，它必须尝试成千上万种新产品构思。把错误和失败当作创造和革新的正常组成部分。事实上，它的哲学似乎成了“如果你不犯错，你可能不在做任何事情。”但正如后来的事实所表明的，许多“大错误”都成为 3M 公司最成功的一些产品。3M 公司的老职员很爱讲一个化学家的故事——她偶尔把一种新化学混合物溅到网球鞋上，几天之后，她注意到溅有化学混合物的鞋面部分不会变脏，该化学混合物后来成为斯可佳牌织物保护剂。

（三）3M 公司的创新管理思维

在 3M 公司，人们时刻都可以听到谈论创新问题的正式宣言，就是 3M 要成为“世界上最具有创新力的公司”，3M 公司对创新的基本解释既醒目又简单。创新就是：新思想+能够带来改进或利润的行动。在他们看来，创新不仅仅是一种新的思想，而是一种得到实行并产生实际效果的思想。创新不是刻意得来的，3M 公司证明了一件事，那就是当公司愈是刻意要创新时反而愈是不如其他公司。利贴便条是在一连串意外中诞生，并不是依循精密的计划而来，每次意外的发生都是因为某个人可以完全独立从事非公司指定的工作，但同时也履行了对公司的正式义务。发明者往往比管理者有更多的空间，可以表达自我。

3M 公司极有威望的研究带头人科因称，公司的管理哲学是一种“逆向战略计划法”。3M 公司并没有先将重点放在一个特定的工业部门、市场或产品应用上，然后再开发已经成熟的相关技术，而是先从一个核心技术的分支开始，然后再为这种技术寻找可以应用的市场，从而开创出一种新的产业。这是一种“先有解决问题的办法后有问题”的创新模式。研究人员通常都是先解决技术问题，然后再考虑这种技术可以用在什么地方。3M 公司的首席执行官德西蒙说：创新给我们指示方向，而不是我们给创新指示方向。3M 公司试图通过一种类似温室一样的、允许分支技术自己发展的公司文化来支持研究活动。3M 公司有时在自然创新方面非常有耐心，明白一种新技术要想结出果实，可能会需要许多年的时间，因为过去公司研制最成功的技术也曾经走进过死胡同。

阅读案例 2　华为创新的价值：中国创新反思

华为早在 2002 年就研发 4G，2004 年商用。这一周期，中国 3G 还没上马。到了 2008 年中国开放 3G 后，2009 年，华为已经开始了 5G 的研究。也就是说，如果仅仅拿中国大陆市场来对标，华为的技术创新、商业布局，提前了几乎 5 年到 10 年。要知道，提前多年布局，具有巨大的成本与产业风险，很可能你的研究创新刚出来，就会被新的技术趋势抛弃。这要求一个公司必须拥有国际化的格局，并且能深入未来的应用层面。

华为的技术创新投入在中国应该处于最前列。它每年都会拿出10%至12%的收入，投向基础研发。其中超过1%的比例，又专注于那些最前沿、商用还很早的领域。在中国TMT领域，没看到一家企业能保持这种力量的。看看华为的专利地位，汤森路透旗下知识产权与科技事业部发布了2014年全球百强创新机构榜单，华为是唯一上榜的中国大陆企业。截至2014年6月底，它在中国、欧美等国家或区域已申请6.5万件次以上专利，全球跟踪参与100多个重要国际标准组织，每年3 000多件提案被接受。国产手机品牌中，华为中国专利持有量高达5万件，占国产手机专利的一半。中国没有哪家企业拿得出这么一组数据，包括联想。

华为这种迭代创新的历史，类似于20世纪80年代英特尔处理器创新的案例。这在英特尔华人高管虞有澄所著的《我看英特尔：华裔副总裁的现身说法》一书中曾描写过。他说当年公司面临两条技术路线，没有一条敢于确认自己成功，而英特尔依然充满远见地押宝，在两条路线上同时进行前沿创新，终于在其中一条道路上获得成功，从存储芯片被日本人打败的创伤中重新崛起，成为了全球处理器巨头，至今依然拥有霸主地位，已经40多年。这种精神，再往上追溯，日本的案例更典型。20世纪60年代，日本人在许多领域加速追赶美国、欧洲，(美国)约翰斯通《我们在燃烧：日本电子企业研发史》一书，描绘了第二次世界大战后至20世纪90年代日本电子产业激动人心的创新史。到了20世纪80年代初期，全球前10大半导体企业，日本占据9个。当然现在日本电子巨头有些没落，但是它们累积的技术，至今依然渗透在许多产业。由此可见，一个不敢在前沿布局的企业，不敢挑战不确定性的企业，不会有真正的梦想。华为曾在著名媒体上打了一幅广告，画面上，只有一幅照片与两行文字照片上是李小文院士光脚穿布鞋坐在讲台后看书，两行文字是“华为坚持什么精神？就是真心向李小文学习”。这两行文字，就是任正非要求写下的。他要传递这样的用意：李小文搞科研，从来不惧怕外国权威，敢于与同行争论。李小文身上的那点纯粹，正是大多数俗人所不具备的。对科学家来说，纯粹是牛顿头上的那颗苹果。日之所思、梦之所萦，都是自己上下求索的问题。这正是华为要认认真真向李小文学习的原因。从李小文到华为上述创新战略，尤其是5G的布局动向看，华为已经超越了许多公司的运营逻辑，虽然反映了它应对管道化危机的用意，但也是一种理想的宣泄。

除了管道危机与创新外，任正非谈到了华为不IPO、接班人、人与组织管理的话题。他认为，IPO虽能造富大批员工，但可能会让人越来越怠惰，失去奋斗者本质色彩，并集中宣扬了价值观与商业理念，反驳了西方商业理念，尤其是所谓“为投资人利益服务”。斯坦福大学教授沙伊·伯恩斯坦追踪了近2 000家上市科技公司后，给出这样一个数字：公司上市之后创新能力会下降40%。任正非不是否认IPO的价值，他明白这一问题的致命处。不去IPO，华为员工就容易被腾讯们或者将要IPO的企业挖角。但是，在一场管道化危机的周期内，华为若是IPO，很可能也会沦为为数字而战，失去创新的动力。因此，任正非的难处，根本就不在于华为IPO，而是在一个造富效应泛滥的环境，如何通过多重激励对冲、转移员工的财富冲动，为他们实现人生价值打破天花板，继续推动华为创新。

放在国家层面，创新一定是个文化与精神的问题，不是技术、资金与人力智慧问题。这个国家诞生过如此多的灿烂文明，智慧与创造力已得以无数次验证。从这点来说，真正尴尬的倒不是企业。中国出色的企业很多，但往往总是先在国外或者墙外形成言论认同，然后才被贩卖回来，齐声喊好，给它加冕。为什么我们总是看不到身边一些真正的创新主体呢？

也许与企业风格有关。“华为”们是 B2B 企业，过去用不着对大众说话，只要能跟运营商们建立好关系就行。任正非多年不与媒体见面。这两年明显有所反思。因为管道化危机来临，华为消费类业务崛起，企业级业务也处于规模化的前夜。一定也有大众传媒的选择性报道误区。它们更关注能带来广告效益、能抓眼球、创造流量的题材。对于一个产业、企业微观的、静悄悄的变革，几乎都是摆出一副冷漠的姿态，打着专业主义的旗号，做着许多不专业的传媒服务。那些所谓的专业媒体，根本就称不上专业，不是人才不行，而是同样受制于过度的商业化，真正坚守所谓专业的寥寥无几。商业化虽无可厚非，但一个产业、一个企业微观世界的丰富性就消失了，有些是永远无法弥补的。

十、推荐阅读书籍

1. ［美］克莱顿·克里斯坦森著，胡建桥译，《创新者的窘境》，中信出版社，2020 年版

克莱顿·克里斯坦森，世界创新大师、哈佛商学院教授，他的研究重心在于科技创新管理、组织能力开发，以及为高新技术寻找新市场等方面。

在《创新者的窘境》一书中，克里斯坦森分析了计算机、汽车、钢铁等多个行业的创新模式，指出一些看似很完美的商业动作很可能会毁掉一家优秀的企业，而暂时遭到主流客户拒绝的关键的、突破性的技术，逐渐演变成了主导新市场的“破坏性创新”。如果企业过于注重客户当下的需求，就会导致创新能力下降，从而无法开拓新市场，常常在不经意间与宝贵机遇失之交臂。而更灵活、更具创业精神的企业则能立足创新，把握产业增长的机会。

克里斯坦森对于技术变革以及它对企业未来成功与否的重要性做出了极富洞察力的分析，是非常值得阅读的书。

2. ［以］阿姆农·弗伦克尔、什洛莫·迈特尔著，庄士超译，《创新的基石：从以色列理工学院到创新之国》，机械工业出版社，2017 年版

以色列是一个自然资源匮乏的国度，仅仅依靠人力资本成功发展出一个蓬勃繁荣的高科技经济，其丰富的人力资源通过他们的创新、远见、创造和勇气，使这个国家在新的科学时代站在了全球的前沿。

以色列理工学院享有“以色列的麻省理工”之称，它为以色列在科技、军事、医疗、生物、化工、土木工程等专业技术领域提供了大量的工程师、创业者、高管，为“创业的国度”奠定了坚实的人才基石。阅读此书，可以了解一个大学如何通过创新获得了人才质量方面的提升。

3. ［英］蒂姆·布朗著，侯婷译，《IDEO，设计改变一切——设计思维如何变革组织和激发创新》，万卷出版公司，2019 年版

蒂姆·布朗，世界创意公司 IDEO 总裁兼首席执行官，工业设计出身，多次获得设计大奖。

《IDEO，设计改变一切》带领我们认识“设计思考”。设计思考的价值不只局限在创意产业，或负责产品设计的工作者，在解决需要多方考虑的抽象问题时，如提升顾客对旅馆的经验感受，鼓励银行客户存更多钱，如何提升机场维安等，设计思考也能发挥强大的功效。

该书是为追求设计思考的组织及个人打造的蓝图，协助将设计思考这种以创意解决难题的做法，带进生活、组织、产品和服务，为社会整体和企业发掘新的替代方案。

第十六章

组织创新

一、名词解释

1. 组织转型　2. 组织演化　3. 认知惰性　4. 创客　5. 创客空间
6. 制度结构　7. 层级结构　8. 隐性知识

二、单项选择题

1. “通过加强和支持手段，使得变革与创新活动锁定成为组织的新范式和新规范”是指理性组织变革的三个阶段模式中的（　　）。
A. 解冻　B. 转变　C. 冻结　D. 凝结

2. “在组织内部广泛宣传变革与创新的必要性，让每个团体都能够真正地感受到变革与创新的必要性，接受变革与创新的挑战”是指理性组织变革的三个阶段模式中的（　　）。
A. 解冻　B. 转变　C. 冻结　D. 凝结

3. “通过寻找机会、提出构想、迅速行动、坚持不懈等变革与创新的环节，提出变革与创新的观念和将其付之于行动的过程”是指理性组织变革的三个阶段模式中的（　　）。
A. 解冻　B. 转变　C. 冻结　D. 凝结

4. 组织变革启动的首要因素是（　　）。
A. 组织愿景为组织变革描绘了一个可见的未来
B. 组织利益相关者感受到组织变革的需要
C. 组织的价值观和社会主流的价值观不匹配
D. 组织文化为变革设计了共同目标

5. 寻找问题的“根本解”是指以下哪种类型的组织学习？（　　）
A. 单循环学习　B. 双循环学习　C. 学习曲线　D. 再学习

6.（　　）提出组织学习可以分为单循环学习、双循环学习、再学习三种类型。
A. 阿吉里斯　B. 德鲁克　C. 熊彼特　D. 科斯

7. 关于“分工原则不仅体现在产品制造过程相关的生产劳动中，而且体现在与生产过程协调有关的管理劳动中”的描述，以下选项更贴切的是（　　）。

A. 直线指挥，分层授权　　B. 分工细致，权责明确

C. 任务明确，制度科学　　D. 标准统一，关系正式

8. 获取持久变革的动力不包括（　　）。

A. 创新活动的人才配置　　B. 创新人才的特质和角色

C. 创客时代的动力　　D. 创客时代的需求

9. 在企业具体的核心能力的载体中，刚性特征最为明显的是（　　）。

A. 企业人力资本　　B. 企业非人力资本

C. 企业有形资产　　D. 企业无形资产

10. “调整组织运作方式，往往波及许多变革计划”，这个特征是指组织变革的四条路径中的（　　）。

A. 演化　　B. 适应

C. 改造　　D. 革命

11. 制度结构规定了不同参与者的______；文化结构规范了作为类群或个体的参与者在企业生产经营活动过程中的______；层级结构规范了个体成员在组织活动中的______。请选择符合上述空格的选项。（　　）

A. 应当承担的义务和享有的权力，正式关系，关系和行为

B. 应当承担的义务和享有的权力，非正式关系，关系和行为

C. 关系和行为，非正式关系，应当承担的义务和享有的权力

D. 应当承担的义务和享有的权力，关系和行为，正式关系

12. 在消除变革抵触情绪的方法中，以下哪项是教育和沟通的优点？（　　）

A. 人们一旦被说服，就往往会帮助实施变革

B. 这是处理调整问题的最好方法

C. 有时这是一条避免强烈抵触的简便途径

D. 这是一种相对迅速、节约时间的解决方式

13. 组织创新者呈现出不同的形式和风格，扮演不同的关键角色，不包括以下哪一个选项？（　　）

A. 拥护者　　B. 助推者　　C. 创业者　　D. 反对者

14. 组织变革障碍的资源路径依赖因素除了企业核心能力和企业家行为因素，还包括以下哪个选项？（　　）

A. 企业人力资本　　B. 企业非人力资本

C. 企业结构　　D. 企业文化

15. 能够有效地促进创新的组织通常具有的一个特征是（　　）。

A. 外部的控制较多　　B. 强调目的性和专一性

C. 成员大都高度自信、敢于冒险　　D. 组织正规化、集权化程度较高

16. （　　）是变革与创新抵触中最活跃的因素。

A. 资源　　B. 人　　C. 制度　　D. 环境

三、多项选择题

1. 理性组织变革的模式包括（　　）。

A. 解冻　B. 转变　C. 冻结　D. 变革

2. 组织变革的路径包括（　　）。

A. 演化　B. 适应

C. 改造　D. 革命

3. 以下属于组织变革的障碍中，认知与心理因素的障碍有（　　）。

A. 缺乏了解　B. 评价差异

C. 认知惰性　D. 核心能力刚强

4. 以下属于组织变革的障碍中，社会与政治影响的障碍有（　　）。

A. 文化组织记忆特征　B. 个人利益

C. 道德的困境　D. 团队心理压力

5. 以下属于组织变革的障碍中，资源路径依赖因素的障碍有（　　）。

A. 核心能力刚强　B. 企业家行为选择的路径依赖性

C. 评价差异　D. 企业文化组织记忆特征

6. 组织变革管理过程中，激发组织变革的意愿需要做到（　　）。

A. 感受变革的需求　B. 消除组织变革障碍

C. 创造共同愿景　D. 了解变革的结果

7. 组织变革的过程管理包括哪几个过程？（　　）

A. 获取变革目的　B. 激发组织变革的意愿

C. 创造组织共同愿景与意义给赋　D. 获取持久变革的动力

8. 组织结构创新包括哪几种创新？（　　）

A. 制度结构创新　B. 层次结构创新

C. 层级结构创新　D. 文化结构创新

9. 知识创新的过程包括哪几个方面？（　　）

A. 共享隐性知识阶段　B. 创造新概念阶段

C. 证明概念阶段　D. 构建原型阶段

E. 知识层次交叉阶段

10. 知识创新的过程可以分成（　　）。

A. 社会化　B. 隐性化　C. 内在化　D. 外在化

E. 组合化　F. 显性化

11. 获取持久变革的动力应着力于哪几个方面？（　　）

A. 创新活动的人才配置　B. 创新人才的特质和角色

C. 创客时代的动力　D. 创新时代的障碍

12. 人们在企业中的活动所需要的知识可以分为哪几类？（　　）

A. 有关营销的知识　B. 有关操作的知识

C. 有关管理的知识　D. 有关协调的知识

13. 以下属于层级结构曾表现出的主要特征有（　　）。
A. 直线指挥、分层授权　　B. 分层管理、统一指挥
C. 分工细致、权责明确　　D. 标准统一、关系正式

14. 层次结构发挥作用的背景（　　）。
A. 消费者的诸多需求基本是无差异的
B. 影响企业经营的环境因素基本上是稳定的
C. 消费日趋个性化和多样化
D. 消费者参与创新过程

四、判断题

1. 冻结是指通过加强和支持手段，使得变革与创新活动锁定成为组织的新范式和新规范。（　　）

2. 勒温最早提出了理性组织变革三个阶段模式。（　　）

3. 变革是调整组织运作方式，比适应更加显著和快速。它往往波及许多变革计划，如大规模经营转向等。（　　）

4. 寻找问题的“根本解”是指在学习类型的组织学习。（　　）

5. 变革与创新是一对孪生兄弟，变革就是创新，创新的过程也是变革的过程。（　　）

6. 认知与心理因素包括缺乏了解、评价差异两个方面。（　　）

7. 组织变革的四条路径为演化、适应、改革、革命。（　　）

8. 层级结构是对个体成员在组织活动中的关系和行为的规范。（　　）

9. 在组织中创新要远比维持重要。（　　）

10. 组织的创新惯例就是组织有关创新规律的认知，对组织创新活动有启发和引导作用。（　　）

五、简述题

1. 简述勒温的理性组织变革模式。
2. 简述组织变革的四条基本路径。
3. 简述组织变革过程管理。
4. 怎样理解工业社会企业文化是一元的？
5. 工业社会的企业层级结构及其特征是什么？
6. 简述后工业社会与企业层级结构的改造。

六、论述题

1. 请举例论述组织变革的障碍中资源路径依赖因素。
2. 请结合实际，论述后工业化时代的企业文化创新。
3. 请结合实际，论述知识创新的五个阶段。

七、案例分析题

在自我颠覆中进化：海尔的组织创新探索

海尔集团创立于1984年，从开始单一生产冰箱起步，拓展到家电、通信、IT数码产品、家居、物流、金融、房地产、生物制药等领域，成为全球领先的美好生活解决方案提供商。一直以来，海尔视创新为企业的文化基因，积极把握时代变革、探索新的管理模式。目前海尔正在向互联网时代的平台型企业过渡，即从制造产品转型为制造创客的平台，平台上聚合了海量创客及创业小微，他们在开放的平台上利用海尔的生态圈资源实现创新成长。通过变革，海尔获得了如初创企业一般的发展活力和创新能力。

创始人兼CEO张瑞敏先生在海尔的内部讲话中提到："整个企业要从管控型组织变成投资平台，每个人不再是被动的命令执行者，而是平台上的创业者。整个组织，从原来的传统组织变为互联网组织。"这是一次难度极大的自我颠覆。

海尔的发展历程

从1984年创立至今，海尔集团经过了名牌战略发展阶段（1984—1991年）、多元化战略发展阶段（1991—1998年）、国际化战略发展阶段（1998—2005年）、全球化品牌战略发展阶段（2005—2012年），2012年12月，宣布进入第五个发展阶段，即网络化战略阶段。每个战略阶段有不同的目标，而随着目标的变化，组织也相应发生变化。

在互联网时代，海尔为什么再一次走向组织转型？

首先，互联网时代信息是透明的、对称的，要求生产服务与用户零距离。其次，从1984年一个很小的集体制工厂，海尔发展成为现在的跨国公司。众所周知，大企业存在各种各样的问题，比如传统的多层级组织减慢了对市场的反应速度，滞后的市场信息转化成的产品往往已不能满足用户需求；大企业的部门职责往往太过精细固化，容易滋生推诿扯皮的官僚主义。最后，从员工的角度来说，员工的驱动力也发生了变化，他们不再满足于只做执行者，而是渴望自主，渴望有个平台可以帮助他们实现理想和自我价值。

海尔现阶段的组织结构有什么特点？

互联网时代的到来颠覆了传统经济的发展模式，而新模式的基础和运行则体现在网络化上，市场和企业更多地呈现出网络化特征。现在海尔由小微企业（简称小微）和平台两部分组成。小微是直接为终端用户创造价值的最基本的单元，是在平台上独立运营、独立核算的自组织，小微是全流程的，每个节点都是围绕小微的同一目标来工作和协同。平台是指通过建立开放的体系吸引小微和外部资源到它上面运营，同时负责把平台生态圈做得越来越繁荣，从而使每个进来的利益相关方都能在平台上更快地实现价值（图16-1）。

平台和小微的关系是什么？

平台开放吸引各类资源，为小微提供共享的资源和服务。战略方向也是平台制定的，确保在平台上的小微发展方向是一致的。同时，平台通过公开透明的信息化系统来支持和显示小微的活动，确保"活而不乱"。

海尔目前有多少小微，它们是如何运营的？

一共有200多个小微，主要分为两类：转型小微和创业孵化小微，另外还有一类刚演进

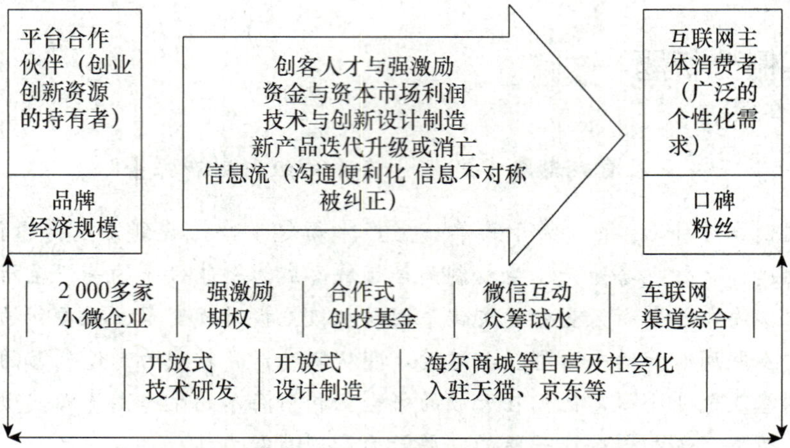

图 16－1 无边界的海尔创客平台社会化示意图

而来的“从转型到创业孵化类小微”。

转型小微是在海尔生态圈里，通过模式颠覆、完全市场化机制，实现从小到大的自组织，主要是从成熟产业如冰箱、空调、洗衣机等平台上自立产生的自主经营、自负盈亏的自组织。和传统组织相比，转型小微最大的不同是它的全流程节点从原来的串联流程变成现在的并联开放流程，所有各方并联在一起共同为市场创造价值。举例来说，如营销这个节点，以前是产品生产出来之后，负责卖出去就好了，现在它要事前参与到用户交互、用户最佳体验等环节中，在产品生产出来之前，就能事先承诺用户资源和用户量。这是最大的差别。

创业孵化小微的主要特点就是聚焦新机会、新事业，从 0 到 1，是通过新的点子和创意产生的小微。它不是谁布局出来的，而是根据用户需求自生成的、完全市场化的创业团队。创业孵化小微采用的是创业团队对赌跟投的合伙人机制。开放和吸引外部资本与创业团队对赌出资、跟投，体现资本社会化和人力社会化。在这样的团队里，员工变成创业者，对赌短期、中期、长期的目标，在每个节点对赌的目标达成后，可以分享自己创造出来的那部分价值。

海尔如何激励这些小微?

转型小微的激励原则是“同一目标，同一薪源”。“同一薪源”即小微全体成员的薪酬来源于他们创造的价值。在小微实践的过程中，有小微探索出了“0030”模式。“0030”中的第一个“0”是 0 底薪，第二个“0”是 0 费用，然后“30”就是“30%的事先预留的风险金”。0 底薪、0 费用的基本原则就是小微的薪酬和费用都是根据创造的用户价值自挣出来的，不是组织分配的。超利分享的 30%作为风险金，70%会用于小微团队、平台及其利益相关方的当期及未来的分享。小微的成员是根据自己实际创造出来的用户价值、对小微的贡献，来决定自己的挣酬和分享，“高价值高酬”；所有成员的薪酬必须是在小微自挣范围之内来兑现的。对于孵化小微采用的对赌跟投机制，是一种完全市场化、社会化的激励机制。

海尔怎样管理为数众多且独立运作的小微?

人力方面通过 e-HR 系统管理，e-HR 系统中有小微自注册系统、小微人单合一对赌承诺系统、人单酬系统等，因此小微从创立开始的每一步都会有记录。这些系统保障了小微在人力方面能够自组织、自运行、自驱动。海尔的大共享平台还有财务等相应的系统来支持和管理平台上的小微。

问题与思考：

通过海尔的组织创新分析互联网的广泛应用可能引发组织形式的哪些变革？

八、辩论题

辩题：在组织知识创新中分享隐性知识更重要，还是共享情感和心智模式更重要？

正方：分享隐性知识更重要，隐性知识的分享促进组织知识的创新

组织知识始于隐性知识，因为个人所掌握的丰富的未经使用的知识首先在组织中放大，这个过程对应的就是社会化，且组织知识创新这个螺旋的过程，终归始于个人层面，若没有个人隐性知识的分享则不会有组织知识创新的起点。

反方：共享情感和心智模式更重要，此种模式更有利于组织知识的创新

隐性知识难以交流和传递，不同背景、观点和动机的人所获取的隐性知识不同，因此隐性知识共享，尤其需要通过建立感情和心智模式来共同创造信任，这才是组织知识创新的关键。在这个阶段，将共享的知识、共同的心智模式用文字表述出来，最终明确到一个新的概念，从而转化成显性知识。在这个过程中，组织成员通过对话合作创造出概念，更加有利于组织知识的创新。

九、经典案例阅读

通用的组织结构创新

1916 年，随着联合汽车公司并入“通用汽车”，阿艾尔弗雷德·斯隆出任通用副总裁。作为通用副总裁的斯隆，发觉到通用管理上存在的问题。他先后写了 3 份分析通用内部管理弱点的报告。但是，总裁杜兰特只是赞赏，不予采纳。到了 1920 年下半年，快速扩张的通用在经营管理上的问题彻底暴露出来了。公司危机四伏，摇摇欲坠。这时杜兰特引咎辞职，皮埃尔·S. 杜邦兼任总经理。

以杜邦为总裁的通用汽车公司新的行政班子，由于与杜兰特所信奉的管理理念截然不同，迫切需要一种高度理性而客观的运营模式。斯隆先前进行的《组织研究》正好符合这样的要求。斯隆认为，大公司较为完善的组织管理体制，应以集中管理与分散经营二者之间的协调为基础，只有在这两种显然相互冲突的原则之间取得平衡，把两者的优点结合起来，才能获得最好的效果。由此他认为，通用公司应采取“分散经营、协调控制”的组织体制。根据这一思想，斯隆提出了改组通用公司的组织机构的计划，并第一次提出了事业部制的概念。

1920 年 12 月 30 日，斯隆的计划得到公司董事会的一致同意。次年 1 月，这个计划开始在通用公司推行。

斯隆以后的 10 年中，改组了通用汽车公司。斯隆将管理部门分成参谋部和前线工作部（前者是在总部进行工作，后者负责各个方面的经营活动）的做法很为大家熟悉，这种分组在 19 世纪较大的铁路公司里已经成形。现代军队，特别是普鲁士军队也率先使用了这种组织形式，许多概念同时在工业公司里获得发展。斯隆也确实用过军事方面的例子来说明他正要在通用汽车公司里干什么。

斯隆在通用汽车公司创造了一个多部门的结构。他废除了杜兰特的许多附属机构，将力量最强的汽车制造单位集中成几个部门。这种战略现在人们已经熟悉，但在当时是第一流的主意并且出色地执行了。多年后斯隆这样说明：我们的产品品种是有缺陷的。通用汽车公司生产一系列不同的汽车，聪明的办法是造出价格尽可能各有不同的汽车，就好比一个指挥一次战役的将军希望在可能遭到进攻的每个地方都要有一支军队一样。”我们的车在一些地方太多，而在另一些地方却没有。”首先要做的事情之一是开发系列产品，在竞争出现的各个阵地上对付挑战。

斯隆认为，通用汽车公司出产的车应从凯迪拉克牌往下安排到别克牌、奥克兰牌最后到雪佛兰牌。这是 20 世纪 20 年代早期的产品阵容。以后有了改变，即 1925 年增加了庞蒂亚克牌，以填补雪佛兰和奥尔兹莫比尔中间的缺口；奥克兰被淘汰了，增加了拉萨利，后来它也被淘汰了。

每个不同牌子的汽车都有自己专门的管理人员，每个单位的总经理相互之间不得不进行合作和竞争。这意味着生产别克牌的部门与生产奥尔兹莫比尔牌的部门都要生产零件，但价格和式样有重叠之处。这样，许多买别克牌的主顾可能对奥尔兹莫比尔牌也感兴趣，反之亦然。这样，斯隆希望在保证竞争的有利之处的同时，也享有规模经济的成果。零件、卡车、金融和通用汽车公司的其他单位差不多有较大程度的自主权，其领导人成功便获奖赏，失败则让位。通用汽车公司后来成为一架巨大的机器，但斯隆力图使它确实保有较小公司所具有的激情和活力。

斯隆的战略及其实施产生了效果。1921 年，通用汽车公司生产了 21.5 万辆汽车占国内销售的 7%；到 1926 年年底，斯隆将小汽车和卡车的产量增加到 120 万辆。1940 年通用汽车公司产车 180 万辆，已达该年全国总销量的一半。相反，福特公司的市场份额在 1921 年是 56%，而 1940 年是 19%，不仅远远落后于通用汽车公司，并且次于克莱斯勒公司而排在第三位。

今天，由理查德瓦格纳领导的通用汽车公司一年生产汽车接近 1 000 万辆，产品销往接近 200 个国家和地区。仅在中国，通用汽车公司就有 5 家合资企业，员工人数超过 13 000 人，其别克、雪佛兰等著名品牌更是享有很高的声誉。

十、推荐阅读书籍

1. ［肯尼亚］卡莱斯·朱马著，孙红贵、杨泓译，《创新进化史：600 年人类科技革新的激烈挑战及未来启示》，广东人民出版社，2019 年版

卡莱斯·朱马，英国皇家学会、美国国家科学院院士，技术创新与社会变革领域的专家。

卡莱斯·朱马通过对 600 年科技史的探索，并用几个创新史上的经典案例展示了古往今来的创新者面临的困境，详细解析了现代工业、新科技产品或服务的反对力量，人们对变化和冒险的忧虑，以及由“牺牲大我，成全小我”这个错误观念所导致的社会经济的不确定性。观点兼具历史性和前瞻性，书中详述的许多经验教训都超越了技术创新的范畴，而适用于更广泛的社会创新。

该书对于学者与大众都是一本不应错过的书籍。

2.［瑞士］奥利弗·加斯曼等著，《商业模式创新设计大全：90%的成功企业都在用的55种商业模式》，中国人民大学出版社，2017年版

未来，公司的竞争优势将不再基于创新型产品和工艺流程，而是基于创新型商业模式。三位作者几乎研究了世界上所有的成功企业，发现90%的成功企业都在用55种商业模式中的一种，或者其所用商业模式只是其中几种模式的自由组合或者创造性模仿。借助对从瑞安航空使用的附加值模式到Spotify使用的订阅模式的深入分析，作者提出了思考商业模式的新方法。

本书倡导的“商业模式导航”方法论可以帮助企业突破行业主导逻辑，驱动企业进行变革，在眼花缭乱的商业世界里，找到最合适的商业模式。

参考答案

第一章参考答案

一、名词解释

1. 管理为了有效地实现组织目标，由管理者利用相关知识、技术和方法对组织活动进行决策、组织、领导、控制并不断创新的过程。

2. 组织是一群人为了实现某个共同目标而结合起来协同行动的集合体。

3. 企业是根据市场反映的社会需要来组织和安排某种商品（包括物质产品或非物质的服务）的生产和交换的社会经济单位。

4. 决策是组织在未来众多的行动可能中选择一个比较合理的方案。

5. 领导是利用组织赋予的权力和自身的能力去指挥和影响下属为实现组织目标而努力工作的管理活动过程。

6. 控制是为了保证组织系统按预定要求运作而进行的一系列工作，包括根据预先制定的标准检查和监督各部门、各环节的工作，判断工作结果与目标要求是否相符。

7. 权力是组织中的相关个体在一定时期内相对稳定的一种关系。

8. 系统是由若干相互依存、相互作用的要素或子系统组合而成的具有特定功能的有机整体。

9. 组织文化是组织成员普遍认同、共同接受的价值观以及由这种价值观所决定的行为准则。

10. 效益是标实现与实现目标的代价两者之间的关系。

二、单项选择题

1. A	2. A	3. B	4. B	5. B	6. D	7. C
8. C	9. B	10. C	11. B	12. D	13. B	14. B

15. C　16. C　17. C　18. B　19. B　20. A　21. D
22. C

三、多项选择题

1. ABC　2. ACEF　3. ABC　4. AC　5. AD
6. ABD　7. AC　8. AC　9. ABCD　10. AB
11. BC　12. CD　13. BC　14. ABD　15. ACD

四、判断题

1. ×　2. ×　3. ×　4. ×　5. √　6. √　7. √　8. √
9. ×　10. ×　11. √　12. √　13. ×　14. √　15. ×　16. √
17. √　18. ×

五、简述题

1. 简述组织的基本特征。

答案要点：

(1) 组织是由两个或两个以上的成员构成。成员为了某种共同的目标走到一起协调行动，不同时期，组织始终是由成员构成的，但这些成员可能是不同的自然人，可能是经常变换的。

(2) 组织具有明确的目标。不同成员愿意走到一起是希望通过协调行动来实现某种共同的目标，即组织目标。通过组织目标的实现来实现自己的个人目标，实现共同目标是实现个人目标的前提。

(3) 组织有特殊的活动。组织活动的内容是由组织目标的性质决定的。不同组织的区别通常不在于组织成员或其目标的不同，更多地在于活动的内容、形式、特点和性质的不同。

(4) 任何组织在一定程度上都是独立存在的，因此与外部社会有着相对明确的界限。这个界限大体上标明了组织的权力和利益的范围。组织的存在主要是为满足其内部成员的利益而服务。

2. 简述企业经济活动的背景。

答案要点：

(1) 企业活动所需借助的资源是稀缺的。资源的稀缺性是一切经济问题的起源。资源的稀缺性是双重的：一方面，企业外部可以获得的资源本身是稀缺的；另一方面，企业内部获得稀缺资源的手段也是有限的。资源的双重稀缺性要求企业必须研究如何在正确的方向上以正确的方式高效率利用这些资源。

(2) 企业内部活动的成果需要到外部去实现。成果实现的外部性要求企业必须研究外部需求及其变化。企业生产的目的不是获得产品的使用价值，而是获得产品的价值。企业只有把产品成功转移到外部需求者手中，才能保证产品价值的实现。

(3) 企业产品的制造过程是生产者的联合劳动过程。从外部关系看，企业进行的是产品社会生产过程中某个环节的作业；从企业内部看，产品制造需要经过众多劳动者众多环节的操作，因此企业需要同时协调好与外部经济组织和组织内部不同成员在不同时空的贡献。

3. 简述管理的基本特征。

答案要点：

(1) 管理的目的是有效地实现组织预定的目标。管理本身不是目的，管理是为组织目标的有效实现服务的。“有效”主要是通过管理以较少的资源消耗来实现组织目标。

(2) 管理的主体是具有专门知识、利用专门技术和方法来进行专门活动的管理者。管理者是一种专门的职业，只有具备一定素质和技能的人，才能从事管理工作。

(3) 管理的客体是组织活动及其参与要素。为促进组织目标的有效实现，管理需要研究怎样充分地利用各种资源，如何合理安排组织的目标活动。

(4) 管理是一个包括多阶段、多项工作的综合过程。管理者制定了正确的决策后，还要组织决策的实施，激发组织成员的人情，追踪执行进展，根据内外环境的变化进行决策调整。

4. 简述管理的基本原理。

答案要点：

(1) 人本原理。是管理的首要原理，认为人是组织的中心，也是管理的中心，对组织活动的管理既是“依靠人的管理”，也是“为了人的管理”。

(2) 系统原理。我们研究的组织、组织所从事的活动以及组织活动的管理都是人造、开放、动态的系统类型。

(3) 效益原理。任何组织在任何时期的存在都是为了实现一定的目标，追求组织活动的效益就是尽量以较少的资源消耗去实现组织的既定目标。

(4) 适度原理。管理活动中存在许多相互矛盾的选择，必须在两个极端之间找到最恰当的点，进行适度管理，实现适度组合。

5. 系统的观点对管理活动有哪些启示？

答案要点：

(1) 管理活动所要处理的每一个问题都是系统中的问题。管理者解决每一个经营问题不仅要考虑到该问题的解决对与问题直接有关的人和事的影响，还要考虑到对其他相关因素的影响；不仅要考虑到对企业内部影响，还要考虑到对企业外部的影响；不仅要考虑对目前的影响，还要考虑到对未来可能产生的影响。

(2) 管理必须有层次观点。要明确各管理层次的职责与任务，不能越权指挥、越级请示，以避免管理系统发生混乱，反映问题要由下而上。

(3) 管理工作必须有开发观点。管理者要关注环境变化，要及时调整内部活动和内容，以适应环境的新要求。管理者要通过企业系统的力量去影响环境，开发环境，引导环境的变化，以创造一个有利于企业经营、发展的环境。

6. 管理活动具有哪些基本职能？

答案要点：

(1) 决策。制定目标并确定为达成这些目标所必需的行动。

(2) 组织。根据工作的要求与人员的特点，设计岗位，通过授权和分工，将适当的人员安排在适当的岗位上，用制度规定各个成员的职责和上下左右的相互关系，形成一个有机的组织结构，使整个组织协调地运转。

（3）领导。指导人们的行为，通过沟通增强人们的相互理解，统一人们的认识和活动，激励每个成员自觉地为实现组织目标共同努力。

（4）控制。使实践活动符合于计划，计划就是控制的标准。

（5）创新。在其他管理职能创新所取得的效果中表现自身的存在和价值。

7. 何谓人本原理？管理者如何才能实现人本管理？

答案要点：

（1）人本原则简言之就是依靠人、为了人。组织是人的集合体；组织活动是由人来进行的；组织活动的管理既是对人的管理，也是通过人的管理。人是组织的中心，也是管理的中心，人本原理是管理的首要原则。

（2）以人为中心的人本原则要求对组织活动的管理既是“依靠人的管理”，也是“为了人的管理”。“依靠人的管理”是指必须实行民主管理，即组织被管理者参与活动方向、内容以及目标的选择、实施和控制。“为了人的管理”是指管理的根本目的是为人服务的。管理的为人服务不仅应包括通过管理工作来提高组织业务活动的效率，从而使组织能够更好地满足服务对象的要求，而且还应包括通过管理工作，充分实现组织成员的社会价值，促进组织成员的个人发展。

8. 何谓适度原理？如何才能有效地把握管理适度？

答案要点：

（1）所谓适度原理简言之就是在管理中不能走极端，片面化。管理活动中存在许多种相互矛盾的选择。组织在业务活动范围的选择上既不能过宽，也不能过窄；在管理幅度的选择上，既不能过大，也不能过小；在权力的分配上，既不能完全集中，也不能绝对分散，必须在两个极端之间找到最适点，进行适度管理，实现最佳组合。

（2）管理者的工作效率更多的不是取决于对管理理论知识和方法的掌握，而是取决于对掌握的这些知识和方法的应用能力。适度原则要求管理者进行适情管理和适时管理。适情管理是指管理者应该根据组织内外的环境和能力特点来进行选择；适时管理则要求管理者根据环境和能力的变化来对这种选择进行调整。

9. 简述管理的本质。

答案要点：

（1）管理是对人或对人的行为的管理。管理需要管事，但管理者的工作主要是对人的管理，是要选择对的人去做对的事情，并努力让这些人在做事情的过程中表现出符合组织需要的行为。

（2）管理的本质是对组织成员在活动中的行为进行协调。由于认知和行动能力的限制，个人在参与组织活动中表现出的行为不一定完全符合组织的要求，管理者首先要努力引导组织成员的行为使之与组织的目标要求相一致。同样，不同组织成员在不同时空表现出的行为以及对组织的贡献也可能出现不平衡，因此，管理者的任务是协调不同成员在组织活动中的行为和贡献。

10. 简述管理的基本方法。

答案要点：

（1）理性分析。管理的科学性是以理性分析为基础的。理性分析不仅是大量严格的定量方法的运用，而且是以严密的逻辑思维为基础的。以定量分析方法运用及严密的逻辑思维为基础的理性分析是管理过程中比较普遍采用的方法。

（2）直觉判断。在组织的管理实践中，许多重要问题的处理，直觉或者说以直觉为基础的判断发挥着重要的作用。对组织来说，组织环境的变化不总是依循既有的规律，组织活动中需要处理的许多问题时间敏感性很强，以直觉判断为基础的决策具有优越性。

11. 简述管理的基本工具。

答案要点：

（1）权力。包括正式的职位或职务权力和非正式的个人影响力。虽然任何管理者都需要借助个人影响力在组织中发挥作用，但决定他在组织中权力地位的首先是职位所赋予他的正式权力。

（2）组织文化。组织文化的核心是组织成员普遍认同、共同接受的价值观念以及由这种价值观念所决定的行为准则。组织文化是一种内化于组织成员的管理工具，组织文化一旦形成，对组织成员的行为影响就会是持续的、普遍的，而且是低成本的。

12. 简述社会经济组织系统的共同特征。

答案要点：

（1）整体性。整体性是系统的基本特征。从构成上看，系统是由若干既相互联系又相互区别的要素（子系统）构成的整体；从功能上看，系统的整体功能实现依赖于要素的相互作用。

（2）相关性。相关性是指系统各要素之间相互制约、相互影响、相互依存的关系。

（3）有序性。有序性指系统在相对稳定的结构状态下有序运行。表现在系统内各要素相互作用的层次性及系统要素相互作用的方向性。

（4）与外部环境的互动性。一方面，系统要根据环境的特点及变化选择并调整自己的活动；另一方面，系统会通过自己的活动去影响和改造环境，使环境朝有利于自己的方向变化。

13. 简述我国当下管理活动的时代背景。

答案要点：

（1）全球化。世界各国及各国人员之间相互依赖的程度越来越高，越来越多的企业从事全球化经营，谋求全球范围内的竞争优势。全球化环境和全球化经营需要管理者必须具有全球化视角。

（2）信息化。信息化不仅催生了一个质量要求高，成本要求低，个性化，短、平、快的全球市场，而且深刻地改变了企业的运作和管理模式。它实现信息技术支持下的组织管理，在信息化实施运作过程中进行决策、组织、领导、控制和创新。

（3）市场化。我国不断深化市场化的经济体制改革，不断加强市场在资源配置中的作用、确立企业的自主决策地位。现代企业制度的逐步建立，全面确立企业为市场的法人实体和竞争主体。

六、论述题

1. “管理包含很大的艺术成分，它是一个科学和艺术的混合体。”结合实际谈谈你对这句话的理解。

答案要点：

（1）管理的科学性，是指管理作为一个活动过程，存在着一系列基本的客观规律。管理理论和管理工具具有明显的科学性的特点。

(2) 管理是一种艺术，这是强调管理的实践性，没有实践则无所谓艺术。人们在管理实践中，既要运用管理知识，又要发挥积极性、主动性和创造性，又要因地制宜地将管理知识与具体的管理实践活动相结合，才能进行有效的管理。所以，管理的艺术性就是强调管理活动除了要掌握一定的理论和方法外，还要有灵活运用这些知识和技能的技巧和诀窍。

(3) 管理既是一门科学，又是一种艺术，是科学与艺术的有机结合。管理的这一特性，对于学习管理学和从事管理工作的管理者来说也是十分重要的，它可以促使人们既注重对管理基本理论的学习，又不忽视在实践中因地制宜地灵活运用管理的基本理论和方法。

2. 什么是管理的二重性，它对管理实践的意义何在？

答案要点：

(1) 管理具有同生产力社会化生产相联系的自然属性和同生产关系、社会制度相联系的社会属性，这就是管理的二重性。

(2) 一方面，管理是由于有许多人进行协作劳动而产生的，是由生产社会化引起的，是有效地组织共同劳动所必需的，因此它具有与生产力、社会化大生产相联系的自然属性；另一方面，管理又是一定生产关系条件下进行的，必然体现出生产资料占有者指挥劳动、监督劳动的意志，因此，它具有与生产关系、与社会制度相联系的社会属性。

(3) 学习和掌握管理二重性，对于管理实践具有重大意义，具体表现在：

①管理的二重性体现着生产力和生产关系的辩证统一关系；

②西方的管理理论、技术和方法是人类长期生产实践的产物，是人类智慧的结晶，它同生产力一样，具有连续性，是不分国界的；

③管理总是体现着一定的生产关系，体现着统治阶级的意志；

④任何一种管理方法、管理技术和手段的出现总是有其时代背景的，它同生产力发展水平情况相适应。

七、案例分析题

案例 1 问题

1. 公司制定了责任制度，却又出现责任不清，请分析什么原因？

答案要点：

(1) 责任原理包含了明确每个人的职责；职位设计和权限委授要合理；奖惩要分明、公正而及时。伦迪公司虽然制定了责任制度，但在明确每个人的职责、职位设计和权限委授可能都做得不周到，因而责任不清、相互推诿的现象时有发生。

(2) 没有对相应的责任制度进行及时的补充和更新。尽管伦迪公司在公司成立之初制定了若干责任制度，但是并没有随着公司的发展而进行的补充和更新。过时的责任制度可能在如今并不适用了，因此会出现责任不清的状况，对企业发展造成一定的阻碍。

2. 从人本管理分析，应该如何调动员工的积极性？

答案要点：

(1) 要调动员工的积极性，贯彻“以人为中心”的人本原理是非常重要的。管理的根本目的是为人服务的。管理的为人服务不仅应包括通过管理工作来提高组织业务活动的效率，从而使组织能够更好地满足服务对象的要求，而且还应包括通过管理工作，充分实现组织成员的社会价值，促进组织成员的个人发展。人本管理还应该体现在全体组织成员共享由于管理而促进的组织成果的改善。组织成果及其改善是全体组织成员共同贡献而成的。只有让全体成员分享相应的成果，才能在根本上保证每一个人的利益，从而调动每一个人参与组织的积极性。

（2）伦迪公司让下属五个非管理人员参与讨论问题的会议，体现出了其民主管理的观念，但忽视了员工的个人发展，也没有让全体员工分享企业的成果，因此并没有调动大家的积极性，以致经营二年，税前利润增长不多。这是要注意的。

3. 请你对公司经济效益增长慢的原因作简要分析。

答案要点：

（1）没有领会人本原理的内涵，没有充分发挥民主管理的积极作用，人的积极性未充分调动起来。

（2）缺乏明确的激励机制，没有让公司员工共享企业的发展成果。奖惩要分明、公正而及时，会使员工认真、勤奋地工作。

（3）职位设计和权限委授并不理想，责任分工不够明确，责任制度过于陈旧和落后，因而处理事情就不得力。

案例 2 问题

1. 塞氏企业的管理创新涉及哪些主要的管理职能？

答案要点：

塞氏企业的管理创新是以组织创新为主线，同时辅以决策、领导等职能。在组织方面包括组织结构调整、业务部门拆分等；在决策方面体现在员工代表参加公司决策、允许员工自己决定工资等；领导职能主要体现在让员工进行自主管理、与员工进行利润分享、与员工进行充分沟通等方面。

2. 塞氏企业的哪些做法体现出了管理的人本原理？

答案要点：

（1）满足员工的心理需要，充分实现员工的社会价值和个人价值，促进个人发展。塞氏企业充分尊重员工的自主权，通过组织结构调整、工作扩大化、自组织管理等多种方式激发员工潜能和工作热情。

（2）共享企业发展成果，调动员工积极性。塞氏企业通过利润分享计划让员工共享企业利润，并自主制定工资标准。通过以上做法，让员工感觉自己是企业真正的主人，极大地提高了员工工作的积极性。

第二章参考答案

一、名词解释

1. 科学管理是指用高效率的生产方式代替低成本的生产方式，以加强劳动力成本控制，提高生产效率。

2. 例外管理是指企业的上级主管把一般的日常事务授权给下级管理人员去处理，而自己保留对例外事项或重要问题的决策与监督权。

3. 统一指挥原则是指一个下属人员只应接受一个领导人的命令。

4. 等级制度是指从组织的最高权力机构直至最低层管理人员的领导系列，它是组织内部命令传递和信息反馈的正常渠道。

5. 协调是指平衡各种关系。企业的一切工作都要和谐地配合，以便企业经营的顺利进行，并且有利于企业取得成功。

6. 科层组织是一种通过公职或职位，而不是通过世袭或个人魅力来进行管理的理想的组织制度。

7. 程序化决策是指在问题重复发生的情况下，决策者通过限制或者排除行动方案，按照书面的或不成文的政策、程序或规则所进行的决策。

8. 机械型组织是指专业化程度高，技术专家在其中发挥重要作用，行为正规化和制度化，决策权力比较集中的组织。

9. 合法性机制是指制度环境诱使或迫使组织采纳被外部认同的组织结构和行为的作用机制。

10. 业务流程再造是针对企业业务流程的基本问题进行反思，并对它进行彻底的重新设计，以在成本、质量、服务和速度等方面取得显著进展。

二、单项选择题

1. C　2. A　3. B　4. A　5. A　6. B　7. C
8. B　9. B　10. C　11. A　12. A　13. C　14. D
15. B　16. A　17. D　18. C　19. C　20. A　21. D
22. C　23. B　24. B　25. B

三、多项选择题

1. ABCD　2. ABCD　3. AD　4. ABDE　5. BCDEG
6. BCD　7. ABCDE　8. ABD　9. ACD　10. AD
11. ABCD　12. ABC　13. BCD　14. AC

四、判断题

1. ×　2. √　3. ×　4. ×　5. √　6. √　7. ×　8. ×
9. √　10. ×　11. √　12. ×　13. ×　14. √　15. ×　16. ×

五、简述题

1. 科学管理理论的主要内容有哪些？

答案要点：

（1）改进工作方法，并根据工作的要求挑选和培训工人。主要做法包括：改进操作方法，以提高工效，合理利用时间；作业环境与作业条件的标准化；根据工作要求，挑选和培训工人。

（2）改进分配方法，实行差别计件工资制。

（3）改进生产组织，加强企业管理。主要做法包括：在企业中设置计划部门，把计划职能和执行职能分开；实行职能工长制；进行例外管理。

2. 法约尔十四条管理原则的内容是什么？

答案要点：

（1）劳动分工。劳动分工可以提高工作效率，但分工需要有一定的限度，分工过粗或过细，都不利于提高效率。

（2）权力和责任。为了保证权力的正确使用，必须规定责任的范围和奖惩的标准。

（3）纪律。雇员必须服从和尊重组织规定。

（4）统一指挥。组织中的每一个人应该只接受一个上级的指挥，并向这个上级汇报。

（5）统一领导。从事各种工作的任何部门应该由同一个领导按照统一的计划来加以领导。

（6）个人利益服从整体利益。个人和小集团的利益不能超越组织整体的利益。

（7）人员的报酬。必须给工作和服务以公平合理的报酬，并尽量使企业和其所属人员满意。

（8）集中。涉及管理权力的集中与分散。集权和分权应有弹性，应根据组织的具体情况而定。

（9）等级制度。从高层到基层应建立关系明确的等级链，信息的传递应按等级链进行。如果这种传递造成信息延误，可以采用“跳板原则”联系。

（10）秩序。无论是物品还是人员，都应该在正确的位置上，各有其位，各得其所。

（11）公平。管理者应该友善和公平地对待下属。

（12）人员的稳定。每个人适应工作需要时间，尤其是管理者不要轻易变动，以免影响管理工作的连续性和稳定性。

（13）首创精神。发挥员工在工作中的主动性和创造性，鼓励员工发表意见，主动工作。

（14）团结精神。强调团体精神可加强组织内部的融洽和统一。

3. 简述法约尔对于经营和管理的理解。

答案要点：

（1）法约尔的观点：经营和管理是两个不同的概念，管理只是经营的一部分。除了管理外，经营还包括技术、商业、财务、安全和会计等一系列职能；作为经营的一个方面，管理职能本身由计划、组织、指挥、协调、控制等一系列工作构成。

（2）经营所包含的六个方面的活动，在任何组织的任何层次都会以这种或那种不同程度存在，因此组织中不同层次的工作人员都应根据任务的特点，拥有不同程度的六种职能活动的知识和能力。

4. 管理科学在研究组织管理活动时是以哪些假设为前提的？

答案要点：

（1）组织成员是经济人。人是理性的动物，追求经济上的利益，会根据物质手段的刺激程度而做出不同的努力。

（2）组织是一个追求经济效益的系统。组织追求的是以最小的成本求得整个系统最大的利益。

（3）组织是由作为操作者的人同物质技术设备所组成的人机系统。这个系统对各种资源进行加工，将其转变成产品后再输出。

（4）组织是一个决策网络。决策是一个符合逻辑的例行程序，遍布于组织活动的各个方面，构成一个网络。管理决策都有结构性，可以应用计量模型。

5. 韦伯认为权力分为哪几种类型？

答案要点：

（1）传统型权力。它建立在对于习惯和古老传统的神圣不可侵犯性要求之上。

（2）个人魅力型权力。它是建立在对某个英雄人物或某个具有神赋天授品质的人的个人崇拜基础之上的权力。

（3）法理型权力。它是一种对由法律确定的职位或地位的权力的服从。

6. 法理型权力的特征是什么？

答案要点：

（1）为管理的连续性奠定了基础。因为权力是赋予职务而不是个人的，因此权力的运用不会因领导人的更换而更新。

（2）合理性。担任职务的人员是按照完成任务所需的能力来挑选的。

（3）领导人可以借助法律手段来保证权力的行使。

（4）所有权力都有明确的规定，而且是按照组织任务所必需的职能加以详细划分的。

7. 简述韦伯科层组织建立和组织运行的规则。

答案要点：

（1）按行政方式控制的机构的目标所要求的日常活动，是作为正式职责来分配的。

（2）执行这种职责所需要的权力是按一种稳定的方式来授予的，并由官员能加以控制地采用某种强制手段来严格限制。

（3）对于正常而继续地履行职责来行使相应的权力的方法有所规定：只有按一般规定，符合条件的人才被雇用。

8. 哈默提出的业务流程再造七个原则是什么？

答案要点：

（1）围绕结果而不是任务进行组织。

（2）让使用流程最终产品的人参与流程的进行。

（3）将信息加工工作合并到真正产生信息的工作中去。

（4）对于地理上分散的资源，按照集中在一起的情况来看待和处理。

（5）将并行的活动联系起来而不是将任务集中。

（6）在工作被完成的地方进行决策，将控制融入流程中。

（7）在信息源及时掌握信息。

9. 在巴纳德的社会系统论中，协作系统由哪些基本要素构成？

答案要点：

（1）协作的意愿。组织是由个人组成的，组织成员愿意提供协作条件下的劳动和服务是组织存续所必不可少的。

（2）共同的目标。共同的目标是协作意愿的必要前提。协作的意愿没有共同的目标是发展不起来的。

（3）信息的沟通。组织的共同目标和不同成员的协作意愿只有通过信息沟通才能相互联系形成动态的过程。组织的存在及活动是以信息沟通为条件的。

10. 简述"决策理论"学派的主要观点。

答案要点：

（1）管理就是决策，决策贯穿于整个管理过程。决策是组织及其活动的基础。

（2）管理的实质是决策。决策并非是一些不同的、间断的瞬间行动，而是由一系列相互联系的工作构成的一个过程。

（3）决策的核心是进行选择。决策的准则是"令人满意"。

（4）组织活动分为例行活动和非例行活动。处理例行活动的决策叫程序化决策，这类决策经常反复，有一定结构；处理非例行活动的决策叫非程序化决策，这类决策不是一成不变的。

六、论述题

1. 请举一个你自己的例子，说明践行管理学知识能让我们的工作、学习效率提升。

答案要点：

（1）管理是管理者为了有效地实现组织目标、个人发展和社会责任，运用管理职能进行协调的过程。

（2）管理四大职能：计划、组织、领导、控制。

（3）举例：通过管理学的学习，明白了泰勒的"任务管理制"。受到启发，我每天都会制定一个任务表，并要求自己每天完成自己的目标，绝不拖欠。第二天在此基础上，结合前一天的完成情况，制定更高的目标。从而随着自己目标不断地达成，个人的能力不断得到提升。

（4）虽然不同的管理学派对管理的定义不尽相同，但是管理所涉及的领域关乎我们生活的每一个细节，践行管理知识能够有效地提高学习、工作效率。(举例略)

2. 现代管理理论有很多的学派，被称之为"管理的丛林"，请举例论述应该如何将这些管理理论应用于实践中？

答案要点：

（1）各种管理学派的代表人物和基本观点。泰勒提出科学管理，研究专业化与劳动分工等问题；法约尔的十四条管理原则；组织理论之父马克思·韦伯的行政管理理论，涉及官僚行政组织和权威；罗伯特和查尔斯采用定量技术改进决策制定；组织行为早期贡献者有罗伯特·欧文、雨果、玛丽等，发展到后来的霍桑研究以及XY理论等有关行为管理的理论。

（2）理论联系实践。在实践中，科学管理作为改进生产效率的指南，如消除浪费的动作、挑选合适的人选、设计刺激的报酬体系等；一般行政管理中从法约尔的十四条管理原则框架出发引申出计划、组织、领导和控制的方法；韦伯的官僚行政组织理论可以用于组织的计划；数量方法对计划控制领域中的管理决策有着直接的贡献。（具体举例略）

3. 结合实际，论述泰勒“科学管理”的借鉴意义及局限性。

答案要点：

（1）“科学管理”的借鉴意义：

①把计划职能与执行职能分开。企业中开始出现专门从事管理工作的人，人员分工明确，人尽其才，物尽其用。

②进行工时和动作研究，极大地提高了生产率。

③实行标准化原理，要求劳工的作业环境和作业条件标准化，标准化使得企业员工在标准时间内完成标准的操作，提升员工的工作效率。

④实行差别计件工资制。多劳多得，能够激励员工工作，提高生产效率。

（2）“科学管理”的局限性：

①把工人看成会说话的机器，只能按照管理人员的决策、命令进行劳动，忽视个人的需求。

②把人看作纯粹的“经济人”，认为人的活动仅仅出于个人的经济动机，忽视成员之间的交往及态度、情感等社会因素对生产效率的影响。

③科学管理理论服务于当时的社会生产，在当时的社会生产关系中极大地提高了生产率，适应当时的社会生产。

七、案例分析题

案例 1

1. 法约尔在演说中对管理职能的解释同他后来提出的管理职能有什么不同？

答案要点：

（1）法约尔在演说中对管理职能侧重于管理中的计划、组织、向通，而法约尔后来提出的管理职能包括计划、组织、指挥、协调、控制；在演说中的管理职能则没有强调指挥、协调、控制的作用，法约尔后来提出的管理职能强调了指挥、协调和控制的作用。

（2）法约尔认为，指挥是一种艺术，领导者指挥艺术的高低取决于自身的素质和对管理原则的理解两个方面。协调是一项单独的管理要素，企业的一切工作都要和谐地配合，有利于企业经营的顺利进行。控制则是保证计划得以实现的重要手段。因此，管理活动的五种管理要素都是非常重要的。

2. 你如何看待法约尔对管理职能重要性的论述？

答案要点：

（1）管理是普遍的、重要的，但不同时期的管理的重点不同，不同的企业发展阶段所需要关注的重点也不尽相同，所以应当熟悉管理活动的内部运作，了解管理职能，了解管理是怎样有效进行的，才能充分发挥管理活动的积极作用。

（2）法约尔的管理理论具有内容上的系统性、逻辑上的严密性和对管理工作认识的普遍性，得到了大家的普遍认可。

案例 2

1. 造成该公司盈利水平下降的原因有哪些？最主要的原因是什么？

答案要点：

（1）造成该公司盈利水平下降的原因有：部分员工积极性不高，工作节奏慢；严格的管理制度没有产生实际效果；生产率低；管理费用高；产品生产成本高，原材料进价偏高等。

（2）最主要的原因在于员工缺乏积极性，导致工作节奏慢、效率低。

2. 如何改善公司目前的状况？

答案要点：

（1）可以改进分配方法，实行差别计件工资制。要刺激工人提供更多的产量，工资标准不仅应当稳定，而且应该随着产量的增加而提高，实行差别计件工资制，即在计算工资时，采用不同的工资率，未完成定额的按低工资率付给，完成并超过定额的按高工资率付给。

（2）改进工作方法，并根据工作的要求挑选和培训工人。改进员工们的操作方法，以提高工效，合理利用工时。为了使工人能在标准时间内完成标准的操作，还必须根据作业方法的要求，使工人的作业环境和作业条件（工具、设备、材料等）标准化；另外，提高工人的劳动生产率，还要根据不同工人的不同特长来分配工作。

第三章参考答案

一、名词解释

1. 决策是管理工作的本质，是指为实现一定的目标，在多个备选方案中选择一个方案的分析判断过程。狭义的决策是一种行为，是在几种行动方案中做出选择。广义的决策是一个过程，包括在做出最后选择之前必须进行的一切活动。

3. 决策的主体是决策构成的核心要素，可以是单个决策者，也可以是多个决策者组成的群体。

3. 不确定性情景指决策中对最终结果产生影响但却不能直接由决策主体控制的部分。

4. 确定型决策是指决策者掌握准确、可靠、可衡量的信息，能够确切地知道决策的目标以及每一个备选方案的结果，常常可以很容易地迅速对各个方案进行合理的判断。

5. 风险型决策是指决策者拥有较充分的信息，虽然不能准确地预测出每一个备选方案的结果，却能预知各备选方案及其结果发生的可能性。

6. 不确定型决策是指在外部条件不可预测或缺少关键信息的情况下，决策者难以对备选方案或其可能结果做出确切的、却又必须做出的决策。

7. 程序化决策是指在问题重复发生的情况下，决策者通过限制或者排除行动方案，按照书面的或不成文的政策、程序或规则所进行的决策。

8. 非程序化决策是指在处理不常发生的或例外的非结构化问题的决策。

9. 乐观准则是指决策者认为无论自己采取何种措施，无论别人采取何种策略，事情总是朝着对自己最有利的方向发展。

10. 悲观准则是指决策者认为无论自己采取何种措施，无论别人采取何种策略，环境如何变化，事情总是朝着对自己最不利的方向发展。

11. 等概率准则是指决策者认为各个可行方案的各种可能结果发生的概率相同，进而选择期望值最大的行动方案的准则。

12. 最小后悔准则是指决策者总是选择与最好结果偏离不大的行动方案，是介于乐观准则和悲观准则之间的一个决策准则。

二、单项选择题

1. C　2. A　3. A　4. B　5. A　6. B　7. B
8. A　9. B　10. D　11. B　12. B　13. B　14. A
15. D　16. C　17. B　18. D　19. A　20. C

三、多项选择题

1. ACDE　2. ABCD　3. ABDE　4. ABCD　5. ABCD
6. ABCDE　7. ABCD　8. ABD　9. ABCD　10. ABCDE
11. BCD　12. BCD　13. ABCDE

四、判断题

1. ×　2. √　3. ×　4. ×　5. √　6. √　7. ×　8. ×
9. √　10. √　11. √　12. ×　13. √　14. ×　15. √　16. ×
17. ×　18. ×

五、简述题

1. 为什么决策经常被认为是管理者的工作本质？

答案要点：

对于管理者而言，制定决策是至关重要的。管理者在进行计划、组织、领导和控制等每一项管理职能的过程中涉及的每一件事几乎都与决策的制定有关。实际上，这也解释了为什么说决策是管理的本质，管理者被称为决策者的原因。

2. 决策的要素有哪些？

答案要点：

（1）决策主体。是决策构成的核心要素，可以是单个决策者，也可以是多个决策者组成的群体。

（2）决策制度。包括决策过程中的人员安排，如职务和职位等。

（3）决策方案。指可供决策主体选择的行动方案。

（4）组织目标。是组织在一定时期内所要达到的预期成果，为决策提供方向。

（5）不确定性情境。指决策中虽然对最终结果产生影响，但是不能直接由决策主体控制的部分。

3. 决策的功能和任务是什么？

答案要点：

（1）决策的功能：从组织层面看，决策能够为组织确立明确的方向。从个体层面看，决策可以激发组织成员的积极性。

（2）决策的任务：从外部环境视角看，决策的任务是让组织灵活适应外部环境的变化。从组织内部视角看，决策的任务还包括调整和优化组织管理体系。从未来发展的角度看，让组织保持创业精神也是决策的重要任务之一。

4. 从环境因素的可控程度来看，决策问题可以分为哪三种类型？

答案要点：

（1）确定型决策。是指决策者掌握准确、可靠、可衡量的信息，能够确切地知道决策的目标以及每一个备选方案的结果，常常可以很容易地迅速对各个方案进行合理的判断。

（2）风险型决策。决策者拥有较充分的信息，虽然不能准确地预测出每一备选方案的结果，却能预知各备选方案及其结果发生的可能性。

（3）不确定型决策。在外部条件不可预测或缺少关键信息的情况下，决策者难以对备选方案或其可能结果做出确切的、却又必须做出的决策。

5. 从决策所涉及问题的重复发生情况来看，决策可以分为哪两种类型？

答案要点：

从决策所涉及问题的重复发生情况来看，决策可以分为程序化决策和非程序化决策。

（1）程序化决策。是指在问题重复发生的情况下，决策者通过限制或者排除行动方案，按照书面的或不成文的政策、程序或规则所进行的决策。

（2）非程序化决策。指在处理不常发生的或例外的非结构化问题所进行的决策。

6. 简述群体决策的优缺点。

答案要点：

（1）群体决策是指为充分发挥集体的智慧，由多人共同参与决策分析并制定决策的整体过程。

（2）优点：

①利于集中不同领域专家的智慧，应对日益复杂的决策问题；

②能够利用更多的知识优势，借助更多的信息，形成更多的可行性方案；

③利于充分利用其成员不同的受教育程度、经验和背景；

④容易得到普遍的认同，有助于决策的顺利实施。

（3）缺点：① 速度、效率低下；② 有可能被个人或子群体所左右。

7. 简述一般的决策过程。

答案要点：

（1）识别问题。就是要找出现状与预期结果的偏离。

（2）诊断原因。识别问题不是目的，关键还要根据各种现象诊断出问题产生的原因，这样才能考虑采取什么措施，选择哪种行动方案。可以通过尝试性的询问来发掘问题的原因。

(3) 确定目标。找到问题及其原因之后，应该分析问题的各个构成要素，明确各构成要素的相互关系并确定重点，以找到本次决策所要达到的目的。

(4) 制定备选方案。明确了解决问题要达到的目标后，决策者要找出约束条件下的多个可行方案，并对每个行动方案的潜在结果进行预测。

(5) 评价和选择方案。决策者通常从三个方面评价和选择方案：① 行动方案的可行性及组织是否拥有实施这一方案所要求的资金和其他资源；② 行动方案的有效性和满意度；③ 行动方案在组织中产生的结果。

(6) 实施和监督。决策工作不仅仅是制定并选择满意的方案，而且必须将其转化为实际行动，并制定出能够衡量其进展状况的监测指标。① 宣布决策，并为其拟采取的行动制定计划、编制预算；②和参与决策实施的管理人员沟通，对实施决策过程当中所包括的具体任务进行分配；③ 对与决策实施有关的人员进行恰当的刺激和培训。

(7) 决策实际上是一个“决策—实施—再决策—再实施”的连续不断的循环过程，不断往复贯穿于管理活动的始终。

8. 决策的影响因素有哪些？

答案要点：

(1) 环境。环境是组织生存和发展的土壤，环境变化往往是导致企业进行变革决策的一个最直接的原因，外部环境变化的速度越来越快，对组织的影响程度也越来越大。

(2) 组织的历史。组织过去活动的特点，过去决策的依据，以及过去决策在实施过程中遇到的问题都会在不同程度上影响组织的选择，对组织未来行动方案的选择有着至关重要的影响。

(3) 决策者的特点。决策者的职能背景会影响对不同活动相对重要性的判断；风险意识会影响对具有不同风险程度行动方案的接受；过去职业生涯中成功或失败的经验，则可能影响他们对不同行动方案的赞同或厌恶。

(4) 组织文化。组织文化所创造的价值观念和行为准则影响人们对待组织变化或变革的态度，必然会影响对不同行动方案的评价和选择。

9. 提高决策效率和效果的原则有哪些？

答案要点：

(1) 重要性原则。由于组织资源和决策者时间的有限性，需要决策者必须分清重点，对解决问题的优先次序和应当投入的时间、精力、资金等资源的数量做出判断。重要性原则的体现之一就是靠近问题，即在尽可能地靠近问题产生或机会出现的地方进行决策。

(2) 准确性原则。首先要求提供准确的信息；在信息准确的基础上，决策者建立起明确的决策目标，在进行方案抉择时提供参考标准；此外，准确性原则还要求运用精确的工具和方法去衡量决策的实施结果，以保证准确地控制。

(3) 灵活性原则。在复杂的环境中，决策要能适应组织调整或外部环境，即具备灵活性；同时，灵活性还意味着管理者能及时获取所需信息，从而及时采取行动。

10. 不确定情境下决策方案选择的准则有哪些？

答案要点：不确定情境下决策方案的选择主要有四种情况：

(1) 乐观准则：即决策者认为无论自己采取何种措施，无论别人采取何种策略，事情总是朝着对自己最有利的方向发展。

（2）悲观准则：即决策者认为无论自己采取何种措施，无论别人采取何种策略，环境如何变化，事情总是朝着对自己最不利的方向发展。

（3）等概率准则：即决策者认为各个可行方案的各种可能结果发生的概率相同，进而选择期望值最大的行动方案的准则。

（4）最小后悔准则：即决策者总是选择与最好结果偏离不大的行动方案，是介于乐观准则和悲观准则之间的一个决策准则。

六、论述题

1. 结合具体实例，论述影响组织决策的因素。

答案要点：

（1）环境因素。即组织外部因素的总称，如：企业的环境因素包括政府的经济政策、社会习俗、文化传统、资源状况、其他企业的竞争。这些因素都会影响组织的决策。

（2）组织文化。组织文化是组织在长期发展过程中逐步形成的独特价值观，以及以此为核心的行为规范、道德准则、群体意识和风俗习惯等。组织文化制约和影响决策者的思想、态度和行为，因此对组织决策的制定和执行都有重大影响。

（3）过去的决策。组织的决策常常会受到过去决策的影响。

（4）决策者对风险的态度。风险是伴随着行动结果的不确定性而产生，决策者对于风险的态度在很大程度上影响着组织的决策。善于承担风险的决策者经常会进行新的探索，不愿承担风险的决策者对变革表现出谨小慎微。

（5）决策者的知识与业务能力。市场经济条件下，优秀的决策者应该是复合型人才，具有复合型的知识结构。即既有精深的专业知识，又有扎实宽广的知识面，以及丰富的实践经验和把握机会的能力。

（具体实例略）

2. 选择一个你最近做出并且结果对你具有重要影响力的决策，比如：报考哪所大学？未来是继续深造还是准备就业？运用你在本章学到的知识，分析你的决策方式。

答案要点：

（1）决策是指为实现一定的目标，在多个备选方案中选择一个方案的分析判断过程。

（2）决策的制定过程。决策实际上是一个“决策—实施—再决策—再实施”的连续不断的循环过程，不断往复贯穿于管理活动的始终。主要包括识别问题、诊断原因、确定目标、制定备选方案、评价和选择方案、实施和监督。

（3）决策时同时思考以下几个问题并回答：

①决策时是否有意识或者无意识地选用了标准。

②列出曾经考虑的备选方案及其可行性。

③考虑是否有重要的备选方案被有意识或者无意识地忽略。

④对于每一种备选方案，拥有多少相关信息？做出的决策是基于完全信息还是不完全信息？

⑤最终决策的做出，是否有意识地对每一种备选方案可能的结果和意义进行认真思考？

还是依靠直觉做出的决策？在决策过程中是否借助一些经验法则的帮助？

⑥回顾决策过程。在选择最终决策方案的时候是理性的吗？为了将来做出更好的理性决策，需要在哪些方面提高自己的决策能力？

七、案例分析题

案例 1

1. 军官们犯错误的原因是什么？从决策过程来看，是哪一步出的问题？

答案要点：

军官们犯错误的原因在于他们假设返航的飞机是所有飞机的随机样本，即军官们在决策的第一步——识别问题的过程中就已经犯错。

2. 在日常生活中，我们能够从这个故事学到什么呢？

答案要点：

（1）一般的决策过程包括识别问题、诊断原因、确定目标、制定备选方案、评价和选择方案、实施和监督。

（2）识别问题就是要找出现状与预期结果的偏离。决策者所面临的问题是多方面的，有危机型问题、非危机型问题和机会型问题。识别问题是决策过程的开始，如果识别不当，所做出的决策将无助于解决真正的问题，直接影响决策效果。

案例 2

1. 做出购买决策的是孩子的爸爸妈妈。在那个相当保守的年代，家长会给孩子买一个芭比娃娃吗？请简述你的理由。

答案要点：买与不买都是可能的，关键是看同学们对这件事情的代入性理解，并论述。

2. 只用了 45 分钟就做出一个有可能导致公司难以为继、最终破产的决策，露丝是非理性的吗？

答案要点：

（1）这不仅仅是理性与非理性的问题，更主要是决策者在不确定性情景下决策过程中所遵循的决策原则问题。

（2）在不确定性情景下进行决策有四个基本原则：乐观准则、悲观准则、等概率准则、最小后悔准则。践行乐观准则的决策者认为无论自己采取何种措施，无论别人采取何种策略，事情总是朝着对自己最有利的方向发展。

（3）从露丝的决策风格来看，她是一位勇于冒险、践行乐观准则的企业家。

第四章参考答案

一、名词解释

1. 一般环境又称宏观环境、总体环境、大环境，是指任何时期对所有组织均能产生影响的外部环境因素。

2. 具体环境又称微观环境，指那些对组织的影响更频繁、更直接的外部环境因素，是与某一具体的决策活动和处理转换过程直接相关的各种特殊力量，是与组织目标的制定与实施直接相关的因素。

3. 组织内部环境是指那些对组织影响最频繁、最直接的环境因素，也可以认为组织内部环境就是组织的一部分，直接影响组织的日常运营、生存和发展。

4. PEST 分析方法是一般环境分析最常见的分析方法，是指从政治与法律环境（P）、经济环境（E）、社会与文化环境（E）、技术环境（T）四个方面来探查、认识影响组织发展的重要因素。

5. 定量脚本法是以计量经济学或其他定量分析方法为基础建立模型，通过选择和调整不同的参数从而产生不同的脚本，然后对每一个脚本的合理性和发生概率做出评估。

6. 定性脚本法是指通过人的思维、判断，识别重要的环境因素，分析之间关系，克服了定量脚本法中看似精确的复杂方法所固有的机械性。

7. 理性决策也被称为科学决策，它假设管理者在决策时运用理性和逻辑。决策的目标是组织利益最大化。

8. 头脑风暴法是一种定性的方法。具体做法是请一定数量的专家，对预测对象的未来发展趋势及状况做出判断。通过专家面对面的信息交流，引起思维共振，产生组合效应，进行创造性思维，在较短的时间内取得较明显的成果。

9. 德尔菲法是指依靠专家背靠背地发表意见，各抒己见，管理小组对专家们的意见进行统计处理和信息反馈，经过几轮循环，使分散的意见逐步统一，最后达到较高的预测精度。

二、单项选择题

1. B　2. C　3. A　4. B　5. C　6. D　7. D
8. A　9. A　10. A　11. B　12. B　13. D　14. C
15. B　16. B　17. B　18. A　19. A　20. B　21. D
22. C　23. B　24. A　25. B　26. C

三、多项选择题

1. AD　2. ABCD　3. CD　4. ABC　5. BCD
6. ABD　7. BCDE　8. ABC　9. ABCDE　10. ABD
11. ABC　12. ABD　13. BCD

四、判断题

1. ×　2. √　3. √　4. ×　5. ×　6. ×　7. √　8. √
9. √　10. √　11. √　12. ×　13. ×　14. ×　15. √　16. √
17. √　18. ×

五、简述题

1. 简述组织环境的分类。

答案要点：

环境是由众多因素交错而成的整体。常见的一种分类是把环境分为三个大类，即一般或宏观环境、具体或微观环境和组织内部环境。

（1）一般环境，又称宏观环境、总体环境、大环境，是指任何时期对所有组织均能产生影响的外部环境因素。主要包括经济环境、技术环境、社会环境、政治法律环境和自然资源环境。

（2）具体环境，又称微观环境，指那些对组织的影响更频繁、更直接的外部环境因素，是与某一具体的决策活动和处理转换过程直接相关的各种特殊力量，是与组织目标的制定与实施直接相关的因素。从企业的角度进行分类，分为顾客、供应商、竞争者、管制机构和战略同盟伙伴。

（3）组织内部环境，是那些对组织影响最频繁、最直接的环境因素，也可以认为组织内部环境就是组织的一部分，直接影响组织的日常运营、生存和发展。包括物质环境和文化环境。

2. 简述环境各层次间的关系。

答案要点：

组织环境的三个不同层次之间有着密切的联系。

（1）组织的管理者通常将大量注意力集中于组织的具体环境和内部环境，因为具体环境和内部环境比一般环境更直接地给组织提供有用的信息，更易识别。

（2）一般环境因素虽然不直接影响组织的经营决策，但不能忽视。一般环境的改变对组织的影响往往通过具体环境对组织产生作用力表现出来。例如，技术环境是一般环境因素，企业并不能直接从技术环境中感受到技术进步的影响，通常是采用先进技术的竞争者使企业感受到技术进步带来的市场变化。

（3）在管理中，一般环境和具体环境对于组织来说是相对的。同样的外部环境，对一个组织可能是一般环境，对另一个组织却是具体环境。一般环境和具体环境还可以相互转化。

3. 简述 PEST 分析方法。

答案要点：

PEST 分析方法是一般环境分析最常见的分析方法，是指从政治与法律环境（P）、经济环境（E）、社会与文化环境（S）、技术环境（T）四个方面来探查、认识影响组织发展的重要因素。

（1）政治与法律环境方面包括环境保护、社会保障、反不正当竞争法以及国家的产业政策。

（2）经济环境方面包括增长率、政府收支、外贸收支及汇率、利率、通货膨胀率等。

（3）社会与文化环境方面包括人口统计因素，如人口的地理分布、就业水平、收入水平、年龄、文化差别等；社会与文化方面包括公民的环保意识、消费文化、就业观念、工作观念等。

（4）技术环境方面包括高新技术、工艺技术和基础研究的突破性进展。

4. 波特五力模型中，五力分别指什么？

答案要点：

（1）迈克尔·波特提出的五种力量模型是一种有效的、具体环境的分析方法。

（2）波特模型提出的五力，是指在企业经营环境中能够为企业提供机会或产生威胁的五种因素：行业竞争者、卖方（供应商）、买方（顾客）、潜在进入者和替代产品及其生产者。

（3）行业竞争者即本行业中现有的其他企业、卖方（供应商）、买方（顾客）、潜在进入者和替代产品及其生产者。行业竞争者是对行业内现有竞争对手的分析。买方和卖方议价实力是分析买方和卖方掌控交易价格的能力。潜在进入者是指从进入障碍的角度来进行潜在竞争者分析。替代产品，即识别替代威胁。

（4）五种竞争力量模型是一个非常实用的分析工具。它有助于系统地分析行业主要的竞争压力，判断每一种竞争压力的强大程度和重要程度。它不仅是应用最广泛的竞争分析工具，也是相对而言比较易于理解和应用的分析工具。

5. 简述 SWOT 分析方法的优点。

答案要点：

（1）SWOT 分析是最常用的内外部环境综合分析技术，是优势（strengths）、劣势（weaknesses）、机会（opportunities）和威胁（threats）分析的简称。

（2）优点：① 把内外部环境有机地结合起来，从而帮助人们认识和把握内外部环境之间的动态关系，及时调整组织的经营策略，谋求更好的发展机会；② 把错综复杂的内外部环境关系用一个二维平面矩阵反映出来，直观且简单；③ 促使人们辩证地思考问题；④ 可以形成多种行动方案供人们选择，提高决策的质量。

6. 简述理性决策的基本内容。

答案要点：

理性决策，也被称为科学决策，假设管理者在决策时运用理性和逻辑，决策的目标是组织利益最大化。理性决策模式的要点包括：

（1）决策者面临的是一个既定问题。这个问题可以同其他问题相互区别，或者至少同其他问题相比是重要的。

（2）引导决策者做出决定的各种目的、价值或各种目标是明确的，并且可以按照重要程度排序。

（3）处理问题的各种可供选择方案为决策者所考虑。

（4）决策者对可供选择的每一方案可能出现的结果进行了调查研究。

（5）每一个选择方案及其可能出现的结果能与其他方案相比较。

（6）决策者将采用其结果能最大限度地实现目的、价值或目标的方案。

7. 理性决策的主要环节有哪些？

答案要点：

（1）明确和界定所面临的问题。

（2）分析所有目的和目标及其轻重次序。

（3）寻找所有可能的行动方案。

（4）预测和评估每个方案的所有可能结果。

（5）比较每个方案实现目的和目标的程度。

（6）选择能够最大限度地实现目的和目标的方案。

8. 行为决策的代表性模型有哪些？

答案要点：

（1）DHS模型。该模型在分析决策者对信息的反应程度时，更强调过度自信和有偏差的自我归因。

（2）HS模型。该模型研究重点在于不同作用者的作用机制，而不是作用者的认知偏差。

（3）BHS模型。该模型将决策者所出现的偏差归纳为一类，即直觉偏差。该模型的前提在于，人们在自行解决问题的过程中通常采取试错的方法，容易导致人们形成一些经验规则，即直觉。

9. 非理性决策的代表性模型有哪些？

答案要点：

（1）渐进决策模型。是指在以往的政策、惯例的基础上制定新政策。

（2）政治协调决策模型。是指决策者在制定政策时，广泛地通过对话、协商、讨论来协调利益关系，在达成妥协、谅解的基础上进行决策。

（3）领导集体决策模型。认为政策选择是建立在领导者优秀的素质和管理经验的基础上，由领导者或领导集体依据自己的应变能力和判断力进行决策。

10. 决策背景的性质有哪些特征？

答案要点：

（1）整体性和综合性。各个环境因素具有独立性，但是在对管理工作起作用的时候是作为一个整体。同时，在某一特定时期内，不同环境因素对企业的影响程度不同，管理者很难区分开来。因此，管理者必须把环境作为一个整体，考虑其综合影响。

（2）复杂性。组织的环境是一个多种环境因素的组合体，具有明显的复杂性。一方面，环境对企业及其管理活动的影响是复杂的、多方面的；另一方面，各环境因素之间又相互影响、作用和制约，进一步加大了环境的复杂性。

（3）动荡性。包括三层含义：第一，环境的变化速度；第二，有关环境的信息和情报的不确定性；第三，管理者制定决策时所考虑的时间期限，期限越长，对环境的了解就越不准确。

11. 简述决策背景的分析步骤。

答案要点：

（1）明确决策主题。明确主题，可以使决策背景分析的各项工作有明确的方向和中心。主题的确定可能涉及整个组织活动，也可能只涉及组织活动的某个方面。

（2）提出假设。在确定主题的基础上，利用组织现有的资料，根据经验、知识和判断力，进行初步分析并提出关于组织中遇到问题的初步假设。

（3）收集资料。验证假设需要能够反映组织内外环境的资料，一是组织内外现存的各种资料，二是通过专门的调查和研究获得。

（4）整理资料。对原始的资料加以整理，才能比较正确反映客观环境的情况。需要审核资料的准确性，利用经过整理的资料分析各种因素之间的关系，并对之前提出的假设进行验证。

(5) 趋势预测和评估。利用取得的资料，对环境的发展趋势和组织未来的发展进行评估。

12. 简述决策树方法。

答案要点：

(1) 决策树法是常用的风险分析决策方法。

(2) 该方法是一种用树形图来描述各方案在未来收益的计算、比较以及选择的方法。其决策是以期望值为标准的，适用于未来可能有几种不同情况（自然状态），并且各种情况出现的概率可以根据资料来推断的决策问题。通过计算各种方案在未来的期望收益值，并进行比较，从而选择出较好的决策方案。

六、论述题

1. 举例论述决策理论发展的各个阶段。

答案要点：

决策理论经历了理性决策、行为决策和非理性决策三个阶段：

(1) 理性决策理论。理性决策理论又称为古典决策理论，它假设管理者在决策时运用理性和逻辑，决策的目标是组织利益最大化。该理论提出了有关人类行为决策的一个绝对标准，即人们在决策时遵循的是最大化原则，在经济领域，决策的目的在于为组织获取最大利润。

古典决策理论的主要内容是：①假设组织要实现的目标是明确的，问题可以识别并精准陈述；②决策者可以收集完全信息，能够得到所需要的全部详细决策信息，从而使决策状态成为确定性；③所有可行性方案和可能的结果都是可以量化和评估的；④方案评估标准是明确的或可以确定的，决策者选择能够使组织利益最大化的方案；⑤决策者是理性的，能够了解所有人的社会价值偏好及其所占的相对比重，合乎逻辑地评估标准和偏好（权重），评估每一方案，并做出使组织利益最大化的决策。

从理想的角度看，理性决策是一个非常科学化的模式，但忽视了非经济因素在决策中的作用，在实践中人们很难遵循。

(2) 行为决策理论。行为决策理论认为：人的理性介于完全理性和非理性之间，即人是有限理性的。这是因为在高度不确定和极其复杂的现实决策环境中，人的知识、想象力和计算力是有限的。而且，决策者在决策中往往只求满意的结果，而不愿意费力寻求最佳方案。该理论形成初期，主要研究对象可分为判断和抉择两大类。研究框架基于认知心理学，认为人的判断和决策过程实际上是信息处理过程，包括信息获取、信息处理、信息输出和信息反馈四个环节。

行为决策在成为一门独立的研究学科后，研究对象扩大到决策行为各个阶段，分析如何具体完成决策阶段，并且讨论偏差最优行为的“决策偏差”，建立了基于实际决策行为的描述性决策模型。行为决策理论发展为概括行为特征，提炼行为变量，然后运用到理性决策的分析框架之中。不仅考虑客观的备选方案以及环境的影响，还包含了决策者认知局限性、主观心理因素以及环境对决策者的心理影响等因素，得到的模型普适性更强。

(3) 非理性决策。在非理性决策领域，代表性的研究为渐进决策模型、政治协调决策模型和领导集体决策模型、精英决策模型。美国著名政治学家和政策科学家林德布洛姆提出的渐进决策模型的主要内涵包括：①要求决策者必须保留对以往政策的承诺；②决策者不必过多地分析与评估新的备选方案；③决策者着意于政策目标和备选方案之间的相互调适，简化问题的处理难度，而不关心政策制定基础的变化；④这种决策只能是一种保守的补救措施；⑤特点是稳妥可靠，渐进发展。

2. 哈佛大学商学院的迈克尔·波特教授认为，虽然不同行业中的竞争压力不可能完全一致，但是竞争过程的作用方式是相似的。一个行业中的竞争状况是哪些竞争力量此消彼长、共同作用的结果？举例说明。

答案要点：

（1）波特五力模型提出，在企业经营环境中，能够经常为企业提供机会或产生威胁的因素主要有五种：行业竞争者即本行业中现有的其他企业、卖方（供应商）、买方（顾客）、潜在进入者和替代产品及其生产者。

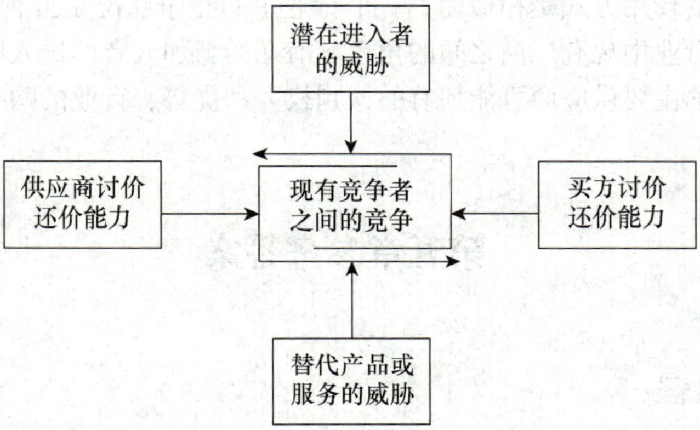

波特五力模型

（2）一个行业中的竞争状况就是这五种竞争力量此消彼长、共同作用的结果。行业中现有厂商之间的角逐、潜在的新加入者的进入威胁、替代品生产商的竞争威胁、行业的主要供应商可能拥有的谈判权力和优势、行业的购买者可能拥有的谈判权力和优势。

（3）举例：行业中现有厂商之间的角逐，如计算机行业、日化和食品等快销行业；潜在的新进入者威胁，如处于成长阶段的行业；替代品的竞争威胁，如 iPhone 对计算机、照相机的威胁；行业的主要供应商可能拥有的谈判权力和优势，如世界两大铁矿石企业——力拓与必和必拓对中国钢铁企业的讨价还价能力；行业的购买者可能拥有的谈判权力和优势，如沃尔玛等大型商超对供应商的优势。（可自行举例）

七、案例分析题

案例 1

这篇短文写了邹忌进谏的缘起、进谏的内容、进谏的结果。从齐威王纳谏中能得到哪些关于决策的启示？

答案要点：

（1）决策过程中，绝大多数决策者都是有限理性的。人的理性介于完全理性和非理性之间，即人是有限理性的。这是因为在高度不确定和极其复杂的现实决策环境中，人的知识、想象力和计算力是有限的。而且，决策者在决策中往往只求满意的结果，而不愿意费力寻求最佳方案。

(2) 人的判断和决策过程实际上是信息处理过程，包括信息获取、信息处理、信息输出和信息反馈四个环节。决策行为各个阶段，存在“决策偏差”。在决策过程中，不仅要考虑客观的备选方案以及环境的影响，还包含了决策者认知局限性、主观心理因素以及环境对决策者的心理影响等因素。

案例 2

假设你是马里兰大学帕克分校的学生，请用波特五种力量模型为安德玛的创始人，前马里兰足球明星、校友 Kevin Plank 做一份行业竞争态势分析。

答案要点：

哈佛大学商学院的迈克尔·波特教授认为，虽然不同行业中的竞争压力不可能完全一致，但是竞争过程的作用方式是相似的。一个行业中的竞争状况是五种竞争力量此消彼长、共同作用的结果：行业中现有厂商之间的角逐、潜在的新加入者的进入威胁、替代品生产商的竞争威胁、行业的主要供应商可能拥有的谈判权力和优势、行业的购买者可能拥有的谈判权力和优势。

第五章参考答案

一、名词解释

1. 计划是关于组织未来的蓝图，是对组织在未来一段时间内的目标和实现目标途径的策划与安排。

2. 战略计划是关于企业活动总体目标和战略方案的计划。涵盖的时间跨度长，涉及范围广泛，内容抽象概括，不要求直接具有可操作性。

3. 战术计划是指有关组织活动具体如何运作的计划。涵盖的时间跨度短，涉及范围窄，内容具体明确，通常要求具有可操作性。

4. 综合平衡法是指从企业生产经营活动的整体出发，根据企业各部门、各单位、各环节、各种要素、各种指标之间的相互制约关系，依据系统管理的思想，对企业内部的各种计划予以协调平衡，进而使计划成为一个相互关联、相互配合的有机整体。

5. 滚动计划法是努力保证长期、中期、短期计划相互衔接的一种方法，目的是增加计划的弹性和适应性，保证计划符合实际情况进而得以顺利实施。

6. 计划评审技术是在网络理论基础上发展起来的计划控制方法，其核心工具是网络图，采用图形的形式显示项目中各项工作之间的关系。

7. 预测就是根据过去和现在的资料，运用各种方法和技术，对影响组织工作的未来环境做出正确的估计和判断。

8. 目标管理是一种鼓励组织成员积极参加工作目标的制定，并在工作中实行自我控制、自觉完成工作任务的管理方法或管理制度。

9. 决策追踪与调整是决策者在初始决策的基础上对已从事活动的方向、目标、方针及方案的追踪和重新调整过程。

10. 趋势图也称统计图或统计图表，是以柱形图、横柱形图、曲线图、饼图、点图、面积图等统计图形来呈现某事物或某信息数据的发展趋势。

二、单项选择题

1. B	2. B	3. C	4. C	5. B	6. A	7. B
8. B	9. A	10. A	11. C	12. C	13. C	14. D
15. D	16. A	17. A	18. D	19. B	20. A	

三、多项选择题

1. AB	2. ABDE	3. AC	4. AB	5. BCE
6. ABD	7. ABDE	8. BCD	9. ABCE	10. ABD

四、判断题

1. √	2. √	3. √	4. ×	5. ×	6. ×	7. ×	8. √
9. √	10. √	11. √	12. ×	13. ×	14. ×	15. ×	16. √
17. √	18. √						

五、简述题

1. 计划工作的重要性体现在哪些方面?

答案要点：

计划是关于组织未来的蓝图，是对组织在未来一段时间内的目标和实现目标途径的策划与安排。其重要性主要体现在以下两个方面：

(1) 计划工作的首要性。一切管理活动都是为支持和保障计划目标的实现而展开的，计划工作是一切管理活动的前提。

(2) 计划工作的普遍性。一切有组织的活动都必须有计划，计划工作是渗透到组织各种活动中的普遍性管理工作，并且各级管理人员实际上都要担负或多或少的计划工作。

2. 战略计划有哪些特点?

答案要点：

战略计划是关于企业活动总体目标和战略方案的计划。其特点是：

(1) 战略计划涵盖的时间跨度长，涉及范围宽广。

(2) 内容抽象、概括，不要求直接的可操作性。

(3) 不具有既定的目标框架作为计划的依据，设定目标本身成为计划工作的一项主要任务。

(4) 方案往往是一次性的，很少能在将来得到再次或重复使用；前提条件多是不确定的，执行结果也往往带有高度的不确定性。

3. 战术计划有哪些特点？

答案要点：

战术计划是有关组织活动具体如何运作的计划。涵盖的时间跨度短，涉及范围窄，内容具体明确，通常要求具有可操作性。其特点是：

（1）涉及的时间跨度比较短，覆盖的范围也较窄。

（2）内容具体、明确，通常要求具有可操作性。

（3）任务主要是规定如何在已知条件下实现根据企业总体目标分解而提出的具体行动目标，明确计划制定的依据。

（4）战术计划的风险程度较低。

4. 简述战略计划、战术计划和作业计划之间的关系。

答案要点：

（1）战略计划、战术计划和作业计划强调的是组织纵向层次的指导和衔接。

（2）战略计划往往由高层管理人员负责，战术和作业计划往往由中层、基层管理人员甚至是具体作业人员负责，战略计划对战术、作业计划具有指导作用，而战术和作业计划的执行可以确保战略计划的实施。

5. 简述长期计划与短期计划的区别。

答案要点：

企业通常把计划跨越的时间间隔为1年及以内的计划称为短期计划，5年以上的计划称为长期计划。区别在于：

（1）划分依据：根据计划跨越的时间间隔长短。

（2）长期计划描绘了组织在较长时期（通常5年以上）的发展蓝图，主要回答组织的长远目标与发展方向以及大政方针方面的问题，通常以工作纲领的形式出现。

（3）短期计划规定了较短时期（通常1年及以内）指导组织具体活动的行动计划，更加详细具体，是中期计划的分解与落实。

6. 简述项目计划的制定过程。

答案要点：

项目计划是对项目的目标及活动予以统筹，以便能在固定的时间内，以最低的成本获得项目预期成果。其工作过程如下：

（1）第一阶段：项目的界定。围绕项目的最终成果界定项目的总体目标。总体目标的界定应考虑到可行性、具体化、明确的时间期限等多方面的因素。为了使目标更具有指挥协调的作用，还应进一步把总体目标分解成一系列阶段性目标。

（2）第二阶段：行动分解。由于项目是非常规性的例外工作，时间要求紧，所以有必要对项目进行更加周密的筹划，对项目做进一步的分解，并进一步分析每项行动的时间、所需要的资源和费用预算等，即明确每项行动何时做、谁来着、如何做、花费多少等问题。

（3）第三阶段：行动统筹。分析、识别众多具体行动之间的内在联系，合理地筹划，进而将众多的行动重新整合起来。

7. 目标管理有哪些特点？

答案要点：

目标管理是一种鼓励组织成员积极参加工作目标的制定，并在工作中实行自我控制、自觉完成工作任务的管理方法或管理制度。具有以下特点：

（1）实行参与管理。在目标制定与分解过程中，各级组织、部门动员其下属积极参加目标制定和分解，充分发表各自的见解，积极讨论组织目标及个人的目标。

（2）重视工作成果而不是工作行为本身。不要求或强硬规定下属如何做，而是以目标为标准考核工作成果，评价下属的工作成绩。

（3）强调组织成员的自我控制。目标管理以下属的自我管理为中心。下属可以根据明确的目标、责任和奖罚标准，自我评价工作的标准及进度，根据具体情况，自我安排工作进度计划，采取应急措施和改进工作效率。

（4）建立系统的目标体系。目标管理通过发动群众自下而上、自上而下地制定各岗位、各部门的目标，将组织的最高层目标与基层目标、个人目标层层联系起来，最终形成相互联系的目标体系。

8. 全分解式目标管理有哪些特点？

答案要点：

全分解式目标管理是指把目标分解到每一个成员。其特点是：

（1）把个人目标与部门乃至整体组织目标结合起来，形成个人、局部和整体三个层次的目标体系。

（2）加强个人之间的竞争，可能导致个人间的协作减少，也可能影响整体组织目标的完成。

（3）当组织目标容易分解、组织成员有良好的协作意识时，可采取这种目标管理。

9. 简述 PDCA 循环。

答案要点：

（1）PDCA 循环又叫戴明环，是美国质量管理专家威廉·戴明博士提出的，已经成为当今管理实践中广为应用的科学程序。PDCA 分别代表计划（plan）、实施（do）、检查（check）和改进（action）四个基本阶段。

（2）P（计划）是指根据顾客的要求和组织的方针，为提供结果建立必要的目标和行动计划。

（3）D（实施）是指实施行动计划，具体运作和实现计划中的内容。

（4）C（检查）是指根据方针、目标和产品要求，总结执行计划的结果，分清哪些对了、哪些错了，明确效果，找出问题，对过程和产品进行监测，并报告结果。

（5）A（改进）是指新作业程序的实施及标准化，以防止原来的问题再次发生，或者设定新一轮的改进目标。

（6）对总结检查的结果进行处理，成功的经验加以肯定，并予以标准化，或者制定作业指导书，以便以后工作时遵循；对于失败的教训也要总结，以免重现。对于没有解决的问题，应交给下一个 PDCA 循环去解决。

10. 简述刚性预算管理和弹性预算管理的区别。

答案要点：

（1）刚性预算管理在管理过程中，关注执行进程中没有变动余地的预算，执行人在执行中无活动余地。刚性预算不利于发挥执行人的积极性，不适应环境的变化；只能在重点项目上采用。

（2）弹性预算管理指在管理过程中，预算指标有一定的调整余地，执行人可灵活地执行预算。这种预算的控制力度稍弱，但有较强的环境适应性，能较好地适应控制的要求，在溯源控制中比较常见。

11. 简述决策追踪与调整同决策的补充和修正的区别。

答案要点：

（1）决策追踪与调整是决策者在初始决策的基础上对已从事活动的方向、目标、方针及方案的追踪和重新调整过程。

（2）决策的补充和修正是指在决策执行过程中，由于决策本身的特点和决策环境的变化，决策者必须对决策执行情况不断检查，并根据反馈信息，找出偏差，实施相应的控制，不断修正、完善决策。

（3）决策的补充和修正过程不需要对决策计划或方案做较大的改变，但决策追踪与调整实质上是对原来面临的问题重新进行一次决策。由于主客观情况发生变化，它并非正常决策的简单重复，也不是对原决策的根本否定，而是根据对原决策过程的再次分析，纠正原决策中的错误，是对原决策的扬弃。

12. 决策追踪与调整的特征有哪些？

答案要点：

决策追踪与调整是决策者在初始决策的基础上对已从事活动的方向、目标、方针及方案的追踪和重新调整过程。具有以下方面的特征：

（1）回溯分析。决策追踪与调整意味着对原始决策产生的机制、决策内容、主客观环境等进行一步一步的分析，从起始点开始逐步考察导致决策失误的原因、问题的性质、失误程度等。

（2）非零起点。决策追踪和调整面临的问题已不再是问题的初始状态，原始决策实施已带来很大的沉没成本，对周围环境造成实际性影响。

（3）双重优化。决策追踪与调整首先需要在原始决策基础上进行优化，然后在替代方案的选择中进行优化。

（4）心理障碍。由于决策追踪与调整有可能改变原始决策，容易引发利益相关者的负面心理效应。

六、论述题

1. 请结合实例或自己学习工作的体会，论述应该如何完成一份计划。

答案要点：

（1）制定计划目标。目标是组织期望达到的最终结果。一个组织在同一时期可能有过多个目标，但任何目标都应包括以下内容：

①明确主题，即明确是扩大利润，提高顾客的满意度，还是改进产品质量；

②期望达到的数量或水平，如销售数量、管理培训等；

③可用于测量计划实施情况的指标，如销售额、接受管理培训的人数等；

④明确的时间期限，即要求在什么时间范围内完成目标。

(2) 估量现状与目标之间的差距。组织的将来状况与现状之间必然存在差距。客观地度量这种差距，并缩小这种差距，是计划工作的重要任务。

(3) 预测未来情况。在计划的实施过程中，组织内外部环境都可能发生变化。预测就是根据过去和现在的资料，运用各种方法和技术，对影响组织工作活动的未来环境做正确的估计和判断。

(具体实例略)

2. 在高中全校成绩排名上，父母期望你达到什么水平？是否以书面形式表达出来？如果把你自己的排名目标与父母的期望都写下来，二者一致吗？如果不一致，怎么应用目标管理的方法进行改善。

答案要点：

(1) 目标管理是一种鼓励组织成员积极参加工作目标的制定，并在工作中实行自我控制、自觉完成工作任务的管理方法或管理制度。

(2) 目标管理的过程具体分为：确立目标体系、实施目标、评价成果。

(3) 目标的制定和展开是实施目标管理的第一阶段，也是最重要的阶段，如果目标设置得合理明确，就容易实施后两个阶段。

(4) 目标管理在实施阶段强调自主、自我管理，但这并不等于达成协议后管理人员就可以放手不管。管理人员更要利用多方接触的机会和信息反馈渠道对工作情况进行检查。同时要加强对下级的指导和帮助，做好基础管理工作，完善必要的规章制度，形成日常工作靠规章制度，业务工作靠目标管理的工作模式。

(5) 到预定期限后，由下级提出书面报告，上下级一起对目标完成情况进行评价考核，决定奖惩。目标管理以制定目标为起点，以考核目标为终结。考核以目标为依据。

(具体例子的分析略)

七、案例分析题

案例 1

1. 在没有得到公司 CEO 认可的情况下，李雷能够拟定可考核的长期和短期目标吗？怎样制定？你认为李雷希望从公司总部得到哪些重要的信息和帮助？

答案要点：

(1) 可以。

(2) 李雷作为高层管理者，负责管理个人洗护用品事业部，该事业部是独立核算、自负盈亏的利润中心。在不与总公司的大政方针、公司层级战略产生重大冲突的前提下，有权力设置本事业部的短期目标和事业部层级战略，即业务战略或竞争战略。

(3) 需要获得：①公司总部层面搜集和分析的、更全面系统的、进行一般环境分析的数据；② 公司总部的战略及目标；③ 如果得不到公司总部的回复，也可以自行决定本事业部的竞争战略和目标。

2. 李雷设定目标的方法是否最佳？你会怎么做？

答案要点：

(1) 可以采用目标管理的方式。

（2）目标管理是一种鼓励组织成员积极参加工作目标的制定，并在工作中实行自我控制、自觉完成工作任务的管理方法或管理制度。

（3）目标管理的过程具体分为：确立目标体系、实施目标、评价成果。

案例 2

1. 面对严峻的外部环境变化，拉坦·塔塔仍然坚持实施低成本战略推出 Nano 汽车。到了 2018 年，Nano 汽车的售价已经上涨到 3 500 美元/辆，并于 2019 年停产。如果有一台时光机可以让拉坦·塔塔回到 2008 年，你认为他会改变战略计划吗？为什么？

答案要点：

（1）不会。

（2）战略计划是关于企业活动总体目标和战略方案的计划。其特点是：①涵盖的时间跨度长，涉及范围宽广；② 内容抽象、概括，不要求直接的可操作性；③ 不具有既定的目标框架作为计划的依据，设定目标本身成为计划工作的一项主要任务；④ 方案往往是一次性的，很少能在将来得到再次或重复使用。

（3）作为企业掌舵人，设定目标、克服差距、预测未来，并放手一搏是固有的企业家精神。

2. 由于塔塔在 Nano 汽车的制造方面极尽节约，导致其安全性无法得到保障，制造过程也滞后于原定计划，汽车碰撞测试成绩不佳，甚至还有自燃的隐患。如果需要进行决策调整，塔塔集团需要如何做？

答案要点：

塔塔集团需要进行决策追踪与调整，做法如下：

（1）明确决策追踪与调整的内容。

（2）选择决策追踪与调整的方向。

（3）收集资料和数据。

（4）分析差距。

（5）设定努力目标。

（6）沟通交流。

（7）改进。

（8）制定具体的调整方案。

（9）明确决策调整的职责。

（10）循环进行。

第六章参考答案

一、名词解释

1. 组织设计是对组织系统的整体设计，即按照组织目标在对管理活动进行横向和纵向分工的基础上，通过部门化形成组织框架并进行整合。

2. 组织运行制度设计是指为了保证组织的高效运行而进行的制度和人员方面的安排，

包括沟通系统设计、管理规范设计和激励设计。

3. 权责对等原则是指组织中各个层级的管理者需要拥有开展工作所需要的相应权力，同时承担相应责任。

4. 机械化组织是一种稳定的、僵硬的结构形式，追求的主要目标是稳定运作中的效率。

5. 动态网络型组织结构是一种以项目为中心，通过与其他组织建立研发、生产制造、营销、售后服务等业务合同网，有效发挥核心业务专长的核心型组织形式。

6. 组织整合是指按照组织目标的要求，对组织内部的各部门、机构、人员的活动进行安排，使之成为一个有机整体的过程，包括正式组织和非正式组织的整合、层级整合和直线与参谋的整合。

7. 正式组织是指由两个或两个以上的人围绕一个共同目标并经过有意识的、处于系统关系的物的要素、人的要素和社会要素组成的有机整体。

8. 非正式组织是指独立于正式组织目标之外，以人际关系和谐为导向，以非理性为行为逻辑，受潜在的不成文规定约束的个体组成的集合体。

9. 层级整合是指组织在纵向设计中需要确定的管理幅度、层级数量以及体现了不同集权程度的各层级之间的权责关系。

10. 直线职权是指管理者直接领导下属工作的权力，自组织的顶端一直延伸到底部，形成一条线性的指挥链。

二、单项选择题

1. B	2. C	3. B	4. A	5. B	6. D	7. B
8. B	9. C	10. D	11. C	12. C	13. A	14. C
15. B	16. A	17. B	18. A	19. C	20. C	21. A
22. D	23. A	24. D	25. C	26. B		

三、多项选择题

1. AD	2. ABC	3. ACD	4. AC	5. BCDE
6. ACD	7. BC	8. ABD	9. ADE	10. ABCE
11. ABD	12. BDE	13. ABD	14. BCD	15. BCE

四、判断题

1. √	2. √	3. √	4. ×	5. ×	6. ×	7. ×	8. √
9. √	10. ×	11. √	12. √	13. √	14. ×	15. ×	16. √

五、简述题

1. 简述组织运行制度设计包含的内容。

答案要点：组织运行制度设计是指为了保证组织的高效运行而进行的制度和人员方面的安排，包括沟通系统设计、管理规范设计和激励设计。

（1）沟通系统设计。组织建立沟通系统，以确保信息准确、有效地传递。

（2）管理规范设计。是指建立组织的规章制度，保证组织的各个层级、部门和岗位按照统一的要求和标准进行配合和行动。其目的在于充分发挥组织成员主观能动性的同时，对其行为进行有效约束，为组织各项活动的开展提供制度保障。

（3）激励设计。是指组织为了调动组织成员尤其是管理人员的积极性而进行的制度性安排，包括激励制度和惩罚制度。

2. 简述分工与协作原则。

答案要点：

（1）分工与协作原则是指组织结构能够反映出实现目标所需的工作分解和相互协调，在专业分工的基础上实现部门间、人员间的协作与配合，保证组织活动的顺利开展，从而实现组织的整体目标。

（2）专业分工的作用：一是工作的简单化，二是有利于缩短培训时间，提高熟练程度。分工的弊病：一是工作单调，二是可能限制内部人员流动，降低组织应对环境变化的能力，三是容易形成组织内部的冲突和对立。

（3）为了克服分工的弊端，组织需要重视专业分工之后的协调，主要措施包括：实行系统管理，把职能性质相近或工作关系密切的部门归类，成立相应的管理子系统；通过委员会等机构实现协调；创造有利于协调的环境，提高管理人员的全局观念，增加相互间沟通。

3. 简述组织协调的必要性。

答案要点：

（1）组织设计不可能做到尽善尽美，由于环境的不确定性，当新的任务和挑战出现时，组织需要通过协调来应对。

（2）组织经过一定时期的运作之后，部门内容易产生本位主义，需要通过组织协调加以解决。

4. 有机式组织的适用条件有哪些？

答案要点：有机式组织是一种松散、灵活的具有高度适应性的组织形式。其适用条件为：

（1）环境不确定性强。

（2）任务多样且多变，无法进行程序化决策。

（3）技术复杂多变。

（4）有许多非常规活动，需要较强的创新能力。

（5）组织规模较小。

5. 简述机械式组织和有机式组织的特点对比。

答案要点：机械式组织和有机式组织的特点比较有以下七个方面：（可以用下表表示，也可以用文字简述）

机械式组织	有机式组织
基于智能的高度专门化	基于知识与经验的专门化
僵化的职务与权限	柔性的职务与权限
基于职位的权力	基于专业知识的权力

信息向高层集中	信息的分散与共享
垂直的智慧与信息传递	水平的沟通与信息传递
对组织的忠诚和上级的服从	对工作和技术的忠诚
强调组织固有知识	强调吸收外部智慧

6. 简述直线职能制组织结构的优缺点。

答案要点：

（1）直线职能制是综合直线制和职能制两种形式的特点而建立的组织结构，又称直线参谋制组织。

（2）直线职能制的优点：

①统一指挥与专业化管理相结合，既保持了直线制组织的统一指挥优势，又吸取了职能制组织专业化管理的特长。

②减轻管理人员压力。职能部门的存在，不再要求管理者成为直线制组织中的通才，能够有效减轻管理者负担，同时规避了多头指挥的问题。

（3）直线职能制的缺点：

①协调难度加大。直线部门与职能部门目标不一致，容易引发职能部门越权现象，导致组织内部冲突增多，增加内部协调难度。

②损害下属的自主性。

③降低对环境的适应能力。

④降低决策效率。

⑤增加管理成本。

7. 简述扁平化组织的优缺点。

答案要点：

（1）扁平化组织是指管理层次少、管理幅度大、上下级关系密切、信息纵向流动快、管理费用低的一种组织结构形态。

（2）扁平化组织的优点：减少组织层级，便于高层管理者了解各科室各科层组织的运行情况；大幅削减管理人员，节省管理成本，有效降低协调的难度；信息传递速度加快，减少信息的过滤和失真；管理幅度加大，强调员工的自我管理，有利于调动员工的积极性，提高决策的民主程度。

（3）扁平化组织的缺点：管理幅度加大无形中加重了管理人员的工作负荷；不同层级间的沟通路径缩短，但相同层级的沟通会产生新的困难；对管理人员的素质要求较高；以员工的自我管理、自我控制为基础，要求下属人员自立、自律，否则容易失控。

8. 简述无边界组织的内涵和本质，如何建立无边界组织？

答案要点：

（1）无边界组织的基本内涵是：在构建组织结构时，不是按照某种预先设定的结构来限定组织的横向、纵向和外部边界，而是力求打破和取消组织边界，以保持组织的灵活性和有效运营。

（2）横向边界是由专业分工和部门划分形成的，纵向边界是将员工划归不同组织层次的结果，外部边界是指将组织与顾客、供应商以及其他利益相关者分离开来的隔墙。通过运用跨层级团队和参与式决策等结构性手段，取消组织内部的纵向边界，使组织结构趋向扁平化；通过跨职能团队和工作流程的改变，取消组织内部的横向边界；通过与供应商建立战略联盟、体现价值链管理思想的顾客联系手段等方式，削弱或取消组织的外部边界。

（3）无边界组织并不是一种真正意义上的组织结构，实质是一种组织设计理念。其操作要点是尽量淡化和模糊组织边界，而不是绝对的消除组织边界。

9. 简述动态网络型组织结构的优缺点。

答案要点：

（1）动态网络型组织结构是一种以项目为中心，通过与其他组织建立研发、生产制造、营销、售后服务等业务合同网，有效发挥核心业务专长的新型组织形式。

（2）优点：①组织结构具备更大的灵活性，以项目为中心的合作能够更好地结合市场需求整合资源，网络中的价值链可以动态调整；② 结构简单，多数业务实现了外包，组织结构更加扁平，效率也更高。

（3）缺点：①组织活动多通过与其他组织的合作来完成，因此稳定性差；② 组织的核心是项目，对商业模式的要求高，需要能够持续地为合作企业带来利益；③ 与外部组织的合作靠利益关系来维系，难以形成组织文化，不利于组织的可持续发展；④ 采用外包容易引发企业伦理方面的争议。

10. 非正式组织和正式组织的区别有哪些？

答案要点：

正式组织是由两个或两个以上的人围绕一个共同目标，并经过有意识的、处于系统关系的物的要素、人的要素和社会要素组成的有机体。非正式组织是独立于正式组织之外，以人际关系和谐为导向，以非理性为逻辑，受潜在的不成为规定约束的个体组成的集合体。在下列几个方面存在区别：

（1）目标不同。正式组织存在明确的目标，以目标为导向开展活动，更加重视活动为组织带来的效益；非正式组织并不存在明确稳定的共同目标，追求的是和谐的人际关系和成员的归属感、满足感。

（2）行为逻辑不同。正式组织要求成员按照组织人格行事，通过非人格化的规章制度约束成员的行为；非正式组织则尊重参与者的个人人格，通过与组织目标无关的约定俗成的规则限制其行为，参与者的行为受情感支配。

（3）结合紧密程度不同。正式组织有严格的管理层级和岗位职责，通过正规化的组织体系将成员联系在一起，层级分明，信息沟通受到严格的层级约束，越权是组织中的大忌；非正式组织不存在明确的结构和层级，信息传递的通道完全是开放的、发散的，存在越权问题。

（4）权威来源不同。正式组织中领导者的权威，更多的来自职位性因素，非职位性因素只是一种补充；非正式组织中并没有稳定的领导者，权威来自参与者的非职位性因素。

11. 简述管理幅度设计的影响因素。

答案要点：

管理幅度是指一个管理人员直接有效地指挥下属人员的数量。管理幅度的设计受以下因素的影响：

（1）工作能力。管理者或者下属的工作能力强，管理幅度可以适当增大。

(2) 工作内容和性质。下属工作的相似性越大，有效管理幅度越大；反之越小。

(3) 工作条件与环境。管理工作的辅助体系、助手配备情况、沟通工具的发达程度、政策的稳定性等工作条件和环境方面的因素也会影响管理幅度。

(4) 成员的差异性。组织成员的文化背景、价值观、忠诚度等因素，上下级之间、成员之间的差异性越大，达成共识的难度越大，有效控制的管理幅度越小。

12. 简述职权的三种类型。

答案要点：

(1) 直线职权。直线职权是管理者直接领导下属工作的权力，自组织的顶端一直延伸到底部，形成一条线型的指挥链。指挥链上的管理者拥有对下属人员工作的指挥权，下属与上级的沟通沿着指挥链自下而上的进行，否则就会越级。

(2) 参谋职权。参谋职权是指组织中的参谋人员拥有的某些特定的权利，是对直线职权的一种补充。直线管理者需要设置一些参谋岗位来辅佐其工作，以弥补直线管理者的能力、精力方面的缺陷。

(3) 职能职权。直线管理者将部分职权授予其他个人或职能部门，被授权方可以是管理者直接管理的下属，也可以是自己管辖之外的部门。

13. 影响组织分权程度的因素。

答案要点：

(1) 组织规模。组织规模越大，管理层级部门数量管理人员越多，沟通路径和复杂性增加，需要提高分权程度。

(2) 政策的统一性。如果组织内部结构相似、政策统一，则可以采取集权的方式进行层级整合；如果组织各部门之间差异较大，需要采取不同的政策，需要提高分权程度。

(3) 成员的自我管理能力。如果各级管理者、组织成员的自我管理能力强，能独立开展工作，则可以提高分权程度。

(4) 组织的可控性。组织的层级设计，既要有必要的权力集中，又要有必要的权力分散。过度集权会影响决策速度，过度分权可能导致组织失控，因此组织的可控性是影响分权程度的一个重要因素。

(5) 组织的发展阶段。组织在不同发展阶段的发展动力、面临的风险不同。组织在生成、成长阶段应当适度集权，在成熟、衰退阶段则需要提高分权程度，以调动各部门的积极性，提高组织对内外环境变化的适应性；当衰退不可避免，组织进入再生阶段时，则需要提高集权程度。

14. 简述分权和授权的区别。

答案要点：

(1) 分权是权力在组织系统中的分配，而授权是组织中的管理者将部门职权授予下属或参谋，由其代为履行职责的一种形式。

(2) 分权的主体是组织，而授权的主体是拥有职权的管理者；分权的对象是部门或岗位，而授权的对象是具体的人员，授权内容也局限在上级管理者的部门职权。

(3) 分权具有恒久性，往往伴随着组织结构的调整而调整，授权更加灵活，可以是长期性的，也可以是临时性的。

15. 简述直线管理人员与参谋人员产生矛盾的原因。

答案要点：

(1) 统一指挥影响参谋作用的发挥。统一指挥是组织层级设计的重要指导原则，如果直线管理者过于强调统一指挥，势必削弱参谋的作用，影响参谋人员对组织的贡献；如果参谋人员过多地介入直线管理者的决策，有可能破坏统一指挥的原则，造成多头领导。

(2) 直线对参谋的轻视和抵制。同时设置直线和参谋是组织决策的需要，现实中可能出现直线管理者轻视参谋作用，或是遭到下级直线管理者的抵制，参谋作用都得不到有效发挥。

(3) 参谋不尽责。参谋人员拥有参谋职权，但并不拥有决策权，加上对下级直线管理抵制的担心，容易产生“建言献策但不添乱”的心理，从而影响其发挥服务建议、辅助的作用。

(4) 参谋过高估计自身作用。参谋对于决策的贡献不言而喻，其待遇也是其建议的价值决定的，所以参谋容易高估自身作用。

六、论述题

1. 组织设计容易受到哪些因素的影响？试举例说明。

答案要点：影响组织设计的主要因素有：环境、战略、技术、规模和组织发展阶段。

(1) 环境。环境包括一般环境和任务环境。一般环境是指对组织活动产生间接影响的政治、经济、社会和文化环境，例如：企业开展跨国业务时，必须考虑东道国的政治、经济、社会和文化环境；任务环境是指与组织活动直接相关的环境，包括政府、行业协会、合作方、供应商、客户、竞争对手等。组织中需要根据任务环境设置相应的机构或部门，不同类型的组织同任务环境因素之间联系的紧密程度不同，需要区别对待。例如：从事消费品生产、流通的企业需要设置专门部门乃至呼叫中心处理售后服务、投诉等事宜，而原材料生产企业因为面对的客户数量有限，并不需要建立呼叫中心。

(2) 战略。战略是指决定和影响组织活动性质及根本方向的总目标，以及实现这一总目标的路径和方法。结构服从战略，战略的发展阶段和战略类型对于组织设计具有重要影响。钱德勒认为，战略发展有四个不同的阶段，即数量扩大阶段、地区开拓阶段、纵向联合开拓阶段和产品多样化阶段，且每个阶段都有与之相适应的组织结构。例如：如果保持在单一领域、单一行业内发展，组织则偏向于采用集权的职能结构；如果企业进行多元化经营，则多采用分权的事业部结构。

(3) 技术。任何组织都需要通过技术将投入转换成产出。技术的变化不仅能够改变生产工艺和流程，而且会影响人与人之间的沟通和协作，因此组织设计必须考虑技术因素。伍德沃德根据生产技术的复杂程度将生产技术分为三类，单件小批量生产技术、大批量生产技术和流程生产技术。例如：从单件小批量生产技术到流程生产技术，随着技术复杂性的提高，企业组织结构复杂程度相应提高，管理层级增多，高层管理人员的管理幅度、管理人员与一般人员比例也提高。

(4) 规模。规模因素是影响组织设计的一个重要变量，一般来说，小规模的组织结构简单，组织层级少，集权化程度高，复杂性低，协调比较容易；而大规模组织正好相反。

（5）发展阶段。组织存在生命周期，每个发展阶段具有不同特征，同时面临着不同风险，需要调整战略以适应发展的需要，并适时调整组织结构。一般来说，组织的发展会经历生成、成长、成熟、衰退和再生五个阶段，组织设计需要根据不同阶段的特点来进行。

2. 组织设计的原则有哪些？请举组织的实例详细说明。

答案要点：组织设计的原则可以归纳为以下五条：

（1）目标一致原则。组织活动是围绕一定目标进行的，因此组织设计需要以组织的整体目标为引领，部门设置、沟通协调、冲突解决都要为这一目标服务。该原则有两层含义：一是目标的一致性，二是统一指挥。

（2）分工与协作原则。是指组织结构能够反映出实现目标所需的工作分解和相互协调，在专业分工的基础上实现部门间、人员间的协作与配合，实现组织的整体目标。专业分工，一方面可以使工作简单化；另一方面可以有效缩短培训时间，提高熟练程度。同时也要重视专业分工之后的协调。

（3）有效管理幅度原则。是指一个管理人员直接有效地指挥下属人员的数量。在进行组织设计时，管理幅度应控制在一定的水平。既要避免管理幅度过大，保证管理人员能够对下属工作实行有效的指挥和监督；也要防止管理幅度过小，造成组织层级过多，从而降低管理工作的效率，增加管理成本。

（4）权责对等原则。是指组织中各个层级的管理者需要拥有开展工作所需要的相应权力，同时承担相应责任。组织中的职位与权力应有明确的对应关系。

（5）柔性经济原则。是指组织设计需要保持一定的灵活性，根据内外环境的变化及时对层级与幅度、人员结构和部门工作流程做出合理安排。原则对组织设计提出了两方面要求：一是在维护组织稳定的同时保持一定的弹性；二是避免产生内耗，造成管理成本上升。

（具体举例略）

3. 试举例说明，如何将非正式组织和正式组织进行有效整合？

答案要点：非正式组织对正式组织的影响既有积极的一面，也有消极的一面，因此，非正式组织与正式组织的整合需要发挥非正式组织的积极作用，减少其消极影响，营造有利于二者整合的组织文化环境。

（1）重视非正式组织的作用。正式组织与非正式组织的整合首先要发挥非正式组织的积极作用。可以概括为以下方面：

①满足组织成员的需要；

②有利于促进组织内部沟通；

③有利于增加组织成员之间的默契；

④有利于组织活动的有序开展；

（2）减少非正式组织的消极影响。

①通过提高组织成员在决策中的参与性，避免目标冲突；

②加强沟通与信息共享，避免小道消息蔓延；

③关心成员的工作、生活状况，对非正式组织进行正确引导；

④鼓励各级管理者参与非正式组织的活动，树立权威；

⑤营造有利于整合的组织文化和氛围。

（具体举例略）

七、案例分析题

案例 1

1. 直线职能制和事业部结构各有什么优缺点和适用的条件？

答案要点：

（1）直线职能制组织结构的优点是：以组织的职能为基础进行工作归类，是一种部门化方法。可以充分发挥分工的优势，有利于提高各职能部门工作的专业化水平。缺点有：易于强调本部门的目标和利益，而忽视组织的总体目标和全局利益。等级森严，机构臃肿，不利于创新、协调、合作和沟通，造成效率不高，还可能增加管理费用。

（2）直线职能制适用范围：职能制结构主要适用于中小型的、产品品种比较单一、生产技术发展变化较慢、外部环境比较稳定的企业。具备以上特征的企业，其经营管理相对简单，部门较少，横向协调的难度小，对适应性的要求较低，因而职能制结构的缺点不突出，而优点却能得到较为充分的发挥。

（3）事业部结构优点：职责范围明确，分工细，各事业部内部办事效率高，每个事业部都有自己的产品和市场，能灵活自主地适应市场出现的新情况而迅速做出反应，既有高度的稳定性，又有良好的适应性。便于组织专业化生产，形成经济规模，采用专用设备，并能使个人的技术和专业知识在生产和销售领域得到最大限度的发挥，因而有利于提高劳动生产率和企业经济效益。缺点：容易形成小团体利益冲突及各事业部之间协作能力下降。

（4）事业部制适用范围：适用于产业多元化、品种多样化、各有独立的市场，而且市场环境变化较快的大型企业。

2. 你认为，金果子公司在经营规模扩大到要求建立起正规化的组织结构时，哪种形式更合适？

答案要点：

（1）直线职能型更合适。

（2）金果子公司虽然有了一定规模，但仍然属于中小型公司。产品品种比较单一，只有桃子和橘子两种。生产技术发展变化较慢，企业的生产始终是劳动力导向而不是技术导向。外部环境比较稳定，可以从容生产销售。

3. 预想不久后该公司的规模获得进一步的迅速扩大，那么在目前选择的组织形式基础上如何调整其结构设计呢？你认为可以增加什么样的管理部门？

答案要点：

（1）企业规模变大之后，必须要增加专门的会计、财务、人事、采购部门，完成组织结构正规化。

（2）这些部门要与销售和生产部等部门平级。企业生产能力变大，需要拓展市场，要将销售部职能扩展，成立市场营销部，新部门职能包括：接受订购，市场营销和广告策划，公关活动，市场调查等。需要建立内部物流部门（物流部）或者选择外包物流。

（3）建立管理信息系统，成立信息部完成企业信息化。

案例 2

1. 严高工在实际工作中行使的是什么权力？你认为，严高工作为顾问应该行使什么样

的职权？

答案要点：严高工在实际工作中行使的是职能职权，作为顾问严高工应该行使参谋职权。

2. 这家下属企业在管理中存在什么问题？如果你是公司总经理助理，请就案例中该企业存在的问题向总经理提出你的建议以改善现状。

答案要点：

（1）这家下属企业在管理中存在的主要问题是：直线人员与参谋人员的关系未处理好。

（2）在管理工作中，参谋职权无限扩大，容易削弱直线人员的职权和威信；职能职权无限扩大，则容易导致多头领导，导致管理混乱、效率低下。

（3）对参谋职权有以下建议：

①注意发挥参谋职权的作用。从直线与参谋的关系来看，直线人员掌握的是命令和指挥的职权，而参谋人员拥有的则是协助和顾问的职权。参谋的职责是建议而不是指挥，他只是为直线主管提供信息，出谋划策，配合直线人员工作的。由此可知，二者之间的关系是“参谋建议、直线命令”的关系。因此，发挥参谋作用时，应注意：参谋应独立地提出建议；直线人员不为参谋所左右。

②适当限制职能职权的使用。限制使用范围，即限于解决如何做、何时做等方面的问题，再扩大就会取消直线人员的工作；限制使用级别，即下一级职能职权不应越过上一级直线职权。

第七章参考答案

一、名词解释

1. 人员选聘是组织为一定的工作岗位选拔出合格人才而进行的一系列活动，是把优秀、合格的人员引进组织并安排在合适的岗位上工作的过程，是现代组织人力资源管理的基础性工作。

2. 外部选聘是指管理者通过对组织人事资料的检索，查明和确认在职人员中确实无人能够胜任和填补职位空缺时，从社会中选聘人员。

3. 内部选聘是通过对组织内成员晋升，职位调动和做轮换等形式选聘组织发展需要的人员。

4. 人事考评是指对一段时间内个人的工作能力及工作绩效进行考核。

5. 招聘是指吸引足够数量和质量的候选人申请公司的空缺职位，并对候选人进行甄选、录用的过程。

6. 情景模拟法是指设计特定情境，考察被考评者现场随机处置能力的一种方法。

7. 专题培训是指组织根据发展需要或者部门根据岗位需要，组织部分或全部人员进行某一主题的培训工作。

8. 角色扮演法是让受训者在培训教室设计的工作情境中扮演某个角色，其他学员与培训教室在学员表演后做适当点评的培训方法。

二、单项选择题

1. A 2. B 3. C 4. D 5. D 6. B 7. A
8. D 9. B 10. B 11. D 12. B 13. C 14. B
15. B 16. D 17. D 18. A

三、多项选择题

1. ABD 2. AC 3. ABDE 4. AC 5. AC
6. ABCD 7. ABDE 8. ABE 9. ABDE 10. ABDFG

四、判断题

1. × 2. × 3. √ 4. × 5. × 6. × 7. √ 8. √
9. × 10. × 11. √ 12. √

五、简述题

1. 如何确定组织人员需要量?

答案要点:

(1) 确定组织人员需要量的主要依据是组织设计出的岗位职务类型和岗位职务数量。

(2) 为一个新建的组织选配人员,一般只需要利用上述职务设计的分类数量表来确定人员类型与数量,向社会公开招聘;如果对现有组织机构的人员配备进行重新调整,就应根据组织的重新设计,检查和对照组织内部现有的人力资源情况,找出差额,确定需要从外部选聘的人员类别与数量。

2. 简述人员配备的原则。

答案要点:

(1) 任人唯贤原则。在人员选聘方面,大公无私、实事求是地发现人,充实和使用有真才实学的人。

(2) 程序化、规范化原则。人员的选聘遵循已定的程序和标准。科学合理地确定人员的选拔标准和聘任程序是组织聘任优秀人才的重要保证。

(3) 因事择人、因材器使原则。因事择人就是人员的选聘应以职位的空缺和实际工作的需要为出发点,以职位对人员的实际要求为标准进行人员的选录;因材器使是指根据人的能力和素质不同安排不同的工作。

(4) 量才使用、用人所长原则。量才使用就是根据每个人的能力大小安排合适的岗位。用人所长是指在用人时不能求全责备,应注重发挥人的长处。

(5) 动态平衡原则。动态平衡就是要使那些能力发展充分的人去充实组织中更重要的工作,同时要使能力平平、不符合组织需要的人得到识别及合理的调整,最终实现人与职位、工作的动态平衡。

3. 简述人员外聘的优点与不足。

答案要点：

（1）优点：能给组织带来新观念、新想法、新技术和新方法；外来者与组织成员之间无裙带关系，因而能较客观地评价组织工作，洞察存在的问题；组织能聘用到已经受过训练的人员，及时满足组织对人才的需要，且成本相对培训一个内部成员来说通常更低；外聘人员使用较灵活，组织可根据活动情况与外聘者签订短期或临时的工作合同。

（2）不足：有可能挫伤内部成员的工作积极性，外聘者需要较长调整时间来适应组织环境和工作；管理职务上的外聘者可能照搬老经验来管理新组织，而忽视了调整自身来适应该组织，忽视了经验与组织发展的有机结合。

4. 简述人员选聘的匹配标准。

答案要点：

人员选聘要做到三个匹配：

（1）人员技能与岗位职责匹配。这是人员选聘的基本标准，也是做好一项工作的前提。这就需要进行工作分析，明确岗位职责，把选聘职位的工作内容特点与人员的技能要求等编制成职位说明书，让应聘者知道岗位的任职条件。

（2）人员个性与岗位特点相匹配。人员个性是选聘中要考虑的重要因素。现在专业分工越来越细，团队合作越来越重要。如果工作人员以自我为中心，合作能力不强，就不适合在团队中工作。另外也要考虑人员与团队的互补性，如果团队成员个性都很强，那么善于协调的员工就能发挥作用，因此分析团队的特点，选聘合作性和互补性强的新成员，团队才能产生 1＋1＞2 的效果。

（3）人员价值观与组织价值观相匹配。价值观支配个体行为。组织成员对组织忠诚度的高低，与其对组织价值观的认同度有密切关系。认同组织价值观的成员能够与组织文化更好地融合，提高组织绩效，所以应当向应聘人员讲明本组织的优劣势及组织文化的特点等，让应聘者权衡。组织虽然有可能失去一批优秀人员，但更能增加成员的稳定性。

5. 简述人员录用的常用方法。

答案要点：

（1）多重淘汰式。多重淘汰式中每种测试方法都是淘汰性的，应聘者必须在每一种测试中都达到一定的水平，方能合格。该方法是将多种考评与测试项目依次实施，每次淘汰若干低分者，全部通过考评项目者，再按最后面试或测试的实得分数排出名次，择优确定录用名单。

（2）补偿式。补偿式中，不同测试的成绩可以互为补充，最后根据应聘者在所有测试中的总成绩做出录用决策。如分别对应聘者进行笔试与面试，选择在按照规定的笔试与面试的权重比例，综合算出应聘者的总成绩，决定录用人选。由于权重比例不一样，录用人选也会有差别。

（3）结合式。结合式中，有些测试是淘汰性的，有些是可以互为补充的，应聘者通过淘汰性的测试后才能参加其他测试。

6. 简述人员录用的流程。

答案要点：

录用流程包括四个阶段：录用准备、录用甄选、录用实施和录用评估。

（1）录用准备。根据组织人力资源规划及岗位工作分析，制定录用计划，并根据潜在录用对象的特征选择特定途径发布信息。

（2）录用甄选。通过简历筛选，确定正式参加考试的应聘者并组织考评。其中考评阶段主要确定考评内容、考评方式等。

（3）录用实施。这一阶段的主要任务是通过对甄选评价过程中产生的信息进行综合评价与分析，确定每一位应试者的素质和能力特点，根据预先确定的人员录用标准与录用计划进行录用决策。最后办理录用手续，洽谈工资福利待遇等问题，签订劳动合同，使组织与成员之间的劳务关系具有法律效应。

（4）录用评估。这是录用活动的最后阶段，主要是对录用活动做总结和评价，将有关资料整理归档，评价内容包括录用的成本核算、录用质量评估等。

7. 简述人员考核的基本要素。

答案要点：

（1）职业品德。要考核组织成员是否在思想上与组织精神、理念保持高度一致。一是忠诚度，考核组织成员是否有责任心、事业心强，爱岗敬业，能否认真做好本职工作；二是贯彻执行度，考核组织成员的积极主动性，是否严格贯彻组织精神理念及各类制度，并能及时反应异常状况。

（2）工作态度。包括责任心、服从意识、协作意识等。考核工作态度的目的是了解组织成员工作上是否具有积极性和主动性；是否能够钻研业务，勇于创新；是否能够发挥自己的能力；是否具有较好的组织纪律性。

（3）工作能力。是指组织成员的业务知识和工作能力。工作能力考核的目的是考核组织成员的基本能力、业务能力、应用能力和创新能力。

（4）工作业绩。是指工作目标完成度、精确度、效益和对组织的贡献。目的是考察组织成员完成工作任务的质量和数量，从事创造性劳动的成绩、工作效率以及为组织所做的贡献大小。

8. 简述人员培训的任务。

答案要点：

（1）为组织战略的实施做准备。人力资源在组织发展的不同阶段，组织的战略重点不同，不断地为组织战略的实施做好准备是人员培训的首要任务。培训工作会对组织战略的实施起到非常重要的支撑作用。

（2）传播组织知识和文化，加强知识管理和组织文化建设。人员培训不应该只停留在传统意义上的面对面授课，应该采取一切可能的形式，有效地传播组织知识和文化，对组织优秀的经验、技能进行复制，实现知识管理，建设优秀的企业文化。

（3）帮助组织成员成长。培训要与每名组织员工的职业发展结合起来，以使组织成员的利益与组织的利益结合在一起，使得组织成员真正愿意参与培训，主动参与培训，通过培训获得帮助和成长。

（4）创造良好的组织环境。培训可以是多种形式和内容的知识兴趣性培训，这种培训可以创造良好的工作氛围和组织成员心态，从另一个侧面促进组织管理，提高工作效率。

9. 角色扮演法有什么优缺点？

答案要点：

（1）角色扮演法是让受训者在培训教师设计的工作情境中扮演某个角色，其他学员与培训教师在学员表演后做适当的点评，由于信息传递多向化，反馈效果好、实践性强、费用低，因而多用于人际关系能力的培训。

（2）优点是：能激发学员解决问题的热情；可增加学习的多样性和趣味性；能够激发热烈的讨论，使学员各抒己见；能够提供在他人立场上设身处地思考问题的机会；可避免可能的危险与尝试错误的痛苦。

（3）缺点是：观众的数量受限，演出效果可能受限于学员过度羞怯或过强的自我意识。

10. 简述师徒传承法的优点。

答案要点：

（1）师徒传承法，是由一个在年龄上或经验上资深的人员，支持一位资历较浅者进行个人发展或生涯发展的方式。

（2）优点：在师傅指导下开始工作，可以避免盲目摸索；有利于尽快融入团队；可以消除刚刚进入工作的紧张感；有利于传统优良工作作风的传递；可以从指导者那里获取丰富的经验。

六、论述题

1. 请论述在组织的人员配备过程中，如何既能保证人与岗位的匹配，又使组织人员有合理的流动性？

答案要点：

（1）人员配备是指组织中基于组织岗位要求对人员的配备。其任务是为组织岗位物色合适的人选，促进组织结构功能的有效发挥，充分开发和挖掘组织内的人力资源，促进人的全面和自由的发展。

（2）确定组织人员需要量的主要依据是组织设计出的岗位职务类型和岗位职务数量。如果对组织结构的人员配备进行重新调整，就应该根据组织的重新设计，检查和对照组织内部现有的人力资源情况，找出差额，确定需要从外部选聘的人员类别与数量。

（3）选配人员。为了保证担任职务的人员具备职务要求的知识和技能，必须对组织内外的候选人进行筛选，做出最恰当的选择。这些待聘人员可能来自企业内部，也可能来自外部社会。

（4）人员配备的原则包括：任人唯贤原则，程序化原则，因事择人、因材施教原则，量才使用原则，动态平衡原则。

2. 英国管理大师劳伦斯·J. 彼得发现，“在实现等级制度的组织里，每个人都崇尚爬到能力所不及的层次”，这就是著名的彼得现象。如何防止彼得现象的出现？

答案要点：

（1）彼得现象产生的一种重要原因是：组织提拔管理人员往往主要根据他们过去的工作成绩和能力。但在显示中发现：在较低层次上表现优异、能力突出的管理者不一定能胜任较高层次的管理工作。

（2）只有当这些人担任高层次管理工作的能力得到某种程度的证实以后，才应考虑晋升的问题，检验管理人员是否具备担任较高职务的条件的一种可行方法，是安排他担任某个临时性的“代理”职务，通过对代理者的考察，组织可以更好地了解他的独立工作能力。如果在代理以前，该管理人员表现突出，部门内的人际关系很好，在执行工作中也表现出一定的创新精神，而在代理过程中，遇事不敢做主，甚至惊慌失措，那么，将“代理”转为“正式”显然是不恰当的。由于“代理”只是一个临时性的职务，因此，取消“代理”使其从事原先的工作，对代理者本人也不会造成任何打击。

七、案例分析题

案例 1

请结合人事考评方法分析本案例改革前后的考评制度各有什么优缺点。

答案要点：

(1) 改革前的人事考评，评价主体为医院全体职工，评价人对评价对象的了解程度一般，且考核内容和标准比较模糊，不能真正突出绩效差异，因此绩效评价结果偏重于大锅饭。

(2) 改革后的人事考评，评价主体改为职工上级为主导，其对职工的绩效了解更为深入，更容易做出相对客观的评价；评价结果有比例限制和关键事件说明，这两项变化对于绩效结果评价来说，显得更为客观和具体，绩效评价更为公平公正。因此，改革后的绩效考评，真正起到了绩效区分的作用，进而通过人力资源管理的其他联动措施，激发了员工活力，进而让该乡镇医院也焕发出了新的活力。

案例 2

张先生这样的闪电离职令人深思，请具体分析 T 公司在招聘中存在的问题及改进方案。

答案要点：

(1) T 公司在实施招聘时，存在的问题点有：①并非应聘人员能力越高、质量越高就认为是越匹配。同一个人在不同的企业中工作，往往会产生不同的绩效结果，应聘人员只有从能力、经验、个性、价值观等方面都和企业匹配，才算是真正的匹配。T 公司的招聘，只考察了应聘人员的硬件符合度，而没有考虑应聘人员的软性符合度，即应聘者个人性格特征、能力发挥的平台与公司发展阶段、组织文化等方面的匹配程度。因此，张先生与 T 公司的匹配度存疑。②在招聘流程中，张先生通过猎头的推荐，只是与公司总裁和人力资源总监进行了沟通，但张先生的直接上级并未与张先生进行深入沟通，导致张先生与其上级在性格特征、工作方式方法等方面存在差异，而这些差异在做录用决策时并未被考虑进去，导致了张先生与其直接上级的矛盾。

(2) 招聘时可以从以下几点进行改进：①要充分分析公司所处的行业、公司内部人力资源环境、直接上司的工作习性等，往往会决定这个新入职人员能不能适应公司，留存下来。专业、经历并不是最重要的考量因素。②直接上级对应聘人员的面试评价和入职后引导很重要。人力资源招聘主管充分与用人部门和直接上级深入沟通，用人部门和团队到底需要一个什么样的人。在新员工入职后，直接上司对新员工的引导、包容也是新员工留任的重要因素。③公司的企业文化和非正式的小团队文化，需要能够包容新员工。④招聘主管级别以上人员时，需要留有第二、第三候选人，才能做到有备无患。

第八章参考答案

一、名词解释

1. 组织文化指的是一个组织在长期实践活动中形成的具有本组织特征的文化现象，是组织中的全体成员共同接受和共同遵循的价值观念、思维方式、心理预期、行为准则、团队归属感以及工作作风等群体意识的总称。

2. 物质层的组织文化是组织文化的表层部分，是一种以物质形态存在的可见的组织文化构成单位，涵盖组织的整个物质和精神的活动过程、组织行为、工作流程、工作语言、做事风格等外在的表现形式，是精神层和制度层组织文化的载体。

3. 制度层的组织文化是指组织文化中对组织及其成员的行为产生规范性、约束性影响的部分，包括具有组织特色的各种规章制度、道德规范和行为准则，以及组织中分工协作的组织结构，是组织文化的中间层次。

4. 精神层的组织文化是组织在长期历史发展中形成的组织成员群体心理定式和价值取向，是组织的价值观、道德观的综合体现，涵盖了所有组织成员共同信守的基本信念、管理哲学、价值标准以及敬业精神和职业道德。

5. 组织文化塑造是指组织有意识地发扬其积极、优良的文化，摈弃其消极、劣性的文化的过程，也是组织文化不断优化和升华的过程。

6. 组织文化激励是指通过组织文化的塑造和内在引导，每个组织成员能够从内心深处产生为组织宁愿付出一些的奉献精神，从而最大限度地激发工作的积极性、主动性和创造性。

二、单项选择题

1. C　2. B　3. C　4. B　5. C　6. C　7. B
8. D　9. A　10. A　11. B　12. C　13. D　14. B
15. C　16. D　17. C　18. C

三、多项选择题

1. ACDE　2. ABCD　3. ABCE　4. ABCD　5. ACD
6. ABDE　7. CDE　8. ACDE　9. CD　10. ABCD

四、判断题

1. ×　2. √　3. √　4. ×　5. √　6. √　7. ×
8. ×　9. √　10. ×　11. ×　12. ×　13. ×　14. √

五、简述题

1. 怎样把握组织文化的本质?

答案要点:

对文化的考察应该有一个全面的视角，可以从以下几方面去把握组织文化的本质:

(1) 鉴别组织的价值观、行为哲学、使命和宗旨。一个组织处理与利益相关者之间关系的行为方式，常常受到该组织一系列宏观方针和思想原则的指导。

(2) 理解组织的边界。理解一个组织对从事、在意的事物范围的界定，能够帮助一名新成员了解什么是对该组织有价值的，组织对其成员保有怎样的期望。

(3) 理解组织的权力结构。理解组织中权力的获得、维持和丧失规则，能帮助人们发现该组织对什么为恰当、什么为错误的潜在共识。

(4) 理解组织中的工作惯例与规范。组织的价值观和规范隐藏在工作团队中，并通过对错误行为的处罚等形式在组织成员中相传，是指了解组织重视什么。

(5) 考察组织的奖惩。观察组织在庆祝或奖励那些核心价值等关键事件时所采取的方式，从另一个角度理解组织文化。

2. 按照组织文化的内在特征，可以将组织文化分为哪几种类型?

答案要点:

按照组织文化的内在特征，可以将组织文化分为以下 4 类:

(1) 学院型组织文化。喜欢雇用年轻的大学毕业生，提供大量培训，指导他们在特定的职能领域从事各种专业化工作，从而不断进步和成长。

(2) 俱乐部型组织文化。重视适应、忠诚、承诺，资历是关键因素，年龄和经验至关重要，这样的组织致力于把管理人员培养成通才。

(3) 棒球队型组织文化。鼓励冒险、革新和发明创造，会从各种年龄段和经验层次的求职者中寻找有才能的人，薪酬制度以成员的绩效水平为标准，从而给予工作出色的组织成员以巨额奖酬和较大自由度。

(4) 堡垒型组织文化。着眼于组织生存，在困难时期衰落后，只能尽力保证组织生存。虽然工作安全保障不足，但对于喜欢流动性和挑战性的人则具有一定的吸引力。

3. 按照组织文化对组织成员的影响力，可以将组织文化分为哪几种类型?

答案要点:

按照组织文化对组织成员的影响力，可以将组织文化分为以下 4 类:

(1) 强力型组织文化。提供了必要的组织机构和管理机制，避免组织对常见的、窒息组织活力和改革思想的官僚的依赖，促进了组织业绩的提升。组织成员方向明确、步调一致，有共同的价值观念和行为方式，愿意为组织工作或献身。

(2) 策略合理型组织文化。认为不存在抽象的、好的组织文化内涵，也不存在适合所有组织的组织文化，只有文化适应于组织，才能发挥其最大功能，改善组织运行状况。

(3) 灵活适应型组织文化。在组织成员个人生活和组织生活中都提倡信心和信赖感、不畏风险、注重行为方式等，组织成员之间相互支持，勇于发现问题、解决问题，有着高度工作热情，愿意为组织牺牲一切。

4. 按照组织文化所涵盖的范围，可以将组织文化分为哪几种类型？

答案要点：

在一个组织中，整体的组织和各种非正式群体都拥有自己的文化。按照组织文化所涵盖的范围，可以将组织文化分为两类：

(1) 主文化。体现的是一种核心价值观，为组织大多数成员所认可。任何一个组织都因为拥有这种宏观层面的文化，才具有独特的个性。

(2) 亚文化。存在于组织中的各种小群体，是某一社会主流文化中一个较小的组成部分，有可能是主文化的有益补充，也可能与主文化相悖，甚至有可能替代主文化。

5. 简要分析组织文化的特征。

答案要点：

组织文化具有以下特征：

(1) 精神性。组织文化是一种抽象的意识范畴，是存在于组织内部的一种群体意识现象、意念性行为取向和精神观念。可看成组织的无形资产或无形资源。

(2) 系统性。任何组织文化都是由共享价值观、团队精神、行为规范等一系列相互依存、相互联系的要素构成的一个系统。

(3) 相对稳定性。组织文化一旦形成，不会因组织领导人的变更、发展战略的转移、组织结构的变化以及产品与服务的调整而随时改变或频繁变化，但它会随着社会的进步、环境的变迁以及组织历史的积累和组织的变革而相应进步和发展。

(4) 融合性。在全球化背景下，任何组织文化的发展和完善，既要借鉴本国其他组织的优秀文化，也要融合世界上最新的文明成果。

6. 组织文化的外部影响因素有哪些？

答案要点：

组织文化具有以下特征：

(1) 民族文化。各民族在长期发展历程中创造和积累起来的具有本民族特征的文化，包括物质文化和精神文化。一种民族文化既是该民族赖以生存和发展的文化根基，也是其历史发展水平的集中体现。组织作为其中的一个微观子系统，其文化的形成和发展自然会受到自身所处民族文化环境的影响和制约。民族文化是影响组织文化发展的重要因素，也是影响组织运行的重要外部环境。

(2) 制度文化。是指人类适应自身生存和社会发展需要而主动创建的规范体系，核心内容是国家的政治制度、法律制度和经济制度。任何一个国家的制度都是影响组织生存和发展的重要外部环境，也是影响组织文化形成和演进的重要因素。

(3) 外来文化。其他国家、民族、区域、行业的文化以及其他组织的文化都是外来文化，不同文化之间相互交流、相互融合、相互渗透，这种变化会对组织的经营哲学、思维方式、行为准则等产生一定的冲击，但同时也会使组织文化更具开放性。

7. 简述组织文化的构成。

答案要点：

组织文化由物质层、制度层和精神层三个基本层次构成：

(1) 物质层的组织文化，是组织文化的表层部分，是精神层和制度层的组织文化的载体。它是一种以物质形态存在的可见的组织文化构成单位，既涵盖组织的整个精神和物质的外在表现形式，也包括组织实体性的文化设备和设施等。

（2）制度层的组织文化，是浅层次的精神层组织文化向表层的物质层组织文化转化的中介。主要是指组织文化中对组织及其成员行为产生规范性、约束性影响的部分，包括具有组织特色的各种规章制度、道德规范、行为准则以及组织中分工协作的组织结构。

（3）精神层的组织文化，是组织的价值观、道德观即组织哲学的综合体现，涵盖了所有组织成员共同信守的基本信念、管理哲学、价值标准以及敬业精神和职业道德等。精神层的组织文化是组织价值观的核心，是组织文化的灵魂，是维系组织生存与发展的精神支柱。

8. 简述组织文化的功能。

答案要点：

（1）导向功能。随着组织文化作为组织内的群体共同价值观，不断引导着组织整体和每一个组织成员的价值取向以及行为取向，使之符合组织所确定的目标，这就是组织文化的导向功能。一是直接引导组织成员的心理和行为，二是通过整体的价值认同来引导组织成员。

（2）凝聚功能。是指企业文化能够以各种微妙的方式沟通组织成员的思想感情，融合人们的理想、信念和情操，通过培育组织成员的认同感和归属感，建立起相互信赖、相互依存的关系，形成相对稳固的文化氛围。

（3）激励和约束功能。激励功能就是通过组织文化的塑造和内在引导，最大限度地激发工作的积极性、主动性和创造性。约束功能是指潜在于组织中的文化氛围、群体行为准则和道德规范等，形成一种软约束，对每一个组织成员思想、心理和行为都具有很强的约束和规范作用。

（4）辐射功能。是指组织文化一旦形成较固定的模式，不仅会在组织内发挥作用，对本组织成员产生影响，而且会通过各种渠道向社会辐射，对社会产生影响。

（5）调适功能。是指组织文化可以帮助新加入组织的成员尽快适应组织，使自己的个人价值观更好地与组织需要相匹配。

9. 简述怎样选择正确的组织价值观。

答案要点：

选择正确的组织价值观要做以下三方面的事：

（1）组织价值观要体现组织的宗旨和发展战略与方向。立足与本组织实际，根据组织自身的使命、宗旨、环境、目标、习惯、组织方式等，结合自身的相关因素，选择适应组织发展需要的组织文化模式。

（2）组织价值观要与组织文化各要素之间相互协调。协调好组织价值观与组织环境、组织树立的典型模范、组织内部的文化仪式以及文化网络等各组织文化要素之间的关系，确保各要素之间相互组合与匹配的科学性。

（3）组织价值观要得到组织成员和社会的认可与接受。能够凝聚全体组织成员的理想和信念，融合其行为，进而成为鼓励组织成员努力工作的精神力量。标准应当与本组织成员的基本素质相吻合，得到全体组织成员的普遍认可和接受，还应体现可持续发展理念和强烈的社会责任感。

10. 企业文化强化认同的方式有哪些？

答案要点：

对企业文化强化认同的方式主要有以下几种：

（1）广泛宣传。利用一切可以利用的媒体广泛传播组织文化的内容和精要，创造浓厚的舆论环境氛围。

（2）培养和树立典型。模范典型是组织精神和组织文化的人格化身和形象缩影。通过表彰和奖励那些行为体现理想组织文化的组织成员，让他们以其特有的感召力、影响力为其他组织成员树立学习的标杆。

（3）加强培训和教育。通过开展目的明确的内部培训和教育，以及丰富多彩的活动，潜移默化使组织成员系统接受和强化认同组织精神和组织文化。

六、论述题

1. 请举例论述组织文化有可能存在的潜在负效应。

答案要点：

组织文化通过共有价值观等统一组织成员的思想和行为，有利于提高组织文化的正功能，但它对组织的影响也存在不能忽视的潜在的负效应：

（1）变革的障碍。组织文化更深入人心，从而形成思维定式，在组织环境处于动态变化的情况下，当组织的共同价值观和进一步提高组织效率的要求不相符时，组织文化更可能成为一种束缚。(举例略)

（2）多样化的障碍。一个具有强势文化的组织会要求其个性多样化的组织成员的价值观与组织的价值观相一致，否则组织成员就难以适应组织，这样的组织文化会导致组织丧失其成员构成多样化带来的优势。(举例略)

（3）并购的障碍。组织的领导者在做并购决策时，除了考虑融资的优势或产品线的协同性，还要考虑组织文化的兼容性。组织并购成功与否，很大程度上取决于两个组织之间的文化能否有效融合。(举例略)

2. 联系实际谈谈如何塑造企业文化。

答案要点：

塑造组织文化的主要步骤有：

（1）选择价值观。组织价值观是整个组织文化的核心和灵魂，选择正确的价值观是塑造良好组织文化的首要任务。组织价值观的选择要体现组织的宗旨和发展战略与方向，要与组织文化各要素之间相互协调，并且要得到组织成员和社会的认可与接受。

（2）强化认同。要充分利用一切宣传工具和手段，宣传组织文化的内容和要求，以创造浓厚的环境氛围；培养和树立典型；加强培训驾驭，能够使组织成员系统接收和强化认同组织所倡导的组织精神和组织文化。

（3）提炼定格。要精心、详细分析和比较实践结果与规划方案的差距，可吸收有关专家和员工的合理化建议；在系统分析的基础上，进行综合整理、归纳，摒弃落后的、不为组织所认可的组织文化内容和形式；对经过科学论证和实践检验的组织精神、价值观和组织伦理等，予以条理化、完善化，用精炼的语言予以表述。

（4）巩固完善。建立规则制度，落实企业文化，并且领导者率先垂范。

（联系实际略）

七、案例分析题

案例 1

用你学习过的企业文化基本理论分析南方李锦记的做法反映出什么样的企业价值理念？

答案要点：

（1）“思利及人”，这是南方李锦记的企业文化精髓，即凡事为别人着想，其要点就是站在对方的角度来想问题。这一点和以往的企业意识形态是不同的，老板不再是公司行为第一考虑的要素，而是把顾客和员工排在了前面。先让业务队伍、员工利益有保障，公司才有希望。

（2）“以人为本”，以人为基础，以人为前提。优质的顾客来自优秀的员工，一切销售目标都是靠前线销售队伍完成的，所以第一批液晶显示器给了业务部输单组；第二批更换显示器的是直接面对市场、消费者和业务伙伴的各地分公司；最后才是总公司其他各部门的员工。李锦记在肯定和重视人的价值和意义的同时，想方设法提供和创造条件，让员工能够创造更大的价值。

案例 2

从九阳电器的组织文化建设中得到什么启示？

答案要点：

（1）做好组织文化的建设工作，是一个组织可持续发展的重要保障。

（2）组织文化建设，它既是组织管理的基础，又是组织管理的灵魂。有了组织文化，员工就可以在组织的整个管理过程中立足于岗位的自我管理，立足于岗位的自我改善，有效地实现个人的价值；把个人的价值和个人的发展，有效地融入公司的发展当中去，同组织的发展目标有机地结合起来。

（3）企业文化建设，是一个过程，不只是起草一个纲领就完成了使命，纲领只意味着企业文化建设的一个开端。

第九章参考答案

一、名词解释

1. 领导是一个在特定情境中，通过影响个体或群体的行为来努力实现目标的过程。

2. 强制权力是指通过负面处罚或剥夺积极事项来影响他人的权力，是利用人们对可能遭受的惩罚的在意和恐惧来控制他人。

3. 参照权力源自个人所具备的令人羡慕的资源或人格特点。

4. 职位权力指由于领导者在组织结构中所处的位置，上级或组织赋予的权力。

5. 个人权力是指由于领导者的个人特殊品质和才能而产生的影响力，它可以使下属心甘情愿地、自觉地跟随领导者，这种权力对下属的影响比职位权力更加持久。

6. 成熟度是指为承担责任的愿望和能力，与下属的心理年龄而非时间年龄有关。

7. 路径－目标领导理论是以激励的期望理论为基础，指出领导者的工作是提供必要的帮助与指导，激励下属达到他们的目标。

8. 权力距离倾向是用于衡量组织中低级或普通成员接受不平等的权力和奖赏的程度。

二、单项选择题

1. D	2. B	3. C	4. C	5. C	6. B	7. B
8. D	9. A	10. B	11. D	12. C	13. D	14. C
15. A	16. A	17. A	18. C	19. B	20. C	21. D
22. B	23. B	24. A	25. C	26. B	27. C	28. B
29. B	30. C					

三、多项选择题

1. ACD	2. ABD	3. ABCD	4. ABCD	5. AB
6. ABCF	7. ACD	8. ABCE	9. AB	10. AC
11. ABE	12. AC	13. ACEF	14. BE	15. ABCD

四、判断题

1. √	2. ×	3. ×	4. ×	5. ×	6. √	7. ×	8. √
9. ×	10. ×	11. ×	12. ×	13. ×	14. √	15. ×	16. ×
17. √	18. √	19. ×	20. √				

五、简述题

1. 如何区分领导与管理？

答案要点：

(1) 两者的职能范围不同。从管理过程理论来说，领导是管理的一个部分，管理除了领导职能，还包含了决策、组织和控制。

(2) 两者的权力来源不同。管理的权力来自组织结构，建立在合法的和强制性的权力基础之上；领导的权力可以来源于其所在职位，即组织结构的权力，也可来源于其个人。

(3) 两者的主要功能不同。管理是为了维持秩序，在一定程度上实现预期的计划，使事物能够高效率地运转。领导则能带来变革，比如实现组织活动方向与方式的创新。

2. 简述不同的人性假设分别采取怎样的管理措施?

答案要点:

(1)经济人假设。采取胡萝卜加大棒的管理,金钱收买与刺激,严格管控、监督和惩罚。

(2)社会人假设。要正确处理人际关系,善于倾听员工的意见并做好沟通,组织好集体工作,提高员工士气,促进协作,使每个成员都能与领导真诚持久地合作。

(3)自我实现人假设。要实行以人为中心的、宽容的、民主的管理方式,以使员工个人目标同组织目标很好地结合起来,并为员工发挥其智慧和潜能创造有利的条件。

(4)复杂人假设。要了解每个人的需要、动机、能力和个性差异,对不同的人在不同的情况下采取不同的措施,一切随着时间、条件、地点和对象的变化而变化,不能一刀切。

3. 领导权力的来源有哪些?

答案要点:

(1)奖赏权。是一种能够对他人进行奖赏的权力,奖赏的力量随着下属认为领导可以给予奖励或去除负面影响而增强。

(2)强制权。是一种惩罚的权力,利用下属对可能遭受到的惩罚的在意和恐惧对其产生影响力。

(3)法定权。是指特定职位和角色被法定的、公认的正式权力。

(4)参照权。来源于领导者个人的特征,其基础是下属对领导者这些特征的认同,或是一种对认同的渴望。

(5)专家权力。产生于领导者个人的专业知识或技能。

其中奖赏权、强制权和法定权是职位权力,参照权和专家权是个人权力,与领导者的个人魅力有关。

4. 俄亥俄州立大学的研究确立了哪两个领导行为的维度?其二者有何区别?

答案要点:

(1)两个领导行为的维度是:定规维度和关怀维度。

(2)这两个维度的本质的区别是:前者以工作为中心,更关心任务的完成;后者以人为中心,更关心下属的满意度。定规维度是指领导者确定和构建自己和下属的角色,以实现组织的目标。高定规维度的领导者倾向于明确说明下属的工作分配和完成工作的具体方式,决定工作的最后期限,要求达到工作的绩效标准,关注任务的目标和结果。关怀维度是指领导者信任和尊重下属,期望与下属建立温暖、和谐的人际关系。高关怀维度的领导者公正而友善,关心下属,平易近人,欢迎下属对工作进行广泛的参与,关注员工的满意度。

5. 简述管理方格理论及其最具代表性的五种领导方式。

答案要点:

管理方格理论致力于探讨什么样的领导方式可以使资源更有效地转变为结果。纵坐标表示“对人的关心”,横坐标表示“对生产的关心”,将两个坐标轴各划分为9等份,形成了81种领导方式的管理方格图。五种领导方式为:

(1)(1,9)方格:乡村俱乐部管理。对生产较少关心,对人们高度关心,努力创造一种愉快、友好、让人满意的工作氛围。

(2)(9,1)方格:任务型管理。高度关心生产,很少关心人,为达到生产目的,常常会强制人们去完成必要的任务。

(3)(1，1)方格：贫乏型管理。对生产和人都极少关心，也并不觉得这两方面的需求之间有什么矛盾，管理者希望大家都不要互相妨碍，他们自己虽然在场却几乎不发挥领导作用。

(4)(9，9)方格：团队型管理。把对生产的高度关心和对人的高度关心结合起来，建立成员之间健全和成熟的关系，鼓励组织成员参与决策并努力工作，以实现组织的目标。

(5)(5，5)方格：中间型管理。对生产和对人的关心都是适度的，其基本假设认为，极端会引起矛盾，需要折中，用放弃某种东西的一半来换取另一种东西的一半，以寻求一种平衡。

6. 请简要地说明情境领导模型。

答案要点：

(1) 在情景领导模型中，领导者的行为被分为两个维度，任务行为和关系行为。

(2) 任务行为是指在多大程度上领导者倾向于确定组织成员该做什么以及怎么做。高任务行为的特点是组织模式、沟通渠道和完成任务的具体方式被清晰定义。

(3) 关系行为是指在多大程度上领导者倾向于通过开放的沟通，给予下属充分利用潜能的机会。高关系行为的特点是社会情绪的支持、友谊和相互信任。

7. 何谓成熟度？其主要包括哪几个方面？

答案要点：

(1) 成熟度是指承担责任的愿望和能力，与下属的心理年龄而非时间年龄相关。

(2) 成熟度被分为两个方面：心理成熟度和工作成熟度。前者指的是下属主动承担责任、获得成就的愿望，后者指的是下属的工作能力，包括与任务相关的受教育程度、经验技术等。

8. 管理中如何理解“圈内人”和“圈外人”？

答案要点：

(1)“圈内人”和“圈外人”是领导一成员交换理论中提出的概念，将下属分为圈内人和圈外人。

(2)“圈内人”与领导者关系密切，得到更多的关注、信任、资源和支持，作为交换，圈内人回报以忠诚和超越角色的努力工作。因此，好的领导—成员交换关系通常带来双向的影响：更开放和诚信的沟通，高的工作满意度和绩效。

(3)“圈外人”与领导者的关系质量较低，这样的下属只能获得较少的指导和资源，以及有限的信息，从而不利于他们的工作和职业生涯，也导致圈外人工作满意度和组织承诺较低，而领导者通常也会认为他们的工作态度和绩效低于圈内人。

9. 明茨伯格将经理的工作划分为哪三种类型？

答案要点：

(1) 人际关系方面的角色，涉及人际交往和各种具有象征性和礼仪性的角色，包括挂名首脑、领导者和联络者。

(2) 信息传递方面的角色，涉及接收和传递信息的角色，包括监听者、传播者和发言人。

(3) 决策制定方面的角色，涉及做出各种重大决策的角色，包括企业家、故障排除者、资源分配者和谈判者。

10. 费德勒是从哪三个维度对情境是否有利进行分析的？请简要说明。

答案要点：

（1）费德勒从领导者—成员关系、任务结构、职位权力三个维度对情境是否有利进行分析。

（2）领导者—成员关系是指下属对领导者尊敬和信任的程度，它是三个维度中最重要的一个，当领导者—成员关系良好，则称为有利的情景，反之是不利的。

（3）任务结构是指需要完成的具体任务或工作的特点，是三个维度中第二重要的，任务的结构性强，工作情境对领导有利，反之则不利。

（4）职位权力是指与领导职位相联系的权力，职位权力较强对领导者是有利的情境，反之则为不利。

11. 根据费德勒的权变领导理论，在面对不同的情境时，如何选择领导者的风格？

答案要点：

（1）在非常有利或相对不利的情境下应选择任务取向型的领导风格。在非常有利的情境下，下属尊重并信任领导者，任务结构化和职位权力强这两种有利情境至少拥有其一，领导者只需发出命令就可以得到较好的执行。在最不利的情境下，领导者则必须采取任务取向的方式，定义任务结构，指导员工建立权威。

（2）在中等有利的情境下，关系取向型领导者的绩效较好。这时领导者可能不太受欢迎，也可能面对的任务比较模糊，或是职位权力不高，但至少有一个情境维度是有利的。在此基础上，领导者采用关系取向型领导风格，努力改善人际关系，对下属产生影响。

12. 路径—目标领导理论阐述了哪两个重要的命题？

答案要点：

（1）领导者的行为是否被下属接受和令下属满意，取决于在多大程度上下属将其视为即时满足来源或是将来带来满足的工具。

（2）领导者的行为是否有激励作用，取决于在多大程度上这种行为使得下属需求的满足依赖于有效的工作绩效，以及这种行为为下属取得有效的工作绩效提供必要的辅导、指导、支持和奖励。

13. 豪斯将领导者行为分为哪四种类型？

答案要点：

（1）指示型。让下属知道他们被期望做什么，安排和协调工作，提供具体的指导，明确政策、规则和程序。

（2）支持型。显示对下属的关心，创造一个友好的和心理上支持的工作环境。

（3）参与型。遇到问题时咨询下属的意见，决策时将下属的意见和建议考虑在内。

（4）成就导向型。设定具有挑战性的目标，寻求改进，强调卓越的绩效，并对下属能够达到高标准的绩效显示信心。

14. 什么是文化层次论中的文化洋葱？

答案要点：

（1）文化可以由外及里分为表层、中层和核心层。

（2）表层文化是看得见的文化特征，如礼仪、语言和生活习惯等，给人以最直接而强烈的文化冲击。

（3）中层文化指的是一个社会的价值观和社会规范，代表了这个文化中对好与坏的判断，以及多数人在某种情形下的行为选择。

（4）核心层文化涉及一个社会最基本的假设，经过长期历史发展和文化理念体系的震荡与积累，从而形成这一社会当前的核心层假设。核心层文化驱动中间层文化，进而影响表层文化。

15. 请简要说明什么是"不确定性回避倾向"。

答案要点：

（1）"不确定性回避倾向"是霍夫斯塔德五维度文化构架中的一个维度。

（2）不确定性回避倾向用于衡量一个社会中的人们对不确定情况感到威胁的程度，他们试图获得更稳定的职业、建立更加正规的规则，抵制异常的观点和行为以及接受绝对真理和上级目标来避免这种不确定的程度。

（3）不确定性回避倾向较高的文化中，人们厌恶风险、尊重权威，此时领导者行为可以偏向定规维度，使下属感到减少了所要面对的风险，工作也更为稳定。

（4）不确定性回避倾向较低的文化中，人们愿意面对变化的环境和充满风险的挑战，此时领导者也可以采用授权的方式，布置具有挑战性的任务，充分发挥下属的创造性和积极性。

六、论述题

1. 如何看待独裁型、民主型和放任型领导？请结合实例说明。

答案要点：

（1）独裁型的领导认为权力来源于职位，而人类本性懒散，因此需要采取集权管理，以命令的方式鞭策下属工作。

（2）民主型的领导认为权力来源于他所领导的群体，人们受到激励后可以自我领导，因此应该尽量采取授权管理，鼓励下属参与决策。

（3）放任型的领导认为权力来源于被领导者的信赖，人们能找到合适的方法完成工作，因此只需采取一种俱乐部式的领导方式，给下属充分的自由去做出决策。

（4）研究结果显示，民主型的领导方式最为有效，不过在领导者参与并监督工作的情况下，独裁型的领导也很有效，但团队的情绪却很糟糕。在实际工作中，要么独裁、要么民主的极端领导风格并不多见，大多数是介于两者之间的。

（学生回答时结合实例展开论述）

2. "在社会经济迅速发展的今天，（1，9）型的领导风格比（9，1）型的领导风格更科学。"这种说法对吗？请用费德勒的权变模型进行解析。

答案要点：

（1）（1，9）型是乡村俱乐部型的领导风格，注重让员工建立满意的关系，营造愉快友好的组织氛围，这是属于关系导向型的领导风格。（9，1）型是任务管理型的领导风格，高度关心生产，很少关心人，未达到生产目的，常常会强制人们去完成任务，这是属于任务导向型的领导风格。

（2）费德勒的权变模型指出：组织的效率取决于两个变量的相互作用，一个是领导者的风格，另一个是情境的有利性。

(3) 领导者的风格分为：任务导向型和关系导向型。

(4) 情境的有利性是指某一情境能赋予领导者多大的权力和影响力，主要受三个因素的影响：领导者—成员关系、任务结构和职位权力。组合在一起共形成了8组不同的组织情境，有的情境适合任务导向型管理，有的情境适合关系导向型管理。

(5) 费德勒的权变模型分为八种情境，在最有利的三种情境和最不利的一种情境里，任务导向型的领导风格更有效，即（9，1）型的领导风格更有效，在中间状态的情境里，关系导向型即（1，9）型的领导风格更有效。

(6) 不存在哪种领导方式最有效，需要考虑的是领导风格与情境的匹配。

3. 分析你的父母是采用什么领导风格对你进行管理的？是否有效？你希望他们采用什么样的领导风格？为什么？

答案要点：

(1) 主要的领导风格理论包括：勒温的领导风格理论；俄亥俄州立大学的领导行为四分图理论；管理方格理论等。

(2) 勒温的领导风格理论，把领导分为独裁性、民主型和放任型三种。

(3) 俄亥俄州立大学的领导行为四分图理论，确立了两个重要的领导行为的维度，定规维度和关怀维度；形成了四种组合：低定规高关怀；低定规低关怀、高定规高关怀、高定规低关怀。

(4) 管理方格理论以生产为中心和以人为中心两个维度，它们不同程度的结合形成81种领导风格。

(5) 可以采用任何一种理论，从对待生活和学习两个方面，对父母的领导风格进行分析。（具体展开分析略）

七、案例分析题

案例1

1. 你认为这三个部门经理各采取了什么领导方式？试预测这些模式各将产生什么结果？

答案要点：

(1) 安西尔的领导方式充分地体现了对生产的关心，是以生产为中心的领导方式。这种领导方式可能产生较高的工作效率，但员工的士气可能比较低。

(2) 鲍勃的领导方式则充分体现了对人的高度关心，是以人为中心的领导方式。这种领导方式虽然不能带来像任务型管理那样的生产高效率，但因为组织气氛舒畅而友好，能提高员工的忠诚度和士气。

(3) 查理对人和生产这两方面都表现出了适度关心，采取的是比较折中的领导方式：一方面，要清晰地界定每一位员工的工作范围和职责；另一方面，充分信任和尊重员工，取消工作检查。查理的领导方式可以在生产效率和员工士气之间取得较好的平衡。

2. 是否每一种领导方式在特定的环境下都有效？为什么？

答案要点：

(1) 是的。

（2）只要领导者所采取的领导方式是和环境相适应的，这三种领导方式都可能是有效的。这里的环境既包括组织的外部环境，也涵盖了组织的内部环境。

案例 2

1. 如何用权变管理的思想解决克莱斯勒面临的问题？

答案要点：

（1）权变管理思想就是在客观环境不断变化的条件下，企业的经营行为要适应这种需要，不断提出新措施。

（2）根据克莱斯勒的情况，先要运用各种措施处理好积压的汽车，这是回笼资金的重要办法；生产改进型汽车供应市场，争取有高的资金回报率；处理好与员工的关系，提高他们的积极性。其中对剩余员工的安排，可以效仿日本企业的做法，较少去解雇，而是以发展经济去容纳较多的员工。

2. 如果你是总裁，克莱斯勒在今天该怎么做？

答案要点：

（1）克莱斯勒公司应把握住网络化、知识化、信息化的条件，充分获取各种信息，开展自己的业务。“三化”是相辅相成、不可缺少的。

（2）克莱斯勒公司要多吸纳有用人才，壮大智囊团力量；还要有可持续发展的理念，用好各类资源。

（学生可以查找克莱斯勒公司的情况具体分析）

第十章参考答案

一、名词解释

1. 激励是指组织诱发个体产生满足某种需要的动机进而促使个体行为与组织目标趋同的管理过程。

2. 期望值是指人们对通过特定的行为活动达到预期成果或目标可能性的概率判断，反映了人们对实现需要/动机的信心强弱。

3. 效价是指人们对某一预期成果或目标的重视程度或偏好程度，反映了人们的需要/动机的强弱。

4. 正强化是通过出现积极的、令人愉快的结果而使某种行为得到加强。

5. 负强化是指预先告知某种不符合要求的行为或不良绩效可能引起的后果，引导职工按要求行事，以此来回避不愉快的处境。

6. 自然消退是指通过不提供个人所期望的结果来减少某行为的发生。

7. 工作丰富法是指通过增加岗位的技术和技能的含量，使工作内容具有挑战性和自主性，以满足员工更高层次的心理需求。

8. 员工持股计划是一种特殊的物质激励，是指为了吸引、保留和激励公司员工，通过让员工持有股票，使员工享有剩余索取权的利益分享机制和拥有经营决策权的参与机制。

二、单项选择题

1. C　2. C　3. A　4. D　5. D　6. D　7. C
8. D　9. D　10. B　11. B　12. D　13. C　14. A
15. A　16. B　17. B　18. C　19. B　20. B　21. C
22. A　23. B　24. D　25. C

三、多项选择题

1. ABCD　2. ABC　3. ABC　4. ACD　5. ABC
6. ADE　7. CDE　8. ACD　9. AD　10. BCD
11. AD　12. ABCD　13. ABCD　14. AC　15. AB

四、判断题

1. √　2. ×　3. √　4. ×　5. √　6. ×　7. √
8. √　9. ×　10. ×　11. √　12. √　13. √　14. ×
15. ×　16. √　17. ×　18. √

五、简述题

1. 如何理解动机性行为？

答案要点：

(1) 动机性行为是在人的理性意识支配下按照一定的规范进行并达成一定成果的活动。

(2) 动机性行为属于激励理论研究的范畴，从其内涵可以进一步推导出动机性行为的三大特征：首先，该行为是在人的理性意识支配下的活动，具有一定的目的性、方向性及预见性；其次，该行为与一定的客体相联系，作用于一定的对象，其结果与行为的动机、目的有一定的内在联系；最后，该行为会受到环境的影响，是人的内在因素和外在因素相互作用的函数。

2. 简述动机性行为的特点。

答案要点：

(1) 自发性。动机性行为是由行为人的自我意识支配，外力可以影响，但所改变的认知、态度和情感等内在心理因素，并不能直接支配人的行为。

(2) 目的性。动机性行为不是盲目发生的，其总是指向一定的目标，为了一定的目的而进行的。

(3) 持续性。动机性行为是在行为人的动机支配下实现目标的过程，如果动机和目标没有改变，行为人的行为从本质上就不会改变，在目标实现以前亦不会终止。

(4) 可塑性。动机性行为受主客观多种环境因素的影响，这些因素的变化足以改变行为人的需要，进而改变行为人的动机以及追求的目标。

（5）因果性。动机性行为发生的直接原因是行为人的动机，发生的过程会伴随相应的结果产出。不同的行为动机会催生不同的行为结果。

3. X理论的观点是什么？

答案要点：

（1）多数人十分懒惰，他们总是想方设法逃避工作。

（2）多数人没有雄心大志，不愿担负任何责任，而心甘情愿地受到别人指导。

（3）多数人的个人目标都是与组织目标相矛盾的，必须用强制、惩罚的方法，以迫使他们为达到组织目标而工作。

（4）多数人工作是为了满足基本的需要，只有金钱和地位才能激励他们工作。

（5）人大致可以划分为两类，多数人都是符合上述四种假设的人，只有少数人是能够自己鼓励自己，能够克制感情冲动的人，这些人应当承担管理的责任。

4. 简述社会人假设的基本观点。

答案要点：

（1）劳动者是由社会需要而引起工作的动机，并且通过与同事的关系而获得认同感。

（2）工业革命与工业合理化使得工作本身失去了意义，因此劳动者只能从工作的社会关系中寻求工作的意义。

（3）劳动者对同事们的社会影响力，比对管理者所给予的经济诱因控制更为重视。

（4）劳动者的工作效率随着上司能满足他们社会需要的程度而改变。

5. 简述Y理论的基本观点。

答案要点：

（1）大多数人都是勤奋的，只要环境允许，人是乐于工作的。

（2）控制和惩罚不是实现组织目标的唯一方法，人在执行任务的过程中能够自我指导和自我控制。

（3）在正常情况下，大多数人不仅会接受任务，而且会主动寻求责任。逃避责任、缺乏抱负以及强调安全感通常是经验的结果，而不是人的本性。

（4）大多数人都具有相当程度的想象力、智谋和创造力，在不为外界因素所指使和控制的情况下，可以得到正常发挥。

（5）人体之中蕴藏着极大的潜力，但在现代工业条件下，一般人只能发挥少部分潜力。

（6）员工个人自我实现倾向与组织所要求的行为并无冲突，如果给予机会，员工会自动地把自己的目标与组织的目标相结合，通过实现组织目标而获得个人自我实现需要的满足。

6. 简述需要层次理论的观点。

答案要点：

（1）人类需要从低到高可分为五种，分别是生理需要、安全需要、社交需要、尊重需要和自我实现需要。

（2）生理需要、安全需要和社交需要都属于低层次的需要，这些需要通过外部条件就可以满足；尊重需要和自我实现需要是高层次需要，这些需要是通过内部因素才能满足。

（3）当较低层次的需要基本得到满足后，更高一层次的需要就会出现。

（4）任何一种需要并不由于高一层次需要的出现而消失，高层次需要出现后，低层次的需要仍然存在，只是对行为影响的程度大大降低。

（5）未满足的需要才具有激励作用，已基本得到满足的非优势需要对人不再具有激励作用。

7. 简述对马斯洛需要层次理论的评价。

答案要点：

马斯洛需要层次理论有积极的一面，也有一定的局限性：

（1）马斯洛的需要层次理论在一定程度上反映了人类行为和心理活动的共同规律。

（2）理论积极的一面：从人的需要出发探索人的激励诱因，抓住了激励问题的关键。马斯洛指出人的需要有一个从低级向高级发展的过程，基本上符合人类需要发展的一般规律。

（3）理论局限性：马斯洛调查的对象主要是中产以上阶级的需要，将其推广缺乏普遍性；马斯洛提出人的需要都是生来固有的，忽略了后天因素的影响；马斯洛认为只有低层次需要基本满足后，高层次需要才会显现，这种需要的发展观带有明显的机械论色彩。

8. 简述双因素理论的主要观点。

答案要点：

（1）满意和不满意并非共存于单一的连续体中，而是截然分开的，引起人们对工作满意与不满意的因素不属于同一类别。

（2）使人们感到不满意的因素往往都是属于工作环境或外界因素方面的，被称为保健因素。典型的保健因素有企业政策、工资水平、工作环境、劳动保护、人际关系、安全等。当保健因素恶化到可以接受的水平以下时，就会使得人们对工作产生不满。

（3）使人们感到满意的因素往往都是属于工作本身或工作内容方面的，被称为激励因素。当激励因素上升到一定的水平时，人们会产生积极的工作态度和对工作的满意感。

（4）保健因素只能消除不满意，激励因素才是调动人们积极性的关键。

9. 简述公平理论的观点。

答案要点：

（1）人们对报酬是否满意是一个社会比较过程，满意的程度不仅取决于绝对报酬，更取决于相对报酬。

（2）人们对相对报酬的比较体现在横向比较和纵向比较两个方面。

（3）相对报酬比较的结果会使人们产生公平感或不公平感，不公平感会造成人们心里紧张和不平衡感。

（4）公平感是一种主观心理感受，是人们公平需要得到满足的一种直接心理体验。

（5）在实际工作中，人们往往会过高地估计自己的投入和他人的收入，而过低地估计自己的收入和他人的投入，从而出现自己的相对报酬小于他人相对报酬的情况。

10. 简述高成就需要者的特征。

答案要点：

（1）事业心强，敢于负责，敢于寻求解决问题的途径。

（2）喜欢设立具有适度挑战性的目标，不喜欢凭运气获得成功，不喜欢特别困难或特别容易的工作。

(3) 喜欢能立即给予反馈的任务。

(4) 重成就、轻报酬，把报酬看作衡量进步和成就的工具。

11. 应用期望理论应处理好哪几方面的关系?

答案要点：激励的过程应处理好三方面的关系：

(1) 努力与绩效的关系。人们总是希望通过一定的努力达到预期的目标。如果人们主观认为通过自身努力达成预期目标的概率较高，就会产生行为的信心；反之，就会失去工作的动力。

(2) 绩效与奖励的关系。人们总是希望在取得绩效后得到奖励。如果人们认为取得绩效后能获得合理的奖励，就会产生行为的热情；反之，就会丧失工作的积极性。

(3) 奖励与满足需要的关系。人们总是希望自己获得的奖励满足自己某方面的需要。然而由于人们在年龄、性别、资历、社会地位和经济条件等方面都存在差异，他们对各种需要得到满足的程度就不同。

12. 简述主要的强化方式。

答案要点：

(1) 正强化，是指通过出现积极的、令人愉快的结果而使行为得到加强。

(2) 负强化，是指预先告知某种不符合要求的行为或不良绩效可能引起的后果，引导员工按要求行事，以此回避不愉快的处境。

(3) 惩罚，是指对令人不快或不希望的行为予以处罚，以减少或削弱该行为。

(4) 自然消退，是指通过不提供个人所期望的结果来减少某些行为的发生。

13. 在应用强化理论时，应遵循哪些原则?

答案要点：

(1) 要按照强化对象的不同需要采取不同的强化措施。由于人们的需要不同，对一些人有效的强化，对另一些人则不一定有效。

(2) 对所期望取得的工作业绩应予以明确的规定和表述。只有行为的业绩明确而具体，组织才能衡量和给付报酬。

(3) 对工作业绩进行及时的反馈，即通过某种形式和途径，及时将工作结果告诉行动者。

14. 简述目标设置理论的观点。

答案要点：

(1) 目标对人们努力程度的影响取决于四个方面：目标的明确性、难易性、目标责任的清晰度和目标接受度。

(2) 在实现目标的过程中，工作绩效水平取决于组织支持和员工个人的能力和个性特点；为帮助员工高效达成目标，管理者需要为员工创造条件。

(3) 目标实现后，应让员工获得满意的内在报酬和外在报酬。

15. 在激励实务中，常用的激励方法有哪些?

答案要点：

(1) 工作激励是指通过合理设计与适当分配工作任务来激发员工内在的工作热情。

(2) 成果激励是指在正确评估员工工作产出的基础上给员工合理的奖励，以保证员工工作行为的良性循环。

（3）综合激励是指除工作激励、成果激励以外的其他辅助性激励方法。

六、论述题

1. 请结合实例谈一谈，如何看待公平理论。

答案要点：

（1）公平理论提出了相对报酬的概念，对组织管理者有较大的启示意义。

（2）该理论使管理者认识到社会比较是人们普遍存在的心理现象，利用公平感来调动员工的积极性是一种重要的激励手段；该理论强调了管理者的管理行为必须遵循公正原则，以积极引导员工形成正确的公平感。

（3）该理论也存在一定程度的局限性；首先，不完全信息往往使社会比较脱离客观实际；其次，主观评价易使社会比较失去客观标准；最后，“投入”和“产出”形式的多样性使得社会比较难以进行。

（回答时结合实际情况展开分析）

2. 请运用相关的激励理论分析应如何对新踏入职场的大学生进行有效的激励。

答案要点：

（1）激励内容的一些基本理论：①需要层次理论，马斯洛提出需要层次理论，把人的需要分为五个层次：生理需要，安全需要，社交需要，尊重需要，自我实现需要；②双因素理论，赫兹伯格提出双因素理论，把得到后则没有不满，得不到则产生不满的因素统称为“保健因素”；把得到则感到满意，得不到则没有不满的一类因素称之为“激励因素”；③激励需求理论，麦克利兰提出激励需求理论，认为人的基本需要有三种，即成就、权力、归属需要。

（2）作为一名企业的管理者，应当做到认清个体差异，进行人与工作的匹配，运用目标，确保个体认为目标是可达到的，个别化奖励，奖励与绩效挂钩，检察体制是否公平，使用认可，表达对员工的关怀，不要忽视金钱的作用。

（3）激励的方法有：思想政治工作，增强大学生自我激励；奖励；激励大学生创新；合理设计、分配工作。

（4）有效激励的要求：坚持物质利益原则；坚持按劳分配的原则；随时因地制宜，创造激励条件。

（回答时可按实际情况具体展开论述）

七、案例分析题

案例 1

1. 案例中的施科长在培训班学的理论用在小李身上为何失效了？谈谈你的看法。

答案要点：

（1）案例中所提到的激励理论是赫茨伯格的双因素理论。

（2）双因素理论的要点。

(3) 案例中的施科长过于忽视了保健因素的意义，而一味地强调激励因素的作用，片面地理解和运用了双因素理论。保健因素相当于马斯洛理论中低层次的需要即生理需要、安全需要、社交需要。企业的经营管理者首先要注意保健因素也就是中低层次的需要，案例中的薪金就属于中低层的需要，人只有满足了中低层的需要才会去追求高层次的需要，即施科长所说的“工作挑战性”“工作的成就感”等。

(4) 马斯洛的需要层次理论指出人们的五种需要是按生理需要、安全需要、社交需要、尊重需要、自我实现需要的顺序从低到高依次排列的。只有当低一级的需要得到基本的满足以后，人们才会去追求更高级的需要。“富强油漆”厂薪金刚刚满足或尚未满足职工的中低层需要，何谈以高层需要调动职工的工作积极性呢？因此，那些方法在“富强油漆”厂并不适用。

2. 如何解决“富强油漆”厂的激励问题呢？

答案要点：

(1) 运用奖金制度。使奖金成为“激励因素”而不成为“保健因素”。

(2) 奖金制度要充分体现“按劳分配”的原则，反对平均主义，保证超额劳动得到超额报酬。如果把奖金当做附加工资，不问好坏一人一份，奖金就失去了激励作用。

(3) 使职工认识到自己与企业的繁荣和发展的关系。要使职工的工资定额与奖金总额随企业的发展而变化，使外在的奖励发挥激励的功效。

案例 2

1. 林肯公司使用了何种激励理论来激励员工的工作积极性？

答案要点：

(1) 公平理论。表现在生产工人工资采取按件计酬，同时公司的奖金制度有一整套计算公式，全面考虑了公司的毛利润及员工的生产率与业绩。这种做法将所得与所付出充分联系起来，体现出产量与质量进行挂钩，确保高产量的同时实现高质量。

(2) 期望理论。大多数员工进入公司后都期望有相当的工作报酬、丰厚的奖金和较好的职业保障，林肯公司提供给员工的正是员工所期望的那些东西。

(3) 目标设置理论。从员工来讲，按件计酬给员工自身确定目标带来了便利；从公司来讲，公司给员工明确的目标是分享年终奖金和稳定的职业保障。

(4) 双因素理论。其中主要用保健因素来消除员工的不满意，经济萧条与不景气一般意味着公司要裁员，而林肯公司的管理者们都不因此辞退任何员工，使员工具有职业安全感、社会归属感，从而更激励他们加倍努力工作。

2. 为什么林肯公司的方法能够有效地激励员工工作？

答案要点：

(1) 当目标、结果对于员工极具吸引力，且员工付出适度的劳动能够达成一定的目标、取得相应的效果时，那么激励就是成功的、有效的。

(2) 员工将注意力放在自己的所得与所付出之比是否相称，同身边人比是否公平，而无论是公司设定的分享、年终奖金或高职业保障政策，还是取消最低小时工资的按件计酬制，对大多数员工都称得上公平，且大家付出一定的努力都能实现。所以，长期以来林肯公司能有效地激励员工工作。

第十一章参考答案

一、名词解释

1. 沟通是指信息的传递与理解的过程，是在两人或更多人之间进行的在事实、思想、意见和情感等方面的交流。

2. 噪声是指沟通过程中对信息传递和理解产生干扰的一切因素。噪声存在于沟通过程的各个环节。

3. 编码就是将信息转换成传输的信号或符号的过程，如文字、数字、图画、声音或身体语言等。

4. 解码就是信息接收者将通道中加载的信息翻译成他能够理解的形式。

5. 正式沟通渠道是指通过组织正式结构或层级系统运行，由组织内部明确的规章制度所规定的渠道进行的信息传递与交流。

6. 环式沟通是一个全方位开放的沟通网络系统，每个成员都可以同其他所有成员进行交流，中心化程度低，成员之间地位平等，员工士气高。

7. 信息过滤是指信息发送者为了投信息接收者所好，故意操纵信息传递，造成信息歪曲。

8. 人际冲突是指一种对立状态，表现为两个或两个以上相互关联的主体之间的紧张、不和谐、敌视甚至争斗的状态。

9. 建设性冲突又称功能正常的冲突，是指对组织有积极影响的冲突，是关心目标、对事不对人、促进沟通的冲突。

10. 回避策略指既不合作又不坚持己见，既不满足自己利益又不满足对方利益的冲突解决策略。

二、单项选择题

1. D	2. A	3. C	4. A	5. A	6. C	7. D
8. A	9. D	10. A	11. B	12. A	13. C	14. D
15. B	16. D	17. D	18. B	19. D	20. C	21. D
22. C	23. A	24. C	25. C	26. A	27. D	28. D
29. B	30. C					

三、多项选择题

1. ABCD	2. CD	3. ABD	4. AB	5. ABCD
6. ABD	7. BC	8. CD	9. BCD	10. CD
11. BC	12. ABCD	13. BC	14. BD	15. ABCD

四、判断题

1. √　2. ×　3. ×　4. ×　5. √　6. √　7. √
8. ×　9. ×　10. ×　11. ×　12. ×　13. √　14. ×
15. ×

五、简述题

1. 简述沟通的功能。

答案要点：

(1) 有效沟通可以降低管理的模糊性，提高管理的效能。组织内外存在大量模糊的不确定信息，沟通可以澄清事实、交流思想、倾诉情感，从而降低信息的模糊性，为科学决策提供依据。

(2) 沟通是组织的凝聚剂和润滑剂，它可以改善组织内的工作关系，充分调动下属的积极性。管理者通过沟通可以了解员工的需求，满足员工的需要；可以让员工更了解组织，增进对组织目标的认同，从而建立起相互信任的、融洽的工作关系。

(3) 沟通是组织与外部环境之间建立联系的桥梁。通过沟通，组织能够与外部环境建立联系，降低交易成本，提高组织的竞争力。

2. 简述沟通的过程，并画图表示。

答案要点：

沟通是一个复杂的过程，步骤如图所示，具体如下：

(1) 信息发送者。是沟通的发起者，将需要沟通的内容进行编码以传递给他所要沟通的对象。

(2) 编码。是将信息转换成传输的信号或符号的过程。信息发送者将信息编码成信息接收者可以解码的信号，受发送者技能、态度、知识等因素影响。

(3) 信息的传递。通过各种渠道将信息传递给信息接收者，编码的方式不同，传递的方式也不同。

(4) 信息接收者。是信息发送者传递信息的对象，他接收传递来的信息，解码理解后形成自己的想法。

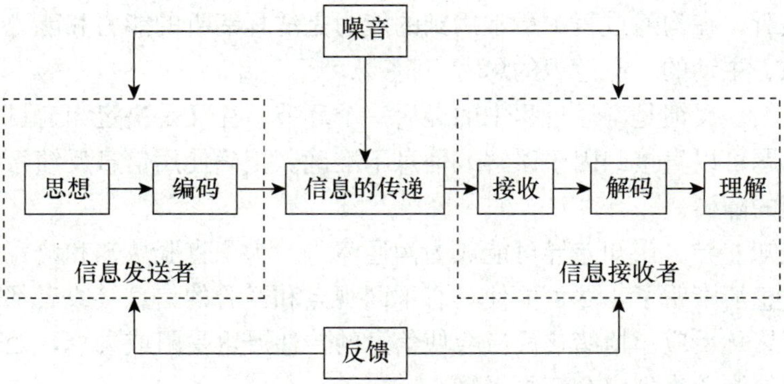

沟通过程图

（5）解码。是将收到的信息翻译成能够理解的形式，需要与经验、知识和文化背景结合。

（6）反馈。信息接收者将其理解的信息再反馈给信息发送者，反馈构成了信息的双向沟通。

（7）噪声。是指在沟通过程中对信息传递和理解产生干扰的一切因素，噪声存在于沟通过程的各个环节。

3. 有效沟通的标准有哪些？

答案要点：

（1）保证沟通的“量”。有效沟通要保证传达足够的信息量。如果信息内容缺失，即使做得再好，接收方也无法准确理解。

（2）保证沟通的“质”。沟通不仅是信息的传递，更是信息需要被准确地表达和理解。

（3）保证沟通的“时”。沟通的有效性很大程度上依赖于信息的及时性。

4. 简述影响有效沟通的因素。

答案要点：

影响沟通过程的障碍有：人际障碍、组织障碍、文化障碍。

（1）人际障碍。可能来源于信息发送者，也可能来源于信息接收者。通常是由个体认知、能力、性格等方面的差异所造成的。

（2）组织障碍。根源存在于组织的等级结构之中。无论组织的复杂程度如何，它们都有专门的职责和多层职权，这种专业化分工为沟通困难的产生提供了合适的土壤。

（3）文化障碍。人类的沟通要在一定的文化背景下发生，而文化也不能离开沟通而存在，沟通与文化密切相关，文化会促进或阻碍沟通。信息发送者和信息接收者之间的文化相似性有助于成功的沟通，文化的差异会造成人际沟通的障碍。

5. 非正式沟通的优缺点。

答案要点：

（1）优点：沟通方便，内容广泛，方式灵活，沟通速度快，可传播一些不便正式沟通的信息，而且由于在这种沟通中比较容易把真实的思想、情绪、动机表露出来，因而能提供一些正式沟通中难以获得的信息。

（2）缺点：沟通比较难控制，传递的信息往往不确定性高，容易传播流言蜚语而混淆视听。管理者应当对这种沟通方式予以重视，注意防止和克服其消极的一面。

6. 克服沟通障碍的做法有哪些？

答案要点：

（1）学会倾听。在沟通过程中最常用到的能力是洗耳恭听的能力和能说会道的能力。倾听是一种积极的、主动的、有意识的思考。

（2）重视反馈。反馈是沟通过程中的最后一个环节，往往是决定沟通目标可否实现的关键。很多沟通问题可以直接归因于误解或信息不准确。正确使用信息反馈系统，能够极大地减少沟通中出现的障碍。

（3）克服认知差异。认知差异可能成为沟通障碍，为了克服认知和语言上的差异，信息发送者应该使信息清晰明了，尽可能使具有不同观点和经验的信息接收者都能够理解。

（4）抑制情绪化反应。情绪化反应会使信息的传递严重受阻或失真，处理情绪因素最简单的方法就是暂停沟通直到完全恢复平静。

7. 简述你对冲突概念的理解。

答案要点：

冲突发生于对稀缺资源分配方案的分歧以及不同的观点、信念等。

(1) 冲突是否存在不仅是一个客观问题，也是一个主观问题。

(2) 冲突产生的必要条件是，存在某种形式的对立或不相容。

(3) 冲突的主体可以是组织、群体或个人。

(4) 冲突是一个过程，不是一蹴而就的。

8. 冲突有哪些特征?

答案要点：

(1) 客观性。冲突是客观存在的、不可避免的社会现象，是组织的本质特征之一。任何组织都存在冲突，只不过冲突的来源、性质与程度存在着差异。

(2) 主观知觉性。冲突是指导致某种抵触或对立的可感知的差异。差异是否真实存在无关紧要，只要人们感觉到差异的存在，冲突状态也就存在。

(3) 二重性。冲突对于组织、群体或个人既具有建设性、有益性，有产生积极影响的可能，又具有破坏性、有害性，有产生消极影响的可能。

(4) 程度性。当冲突水平过高时，组织会陷入混乱，危及组织正常运转乃至生存；当冲突水平过低时，组织缺乏生机和活力，发展停滞不前，绩效低下；当冲突达到最佳程度时，它可以阻止迟滞，解除紧张，激发创造力。

9. 简述组织冲突与绩效的关系。

答案要点：

冲突水平与组织效率之间的关系主要表现为。

(1) 当冲突水平过高时，组织会陷入混乱、对抗，甚至分裂、瓦解状态，破坏绩效，危及组织正常运转乃至生存。

(2) 当冲突水平过低时，组织缺乏生机和活力，会进入变革困难时期，组织发展停滞不前，难以适应环境，绩效低下。

(3) 当冲突达到最佳程度时，它可以阻止迟滞，解除紧张，激发创造力，培养创新的萌芽，使组织保持旺盛的生命力。

10. 简述导致冲突的主要原因。

答案要点：

导致冲突的原因大致可以分为三大类：个人差异、沟通差异和结构差异。

(1) 个人差异。每个人的成长经历、家庭背景、文化水平等不同，造成个体价值观、性格特征、思维方式等方面存在差异。

(2) 沟通差异。语义理解的困难、信息交流不充分、沟通渠道中的噪声等因素构成了沟通障碍，并成为冲突的潜在条件。

(3) 结构差异。指来自组织结构本身的设计不良而造成整合困难，最后导致冲突。

11. 简述建设性冲突与破坏性冲突的区别。

答案要点：

(1) 建设性冲突，是指对组织有积极影响的冲突。在建设性冲突中，冲突双方都关心共同目标问题的解决方案；双方愿意了解彼此的观点，并以争论问题为中心；双方信息交流不断增加。建设性冲突可以促进组织发现存在的问题，采取措施及时予以纠正；可以促进组织内部公平竞争，提高组织效率；可以激发员工创造力，防止思想僵化。

（2）破坏性冲突，是指对组织有消极影响的冲突。在破坏性冲突中，冲突双方极为关注自己的观点是否取胜；双方都不愿听取对方意见，而是千方百计陈述自己的理由，抢占上风，人身攻击的现象时常发生；双方互相交换意见的情况不断减少。破坏性冲突会阻碍组织达到目标，降低组织创造力、生产力、士气、工作满意度，并增加员工的焦虑，客观上提高了缺勤率和离职率等。

12. 简述相互作用的冲突观念。

答案要点：

（1）一个平静、和谐、合作的群体可能变得静止、冷漠，对改革和创新无动于衷。

（2）组织的领导者应试图把群体维持在最佳的冲突水平，以便能够保持群体的活力、自我反省能力和创造力。

（3）不仅接受冲突的存在，而且鼓励冲突的存在。

13. 画图简述托马斯二维模式。

答案要点：

（1）托马斯以“合作性”为横坐标，“坚持己见”为纵坐标，定义了冲突行为的二维空间，并组合成五种冲突处理策略，即竞争、合作、回避、迁就和妥协。

（2）竞争策略，为了满足自己的利益而无视他人利益，是一种“我赢你输”的策略；合作策略，是指尽可能满足双方利益，代表了冲突解决中的双赢局面；回避策略，是指既不满足自己利益，也不满足对方利益的冲突解决策略；迁就策略，是指当事人为了满足他人需要而抑制自己需要的策略，为了从长远角度出发换取对方的合作；妥协策略，实质上是一种交易，需要冲突双方各让一步来满足双方的要求和利益。

（3）画图如下：

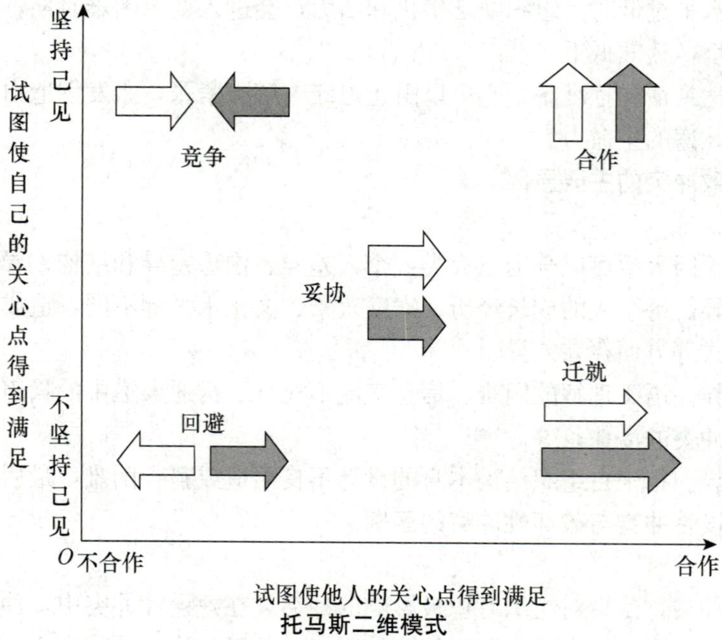

托马斯二维模式

14. 简述激发冲突的手段。

答案要点：

（1）将冲突合法化。管理者应当将鼓励冲突的信息传递给员工，并且采取支持性行动，以使冲突在组织中有其合法地位。

（2）适度引入外部的新鲜血液，刺激组织内部的竞争氛围。组织内部晋升制度能够激发组织成员的归属感和奋发向上的晋升斗志。

（3）通过组织结构的安排来刺激冲突。企业应该进行组织变革，变金字塔式的传统控制组织为扁平化的网状组织。企业进行变革的总体趋势是扩大管理幅度、减少管理层次、广泛引入工作团队，实现组织结构的扁平化、网络化、虚拟化。新型组织结构讲求平等、重视沟通，能够有效提高组织的建设性冲突水平，进而提升企业绩效。

六、论述题

1. 管理人员应如何看待组织中的非正式沟通？并举例说明。

答案要点：

（1）非正式沟通是指在组织正式信息渠道之外进行的信息传递和交流。

（2）非正式沟通的特点：消息越新鲜，人们谈论得就越多；对人们工作有影响的人或事，也容易引起人们的谈论；为人们所熟悉的、在工作中有关系的、在工作上接触多的人，都可能被牵扯到同一传闻中去。

（3）在传统的管理及组织理论中，并不承认这种非正式沟通的存在；即使发现有这现象，也认为要将其消除或减少到最低程度。但是，非正式沟通现象的存在是根深蒂固、无法加以消除的，管理者应该加以了解并予以充分和全面的考虑，使其有效担负起沟通的重要作用，为组织的目标服务。

（4）对于非正式沟通所采取的立场和对策是：

①正本清源，使组织内沟通系统较为开放或公开，不实的谣言将会自然消失；

②正面提出相反的事实，以阻止已经产生的谣言；

③培养组织成员对组织管理当局的信任和好感。

（学生回答时需举例说明）

2. 请举例或者结合实际，论述管理者应该如何进行冲突管理？

答案要点：

（1）现代冲突理论的观点：冲突既可以给组织带来积极的影响作用，也可以带来消极的影响，冲突水平过高和过低都会给组织带来不利的影响，应当将冲突控制在一个适量的水平。

（2）在冲突管理中管理者应当注意的是：对于引起冲突的各种因素、冲突过程、冲突行为加以正确分析、处理和控制，努力把已出现的冲突引向建设性轨道，尽量避免破坏性冲突的发生和发展，适度地诱发建设性冲突，并把冲突维持在适当的水平之内，以便达到“弃其弊而用其利”的冲突管理目标。

（3）当冲突水平过高时，需要采用抑制的方法，参照托马斯二维模式的五种冲突处理策略，即竞争、合作、回避、迁就和妥协，根据“合作性”和“坚持己见”两个维度进行策略的选择。

（4）当冲突水平过低时，需要激发必要的、适度的建设性冲突，可以采用将冲突合法化、引入外部的新鲜血液、通过组织结构的安排来激发冲突。

（举例或者结合实际回答）

3. 请结合实际，谈谈为什么有效倾听要强调反馈的重要性？

答案要点：

（1）反馈是有效倾听的一个重要组成部分，如果只是“倾听”，而毫无反馈，对于信息提供者来讲，就好比是“对牛弹琴”。

（2）有效反馈是有效倾听的体现，管理者通过倾听获得大量信息，并及时做出有效反馈，这对于激发员工的工作热情、提升工作绩效具有重要作用。

（3）在倾听过程中，有效反馈可以起到激励和调节作用。

（4）要使反馈有效，首先，沟通双方应建立起相互信任的关系，创造良好的沟通氛围；其次，反馈必须适度。

（论述时结合实际情况或案例展开）

七、案例分析题

案例 1

1. 在危机事件中，南京冠生园与媒体、同行企业、消费者的沟通有何不当之处？

答案要点：

（1）在处理和媒体的关系上，南京冠生园并没有和媒体建立起良好正常的媒介关系，相反在遭到批评的时候与媒体产生敌对的态度，使自己处于一个很不利的位置。

（2）在处理与竞争对手即同行的关系方面，南京冠生园也没有注意到相互的伙伴关系。同行间虽是竞争对手，但由于彼此根本利益一致、最终目的一致，因此，竞争对手同时又是伙伴关系。“陈年馅月饼是普遍现象，是全行业公开的秘密”这样的话，使得同行企业遭了殃，如果一旦失去了这种伙伴关系，企业就会被孤立。

（3）不把消费者放在眼里的态度。“生产日期对老百姓来说只是看看而已”，企业把消费者放在不是上帝、而是被欺骗的角色。

2. 这一事件为企业的危机沟通提供了哪些经验教训？

答案要点：

（1）在批评报道出来之后，企业应该立刻做出回应。不要做任何辩解，无论做出什么合理解释，总消除不掉消费者心里的阴影，只能采取道歉的态度，并且要注意措辞诚恳。

（2）派出专门的公关人员去做媒体公关和政府公关，避免无休止的批评报道，避免政府的特别压制。

（3）更换管理层的人员，并且将此尽快对外界公开。大部分的人可能会认为这是由于管理不善造成的，重新组建之后可以给人们带来一点信心。

（4）借此机会废除所有旧的品种，推出新系列，并将制作过程改为透明操作，通过媒体做出相应的承诺，还可以在此期间开展相应的促销活动。

（5）新品重新拿去做鉴定，并将结果公布在媒体上，以增加消费者的信任度。

案例 2

1. 就以上案例，分析如何在合同确认、工作交接和部门交流等方面进行正确的口头沟通和书面沟通。

答案要点：

（1）合同确认中的沟通。

口头沟通：固特异在完成合同后，应该主动与客户进行沟通，确认合同表达完整、正确，没有歧义，并已达到客户的要求。

书面沟通：双方在合同签署时，可能都主观地认为合同表达的内容就是自己想的内容，也就是用自己的想法去解读合同的内容；同时又都没有进行再次沟通，以确认合同表达的准确性。如果在此合同中，表明两个仓库地址的用途，一个用于海关报关的仓库，另一个是实际的运送仓库，合同完整、正确地反映实际情况，就不会出现互相推诿的情况了。

（2）工作交接中的沟通。

口头沟通：离职的销售应将相关内容完整、正确地传达给其继任者，以避免后来的销售误入歧途。

书面沟通：可以用书面形式将会谈的内容记录下来，当后任销售查阅记录时就可以了解当时发生的情况，使工作有连贯性。

（3）部门交流中的沟通。

口头沟通：固特异部门与部门之间没有进行良好的沟通，供应部门的工作是正确的，根据合同中的仓库地址进行配送，因为此部门并不知道客户要求的实际交货地址。以后涉及跨部门的合作，在事情确定下来后一定先进行口头汇报和沟通。

书面沟通：在合同中明确表达出两个仓库的用途和地址。供应部门就可以根据表达清楚的合同地址进行配送了，运输费用由谁承担也可以明了。

2. 沟通障碍有可能给企业造成什么影响？

答案要点：

案例中的沟通问题给公司及运输公司造成的负面影响非常巨大，而且是持久的。固特异不仅仍然要承担部分费用，还会被航空公司贴上言而无信的标签，明明当时说清楚的事情为什么实际操作过程中却不执行，运输公司也因为运输费用无法及时收到，而责怪固特异。同时发生这件事情后，客户可能会选择其他供应商，从而使固特异失去这个客户。

第十二章参考答案

一、名词解释

1. 控制是指对组织内部的管理活动及其效果进行衡量和矫正，以确保组织的目标以及为此而拟定的计划得以实现。

2. 前馈控制是一种防患于未然的控制，它是在工作开始前对工作中可能产生的偏差进行预测和估计并采取防范措施，将可能的偏差消除于产生之前。

3. 现场控制是在计划执行进行中的控制，也称为同步控制或同期控制。现场控制主要有监督和指导两项职能。

4. 反馈控制又称事后控制，是指在工作结束或行为发生之后进行的控制。反馈控制把注意力主要集中于工作或行为的结果上，通过对已形成的结果进行测量、比较和分析，发现偏差情况，据此采取相应措施，防止在今后的活动中再度发生。

5. 战略控制是指企业战略管理者和一些参与战略实施的管理者，依据战略既定目标和行动方案，对战略的实施状况进行全面评价、发现偏差并进行纠正的活动。

6. 营销控制是企业用于跟踪营销活动过程的每一个环节，确保能够按照计划目标运行而实施的一套完整的工作程序。

7. 激励控制是指企业通过激励的方式控制管理者及员工的行为，使管理者及员工的行为与企业目标相协调。

8. 绩效考评控制是指企业通过考核评价的形式规范企业各级管理者及员工的经济目标和经济行为。

9. 偏差就是工作的实际绩效与标准值之间的差异，实际绩效超过了设定标准的为正偏差，实际绩效低于设定标准的为负偏差。

二、单项选择题

1. C	2. C	3. A	4. B	5. C	6. B	7. A
8. A	9. A	10. B	11. C	12. C	13. C	14. B
15. D	16. C	17. A	18. D	19. B	20. A	21. B
22. D	23. C	24. C	25. D	26. D	27. B	28. D
29. D	30. B					

三、多项选择题

1. ABCD	2. ABD	3. ABC	4. ABCDE	5. ABCD
6. ABCDE	7. ACD	8. BCD	9. ABCD	10. ABCD
11. ABC	12. BCD	13. ABCD	14. ACD	15. ABCDE

四、判断题

1. √	2. ×	3. ×	4. ×	5. ×	6. ×	7. √	8. ×
9. √	10. √	11. √	12. ×	13. √	14. ×	15. ×	16. ×
17. ×	18. ×						

五、简述题

1. 如何理解控制的内涵？

答案要点：

控制是指对组织内部的管理活动及其效果进行衡量和矫正，以确保组织的目标以及为此而拟定的计划得以实现。可以从以下几个方面理解控制的内涵：

（1）控制具有目的性。管理中的控制工作表现形式多种多样，但都是为了保证组织中的各项活动按计划和标准进行，以有效达成组织的特定目标。

（2）控制具有整体性。控制工作将整个组织的活动作为一个整体来看待，以取得整体的优化效益；控制工作覆盖组织活动的各个方面，是组织全体成员的职责，而非仅仅是管理人员的职责。

（3）控制通过监督和纠偏来实现。控制系统对组织活动及其效果进行监控，以预警或发现组织偏差的出现，分析偏差产生的原因，并采取相应的行动进行纠偏，从而保证组织目标的实现。

（4）控制是一个过程。通过检查、监督并确定组织活动的进展情况，对实际工作与计划之间所出现的偏差加以纠正，从而确保组织目标及计划得以顺利实现。

2. 简述企业的控制目标。

答案要点：

（1）确保组织目标的有效实现。要及时对那些构成组织的资源（财产、人力、知识、信息等）进行合理的组织、整合与利用，这些资源就需要处于控制之下或在一定的控制之中运营。

（2）经济且有效地利用组织资源。所有组织都是在资源有限的环境中运作的，一个组织实现其目标的能力取决于其能否充分地利用现有的资源，制定和设计内部控制必须根据能否保证以最低廉的成本取得高质量的资源和防止不必要的多余工作和浪费。

（3）确保信息的质量。控制和信息密不可分，没有完备的内部控制不能保证信息的质量，管理者需要利用相关的、可靠的和及时的信息来控制组织的行为。

3. 简述企业的控制原则。

答案要点：

（1）有效标准原则。制定的控制标准必须与组织的理念与目标相一致，对员工的工作行为具有指引和导向作用，并便于对各项工作及其成果进行检查和评价。

（2）控制关键点原则。管理者需要善于把握问题的关键，将注意力集中于计划执行中的一些主要影响因素上。

（3）控制趋势原则。由于管理控制中往往存在时间滞后的问题，控制趋势的关键在于从现状中揭示趋势，特别是在趋势显露苗头时就明察秋毫。

（4）直接控制原则。直接控制着眼于培养更好的主管人员，使他们能熟练地应用管理的概念、技术和原理，能以系统的观点来进行和改善他们的管理工作。

（5）例外原则。管理不可能控制所有的活动，应把主要精力集中于一些重要的例外偏差上，以取得更高的控制效能和效率。

4. 简述前馈控制的特征及优缺点。

答案要点：

（1）前馈控制的特征：在工作开始之前对工作中可能产生的偏差进行预测和估计，并采取防范措施，将工作中的偏差消除于产生之前。

（2）优点：可以防患于未然，并避免事后控制对已铸成的差错无能为力的弊端；不针对个人，不易造成面对面的冲突，易于被员工接受。

（3）缺点：需要及时和准确的信息，要求管理人员能充分了解前馈控制因素与计划工作的影响关系，同时必须注意各种干扰因素，具体实施比较困难。

5. 简述反馈控制的特征及优缺点。

答案要点：

（1）特征：在工作结束之后进行控制，注意力集中在工作结果上，对今后的活动进行纠正。

（2）优点：避免下一次活动发生类似的问题；消除偏差对后续活动的影响；了解工作失误的原因，为下一轮工作的正确开展提供依据；可以提供员工奖惩的依据。

（3）缺点：损失或偏差已经产生，只能亡羊补牢；有时滞问题。

6. 简述控制的过程，并画图表示。

答案要点：控制的过程大致可分为以下三个阶段：

（1）确定控制标准。确定控制标准是进行控制工作的起点，应基于组织中有限资源的经济合理使用以及管理人员的工作精力和能力等现实情况。应选择关键控制点，如影响整个工作运行过程的重要操作与事项，能在重大损失出现之前显示出差异的事项，若干能反映组织主要绩效水平的时间与空间分布均衡的控制点。应确定控制标准，如时间标准、生产率标准、消耗标准、质量标准、品质标准。

（2）衡量实际工作绩效。确定衡量方式所考虑的指标包括衡量的主体、衡量的项目、衡量的方法、衡量的频度。

（3）将实际工作绩效与标准进行比较并分析偏差，找出偏差产生的主要原因。主要原因基本可以分为三类：计划指标或工作标准制定得不科学，脱离实际，本身存在偏差；组织外部环境中发生变化，导致实际业绩偏离预期，出现偏差；组织内部因素的变化，如工作方法不当、组织不力等，导致业绩偏离预期。然后采取管理行动纠正偏差，主要通过修订标准和改善工作两种方式。

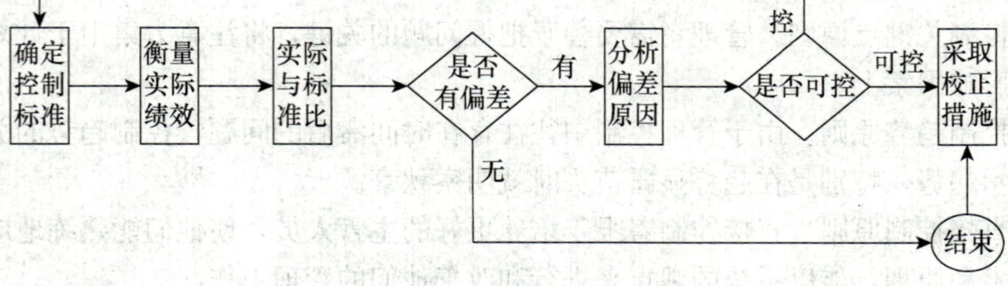

控制过程图

7. 常见的控制标准有哪些？

答案要点：

控制标准就是评定成效的尺度，用来衡量组织中的各项工作或行为符合组织要求的程度的标尺。在组织中，通常使用的控制标准有如下几种：

（1）时间标准，是指完成一定的工作所需花费的时间限度。

（2）生产率标准，是指在规定时间内完成的工作量。

（3）消耗标准，是指完成一定的工作所需的有关消耗。

（4）质量标准，是指工作应达到的要求，或是产品或服务应达到的品质标准。

（5）品质标准，是指对员工规定的行为准则要求。

8. 对关键控制点的选择，一般应统筹考虑哪些方面的因素？

答案要点：

（1）影响整个工作运行过程的重要操作与事项。

（2）能在重大损失出现之前显示出差异的事项。

（3）若干能反映组织主要绩效水平的时间与空间分布均衡的控制点。

9. 控制标准的确定方法有哪些？

答案要点：

（1）统计计算法。即根据企业的历史资料或者对比同类企业的水平，运用统计学方法来确定企业经营各方面工作的标准。这种用统计计算法制定的标准便称为统计标准。

（2）经验估计法。即根据管理人员的知识经验和主观判断来确定标准。这种使用经验估计法建立的标准称为经验标准。

（3）工程方法。即通过对工作情况进行客观的分析，并以准确的技术参数和实测的数据为基础而制定工作标准。使用工程方法建立的标准，称为工程标准。

10. 简述控制标准的基本要求。

答案要点：

（1）简明性。即对标准的量值、单位和可允许的偏差范围要有明确说明，对标准的表述要通俗易懂，便于理解和把握。

（2）适用性。建立的标准要有利于组织目标的实现，要对每一项工作的衡量都明确规定具体的时间幅度和具体的衡量内容与要求，以便能准确地反映组织活动的状态。

（3）一致性。建立的标准应尽可能地体现协调一致、公平合理的原则。

（4）可行性。控制标准的建立必须考虑到工作人员的实际情况，即标准不能过高也不能过低，要使绝大多数员工经过努力后可以达到。

（5）可操作性。即标准要便于对实际工作绩效的衡量、比较、考核和评价，要使控制便于对各部门的工作进行衡量，当出现偏差时，能找到相应的责任单位。

（6）相对稳定性。即所建立的标准既要在一个时期内保持不变，又要具有一定的弹性，能对环境的变化有一定的适应性，特殊情况能够例外处理。

（7）前瞻性。即建立的标准既要符合现时的需要，又要与未来的发展相结合。

11. 造成偏差的原因一般有哪些？

答案要点：

偏差就是工作的实际绩效与标准值之间的差异。造成偏差的原因多种多样，较为复杂，但基本可以分为如下三类：

（1）计划指标或工作标准制定得不科学，脱离实际，本身存在偏差。

（2）组织外部环境中发生了没有预料到的变化，导致实际业绩偏离预期，出现偏差。

（3）组织内部因素的变化，如工作方法不当、组织不力、领导无方等，导致业绩偏离预期。

六、论述题

1. 举例谈谈在实际控制衡量过程中应当注意哪些问题？

答案要点：

衡量实际工作就是以控制标准为尺度对实际工作加以检验，衡量绩效的目的是取得控制对象的有关信息，及时、准确地掌握偏差是否发生，并判断偏差的严重程度，从而对控制对象进行纠偏或者调试。实际衡量过程中应当注意的问题有：

（1）衡量的主体：衡量实际工作成效的人可以是工作者本人、同一层级的其他人员、上级主管人员或职能部门的人员，衡量实际业绩的主体不一样，控制工作的类型也就形成差别，也会对控制效果和控制方式产生影响。

（2）衡量的项目：衡量什么是衡量工作中最重要的方面。不同的衡量项目存在一个衡量的难易问题，所以要保证衡量内容的全面性和客观性，防止衡量中的畏难倾向。

（3）衡量的方法：管理者可通过亲自观察、利用报表和报告、抽样调查等几种方法来获得实际工作绩效方面的资料和信息。在实际操作过程中必须将多种方法结合使用，以确保所获取信息的质量。

（4）衡量的频度：衡量实际业绩的次数或频率。对不同的衡量项目，衡量的频度可能不一样。有效控制要求确定适宜的衡量频度。衡量频度过高，会增加控制的费用，也会引起有关人员的不满，影响他们的工作态度，从而对组织目标的实现产生负面影响；检查的次数过少，则有可能造成许多重大的偏差不能被及时发现，不能及时采取纠正措施，从而影响组织目标和计划的完成。

（学生在回答时结合具体案例展开论述）

2. 请结合实际案例，谈谈控制中分析偏差和实施纠偏的过程及注意事项。

答案要点：

对实际工作衡量后，要将衡量结果与标准进行对比。发现偏差是否在可接受的范围内，如果有较大偏差，则要分析造成偏差的原因，并采取纠偏措施。

（1）分析偏差的过程主要包括：① 对偏差的性质进行分析和确认，以抓住问题的实质和重点。对于超出允许范围的偏差，给予重点关注与分析。② 对造成偏差的原因进行深入分析，找出偏差的真正原因，为对症下药制定纠偏措施提供保证。造成偏差的原因多种多样，较为复杂，但基本可以分为如下三类：一是计划指标或工作标准制定得不科学，脱离实际，本身存在偏差；二是组织外部环境中发生了没有预料到的变化，导致实际业绩偏离预期，出现偏差；三是组织内部因素的变化，如工作方法不当、组织不力、领导无方等，导致业绩偏离预期。

（2）实施纠偏的过程主要包括：① 修订标准。偏差较大有可能是因为标准不甚合理，也可能是因为组织内外环境因素发生了较大变化，致使原有的计划和标准与现实状况间产生了较大差异。此时，就需要对原有的计划和标准加以适当调整，以使组织计划和预期标准符合实际。对计划和标准的调整并不是任意的，而是要有利于组织总目标的实现。只有当事实表明计划和标准确实不合理，或环境的变化使得原有计划和标准的基础不复存在时，对计划和标准的修改才是合适的。② 改善工作。如果经过分析发现，计划和标准没有问题，偏差的出现是因为工作本身造成的，管理者就应该采取措施来纠正行动，以改善工作绩效。纠偏行动可能涉及管理的各个方面，如管理策略、组织结构、领导方式、员工培训、人员调整等。

（学生在回答时结合具体案例展开论述）

3. 请结合具体案例，讨论在实践过程中有效的控制应当注意哪些策略问题？

答案要点：

有效的控制应当是依据组织的情境，做到以下四点：

（1）适时控制。组织活动中产生的偏差只有及时采取措施加以纠正，才能避免偏差的扩大，或防止偏差对企业不利影响的扩散。及时纠偏，要求管理人员及时掌握能够反映偏差产生及其严重程度的信息。纠正偏差的最理想方法应该是在偏差未产生以前，就注意到偏差产生的可能性，从而预先采取必要的防范措施，防止偏差的产生。

（2）适度控制。控制的范围、程度和频度要恰到好处。首先，要避免控制过多或控制不足。有效的控制应该既能满足对组织活动监督和检查的需要，又能防止与组织成员发生强烈的冲突。其次，要处理好全面控制与重点控制的关系。并不是所有成员的每一项工作都具有相同的发生偏差的概率，并不是所有可能发生的偏差都会对组织带来相同程度的影响。最后，要使花费一定费用的控制得到足够的控制收益。

（3）客观控制。有效的控制必须是客观的、符合企业实际的。客观的控制源于对企业经营活动状况及其变化的客观了解和评价。控制过程中采用的检查、测量的技术和手段必须能正确地反映企业经营时空上的变化程度和分布状况，准确地判断和评价企业各部门、各环节的工作与计划要求的相符或相背离程度。

（4）弹性控制。弹性控制要求企业制定弹性的计划和弹性的衡量标准。企业在生产经营过程中经常可能遇到某种突发的、无力抗拒的变化，这些变化使企业计划与现实条件严重背离。有效的控制系统应在这样的情况下仍能发挥作用，维持企业的运营，也就是说，应该具有灵活性或弹性。弹性控制通常与控制的标准、控制系统的设计有关。

（学生回答时结合具体案例展开）

七、案例分析题

案例 1

1. 结合中国的管理实际，分析这则故事给你在管理思维上的启示。

答案要点：

（1）人们在认识一件事物时，往往不会留意事物的起因及初步的发展过程，只有当事物发展到无法控制的地步，才会意识到事态的重要性，才会加以重视并寻求解决办法。因而人们只记住了救人于水火的扁鹊，却不曾对他的两位兄长留下印象。

(2) 寓言的启示：事前控制在管理中极为重要，不要等到出现了严重问题时才知道要去采取措施补救，而是应该将问题扼杀在萌芽状态。事后控制不如事中控制，事中控制不如事前控制，防重于治，企业家要有防患于未然的敏锐洞察力，尽最大可能去化解经营中的潜在风险。治病是这个道理，管理也同样是这个道理。“良医治未病”，处理组织管理上的问题最有效的就是要加大预防力度，像扁鹊的大哥那样，治病于未发之前；发现有苗头性问题，要像扁鹊的二哥那样，治病于初起之时。

(3) 中国领导者多是“消防队员”类型的，也多喜欢“救火式”的下属，因而每天总是忙得不可开交的样子。德鲁克的观点：“一个平静无波的工厂，必是管理上了轨道。如果一个工厂常是高潮迭现，在参观者看来大家忙得不可开交，就必是管理不善。管理好的工厂，总是单调无味，没有任何刺激动人的事件。那是因为凡是可能发生的危机都早已预见，且已将解决办法变成例行工作了。”同理，一个管理上了轨道的组织，常是一个令人觉得兴味索然的组织。在这样的组织里，所谓“引人注目”的事情大概就是为未来做决策，而不是轰轰烈烈地处理过去的问题。

2. 你认为应如何防止企业进入管理控制的误区？

答案要点：

防止企业进入管理误区的方法有以下两条：

(1) 加强事前控制的力度。在管理过程中密切关注事态或环境的细微变化，努力将问题控制在初期阶段，这样才能避免出现严重问题后只能头痛医头、脚痛医脚的局面。事前控制想要完美地实现，要从组织建立的第一天开始就需有明确的制度和文化来制约，后来的管理只能是亡羊补牢，慢慢地去修正这种控制事情的节奏。

(2) 强调对过程的关注。尽管结果对一个企业来说很重要，但忽视过程的做法往往导致企业的行为事倍功半。过程的重要性体现在它导致必然的结果。做一件事情或一份工作，过程是最关键的，如果每做一步都能按照程序办，踏踏实实，并在这个过程中预见问题，防范问题，或是发现问题的端倪进而给予及时的调整，那么结果必然能达到预期的目的，反之则不然。

案例 2

1. 案例中的控制类型有哪些？请分别指出，并说出各自的特点。

答案要点：

(1) 天安公司为了保证产品的优质性，“公司对产品的设计设立高起点，严格要求”；为了对采购的原辅材料和零部件进行质量管理，天安公司“设置不同类别的原辅材料和零部件的具体质量控制标准”“加强了员工的生产质量教育和岗位培训”；为了做好售前服务工作，公司“通过大量的市场调研和市场分析活动制定售前决策”这些都属于前馈控制。（前馈控制的特点见简答题）

(2)“依靠公司设置的关键质量控制点对产品的生产过程全程监控，同时，利用 PDCA 和 PAMS 方法，持续不断地提高产品的质量”，这属于现场控制。（现场控制的特点见简答题）

(3) 天安公司为了做好售后服务工作，“建立一支高素质的服务队伍，购置先进的维修设备，建立消费者投诉制度和用户档案制度”，这属于反馈控制。（反馈控制的特点见简答题）

2. 天安公司“设置不同类别的原辅材料和零部件的具体质量控制标准”属于哪类控制标准？

答案要点：

（1）控制标准可以分为定量和定性两大标准。定量标准包括实物标准和价值标准，实物标准是企业在耗用原材料、能源、雇佣劳动力，以及生产产品质量、性能和用途等方面的标准；价值标准是反映组织经营状况的指标。定性标准主要是有关产品和服务质量、顾客满意度、组织形象等方面的衡量标准。

（2）天安公司是根据原辅材料和零部件的性能、技术含量以及对成品质量的影响程度，从而“设置不同类别的原辅材料和零部件的具体质量控制标准”，因而它属于定量标准中的实物标准。

3. 案例中，“公司所设置关键质量控制点”，体现了控制原则中的哪一项？

答案要点：

（1）任何组织都不可能对每一件事情进行全面控制，组织在建立有效控制时必须从实际出发，对影响组织目标成果实现或反映工作绩效的各种要素进行科学地分析研究，从中选择出关键性要素作为控制对象，并进行严格的控制，其他方面则相对放松控制。

（2）天安公司“设置关键质量控制点”以保证对产品质量的控制就是在确定了重点的控制对象后，在产品质量控制相关环节上建立了关键控制点，体现了“控制关键点原则”。

第十三章参考答案

一、名词解释

1. 预算控制就是根据预算规定的收入与支出标准来检查和监督各个部门的生产经营活动，以保证各种活动或各个部门在充分达成既定目标、实现利润的过程中对经营资源进行有效利用，从而使成本费用支出受到严格有效的约束。

2. 审计控制是指对反映组织资金运动过程及其结果的会计记录及财务报表进行审核、鉴定，以判断其真实性和公允性，从而起到控制的作用。

3. 财务控制是指对企业的资金投入及收益过程和结果进行衡量与校正，以确保企业目标以及为达到此目标所制定的财务计划得以实现。

4. 市场控制是指组织借助经济的力量，通过价格机制来规范组织内部门（单位）和员工的行为。

5. 团体控制是指将个体融入团体之中，将个人的价值观与组织的价值观和目标相统一，通过团体的共同行为范式来实现组织成员的自我约束和自我控制。

6. 全面质量管理是指一个组织以质量为中心，以全员参与为基础，目的在于通过让顾客满意和本组织所有者、员工、供方、合作伙伴或社会等相关者受益而达到长期成功的一种管理途径。

7. 六西格玛管理是一种建立在统计标准基础上，被设计用来减少瑕疵率以帮助降低成本、节省时间和提高顾客满意度的质量控制方法。

8. 管理信息系统（MIS）是一个旨在支持管理人员履行其职能，以及时、有效的方式来收集、分析和传递组织内外部信息的系统。它是由大容量数据库支持，并以数据处理为基础的计算机应用系统。

9. 决策支持系统（DSS）是以管理科学（如运筹学、控制论等）和行为科学等为基础，以计算机技术、仿真技术和信息技术为手段，针对半结构化的决策问题支持决策活动的、具有智能作用的人机系统。

二、单项选择题

1. B	2. C	3. A	4. D	5. B	6. B	7. D
8. B	9. A	10. C	11. B	12. A	13. B	14. D
15. B	16. A	17. C	18. D	19. C		

三、多项选择题

1. ABD	2. AB	3. ABD	4. BCD	5. ABCE
6. ABCD	7. ABCDE	8. ABCDE	9. ABCD	10. ABC

四、判断题

1. √	2. √	3. √	4. ×	5. ×	6. √	7. √	8. ×
9. √	10. ×	11. √	12. ×	13. √	14. √		

五、简述题

1. 预算控制的优点以及局限性有哪些?

答案要点：

预算是指用数字编制未来某一时期的计划，它预估了企业在未来时期的经营收入或现金流量，同时为各部门或各项活动规定了在资金、劳动、材料、能源等方面的支出不能超过的额度。

(1) 预算控制的优点：将企业的战略计划落到实处，指明了组织活动的方向，有效地协调组织内各方面、各环节的业务活动；② 用数量形式的预算标准来对照组织活动的实际效果，有利于绩效评估工作，使绩效管理更加客观可靠。

(2) 预算控制的局限性：① 预算只能帮助企业控制那些可以计量的特别是可以用货币单位计量的业务活动，但对那些不能计量的企业文化、企业形象、企业活力等的改善却难以控制；② 编制预算时通常参照上期的预算项目和标准，可能出现对本期活动的实际需要估计不足，容易造成资源不足或浪费；③ 组织的外部环境是不断变化的，这些变化会影响组织获取资源的成本支出或销售收入的实现，这些变化可能在编制时很难预测，从而使预算变得不合时宜。

2. 简述审计控制的两种基本形式及其主要特点。

答案要点：

审计控制可分为外部审计和内部审计：

(1) 外部审计是由组织外部的机构（如会计师事务所）选派审计人员对组织财务报表及其反映的财务状况进行独立的检查和评估。为了检查财务报表及其反映的资产与负债的账面情况与组织真实情况是否相符，外部审计人员需要抽查组织的基本财务记录，以验证其真实性和准确性，并分析这些记录是否符合公认的会计准则和记账程序。外部审计还可以保证审计的独立性和公允性。

(2) 内部审计是由组织内部的机构或财务部门的专职人员独立进行的，其目的是为组织内部控制提供一种手段，以检查和评价各项控制的有效性。内部审计能够督促包括会计资料在内的各种管理信息真实、正确、合理、合法，推动各项内部控制制度的健全适用和有效实施，从而维护组织财产的安全以促成管理目标的实现。

3. 市场控制主要包括的三个层次是什么？

答案要点：

市场控制是指组织借助经济的力量，通过价格机制来规范组织内部门（单位）和员工的行为。企业内部的市场控制有三个层次，分别是公司层、部门层和个人层。

(1) 在公司层次上，市场控制通常用于规范独立的事业（业务）部门，每个事业（业务）部门都是利润中心，企业高层管理人员一般使用盈亏指标对事业（业务）部门进行绩效评估。

(2) 部门层次的市场控制表现为公司内部交易。转移定价就是企业运用市场机制调整内部交易的一种方法。转移价格，就是企业内部不同事业（业务）部门之间进行交易时确定的内部价格。当外部市场竞争引起市场价格下降时，企业内部的转移价格应该不高于外部市场价格。这样，转移价格的市场控制就增加了各事业（业务）部门成本控制的压力，推动各事业（业务）部门通过从企业外部获取资源（即外包）来降低成本，同时激发内部挖潜的活力。

(3) 个人层次上的市场控制常常表现为激励制度和工资制度。

4. 简述团体控制的动因。

答案要点：

团体控制是指将个体融入团体之中，使个人的价值观与组织的价值观和目标相统一，通过团体的共同行为范式来实现组织成员的自我约束和自我控制。团体控制的动因主要有以下几点：

(1) 组织的成员和工作的性质一直在发生变化。组织中智力劳动所占比重越来越大，员工已不是传统的体力工作者，由重视个人工作绩效转而重视团队工作绩效；原来强调专业化的工作，现在强调项目性的工作。员工的层次结构从根本上发生了变化。

(2) 控制的环境在发生变化。企业的市场环境和技术环境不再相对稳定，消费越来越个性化和多样化，跳跃性技术不断涌现，网络技术给所有行业带来颠覆性的变革，员工的职务性行为和生活行为的边界越来越模糊，基于基层控制的直接监督效果有限。

(3) 雇佣关系发生了变化。员工从关心薪酬、安全、工作时间，转而更多关心合适的工作、参与决策、充分发挥自己的潜能，因而组织的管理控制从层级控制转变为员工主导的学习型控制，通过组织的文化来约束和控制员工的行为。

5. 简述产品质量与工作质量的区别与联系。

答案要点：

（1）质量分为产品质量和工作质量，产品质量代表着企业经营的结果，工作质量意味着企业对经营成果产出过程的控制。

（2）产品质量，可以理解为产品符合规定要求的程度，也可以站在用户的立场，把产品质量看作产品在使用过程中成功满足用户要求的程度。

（3）工作质量，涉及企业各个部门、各个层次、各个岗位工作的有效性，它取决于企业员工的素质。

（4）产品质量与工作质量是既不相同又密切联系的两个概念。产品质量取决于工作质量，是企业各个部门、各个环节工作质量的综合反映，工作质量是保证产品质量的前提条件。实施质量管理，既要不断提高产品质量，又要不断提高工作质量，通过保证和提高工作质量来保证产品质量。

6. 全面质量管理的基本要求是什么?

答案要点：

全面质量管理的基本要求是“三全一多”，即全过程的质量管理、全员的质量管理、全组织的质量管理和多方法的质量管理。

（1）全过程的质量管理强调，最终用户对产品质量的评价是以产品适用程度、使用时间的持久性以及使用的稳定性为依据的，为保证和提高质量，必须把影响质量的所有环节和因素都控制起来形成一个综合性的质量管理体系，以实现质量的持续改善。

（2）全员的质量管理意味着，质量控制要扩展到组织的所有人员。

（3）全组织的质量管理要求从组织的纵、横两方面来保证质量的不断提升。

（4）多方法的质量管理，是指应用一切可以运用的方法，而不仅仅是数理统计方法。如PDCA 循环、分层法、因果分析法、价值工程法等；数理统计方法包括直方图、控制图、散布图、优选法等；新工具有系统图法、关联图法、KJ 法、矩阵图法、PDPC 法等。

7. 什么是全面质量管理工作程序的 PDCA 循环?

答案要点：

全面质量管理的基本方法是 PDCA 循环，又叫戴明循环，简称戴明环，包括计划（plan）、执行（do）、检查（check）、处理（action）四个阶段。在全面质量管理中，通常把PDCA 循环四阶段进一步细化为八个步骤：分析和评价现状，以识别改进的区域；确定改进的目标；寻找可能的解决办法，以实现这些目标；评价这些解决办法并做出选择；实施选定的解决办法；测量、验证、分析和评价实施的效果，以确定这些目标已经实现；正式采纳更改；必要时对结果进行评审，以确定进一步改进的机会。

8. 六西格玛管理有哪些原则?

答案要点：

（1）高度关注顾客需求：强调以顾客为中心，持续关注顾客需求，并以此为基础进行绩效评估，针对顾客需求设定目标，将优势资源放在顾客最关心、对组织影响最大的方面。

（2）依据数据和事实管理：高度重视数据，强调用数据说话，基于数据进行决策。所有生产表现、执行能力等，都可以量化为具体的数据，用数字来说明一切，进而寻求相应的改善对策。

（3）重视流程的改善：将工作的重点放在产品缺陷产生的根本原因上，认为质量是靠流程的优化，而不是通过对最终产品的严格检验来实现的。

（4）开展主动改进型管理：进行预防性的积极管理，在事件发生之前，预测问题、数据、状况等的变化方向和趋势，采取前瞻性、预防性的控制、纠偏措施，保证企业朝着预期的目标发展。

（5）无边界合作：倡导打破一切人为的屏障，改进公司内部各部门之间、公司与供应商之间、公司与顾客之间的合作关系。

（6）追求完美但容忍失败：六西格玛管理的实质就是在提供完美、高水平的产品和服务的同时，努力降低质量成本。

9. 简述六西格玛业务改进的方法。

答案要点：

（1）界定：即确定项目的边界。主要内容包括：确定改进的机会、绘制 SIPOC 图、确定顾客的需求和关键质量特性、绘制详细流程、项目团队建设等。

（2）测量：主要内容有明确测量的对象、方法和指标，定义测量过程，确定过程输出指标和关键质量特性之间的关系，过程输出指标和输入指标及过程指标之间的关系，进行测量系统分析。

（3）分析：即综合采用各种统计方法和管理技术，进行数据的统计分析、比较试验、缺陷分析、变异来源分析、关键因素分析等，找出影响业绩指标的关键的和潜在的原因。

（4）改进：主要是基于分析阶段找到的原因，大胆地提出解决问题的方案。

（5）控制：是将主要变量的偏差控制在许可范围内。

10. 简述现代控制的信息技术方法。

答案要点：

（1）电子数据处理系统。亦称交易处理系统，主要用于运营层的管理控制，用来处理日常的、循环的业务事件，处理的通常是一些具体的电子数据。特点：能迅速而有效地处理大量数据，进行严格的数据整理与编辑，保证输入、处理和输出的完整性和准确性，逻辑关系简单，并能支持多用户使用。

（2）管理信息系统。是一个旨在支持管理人员履行其职能，以及时、有效的方式来收集、分析和传递组织内外部信息的系统。它是由大容量数据库支持，并以数据处理为基础的计算机应用系统。特点：管理信息系统基于系统观点，把分散的信息组成一个比较完整的信息系统，极大地提高了信息处理效率，可以为组织中各层次、各部门服务；管理和决策的主体是人，系统是辅助性的工具；只有保证完整的数据资料采集，系统才能有效地运作。

（3）决策支持系统。以管理科学（如运筹学、控制论等）和行为科学等为基础，以计算机技术、仿真技术和信息技术为手段，针对半结构化的决策问题支持决策活动的、具有智能作用的人机系统。特点：系统的用户就是决策者，可以用固定的模型和方法来解决半结构化的决策问题。

11. 简述柔性作业系统的特点。

答案要点：

柔性作业系统就是为应对市场需求的多样性和环境变化的不确定性，在信息技术发展的基础上，根据制造任务和生产品种变化而迅速进行调整的自动化制造系统。柔性作业系统的特点如下：

(1) 以顾客需求为导向。以顾客个性化需求为出发点，以低成本、高效率满足顾客的差异化需求为目标，实现组织生产经营模式的全新转变。

(2) 以信息技术为基础。为了对顾客个性化需求做出快速反应，组织必须能够适时获取顾客订单信息，并能将相应的个性化定制产品信息及时传递到不同的制造单元，从而高效地完成产品的制造和配送，一个企业要高效率地实现所有这些环节必须以先进的信息技术为基础。

(3) 以敏捷反应为标志。在柔性作业系统中，组织与顾客是一对一的关系，组织面临的是顾客千变万化的个性化需求，此时组织必须通过柔性和快速反应能力实现产品优质低价和品种多样化的目标，以满足顾客的差异化需求。

六、论述题

1. 请结合实际情况，论述团体控制的动因。

答案要点：

虽然层级控制和市场控制都具有强大的控制效果，但是不论控制的对象、控制的环境还是管理的性质都在不断发生变化，因而需要团体控制来弥补层级控制和市场控制留下的空白。

(1) 组织的成员和工作的性质一直在发生变化。尤其是进入知识经济时代以来，组织中智力劳动所占比重越来越大，员工已不是传统的体力工作者，由注重熟练工作变成了注重知识工作，由重视个人工作绩效转而重视团队工作绩效。正是基于这样的背景，有的企业提出要颠覆传统的金字塔式结构，构建倒三角式的网络化组织。

(2) 控制的环境在发生变化。企业的市场环境不再相对稳定，消费越来越个性化和多样化；企业的技术环境不再相对稳定，跳跃性技术不断涌现，尤其是互联网技术正在给所有行业带来深刻的甚至是颠覆性的变革，几乎所有行业都要构建和实施柔性的作业系统；企业的社会环境不再相对稳定，移动互联网技术正在把全球变成一个全天候实时沟通的巨型网络，文化融合正在极速深化，员工的职务行为与生活行为的边界越来越模糊。

(3) 雇佣关系发生了变化。以前员工最关心的是薪酬、安全、工作时间和其他类似的问题，现在更多员工关心的是更合适的工作，参与决策、提供解决问题的方案、被赋予挑战性的工作、创业，他们都想充分发挥自己的潜能。这就要求组织的管理控制从层级控制转变为员工主导的学习型控制，对员工授权赋能，给予员工充分的决策权力，相信他们能够从组织整体的利益出发。同时，管理者应在相互尊重的基础上，建立平等互助的工作关系以及共同的价值观念和行为准则，通过组织的文化来约束和控制员工的行为，以实现组织的共同目标。

2. 请论述全面质量管理中“全面”两字的含义。

答案要点：

(1) 全面质量管理是指一个组织以质量为中心，以全员参与为基础，目的在于通过让顾客满意和本组织所有者、员工、供方、合作伙伴或社会等相关者受益而达到长期成功的一种管理途径。

(2) 全面质量管理的基本要求是“三全一多”，即全过程的质量管理、全员的质量管理、全组织的质量管理和多方法的质量管理。

(3) 全过程的质量管理强调，最终用户对产品质量的评价是以产品适用程度、使用时间的持久性以及使用的稳定性为依据的；全员的质量管理是指质量控制要扩展到组织的所有人员；全组织的质量管理要求从组织的纵、横两方面来保证质量的不断提升；多方法的质量管理，是指应用一切可以运用的方法，而不仅仅是数理统计方法。

(4) 全面质量管理实施原则是：以顾客为关注焦点；领导者确立组织统一的宗旨及方向；全员参与；在开展质量管理活动时，必须着眼于过程；管理的系统方法；持续地对产品、过程和体系进行改进；决策基于事实；与供方或合作伙伴之间已形成了共生共荣的生态系统，互利的长期合作可增强彼此创造价值的能力。

3. 试述柔性作业系统的发展趋势。

答案要点：

柔性作业是指生产系统能针对市场需求变化，以较低的成本和较高的效率做出快速的适应。从发展趋势看，未来的柔性作业系统将在如下几个方面有进一步的发展：

(1) 配置小型化：随着信息技术的发展，柔性作业系统的规模将日趋缩小，朝着更易管理的单元方向发展。这将使企业的使用门槛和使用成本大幅降低，从而使更多企业具备柔性生产的能力，更好地响应和满足顾客需求。

(2) 系统结构模块化：传统的柔性作业系统一次性投资大，很多中小企业难以承担构建成本，而系统结构的模块化可以有效应对这一难题。通过模块化设计，中小企业可以根据自身的需要和负担能力，分期投资建设，渐进式发展。既可以获取良好的收益，也可以积累使用经验，为进一步的建设奠定基础。

(3) 管理控制软件产品化：传统的柔性作业系统大都针对用户的独特需求，进行独特的设计和开发。未来柔性作业系统的核心控制软件的开发设计将逐步实现通用化，在此基础上根据用户的不同需求进行适当的调整和优化，就可以交付应用。

(4) 控制系统设计集成化：企业作为一个整体，需要从系统的观点来思考与运作，采用现代信息技术，加速信息的采集、传递和加工处理过程，提高运营效率和效果。基于这种需求，柔性作业系统正朝着计算机集成制造系统的方向发展，将企业运营过程中的人、技术、管理三要素以及信息流、资金流、物流全都进行有机集成并优化运行，成为一个覆盖面更广、满足顾客能力更强的复杂系统。

七、案例分析题

案例 1

1. 企业雇员了解企业内部管理信息对于企业发展的重要性有哪些？

答案要点：

(1) SRC 认识到消除员工无知的重要性。他们通过培训等方式努力让每一个员工知道企业的经营方式、管理规则、财务状况等内部管理信息，并通过这些信息来促使员工为了提供企业的经济效益而努力。

（2）通过让员工了解企业内部管理信息，有利于提升员工素质，增强员工的主人翁意识和责任意识，促进企业内部的信息沟通和交流，及时发现问题和处理问题。该公司还通过支付 20%税后利润的方式鼓励员工将自己看作企业不可或缺的一部分。

2. 在控制过程中如何发挥企业员工的积极性？

答案要点：

（1）企业的控制工作对组织目标实现的重要保障。有效的控制离不开员工的参与。企业的前馈控制、过程控制和反馈控制如果离开了员工，将是难以想象的。因此在控制过程中应发挥员工的积极性。

（2）让员工了解组织的目标、制度、政策和要求，并得到员工的理解和支持。

（3）保持信息沟通的顺畅。信息是控制的基础，组织不同层级、不同部门之间及时有效的信息沟通不仅能够及时发现问题纠正问题，而且能够提升员工的责任意识。

（4）建立和实施有效的激励机制。有效的激励措施和手段能够促使员工主动参与控制工作。

案例 2

1. 鄂尔多斯的财务控制能给我们什么启迪。

答案要点：鄂尔多斯的财务控制能给我们以下两点启迪。

（1）公司生产控制和成本的控制工作与营销工作的配合出现矛盾，外销与内销部门的人员控制出现问题，影响销售人员的积极性。

（2）人员控制出现问题，做好人员控制工作，运用多种人员激励手段，应用精神激励。

2. 鄂尔多斯的管控模式适用的环境条件是什么？在哪些环境下可能会对实施这种管控模式不利？

答案要点：

鄂尔多斯的管控模式是财务管理型，财务管理型是指集团对下属子公司的管理控制主要通过财务手段来实现，集团对下属子公司的具体经营运作管理基本不加干涉，也不会对下属公司的战略发展方向进行限定，集团主要关注财务目标的实现，并根据业务发展状况增持股份或适时退出。其适用环境条件如下：

（1）组织结构呈金字塔状，企业产品销售渠道稳定，市场对产品需求也能保持平稳或上升趋势，销量无较大波动，使企业能以较多精力集中在企业财务管理方面。

（2）企业规模较大，且能够统一管理，母公司与各子公司财务能够被集中控制。而不利的环境则是企业产品的市场占有率频频下降，产能较足，但销售渠道不畅通，财务管理基础受到阻碍。母公司对子公司的控制能力被削弱。

第十四章参考答案

一、名词解释

1. 风险是指发生对组织不利事件的不确定性，包括事件发生的可能性及后果的大小。

2. 动态风险是由组织外部环境变化而带来的损失可能性，通常由宏观经济、产业组织、生产方式、生产技术以及消费者等因素的变化所引起。

3. 投机风险是指那些既有损失可能也有获利机会的风险，在很大程度上受宏观环境市场变化和道德因素等不可控因素的影响。

4. 风险管理是指组织通过对风险的识别、衡量和处理，力求以最小的经济代价为组织目标的实现提供安全保障的管理活动。因此，风险管理是一个过程，是降低和控制风险的一系列活动。

5. 风险识别是指管理者运用相关的知识和方法，全面、系统和连续地发现和描述组织所面临的各种风险、风险原因以及潜在的后果。

6. 风险评估是指组织在分析既有风险损失资料的基础上，运用概率论和数理统计等方法对特定风险事故发生的损失概率和损失程度做出评价，以为风险管理决策提供依据。

7. 风险避免，也称风险规避，是指在风险发生的可能性较大且影响程度较高的情况下，组织采取的中止、放弃或调整等风险处理方式以避免风险损失的一种方法。

8. 风险分担是指组织将自身可能遭受的风险或损失，有意识地通过正当、合法的手段，部分或全部转移给其他经济单位的风险处理方式。

9. 危机是指突发的、严重影响组织的生存与发展的一种状态，具有突发性、危害性、紧迫性、信息资源不充分等主要特征。

10. 危机预警就是组织在进行持续的资料收集基础上，根据收集的相关资料和数据预测危机的可能发生情况并进行危机等级判定，以在危机发生前发出相应的警报，使组织相关部门及人员提前了解相关信息，并采取相应的预防与应对措施，以避免危机的发生或降低危机的损害，保证组织的有序运作和组织目标的顺利实现。

二、单项选择题

1. A　2. B　3. C　4. B　5. B　6. B　7. B
8. C　9. D　10. A　11. D　12. B　13. C　14. D
15. C　16. A　17. B　18. B　19. C　20. C　21. B
22. B　23. C　24. D　25. B　26. C

三、多项选择题

1. ABCDE　2. CD　3. ABC　4. ABCD　5. ABCD
6. ABCD　7. ABCE　8. AB　9. ABCDE　10. ABCE
11. ACEF　12. ABDF　13. ABCE

四、判断题

1. √　2. ×　3. √　4. ×　5. √　6. ×　7. √　8. ×
9. √　10. √　11. √　12. √　13. ×　14. ×　15. ×

五、简述题

1. 风险与危机的区别有哪些？

答案要点：

(1) 风险是损失的不确定性，损失概率有高有低，损失程度有大有小；危机是可能带来严重破坏后果的突发事件。

(2) 风险是危机的诱因，危机是风险积聚后的显性表现。当风险积聚到一定的程度而爆发后，其呈现的形态才是危机。

(3) 并非所有风险都会引致危机，只有风险释放的危害积累到一定的规模，带来的破坏后果较为严重时，才会出现危机。

2. 简述风险管理目标的两个方面。

答案要点：

风险管理目标可以区分为两个方面：

(1) 损失前目标。在风险事故尚未发生时，风险管理的目的是尽可能地消除、降低或转移风险事故的发生，确保组织的正常运营。损失前目标包括：经济目标、合法性目标和社会责任目标。

(2) 损失后目标。风险事故一旦发生，就应努力降低风险事故的影响，尽快恢复到正常运营状态。损失后目标包括：生存目标、持续经营目标、收益稳定目标和社会责任目标。

3. 请简述静态风险和动态风险的基本内涵。

答案要点：

按社会经济是否发生变化，风险可分为静态风险与动态风险：

(1) 静态风险是指在经济环境没有变化时发生损失的可能性，通常是由自然客观因素或者人们的错误或失当行为造成的。静态风险事故给社会带来的是实实在在的损失，但它具有一定的规律性，可以预测。

(2) 动态风险是由组织外部环境变化而带来的损失可能性，通常由宏观经济、产业组织、生产方式、生产技术以及消费者等因素的变化所引起。从长期看，动态风险事故对于社会而言并不一定都是损失，可能有利于资源配置的调整。相对而言，动态风险因缺乏规律而难以预测。

4. 请简述纯粹风险和投机风险的基本内涵。

答案要点：

按是否有获利机会，风险可分为纯粹风险和投机风险：

(1) 纯粹风险是指那些只有损失可能而无获利机会的风险。纯粹风险事故发生后，对特定组织或个人一定会造成损失，如疾病、火灾、失窃以及交通事故等。纯粹风险事故及其损失一般可以通过大量的统计资料进行科学预测。

(2) 投机风险是指那些既有损失可能也有获利机会的风险。例如，购买股票和外汇后所面临的资本市场风险。企业投资新产品研发，可能因成功而获利丰厚，也可能因失败而亏损严重。投机风险在很大程度上受宏观环境市场变化和道德因素等不可控因素的影响。

5. 请简述基本风险与特定风险的基本内涵。

答案要点：

按风险所涉及的范围，风险可分为基本风险与特定风险：

(1) 基本风险是指特定的社会个体所不能预防或控制的风险。基本风险通常是由经济失调、政治变动、重大自然灾害等原因引起的，其后果会影响相当多的人，甚至整个社会。基本风险的影响范围广泛，但个体无法控制引发基本风险的因素，这类风险的处理通常由社会承担。

(2) 特定风险是指与特定的社会个体有因果关系的风险。例如，火灾、爆炸、盗窃等，所涉及的损失主要与特定个体有关，就属于特定风险。特定风险的影响范围有限，可以采取某些措施来预防或控制，如使用保险等方式。因此，对付特定风险的责任主要在个体。

6. 请简述风险识别过程。

答案要点：

风险识别是风险管理过程中的一个环节，有一系列的工作需要顺次开展：

(1) 确定风险识别的内容和范围。风险识别的主要内容包括组织内外存在的风险因素、可能出现的风险事故、风险事故的可能影响范围、风险发生的直接或间接后果，以及风险发生后的可能连锁反应或叠加效应等。风险识别的范围涉及组织的各层次、各部门和各项业务工作，甚至还会涉及影响组织目标实现的外部因素。

(2) 选择合适的风险识别工具。在风险识别过程中，应根据识别对象的风险特点、风险环境、现有的风险管理资源等因素的不同，以及组织目标与组织资源能力的差异，选择合适的识别方法。

(3) 进行全方位风险识别。需要识别出可能影响组织目标实现的内外部风险因素及其驱动因素，要重点关注风险因素和风险事故。

7. 风险评估的原则有哪些？

答案要点：

(1) 系统性原则：风险造成的损失和带来的影响可能是多方面的，因此，在风险评估时，必须从整体出发，进行全面、系统的考察和评价。

(2) 科学性原则：评估采用的模型和方法要科学严谨，严格遵循数理统计的要求来操作；尽量保持评估方法的一致性；评估所用的数据和资料来源要可靠，采用完整、系统、连续的统计数据和调查结果。

(3) 动态性原则：根据环境发展变化，预测风险的可能变化趋势，并做出相应的分析评价。

(4) 可操作性原则：风险管理人员要尽量选择简洁、科学且容易获取数据资料的评估方法。

8. 简述控制风险的策略。

答案要点：

依据风险处置方式的不同，组织控制风险的方法可以分为如下几种：风险避免、风险分担、损失减低管理和风险保留。

(1) 风险避免，是指在风险发生的可能性较大且影响程度较高的情况下，组织采取的中止、放弃或调整等风险处理方式以避免风险损失的一种方法。通常组织可以分不同情况采取完全拒绝承担风险、试探承担部分风险以及中途放弃承担风险的风险避免方式。

(2) 风险分担，是指组织将自身可能遭受的风险或损失，有意识地通过正当、合法的手段，部分或全部转移给其他经济单位的风险处理方式。

(3) 损失减低管理，是指组织有意识地接受经营管理中存在的风险，并以谨慎的态度，通过对风险的分散以及风险损失的控制，从而化大风险为小风险，变大损失为小损失的风险处理方式。

(4) 风险保留，是指面临风险的组织自己承担风险事故造成的损失，并做好相应的资金安排。该种风险处理方式的实质是，当风险事故发生并造成损失后，组织通过内部资金的融通来弥补所遭受的损失。

9. 危机的特征有哪些？

答案要点：

(1) 突发性。危机的发生通常比较突然，使组织原有的运行状态突然被打破，管理者往往来不及做出反应或者准备不足。

(2) 危害性。危机会给组织的正常运行带来破坏，导致直接或间接、有形或无形的损失。

(3) 紧迫性。危机的发生不仅突然，且发展非常迅速，可能在短时间内带来巨大的损失；现代的通信技术和快速的信息传播，可能使组织形象迅速受到破坏，管理者处理危机的时间非常紧迫。

(4) 信息资源不充分。管理者对危机情境缺乏认识，也没有足够的时间收集信息。

10. 危机预警措施主要包括哪些？

答案要点：

危机的发生较为突然，但都有一个从量变到质变的过程。危机预警工作就是指及时识别出危机形成的因素条件、危机可能的发生概率和损害程度、危机的影响范围等方面，采取预控措施，以降低危机发生的概率。其主要措施包括：

(1) 危机预警系统的建立。危机预警系统一般由四个子系统构成，即信息收集子系统、信息加工子系统、信息决策子系统和警报子系统。

(2) 危机应对的准备工作，是为危机的突然发生做好事先的准备工作，包括危机管理小组的设立、危机预案的制定、危机预案的演习、危机管理意识的培训、各种物资的储备，以及为了减少危机损失而事先采取的一系列措施。

11. 简述危机处理小组和危机恢复小组各自的职责。

答案要点：

(1) 危机处理小组是危机管理的最高权力机构和协调机关，作为统一指挥中心，有权调动组织资源应对危机，并代表组织做出各种承诺和说明。危机处理小组一般由组织高层管理人员、相关职能部门和内外部专业人员组成。小组成员之间的职责分工、相应权限和沟通渠道由危机预案事先规定。危机处理小组同时负责制定和审核危机处理的方案和工作流程，监督有关方案的正确实施。

(2) 危机恢复小组的目的是使组织尽快从危机事件的影响中恢复过来，而危机处理小组的任务主要是控制和平息危机、减少危机带来的危害和损失。通常，危机恢复小组需要尽快系统而准确地收集、掌握危机损害情况的详细信息，结合组织内外环境情况，制定出详细的危机恢复计划，并领导开展危机恢复工作。

六、论述题

1. 风险识别的方法有哪些？并结合实际论述其在使用过程中的优缺点。

答案要点：

风险识别的方法主要有：现场调查法、审核表调查法、流程图法和财务报表分析法。

（1）现场调查法：现场调查法是了解组织运营实际状况、获取第一手资料的有效方法。

优点：是风险经理可以借此获得第一手资料，也有利于风险经理与各部门管理人员及基层人员建立和维持良好的关系。缺点：现场调查法需要花费大量的时间，成本较高。同时，定期的现场调查可能使其他人忽视风险识别或者疲于应付调查工作。

（2）审核表调查法：审核表调查法是现场调查法的一种替代，是由相关责任人或风险经理填写事先设计好的调查表，进而根据表格内容来识别分析。

优点：具有广泛的适用性，并能根据需要随时调整、修订表格中的调查内容；能获取大量的信息且成本较低。缺点：表格的制作有较高的专业要求并要具备丰富的实践经验。由于填写人员的素质等原因，填写不准确、不客观等，一些通用的调查表难以揭示出某个组织的特殊性。

（3）流程图法：流程图法是将组织活动按照内在的逻辑联系绘成流程图，针对流程中的各个环节，特别是关键环节和薄弱环节，进行风险因素、风险事故及可能的损失后果等方面的识别和分析。

优点：能把一个问题分成若干个可以进行管理的同题，从而有利于风险识别。另外，流程较为简洁、清晰，基本上能够揭示出整个生产运营过程，有利于识别各环节中的风险。缺点：需要消耗大量时间。从了解生产过程，到绘制流程图，还要对流程图进行解析并识别潜在风险，整个过程耗时较多。另外，流程图法只强调事故的结果，无法对事故发生的可能性进行评估。

（4）财务报表分析法：财务报表分析法是运用财务报表数据对组织的财务状况和经营成果及未来前景进行评价，从而分析和识别组织所面临的潜在风险的方法。

优点：风险识别所需资料较易获取，且具有可靠性和客观性的特点。另外，运用财务报表分析法，研究的结果主要是按照会计科目的形式编制出来的，易于识别隐藏的潜在风险，可以防患于未然。缺点：专业性强，缺乏财务管理的专业知识，无法识别组织潜在的风险。另外，当财务报表不真实时，就难以准确识别组织面临的潜在风险。

2. 请论述有效的危机反应包括的主要内容。

答案要点：

（1）建立危机处理小组：危机处理小组是危机管理的最高权力机构和协调机关，作为统一指挥中心，有权调动组织资源应对危机，并代表组织做出各种承诺和说明。危机处理小组一般由组织高层管理人员、相关职能部门和内外部专业人员组成。小组成员之间的职责分工、相应权限和沟通渠道由危机预案事先规定。危机处理小组同时负责制定和审核危机处理的方案和工作流程，监督有关方案的正确实施。

（2）启动应急预案或制定新的方案：根据危机实情，启动相应的危机预案，按照事先的流程展开处理。如果危机的实际情况与危机预案有较大差距，则由危机处理小组负责尽快制定新的危机解决方案。在危机解决方案的实施过程中，要确保各部门及员工分工明确、责任清晰、落实有力、配合有序，人、财、物能够及时配置到位。

（3）隔离危机：危机发生后，要尽量避免或减少危机的连锁反应，采取果断措施隔离危险源，阻止危机的蔓延。隔离措施包括危害隔离和人员隔离。危害隔离是对危机采取物理隔离的方法，将危机所造成的损失尽可能地控制在一定的范围内。

（4）获取更多信息：危机的处理需要充分、准确的信息，避免反应错误，浪费宝贵的资源和时间。危机处理人员要正确地识别和判断各种信息，以对危机做出准确判断和应对。

3. 请论述危机恢复措施的主要方面。

答案要点：

（1）建立危机恢复小组：危机恢复小组的目的是使组织尽快从危机事件的影响中恢复过来，而危机处理小组的任务主要是控制和平息危机、减少危机带来的危害和损失。通常，危机恢复小组需要尽快系统而准确地收集、掌握危机损害情况的详细信息，结合组织内外环境情况，制定出详细的危机恢复计划，并领导开展危机恢复工作。

（2）获取危机处理信息：危机恢复小组要尽量收集、获取危机的详尽资料，并对组织的受损情况展开客观、公正的评价，如设备设施受损状况、人员伤害情况、组织形象受损情况、市场份额的损失情况以及利益相关者受影响情况等，从而为危机恢复决策提供科学的依据。

（3）制定并实施危机恢复计划：危机恢复计划要详尽说明计划的依据、计划目标、计划执行部门及其负责人、计划预算、计划实施时间要求等内容，并明确恢复的重点和先后次序。恢复计划制定颁布后，组织内各部门要严格按照计划要求开展恢复工作，保证落实到位。

（4）危机评估与发展：危机评估要对危机的成因、危害、预防与预警情况、处理措施与执行情况、危机后的反馈与重建工作等方面展开调查与分析，并做出客观、正确的评价和总结，为今后的危机管理提供经验教训。在危机评估的基础上，组织也要尽量发掘危机中的机会，化危为机，提升自身的发展水平和发展能力。

七、案例分析题

案例1

请对中航油危机事件的原因进行分析，并简述给我们的启迪。

答案要点：

（1）中航油的交易一开始就存在巨大隐患，因为其从事的期权交易所面临的风险敞口是巨大的。期权交易中，期权卖方收益是确定的，最大收益限于收取买方的期权费，然而其承担的损失却可能很大（在看跌期权中），以致无限量（在看涨期权中）。中航油恰恰选择了风险最大的做空期权。

（2）管理层风险意识淡薄。企业没有建立起防火墙机制，即在遇到巨大的金融投资风险时，没有及时采取措施，进行对冲交易来规避风险，而是在石油价格居高不下的情况下采用挪盘的形式，继续坐等购买人行使买权，使风险敞口无限量扩大直至被逼仓。

（3）外部监管失效。中国证监会作为金融期货业的业务监管部门对国企的境外期货交易负有监管责任。在内控制度缺失的情况下，其作为最后一道防线，对中航油连续数月进行的投机业务竟然没有给予任何监管和警示。这暴露出国内金融衍生工具交易监管的空白。

案例 2

请对丰田汽车危机的原因进行分析。

答案要点：

（1）零部件外包问题。世界经济的全球化导致产品外包业务越来越兴旺，零部件外包不仅能节省成本，而且能够同所在国企业结成利益联盟从而更加有利于主打产品在该国的立足。问题在于，零部件一旦外包，质量控制就越发艰难，而丰田 2010 年召回的汽车中有款就是美国公司承包的油门踏板质量存在缺陷。

（2）组织人力资源管理的问题。日本人的企业管理依然有别于西方。西方重视制度、科技原则和社会或业界流行的规则，而日本企业的管理标准却是人治，人性化管理一直是日本企业管理的重中之重。西方的管理虽然死板，但能通过成熟的体制避免众所周知的人为错误；日本公司的管理似乎很灵活，这种灵活是仰赖于松下幸之助这样的领袖之上的，一旦领袖人物作古，其所创立的文化或体系就会日渐荒废，最终当企业接班人日趋平庸后必然导致企业管理上的悲剧，日本汽车质量遭遇“滑铁卢”就根植于此。

（3）企业规模扩张速度问题。汽车质量问题日益凸显，是其扩张速度过快的结果。企业扩张过快，过于重视数量和规模，人才短缺和管理漏洞成为产品质量下滑的主要影响因素。

第十五章参考答案

一、名词解释

1. 创新从广义上来讲是指产生新的思想和行为的活动。德鲁克认为，任何改变现存物质财富、创造潜力的方式都可以称为创新。创新是新思想的运行，是付诸行动的一切新的想法。

2. 源创新是对管理理念和思维本身的根本性改革与创新，是从根本上改变管理职能工作的逻辑，建构新的管理行为惯例。

3. 渐进式创新是指对现有的管理理念和管理方法进行局部性改进，而产生的一种新的管理活动。

4. 战略创新是旨在发现和变革组织目标，探寻新的行动路径的管理决策活动。

5. 局部创新是指在系统性质和目标不变的前提下，系统活动的某些内容、某些要素的性质或其相互组合的方式，系统的社会贡献的形式或方式等发生变动。

6. 结构创新是指在管理投入要素的核心概念不变的情况下，对于要素组合方式进行创新。

7. 文化创新是从生存环境的变化入手，对组织文化进行变革，清除旧的习俗与理念，将组织文化与组织创新活动相匹配，适应外部环境的变化，获取竞争优势。

8. 环境创新是指要求组织为适应外界变化而调整内部结果或活动，通过积极的创新活动去改造环境，引导环境朝着有利于组织发展的方向变化。

9. 市场创新主要是指通过企业的活动去引导消费，创造需求。新产品的开发往往被认为是企业创造市场需求的主要途径。

10. 管理思维创新就是突破思维惯例，在管理实践中，一般现存企业是在已有管理知识范式和管理技术的基础上寻求管理变革或改进管理的。

二、单项选择题

1. D　2. B　3. D　4. D　5. B　6. C　7. D
8. C　9. A　10. A　11. C　12. B　13. C　14. D

三、多项选择题

1. ABCD　2. ABD　3. ABCDE　4. ABCDE　5. ABCE
6. AE　7. BC　8. ABCDE　9. CEF　10. ABCDE
11. ABDE

四、判断题

1. √　2. √　3. √　4. ×　5. √　6. ×　7. √　8. √
9. ×　10. ×

五、简述题

1. 简述管理创新的内涵。

答案要点：

(1) 管理创新是相对于维持活动的另一类管理活动，是在探究人类创新活动规律的基础上，对管理活动改变的过程，是一种产生新的管理思想和新的管理行为的过程。

(2) 管理活动由维持活动和创新活动构成。管理工作的两个环节，是设计组织系统的目标、结构和运行该规则；二是分析系统运行中的变化，进行局部或全局的调整。

(3) 管理创新不仅包括对管理职能活动的变革与创新，更包括这些职能活动背后的思维创新。管理思维创新是管理职能创新活动的基础。

(4) 管理创新是指管理工作的创新活动，也是指人类创新活动的积极管理过程。

2. 根据创新理论中的"流"与"源"的概念，简述管理创新的两种存在方式。

答案要点：

(1) 在既有管理思维下的职能创新，虽然对组织管理系统进行了调整和变革，但并没有改变管理职能工作背后的逻辑，即流创新。

(2) 对于管理理念和思维本身的根本性改革与创新，是从根本上改变管理职能工作的逻辑，构建新的管理行为惯例，即源创新。

3. 简述管理的维持与创新的关系。

答案要点：

（1）维持是保证系统活动顺利进行的基本手段，也是组织中最常见的工作。

（2）仅有维持是不够的。任何社会系统都是一个由众多要素构成的，与外部不断发生物质、信息、能量交换的动态、开放的非平衡系统。管理的创新就是为了适应系统内外变化而进行的局部和全局的调整。

（3）维持与创新对系统的生存和发展都非常重要，他们相互联系、不可或缺。创新是维持基础上的发展，维持是创新的逻辑延续；维持是实现创新的成果，而创新则是为更高层次的维持提供依托和框架。

4. 管理创新的主要内容有哪些？

答案要点：

（1）不同方式的管理创新：①从创新程度分类，管理创新可以分成渐进式创新和破坏性创新；②按照创新的变革方式分类，管理创新可以分为局部创新、整体创新、要素创新和结构创新；③从创新的组织化程度上看，管理创新可以分为自发创新和有组织的创新。

（2）不同职能领域的管理创新：①战略创新；②组织创新；③领导创新。

（3）不同要素水平的管理创新：①管理思维创新；②管理环境创新；③管理技术与方法创新。

5. 管理创新有哪些不同的方式？

答案要点：

（1）根据创新的程度不同，管理创新的策略包括：渐进式创新和破坏性创新。渐进式创新是对现有的管理理念和管理方法进行局部性改进，而产生的一种新的管理活动。破坏性创新是对现有管理理论、手段和方法的根本性突破。

（2）按照创新的变革方式分类，管理创新可以分为局部创新、整体创新、要素创新和结构创新。局部创新是指在系统性质和目标不变的前提下，系统活动的某些内容、某些要素的性质或其相互组合的方式，系统的社会贡献的形式或方式等发生变动。整体创新则是改变系统的目标和使命，涉及系统的目标和运行方式，影响系统的社会贡献的性质。要素创新是指对于构成整个管理活动的基本要素进行创新。结构创新则是指在管理投入要素的核心概念不变的情况下，对于要素组合方式进行创新。

（3）从创新的组织化程度上看，管理创新可以分为自发创新和有组织的创新。系统各部分自发创新的结果是不确定的，有组织创新包含两层意思，一是系统的管理人员根据创新的客观要求和创新活动本身的客观规律寻求和利用创新机会；二是系统的管理人员积极地引导和利用各要素的自发创新，使之相互协调并与系统有计划的创新活动相配合，使整个系统内的创新活动有计划、有组织地展开。

6. 简述组织创新包含的主要内容。

答案要点：

（1）组织创新主要有制度创新、结构创新和文化创新。

（2）制度创新的方向是不断调整和优化企业所有者、经营者、劳动者三者之间的关系，使各个方面的权力和利益得到充分的体现，使组织的各种成员的作用得到充分的发挥。

（3）结构创新是组织横向结构与纵向结构两个层面各种创新与变革的综合，重点在于调整组织工作分配，重新划分内部权力和责任关系以及沟通系统。

（4）文化创新是从生存环境的变化入手，对组织文化进行变革，清除旧的习俗与理念，将组织文化与组织创新活动相匹配，适应外部环境的变化，获取竞争优势。

7. 如何理解创新思维？

答案要点：

（1）创新思维就是产生新思想的思维活动。

（2）创新思维是以怀疑乃至否定为前提，没有怀疑就不会有对传统思维模式和传统指导思想或理论体系的反思与批判。

（3）创新思维是收敛性思维与发散思维的有机统一。发散思维具有开放性特点，它有助于对某一问题，从不同的角度进行观察和思考，从而有助于寻找解决问题的多种方法。

8. 简述企业创新的源泉。

答案要点：

（1）意外的成功或失败。出乎意料的成功意味着该组织趋向或转向一个新的或更大的市场，突然的外部事件可能创造一个重大的机遇；出乎意料的失败也意味着能通过创新将其变为机遇。

（2）企业内外的不协调。当企业内外出现不协调，可能是某种变化的结果，也可能是将要发生变化的征兆，企业必须仔细分析不协调的原因，以此为契机组织技术创新。

（3）过程改进的需要。寻找现有流程中的薄弱环节，发现创新。

（4）产业和市场的改变。行业和市场变化，往往会带来创新的机会。企业需要通过迅速的创新行动，在行动中不断试错和迭代。

（5）人口结构的变化。人口规模和结构上的变化，例如，教育程度或某一群体数量上的增加，可能会对市场产生戏剧性的影响，为创新者提供了许多机遇。

（6）人们观念的改变。对事物的认知和观念决定着消费者的消费态度、行为，随后决定产品在市场上的受欢迎程度。如果消费者的观念转变刚开始，企业能敏锐地觉察到这种机会，迅速采取行动就可能领先竞争者。

（7）新知识的产生。一种新知识的出现，会为企业创新提供一场丰富的机会。但与其他类型的创新相比，知识性创新具有最漫长的前置期，从新知识的产生到应用技术的出现，最后到市场化，通常需要很长的时间。

9. 为什么说“有效管理就是实现维持与创新的最优组合”？

答案要点：

（1）维持与创新逻辑上的相互连接、互为连续的关系并不意味着两者在空间和时间上的分离。组织管理活动是维持和创新的相互融合，有效管理就是要根据组织的结构维度和关联维度来确定维持和创新的组合。

（2）过度维持的弊端：①导致组织的僵化和保守，抑制人能力的发展；②忽视市场的竞争和技术的变化，导致组织反应能力下降，使得组织失去发展的机会；③只注重短期利益，忽视组织的长期发展战略。

（3）过度创新的弊端：①消耗大量的物力、财力资源，这部分的投入并不能从创新收益中得到补偿；②导致组织规章制度权威性的减弱、结构体系的紊乱、专业化程度的削弱；③导致组织凝聚力的下降，乃至组织的瓦解。

因而，有效管理就是实现维持与创新的最优组合。

10. 简述创新管理决策的四个方面。

答案要点：

（1）创新基础的选择。需要解决在何种层次上组织创新的问题。这种决策涉及创新活动所波及的组织范围和资金需求。

（2）创新对象的选择。主要涉及材料、产品、工艺、手段等不同方面。

（3）创新水平的选择。需要解决的是在组织企业创新时，是采取一个领先于竞争对手的先发优势，还是实行后发优势战略。

（4）创新方式的选择。企业在创新活动的组织中有两种不同的选择：利用自己的力量独家进行开发，或者与外部的生产、科研机构联合起来共同开发。

六、论述题

1. 结合产品寿命周期理论分析新产品开发对于企业发展的意义，并举例说明。

答案要点：

（1）产品寿命周期理论：是指产品同人一样，要经历从诞生到成长、最后死亡的生命过程，通常包括投入、成长、成熟和衰退四个阶段。

（2）持续地开发新产品是企业获取长期竞争优势的必要条件。

（3）企业必须一方面从完整的产品寿命周期出发考虑产品的贡献；另一方面从产品所处的不同阶段出发制定不同的营销策略。

（4）企业在规划产品组合时必须考虑产品生命周期这一重要因素。

（学生需要举一具体例子来说明）

2. 请结合实际，论述创新与企业可持续发展的关系。

答案要点：

（1）从广义上来讲是指产生新的思想和行为的活动。德鲁克认为，任何改变现存物质财富、创造潜力的方式都可以称为创新。创新是新思想的运行，是付诸行动的一切新的想法。

（2）创新是对生产要素的重新组合，主要包括组织创新和技术创新。组织创新包括制度创新、组织结构创新、企业文化创新等，技术创新包括材料、产品、工艺、手段等创新。

（3）企业可持续发展是指企业在追求自我生存和永续发展的过程中，既要考虑企业经营目标的实现和提高企业市场地位，又要保持企业在已领先的竞争领域和未来扩张的经营环境中始终保持持续的盈利增长和能力的提高，保证企业在相当长的时间内长盛不衰。

（4）创新使企业可持续发展。主要表现在：企业各方面工作的良性循环；企业应变能力的增强；快速对市场做出反应；不断满足消费者的日益增多的需求；增加利润，极大地提高企业的竞争能力。

七、案例分析题

1. 微软公司成功的事实表明：创造财富的主要力量在于（ D ）。

A. 机器设备　　B. 原材料　　C. 操作工人　　D. 知识

2. 为什么说创新是企业改善市场环境的重要手段?

答案要点:

(1) 通过产品创新，企业能加速新技术、新材料在产品生产中的应用，提高产品质量，使产品功能更好地满足用户需要，使企业产品的竞争力提高，改变用户对企业产品的看法，从而改善现有市场条件。

(2) 当企业技术创新成果是适销对路的新产品时，它会给企业带来新的用户，形成新的市场，从而使企业可以在更广泛的市场中进行选择。不断创新并获得成功的企业，一般是首次进入新市场领域，它具有领先者的优势，在很大程度上决定着产品的价格、市场规模等。

第十六章参考答案

一、名词解释

1. 组织转型是一种不能按照原有组织范式或组织惯例解决的变革，是一种根本性的变革。

2. 组织演化是一种转型式变革，它是通过不同的变革阶段和相互联系的变革行动逐步进行的，其中每一次变革都是建立在上一次变革的基础上。

3. 认知惰性是指人们习惯于原来的工作方式，并不希望打破现状，这使得人们不自觉地产生对于变革和创新的抵制情绪。

4. 创客是指不以营利为目标，热衷于创意、设计、制造活动，努力把各种创意转变为现实的个人或群体。

5. 创客空间是指具有加工车间、工作室功能的开放实验室，是创客们共享资源和知识、产品发明和实现的场所。

6. 制度结构是指不同参与者之间的协调机制，是一种权力和利益分配机制，规定了不同参与者应当承担的义务和应享有的权利。

7. 层级结构是对个体成员在组织活动中的关系和行为的规范。

8. 隐性知识是在一个特定环境，“此时此地”中产生的，它在个人间的传播是模拟的过程。

二、单项选择题

1. C　2. A　3. B　4. B　5. D　6. A　7. B
8. D　9. B　10. C　11. B　12. A　13. C　14. D
15. C　16. B

三、多项选择题

1. ABC　2. ABCD　3. ABC　4. BCD　5. ABD

6. AB　7. BCD　8. ACD　9. ABCDE　10. ACDE
11. ABC　12. BD　13. ACD　14. AB

四、判断题

1. ×　2. √　3. ×　4. √　5. √　6. ×　7. ×　8. √
9. ×　10. √

五、简述题

1. 简述勒温的理性组织变革模式。

答案要点：

勒温提出了理性组织变革三阶段模式，包括解冻、转变、冻结。

(1) 解冻指在组织内部广泛宣传变革与创新的必要性，让每个人和每个团体都能够真正地感受到变革与创新的必要性，接受变革与创新的挑战。核心工作是如何削减变革阻力，获取组织变革后的合法性。

(2) 转变就是实施变革与创新的过程。它是指通过寻找机会、提出构想、迅速行动、坚持不懈等变革与创新的环节，提出变革与创新的观念并将其付之于行动的过程。核心工作：一是如何设计组织变革的干预措施；二是领导和管理组织变革，完成过程状态的转型。

(3) 冻结是指通过加强和支持手段，使得变革与创新活动锁定成为组织的新范式和新规范。核心工作是如何评估变革的成果，将变革制度化。

2. 简述组织变革的四条基本路径。

答案要点：

(1) 演化。演化是一种转型式变革，它是通过不同的变革阶段和相互联系的变革行动逐步进行的，其中每一次变革都是建立在上一次变革的基础上。

(2) 适应。适应是一种非典型的变革，分阶段缓慢进行，多数是在现有理念下业务不断调整的过程。

(3) 改造。改造是调整组织运作方式，比适应更加显著和快速。它往往波及许多变革计划，如大规模经营转向等。

(4) 革命。当组织在很多领域内都开始齐头并进的变革，组织就可能开始了革命性变革。这种变革与环境的突然变化有很大的关系。

3. 简述组织变革过程管理。

答案要点：

(1) 激发组织变革的意愿。感受变革的需求、消除组织变革障碍。

(2) 创造组织共同愿景与意义给赋。组织愿景为组织变革描绘了一个可见的未来，为变革设计、执行及评估提供了一个价值导向。创造共同愿景的过程，是对组织和岗位工作意义的构建和给赋过程。

(3) 获取持久变革的动力。创新活动的人才配置、创新人才的特质和角色、获取创客时代的动力。

4. 怎样理解工业社会企业文化是一元的?

答案要点:

(1) 企业文化是指企业在生产经营实践中逐步形成的、为整体团队所认同并遵守的价值观、经营理念和企业精神，以及在此基础上形成的行为规范的总称。

(2) 在历史上形成的企业文化倡导一种被共同认可的价值观以及由这种价值观所决定的行为准则。具有异质价值观的员工是难以融入企业文化氛围的，其行为也通常难以被企业的其他员工所接受。

(3) 工业社会的企业文化，根据定义是排斥异质价值观和行为准则的。

(4) 企业文化的这种一元性与工业社会中层级组织的等级指挥、标准作业、规则一致的特点，以及影响这些特点的早期工业社会的消费需求的无差异性是相互呼应的。

5. 工业社会的企业层级结构及其特征是什么?

答案要点:

(1) 直线指挥，分层授权。在工业社会的层级结构中，管理者有效管理幅度有限，必须将工作和部分权力委托给部属去完成和行使。企业组织便成了一个等级结构的金字塔，每一个层次都根据直线上级的要求，组织完成相应的工作任务，并行使相关的权力。

(2) 分工细致，权责明确。层级结构的工业企业实行细致的劳动分工。分工劳动使生产者与管理者的知识和技能不断完善，相关劳动的熟练程度不断提高，促进了组织劳动生产率的提高。分工劳动不仅严格规定了组织成员应该履行的职责，而且明确了相应职务的工作人员为履行职责而可以行使的权力。

(3) 标准统一，关系正式。在工业经济背景下，企业在生产过程组织合理化的同时，使作业方法标准化。在生产过程的不同环节和岗位上，生产者按照标准的方法来完成作业。这种标准化也逐渐被移植到管理劳动的组织中。在处理同类的管理业务时，都按照一套标准的程序和方法来操作。

6. 简述后工业社会与企业层级结构的改造。

答案要点:

后工业时代变化可能对现存的层级组织进行网络化的改造，用网络结构来补充层级结构。

(1) 集权和分权的统一。知识经济条件下的企业需要保持分散、差异和分权，但同时需要严格的集中管理，以保持战略的统一、行动的迅速，以及相互依存的各工作单元间相互关系的协调。因此，网络化的层级组织应该是既集权又分权。

(2) 稳定与变化的统一。网络化的层级结构在组织整体保持相对稳定的同时，使各个工作单元能迅速调整：层级结构乃至组织框架以及决定这个框架的经营领域是相对稳定的，而框架中的各个工作单元的工作内容和方法则经常进行适应性调整。

(3) 一元性与多元性的统一。主要表现在三个方面：①层级组织既保存统一指挥的管理中枢，又允许相互依存的各工作单元相对自主地运行；②通过统一的基本政策规范企业整体的战略经营，又允许各工作单元的活动标准与原则有一定的差异；③既确定明确的组织宗旨和使命，又允许异质价值观念和行为准则的存在。

六、论述题

1. 请举例论述组织变革的障碍中资源路径依赖因素。

答案要点：

组织变革障碍中资源路径依赖因素包括以下几个方面：

（1）核心能力刚性。不论企业具体的核心能力如何，其载体无非包括企业的人力资本和作为非人力资本的企业无形资产和企业有形资产。企业非人力资本的刚性特征是非常明显的。作为有形资产的机器设备总是有一定专用性的，企业投资形成的、物化为一定机器设备的生产能力，总是和特定产品的生产制造联系在一起的，经营或市场服务方向的创新可能意味着这些有形资产的完全放弃；表现为品牌、商誉的无形资产总是和一定的产品或至少是特定领域的产品相联系的。核心能力的刚性愈强，组织创新的路径依赖特征愈明显。

（2）企业家行为选择的路径依赖性。企业行为选择是企业家行为选择的直接结果。但影响企业经营的，从来都不是客观的环境或资源，而是人们所认识到的和所以为的环境和资源。企业家正是根据他们对环境特征及其变化的认识，根据他们对企业拥有的经营资源的质和量的认识来制定和比较不同决策方案的。

（3）企业文化的组织记忆特征。企业文化基本上反映了企业组织的记忆。文化是一个历史的概念，是在企业经营的过程中经过岁月流逝逐渐积累而成的。在历史上形成的企业文化，是在企业经营过程中被实践证明的一种成功的行为方式，以及这种行为方式所体现的行为准则和价值观念。作为组织记忆的企业文化，制约着企业员工的思维方式，并通过对员工思维方式的影响，限制着企业员工以及企业的行为选择，从而制约着企业组织创新与变革。

2. 请结合实际，论述后工业化时代的企业文化创新。

答案要点：

后工业化时代到来，知识经济改变了工业社会企业文化的基础，从而使企业文化出现以下四个方面的调整：

（1）企业文化将成为企业管理重要的甚至是主要的手段。不同于层级结构严格的等级制度，在网络化层级结构中，各工作单元也是决策中心。网络中心主导者是通过信息的提供去影响、引导和协调这些单元的决策以及决策的组织实施的。利用价值观和行为准则去影响各工作单元在不同时空的行为方向、内容及方式的选择就变得至关重要了。文化将成为保证和促进网络化层级结构条件下企业组织活动一体化的黏合剂。

（2）企业文化将是人们自觉创造的结果。在网络化层级结构中，特别是社群网络中，管理者重要的工作内容就是通过基本政策的制定，借助各种沟通渠道，去倡导某种适合企业特点的文化，大张旗鼓地宣传这种文化，总结和介绍这种文化影响下成功工作单元的事例，以促进这种文化所包含的价值观和行为准则被各工作单元迅速普遍地接受，并使之成为影响他们行为选择的基本规范。

（3）作为人们自觉行为结果的企业文化主要不是记忆型的，而是学习型的。传统工业社会的企业文化体现的主要是企业的“组织记忆”。这种记忆记录了企业过去成功的经验。假使环境参数不发生重要变化，人们依据昨天的经验和惯例还可以应对未来的变化。然而，知识经济条件下的企业需要行为准则和行为方式的不断创新。这种创新要求企业文化必须是学习型的。知识的迅速习得与经验的迅速交流将促进网络化层级组织不断创新并推广新的行为准则和行为方式。

(4) 企业文化将在强调主导价值观与行为准则的同时，允许异质价值观和行为准则的存在。学习型企业文化必然是多元的。实际上，如果没有对不断出现的异质价值观的容忍，就不可能有企业文化的创新。同时，网络化层级组织的文化多元化与各工作单元并行中心的特点以及企业需要满足的个性化消费需求的特点是相一致的。个性化需求的满足也使得企业不能像传统方式下那样以单一的规则和一致性的标准去约束自主工作单元的行为。文化的多元化必然会促进企业文化的不断创新，从而必然会不断促进知识经济条件下的企业不断走向繁荣。

3. 请结合实际，论述知识创新的五个阶段。

答案要点：

组织知识创新是一个螺旋过程，是在隐性知识与显性知识、个体知识与集体知识之间的交互作用中螺旋式上升的。

(1) 共享隐性知识阶段。组织知识始于分享隐性知识，个人所掌握未经使用的知识首先在组织中放大，对应的就是社会化。但隐性知识难以交流和传递，不同背景、观点和动机的人共享隐性知识就成为组织知识创新的关键步骤。因此，组织中个人必须共享情感和心智模式来共同创造信任。

(2) 创造新概念阶段。在这个阶段将共享的知识、共同的心智模式用文字表述出来，最终明确到一个新的概念，从而转化成显性知识。在这个过程中，组织成员通过对话合作创造出概念。

(3) 证明概念阶段。证明的过程涉及新的概念是否真的对组织和社会具有价值，一般的标准包括成本、边际利润及产品对企业成长的重要性；证明的过程需要判断创造的最佳时机是否出现，需要以组织意愿来判断价值取向。

(4) 构建原型阶段。被证实的概念要进一步转化成实在的成果，这种转化既可能是新的产品，也可能是新的公司价值观、新的管理系统或组织结构。组织内部多样性、冗余信息的存在都有助于这个阶段的实现。

(5) 知识层次交叉阶段。将部门新的知识在部门内扩散、部门间扩散甚至扩散到外部要素之中。进行创新的公司不是在一个封闭系统中，而是处于一个开放的体系中。

七、案例分析题

请根据所学知识分析这一案例。

答案要点：

(1) 互联网时代的到来颠覆了传统经济的发展模式，海尔现在由小微和平台两部分组成。小微主要分为：转型小微和创业孵化小微，以及刚演进而来的“从转型到创业孵化类小微”。平台开放吸引各类资源，为小微提供共享的资源和服务。海尔这种颠覆性的组织创新主要是由于互联网环境对生产企业要求的提升。互联网时代下企业组织形式的变革主要表现为从传统的“法理型设计”到无边界组织的转变。组织的边界分为外部边界、地理边界、水平边界和垂直边界。

（3）外部边界。在传统工业经济领域，随着企业规模的增加，产品和服务的边际收益逐渐降低，而边际成本逐渐提高，因此企业的规模不可能无限制地增长。当边际收益和边际成本收敛于一点时，企业获得最大收益，此时的企业规模就是企业的边界。由于信息经济和无形资产的共同作用，企业边际收益增加，而边际成本递减，因而将会进入无边界企业时代

（4）地理边界。传统企业管理模式中分散的业务场所决定着分散在各个地区的组织部门，造成了企业组织内部的地理分割和沟通障碍。互联网提供了虚拟的集中经营场所，客户可以在任何地方使用互联网办理各种业务，从而拓展了企业经营场所的地理边界。

（5）水平边界。传统企业模式下，专业化的技能分工和独立的部门设置缺乏组织柔性，难以应对企业与竞争者、合作者之间瞬息万变的关系。因此，在部门层面，众多企业开始了淡化部门职责边界，强调多部门协同办公。

（6）垂直边界。传统组织的特点是金字塔式层级结构，无法满足互联网时代分权管理和市场变化的需要。打破金字塔式层级结构中的垂直边界，形成组织管理层次少而管理幅度大的扁平化组织结构，管理人员更加精简高效，信息纵向流动快，管理费用更低，员工更容易形成积极感和满足感。

参考文献

［1］陈传明. 管理学. 北京：高等教育出版社，2019.

［2］邢以群. 管理学. 5版. 浙江：浙江大学出版社，2019.

［3］斯蒂芬·P. 罗宾斯，玛丽·库尔特. 管理学. 11版. 李原，孙健敏，黄小勇，译. 北京：中国人民大学出版社，2012.

［4］理查德·L. 达芙特，多萝西·马西克. 管理学原理. 高增安，张璐，马永红，译. 北京：机械工业出版社，2018.

［5］周三多，陈传明. 管理学. 5版. 北京：高等教育出版社，2018.

［6］彭剑锋. 人力资源管理概论. 3版. 上海：复旦大学出版社，2018.

［7］冯国珍. 管理学习题与案例 . 上海：复旦大学出版社，2017.

［8］周三多，贾良定. 管理学习题与案例. 北京：高等教育出版社，2005.

［9］潘连柏. 管理学原理习题集. 北京：人民邮电出版社，2017.

［10］张明玉. 管理学习题与案例集. 北京：科学出版社，2007.

［11］王凤彬，张玉利. 中国人民大学工商管理/MBA案例·管理学卷. 北京：中国人民大学出版社，1999.

［12］冯俊，奚洁人，施祖留. 组织文化案例. 北京：人民出版社，2010.